제3개정증보판

비도서자료편목법

— KORMARC: 통합서지용 적용 —

김 남 석 저

계명대학교출판부

Third Revised and Enlarged Edition

NON-BOOK MATERIALS CATALOGING

— KORMARC : Intergrated Format For Bibliographic —

by NAM SEUK KIM

Keimyung University Press
Taegu, KOREA

김 남 석.
비도서자료편목법 : KORMARC: 통합서지용 적용 = Non-book materials cataloging : KORMARC: Intergrated format for bibliographic / 김남석 지음. — 제3개정증보판. — 대구 : 계명대학교출판부, 2009.
p. cm.

ISBN 89-7585-244-X 93020

1. 목록법. I. 표제: Non-book matgerials cataloging. II. 표제

분류번호: KDC 024.35 DDC 025.34

FOREWORD 서 문

사람이 다른 동물과 구별될 수 있는 요건 중 하나는 정보를 생산하고 전달할 수 있는 수단을 통하여 함께 공유할 수 있다는 것이다. 유사 이전부터 인류는 기록을 남겨 왔고 시대에 부응할 수 있는 기록재와 전달수단을 끊임없이 발전시켜 왔다. 특히 인쇄술이 발명된 이후 도서나 연속간행물과 같은 인쇄자료가 오랜 기간동안 정보공유의 주된 매체로 이용되어 왔지만 이제는 시대적인 발전 속도에 적응할 수 있는 기록과 전달의 한계에 직면하고 있다. 이를 대체할 수 있는 다양한 종류의 정보공유 매체로 비도서 자료의 발전이 가속화되고 있다. 비도서자료는 정보의 저장성과 유통성, 그리고 이용성을 신장시켜 이용자의 요구를 보다 광범위하게 충족시킬 수 있는 생생한 기록과 시공간을 초월한 동시적인 정보전달을 가능하게 하였다는 점에서 많은 정보가 비도자자료로 생산되게 되었고, 비도서자료에 대한 이용자의 정보 의존도가 인쇄자료를 초월할 정도로 확장되게 되었다.

정보를 주된 자료로 취급하고 있는 정보봉사기관에서도 자료수집과 열람을 위한 전자정보시설을 확장하는 등 비도서자료를 주된 정보원으로 정착시키고 있다. 비도서 자료는 그 변화와 발전의 속도가 예측을 불허할 정도로 빠를 뿐 아니라 형태적인 변화도 다양하기 때문에 이들 자료를 도서관의 정보원으로 받아들이는 과정에서부터 어려움이 따르고 있다. 그래서 비도서자료는 사전 지식이 충분하지 못한 사서들에게 수집, 정리, 관리, 이용 등의 많은 어려움으로 자료기관에 따라서는 자료조직을 위한 통일된 원칙이 없이 정리자의 지식수준에 따라 조직되고 있는가 하면 심지어는 정리를 기피하여 비도서자료를 정보자료로 받아들이지 못하고, 입수된 자료도 깊숙한 곳에 별치하여 이용을 기피하고 있는 경우도 있다.

필자가 1984년 「**비도서자료**」를 발간한 이후 도서관에서 취급할 수 있는 비도서자료에 대한 수집과 이용이 괄목할 만한 속도로 증대되었고, 이를 위한 조직과 관리를 위한 정리기법에도 많은 변화가 있었다. 그래서 필자는 이론과 실무적인 측면에서 보다 심도 있고 통일성 있는 비도서자료 조직을 위한 저서의 발간을 계획하게 되었다. 상기한 자료 중에서 이론과 실제를 나누어 2000년 「**비도서자료의 조직이론**」을 발간하고, 2002년 자료기관의 현장에서 비도서자료 편목에 직접 참고할 수 있는 실무적인 지침서로서 본 도서를 발간하게 되었다. 이후 2002년 「*MARC21*」과 2003년 「**한국목록규칙** 제4판」이 발간됨에 따라 새로 개정된 이론을 적용할 필요가 있었고, 초판에서 미숙한 부분을 수정하고 취급하지 못하였던 보다 많은 자료를 보완하여 수정증보판을 발간하였다.

수정증보판이 발간된 이후 2005년 12월에 「**KORMARC: 통합서지용**」이 발간되었는데 이는 지금까지 KORMARC이 '단행본', '연속간행물,' '비도서자료' 등 각각 독립된 형태로 발간된 format을 「*MARC21*」을 근간으로 한 통합서지용을 국가표준으로 발간한 것이다. 본서는 「**KORMARC-비도서자료용**」을 적용하여 제작한 「**비도서자료 편목법**」을 '통합서지용'으로 개정한 것이다. 통합서지용의 적용에 의한 개정은 MARC21을 근간으로 하였다는 점과 기존의 KORMARC format을 통합하였다는 점에서 국제적인 호환성은 물론 형태별자료의 정리를 위한 통합이라는 점에서 보다 빠른 수용의 필요성이 요망된다.

편집형식은 수정증보판과는 달리 기술사항별에 따른 해설을 연계시켜 기술하고 필요한 부분은 도식으로도 작성하였다. 수정증보판의 'KORMARC-비도서자료용'(제1장)을 별책으로 발간하였기 때문에 장의 편집체계를 형태별자료의 중요도에 따라 제1장 '녹음자료', 제2장 '영화·비디오녹화자료', 제3장 '전자자료', 제4장 '지도자료', 제5장 '도면자료'. 제6장 '마이크로형태자료', 제7장 '슬라이드자료', 제8장 '예술작품·사진자료'로 순서를 새롭게 하고, 내용부분도 일부 보완하였으며, 녹음자료의 경우는 내용체계도 변경하였다.

본서는 현장에서 비도서자료의 조직과 관리에 고민하는 사서들에게 업무를 위한 지침서가 될 수 있도록 저작하였고, 앞으로 자료기관에서 봉사할 문헌정보학과 학생들의 교육을 위한 참고자료로도 활용될 수 있도록 하였다.

필자는 자료를 출판할 때마다 완성이기보다 시작이라는 생각을 한다. 이는 필자의 능력에 한계가 있기 때문에 이용자가 사용하는 과정에서 발견된 지적 사항을 통하여 계속적인 개정으로 보다 완성된 자료로 거듭나고자 하는 생각에서이다.

본 자료가 출간되기 까지는 많은 분의 도움이 있었다. 자료에 이용된 Sample을 찾는 데 애써준 계명대학교 동산도서관 사서 조현길, 박춘화, 최진순 선생님, 교정과 규칙에 대한 내용을 확인해 준 조도희 선생님, 또한 편집에 애써주신 계명대학교 출판부 관계자 여러분의 노고에 감사드립니다.

2009년 2월

淵泉 김 남 석 識

CONTENTS 차 례

사용약어

식별 : 식별기호(subfield code)
❶ = **제1** : 제1지시기호(first indicator)
❷ = **제2** : 제2지시기호(second indicator)
R = 반복(Repeatability code): 표시기호나 식별기호의 반복 사용가능
NR = 반복불가(Nonrepeatability code): 표시기호나 식별기호의 반복 사용불가

A1 = AACR1 : *Anglo-American Cataloging Rules.* Chicago : ALA., 1967.
A2 = AACR2 : *Anglo-American Cataloging Rules.* 2d edition. Chicago : ALA., 1978.
A2R = AACR2R : *Anglo-American Cataloging Rules.* 2d edition, 1988 revision. Chicago : ALA., 1989
A22 : *Anglo-American Cataloging Rules*. 2d edition, 2002 revision. Ottawa : CLA ; London : LA Publishing Ltd. ; Chicago : ALA., 2002.
A24 : *Anglo-American Cataloging Rules*. 2nd edition, 2004 revision. Ottawa : CLA ; London : LA Publishing Ltd. ; Chicago : ALA., 2004.
I(M) = ISBD(M) : *International Standard Bibliographic Description (Monograph)*. IFLA., 1974.
I(NBM) = ISBD(NBM) : *International Standard Bibliographic Description (Non-Book Materials)*. IFLA., 1977.
I(S) = ISBD(S) : *International Standard Bibliographic Description (Serials)*. IFLA., 1977.
J2 = JCR2 : **日本目錄規則**. 新版 豫備版. 東京 : 日本圖書館協會, 1987.
K도 : *KORMARC - 단행본용*. 1993(KS C 5867)
K비 : *KORMARC - 비도서자료용*. 1996(KS C 5869)
K연 : *KORMARC - 연속간행물용*. 1995(KS C 5795)
K통 : *KORMARC - 통합서지용*. 2006(KS × 6006-0)
K1 = KCR : **한국목록규칙**. 서울 : 한국도서관협회, 1964.
K2 = KCR2 : **한국목록규칙**. 수정판. 서울 : 한국도서관협회, 1966.
K3 = KCR3 : **한국목록규칙**. 제3.1판. 서울 : 한국도서관협회, 1990.
K4 = KCR4 : **한국목록규칙**. 제4판. 서울 : 한국도서관협회, 2003.
M21 = MARC21 : *MARC21 Concise Format for Bibliographic Data.* 2002 concise edition. Library of Congress, 2002.
UM = USMARC : *USMARC Format for Bibliographic Data*. Library of Congress, 1994.

형태별 자료명과 범위

BK = 단행본자료(Books): 인쇄자료, 필사본, 마이크로자료

CR = 계속자료(Continuing Resources): 연속간행물(Serial: 연보, 명감, 전자저널, 학술지, 잡지, 신문), 가제식자료(Updating loose-leaf)

MU = 음악/녹음자료(Music): 악보(인쇄, 필사 또는 마이크로형태), 녹음자료(음악 또는 비음악녹음자료)

VM = 시청각자료(Visual Materials)

평면영사자료 : 비디오녹화자료, DVD, CD-I, 슬라이드, LD(Laser Disk), 영화필름, OHP자료(Over-head Projection), 필름루프, 필름스트립, 트랜스페어런시(Transparency)

평면비영사자료 : 그림, 도면, 복사그림, 사진, 사진인쇄, 엽서, 음화사진, 챠트, 콜라주, 컴퓨터그래픽출력자료, 포스터

입체자료나 실물

입체자료 : 게임(모의실험), 모형, 조각품 등과 이들의 복제품

실물 : 특정한 목적으로 수집한 표본

키트 : 서로 상이한 매체에 수록되어 하나의 세트를 이룬 것 즉 둘 이상의 유형으로 구성된 혼합자료로서 주된 유형이 없을 경우. 교육용 시청각자료가 많음

MP = 지도(Map): 낱장지도, 구체, 지도책 등 인쇄, 필사, 또는 마이크로형태 등 모든 유형의 지도자료 포함

ER = 전자자료(Electronic Resource / Computer files)[1]: 컴퓨터 소프트웨어와 숫자데이터, 컴퓨터 의존형 멀티미디어, 온라인시스템 또는 온라인서비스 등 부호화된 전자 정보원 등을 컴퓨터나 관련 기기에 의해 처리되는 것. 기계가독형태로 저장된 데이터나 그 처리를 위한 프로그램 포함

RB = 고서(Rare Books): 1910(대한제국)이전에 간인(刊印), 필사 된 동장본 자료

MX = 복합자료(Mixed Materials): 여러 형태가 혼합되어 수집된 문서나 필사자료에 적용. 개인문고

---

1) MARC21과 AACR2R 2002 edition에서 'electronic resource'로 개정되어 본서에서도 '전자자료(electronic resource)'로 하였다.

표시기호(Tag) 적용수준

M = 필수(Mandatory): 해당 내용 유무에 관계없이 반드시 적용해야 하는 Tag

A = 해당시 필수(Mandatory of Applicable): 해당 내용이 있는 경우 반드시 적용해야 하는 Tag

O = 재량(Optional): 해당 내용이 있는 경우에도 적용여부를 재량으로 정할 수 있는 Tag

공백(blank) = 해당 없음: 자료에 적용하지 않은 Tag

제 1 장

녹음자료

1. 제어필드

006 부호화정보필드 – 부가적 자료특성(Fixed-Length Data Elements – Additional Material Characteristics) <A>R

이 필드는 008필드에서 부호화되지 못하는 자료의 특정 정보를 부호화하기 위해 사용된다. 인쇄자료에 딸림자료로 생산된 다른 형태의 자료일 때 008필드는 주된 자료의 유형을 적용하고 부가된 자료는 006필드에 적용한다.

딸림자료가 본 자료와 다른 형태인 필사악보 리더/06 'd', 인쇄악보 리더/06 'c', 녹음자료(음악 이외) 리더/06 'i', 녹음자료(음악) 리더/06 'j'가 아닌 경우 006필드에 해당 자료의 유형을 적용한다.

006필드는 00-13까지 14자리로 구성된다. 첫 번째 00자리는 형태가 다른 자료나 딸림자료의 자료형태를 표시하고, 01-13자리는 008필드의 18-19, 20, 22, 23, 24-25, 30-31자리의 내용을 표시한다.

자수위치	데이터요소	자수위치	데이터요소
00	c– 필사악보 이외의 악보 d– 필사악보 i– 녹음자료(음악 이외) j– 녹음자료(음악)	05	이용대상자(008/22)
		06	자료의 형태(008/23)
		07-08	딸림자료(008/24-25)
01-02	작곡형식(008/18-19)	09	미정의
03	악보형식(008/20)	10-11	녹음자료의 내용(008/30-31)
04	미정의	12-13	미정의

006 jcobbbsbbbbbb

007 형태기술필드(Physical Description Fixed Field--General Information)<O>R

녹음자료의 007 필드는 첫 번째 자리 '00'에 자료의 범주를 's'로 표시하고, 01-13자리까지 모두 14자리의 고정자리로 구성하고 있다.

자수위치	데이터명	데 이 터 요 소
00	**자료범주표시**	s－녹음자료
01	**특정자료종별 (SMD)**	d－음반 e－실린더 g－음향 카트리지 i－음향-트랙 필름 q－롤 s－음향 카세트 t－음향-테이프 릴 u－자료를 특정화하지 않음 w－전선녹음 z－기타 |－기호화하지 않음
02	**미정의**	ƀ－빈칸
03	**속도**	u－미상 z－기타 |－기호화하지 않음 **디스크:** a－16 rpm b－$33\frac{1}{3}$ rpm c－45 rpm d－78 rpm e－8 rpm f－1.4 m. per sec.(콤팩트디스크) **실린더:** h－120 rpm i－160 rpm **테이프:** k－$\frac{15}{16}$ ips.(미니 카세트) l－$1\frac{7}{8}$ ips.(표준 카세트) m－$3\frac{3}{4}$ ips.(표준 카트리지) o－$7\frac{1}{2}$ ips. p－15 ips. r－30 ips.
04	**녹음재생형태**	m－단음 q－4채널음 s－스테레오 u－미상 z－기타 |－기호화하지 않음
05	**음구의 폭/높이**	m－미세음구(디스크-16, $33\frac{1}{3}$, 45 rpm, 실린더 160 rpm) n－적용불가(테이프, 콤팩트 사운드 디스크) s－굵은 음구/표준형(디스크-78 rpm, 실린더-120 rpm) u－미상 z－기타 |－기호화하지 않음
06	**크기**	n－적용불가(릴, 음반, 카세트, 카트리지, 실린더 이외의 녹음자료) u－미상 z－기타 |－기호화하지 않음 **릴 및 음반**(직경): a－3 in. b－5 in. c－7 in. d－10 in. e－12 in. f－16 in. g－$4\frac{3}{4}$ in.(12 cm)(콤팩트디스크) **카세트**(가로×세로): j－$3\frac{7}{8} \times 2\frac{1}{2}$ in. **카트리지**(가로×세로): o－$5\frac{1}{4} \times 3\frac{7}{8}$ in. **실린더**(직경×높이): s－$2\frac{3}{4} \times 4$ in.
07	**테이프의 폭**	l－$\frac{1}{8}$ in.(대부분의 카세트) m－$\frac{1}{4}$ in.(일부 상용 테이프 릴과 대부분의 8트랙 카트리지) n－적용불가 o－$\frac{1}{2}$ in.(일반 스튜디오에서 사용하는 상용 테이프와 일부 8트랙 카트리지) p－1 in.(스튜디오 테이프와 일부 8트랙 카트리지) u－미상 z－기타 |－기호화하지 않음
08	**테이프의 트랙수**	a－1 트랙(full) b－2 트랙(Half) c－4 트랙(표준 카세트) d－8 트랙(상용 카트리지) e－12 트랙 f－16 트랙 n－적용불가 u－미상 z－기타 |－기호화하지 않음
09	**음반, 실린더, 테이프의 종류**	a－마스터 테이프 b－테이프복제 마스터 d－음반 마스터(음화) i－현장녹음 m－상업용 제작 n－적용불가 r－Mother(양화) s－Stamper(음화) t－테스트 제작 u－미상 z－기타 |－기호화하지 않음
10	**재질**	a－칠(라카) l－금속 m－금속 및 플라스틱 n－적용불가 p－플라스틱 s－도료(Shellac) w－왁스 u－미상 |－기호화하지 않음
11	**음구의 깍임 종류**	h－삼각골형 깍임(실린더와 초기음반에 해당) l－측면 또는 측면수직형 깍임(최근 음반에 해당) n－적용불가(콤팩트디스크에 해당) u－미상 |－기호화하지 않음
12	**특수재생장치특성**	a－미국방송가협회(NAB)표준 b－CCIR표준 c－돌비 B(표준돌비) d－dbx(잡음감소) e－디지탈녹음(콤팩트디스크) f－돌비 A g－돌비 C h－CX n－적용불가 u－미상 z－기타 |－기호화하지 않음
13	**녹음/저장기법**	a－직접녹음(흡음판 사용; 전자/전기매체를 사용치 않고 취음용장치사용 1927-29년에 사용한 방법) b－직접녹음(흡음판을 사용하지 않음; 전자매체 사용) d－디지털 녹음 e－아날로그 전기적 녹음(1940년부터 1980년대초까지 사용한 방법) u－미상 z－기타 |－기호화하지 않음

```
┌ Tag
|    ┌ 00(자료범주표시): s－녹음자료
|    |┌ 01(특정자료종별: SMD):  d－음반
|    ||┌ 02(미정의):  ｂ－빈칸
|    |||  ┌ 03(속도): b－33⅓ rpm.
|    |||  |┌ 04(녹음재생형태): s－스테레오
|    |||  ||┌ 05(음구의 폭/높이): m－미세음구
|    |||  |||  ┌ 06(크기): b－5 in.
|    |||  |||  |
007 sdbbsmbnnmplnu
               ||| |||└ 13(녹음/저장기법): u－미상
               ||| ||└ 12(특수재생장치 특성): n－적용불가
               ||| |└ 11(음구의 깎임 종류): l－측면편집이거나 측면수직편집(최근
               ||| |                          음반에 해당)
               ||| └─ 10(재질): p－플라스틱
               ||└ 09(음반, 실린더, 테이프의 종류): m－상업용 제작
               |└─ 08(테이프의 트랙 수): n－적용불가
               └─ 07(테이프 폭): n－적용불가
```

008 부호화정보필드(Fixed-length Data Elements)<M>R

녹음자료의 부호화 정보필드 008은 40자리의 고정장필드로 00-17, 26-28, 32, 35-39자리는 모든 자료에 공통으로 적용되고, 18-25, 29-31, 33-34자리는 녹음자료에 적용되는 사항으로 구성되어 있다.

자수 위치	자리 수	데이터요소	비고
00-14	15	공 통	00-05(6): 입력일자. 06(1): 발행년유형. 07-10(4): 발행년1. 11-14(4): 발행년2
15-17	3	발행국명(공통)	발행국명: 부속서 1 '발행국부호표' 참조
18-19	2	작 곡 형 식 (006/01-02)	an－축가, 국가 bd－발라드곡 bg－블루글레스 음악 bl－블루우즈 bt－발레곡 ca－샤콘 cb－기독교 이외의 음악(기타종교성가) cc－기독교 성가 cg－합주협주곡 ch－합창곡 cl－합창전주곡 cn－캐논 및 론도, 전칙곡(典則曲) co－협주곡 cp－다성의 샹송 cr－캐럴 cs－우연성작곡(Chance compositions) ct－칸타타 cy－컨츄리음악 cz－칸조네 df－무용음악 dv－희유곡, 세레나데 fg－둔주곡 fm－해외 민속음악 ft－환상곡 gm－복음음악 hy－찬가 jz－재즈 ka－제례악 kb－연례악 kc－거동음악 kd－가사 ke－시조 kf－판소리 kg－단가 kh－병창 ki－통속민요 kj－잡가 kk－토속음악 kl－산조 km－시나위 kn－봉장취 ko－농악 kp－향제 대풍류 kq－삼현육각 kr－불교음악 ks－무속음악 kt－연회 ku－한국가곡 kv－한국대중음악 mc－음악풍자희곡(음악레뷔와 희곡) md－연가 mi－미뉴에트 mo－경문가 mp－영화음악 mr－행진곡 ms－미사곡 mu－복합형식 mz－마주르카 nc－야상곡 nn－적용불가 op－오페라 or－오라토리오 ov－서곡 및 전주곡 pg－표제음악 pm－예수 수난곡 po－폴로네이즈 pp－해외대중음악 pr－전주곡 ps-파사칼리아 pt-합창곡 pv-파반느 rc－록음악 rd－론도 rg－랙타임음악 ri－리세르카레(기교적 작곡) rp－랩소디 rq－진혼곡 sd－스퀘어댄스곡 sg－가곡 sn－소나타 sp－교향시 st－연습곡 su－조곡 sy－교향곡 tc－토카타 ts－트리오 소나타 uu－미상 vr－변주곡 wz－왈츠 zz－기타 ǀǀ－부호화하지 않음
20	1	악 보 형 식 (006/03)	a－총보 b－미니어처 악보/학습용 악보 c－키보드악기를 위한 반주보 d－성악보 e－간략한 악보/지휘용 피아노총보 g－성악악보 h－국악보 m－복수총보 n－적용불가 u－미상 z－기타 ǀ－부호화하지 않음
21	1	미정의	ｂ－빈칸 ǀ－부호화하지 않음

자수 위치	자리 수	데이터요소	비　　　고
22	1	이용대상자 수준(006/05)	ƀ－일반이용자용　a－취학전 아동　b－초등학생　c－중학생　d－고등학생　e－성인용　f－특수계층　j－아동용　z－이상 또는 세분하지 않은 경우　|－부호화하지 않음
23	1	자료의 형태 (006/06)	ƀ－기타　a－마이크로필름　b－마이크로피시　c－마이크로오패크　d－큰환자인쇄자료　f－점자자료　r－복제자료　s－전자자료　|－부호화하지 않음
24-25	2	딸림자료 (006/07-08)	ƀ－딸림자료 없음　a－음반목록　b－서지　c－주제색인　d－가사, 대본　e－작곡가나 저작자의 소개　f－연주자의 소개　g－악기에 관한 기술자료/사료　h－음악작품의 기술자료　i－음악작품의 사료　k－민족음악 자료　r－교재　s－악보　z－기타　||－부호화하지 않음
26-27	2	한국대학부호 (공통)	부속서 2. '**한국대학부호표**' 참조.
28	1	수정레코드 (공통)	ƀ－변형 없음　b－문자를 빈칸(ƀ)으로 입력한 경우　h－한자를 한글로 입력한 경우　r－로마자 이외의 문자를 로마자로 입력한 경우　s－레코드의 단축　x－한자 이외의 문자를 한글로 변형 입력한 경우　|－부호화하지 않음
29	1	미정의	ƀ－빈칸　|－부호화하지 않음
30-31	2	녹음자료의 내용 (006/10-11)	ƀ－음악녹음자료　a－자서전　b－전기　c－회의록　d－희곡, 연극　e－수필　f－소설　g－보고서　h－역사　i－사용법　j－언어교육　k－희극　l－강연, 연설　m－회고록　n－적용불가　o－설화　p－시　r－리허설　s－소리　t－면담　z－기타　||－부호화하지 않음
32	1	목록전거 (공통)	ƀ－국가서지작성기관　a－자관　c－협력기관(국가서지작성기관 외)　d－기타기관　u－미상　|－부호화하지 않음
33-34	2	미정의	ƀƀ－빈칸　||－부호화하지 않음
35-37	3	언어(공통)	부속서 3 '**언어구분부호**' 참조　ƀƀƀ－빈칸　mul－다수언어　sgn－기호로 된 언어　und－미상　|||－부호화하지 않음
38-39	2	한국정부기관부호(공 통)	부속서 4 '**한국정부기관부호**' 참조

```
┌ 00-05(입력일자: 공통): 991021－1999년 10월 21일
|      ┌ 06(발행년유형: 공통): m－복수년도
|      | ┌ 07-10(발행년 1: 공통): 1970－발행년(시작년)
|      | |    ┌ 11-14(발행년 2: 공통): 1976－발행년(마지막년)
|      | |    |    ┌ 15-17(발행국명: 공통): ulk－한국 서울
|      | |    |    |          ┌ 26-27(한국대학부호: 공통): ƀƀ－해당없음
|      | |    |    |          | ┌ 28(수정레코드: 공통): ƀ－변형없음
|      | |    |    |          | |   ┌ 32(목록전거: 공통): a－자관
|      | |    |    |          | |   |  ┌ 35-37(언어부호: 공통): ƀƀƀ－언어없음
|      | |    |    |          | |   |  | ┌ 38-39(한국정부기관부호: 공통):
|      | |    |    |          | |   |  | |      ƀƀ－해당없음
008 991021m19701976ulkconƀeƀƀƀƀƀƀƀƀƀaƀƀƀƀƀƀƀ
                       | ||||    ||  └ 33-34(미정의): ƀƀ－빈칸
                       | ||||    |└ 30-31(녹음자료의 내용): ƀƀ－음악녹음자료
                       | ||||    └ 29(미정의): ƀ－빈칸
                       | |||└ 24-25(딸림자료): ƀƀ－딸림자료 없음
                       | ||└ 23(자료의 형태): ƀ－기타
                       | |└ 22(이용대상자 수준): e－성인용
                       | └ 21(미정의): ƀ－빈칸
                       └ 20(악보형식): n－적용불가
                       └ 18-19(작곡형식): co－협주곡
```

2. 음악자료

1) 개인작품

리더[2)]

레코드길이: ..... 레코드상태: n 레코드유형: j 서지수준: m 제어유형: ƀ
문자부호화체계: ƀ 지시기호자리수: 2 식별기호자리수: 2 데이터기본번지: ..... 입력수준: ƀ
목록기술형식: a 연관레코드조건: ƀ 엔트리 맵: 4500

007: 형태기술필드
자료범주: s 특정자료종별: d 미정의: ƀ 속도: f 녹음재생형태: s
음구의 폭/높이: g 크기: n 테이프 폭: n 테이프트랙수: n
음반/실린더/테이프 종류: u 재질: u 음구의 깍임 종류: n
특수재생장치특성: e 녹음/저장기법: d

008: 부호화정보필드[3)]
입력일자: ...... 발행년유형: s 발행년1: 2000 발행년2: ƀƀƀƀ 발행국명: ulk
작곡형식: ft 악보형식: n 빈칸: ƀ 이용대상자수준: ƀ 자료의 형태: ƀ
딸림자료: ƀƀ 한국대학부호: ƀƀ 수정레코드: ƀ 빈칸: ƀ 녹음자료의 내용: ƀƀ
목록전거: a 빈칸: ƀƀ 언어: kor 한국정부기관부호: ƀƀ

***리더/형태기술필드/부호화정보필드:** 이들은 고정장필드로 자수위치(자리)에 따라 자동으로 생성되는 사항과 목록자가 입력해야 할 사항을 MARC에서는 입력시트로 제시하고 있다. 목록자는 입력사항을 해당

2) 리더의 00-04자리(길이필드)와 12-16자리(데이터기본번지)는 자동생성된다.
3) 008필드의 00-05자리(입력일자)는 자동생성된다.

자리에 관계된 문자와 숫자를 기술하면 자동생성되는 기술사항과 함께 해당 고정장필드가 구성된다.

┌ 한번의 실황 녹음임으로 단일년도인 제1지시기호 '0'을 지시
│ ┌ 녹음장소인 대구광역시 부호<부속서5. **한국지역구분부호표**>를 기술
033 0b$a19991001$b27000
└ 녹음일시는 1999년 10월 01일을 붙여서 단위별로 '19991001'형식으로 기술

녹음일시와 장소: 033필드는 녹음일시를 'YYYYMMDDhhmm'으로 기재하고, 장소는 부속서5 '**한국지역구분부호표**'의 해당 지역부호(숫자)를 기술한다. 그리고 518필드는 033필드에서 부호로 나타낸 녹음일시와 장소를 설명주기한다.

041 bb

언어부호: 041필드는 2개 국어 이상으로 된 자료일 때 이용하는 필드(A2R.6.7B2; K4.6.7.3.2)로 하나의 언어로 된 자료일 때는 이 필드를 사용하지 않는다.

043 bb$a27000

지역부호: 043필드는 내용이 대구에 관한 것이기 때문에 부속서5 '**한국지역구분부호표**'의 대구광역시의 지역부호(숫자)를 기술하였다.

047 bb$amu

작곡형식부호: 047필드는 녹음자료 008/18-19자리가 'mu'(복합형식)일 때 008/18-19자리의 해당 작곡형식부호를 기술한다.

┌ 'mu': 복합형식
047 bb$amu

┌ 'ct': 칸타타
047 bbactaor
└ 'or': 오라토리오

090 bb

100 1b$a임우상,$d1935-

기본표목: 클래식자료는 작곡자명을 100필드로 기본표목한다(A2R.21.19A1).

245 10$a달구벌환상곡(達丘伐 幻想曲)$h[녹음자료] =$xDalgoobeol fantasy for orchestra /$dLim, Woosang

표제와 책임표시사항: 245필드는 제1지시기호 '1'(표제부출 지원)과 제2지시기호 '0'(그대로 인쇄)으로 지시하고, 으뜸정보원의 한국어곡명을 본표제로 식별기호 '$a'에, 영어곡명을 대등표제로 식별기호 '$x'에, 작곡자를 책임표시로 식별기호 '$d'에 기술하였다(A2R.6.1A1; K4.6.1.0.1). 한글과 한자의 곡명이 함께 나타나 있을 때는 한자로 된 곡명은 본표제에 ( )로 묶어 부기한다.

246 31$aDalgoobeol fantasy for orchestra$h[녹음자료]

여러 형태의 표제: 246필드는 제1지시기호 '3'(245필드에 기재된 사항은 주기하지 않고 표목출력을 지시)과 제2지시기호 '1'('대등표제'라는 표출어를 위한 지시)로 기술한다.

246 1b$i용기의 표제:$a달구벌환상곡 연주실황

여러 형태의 표제: 으뜸정보원의 곡명과 용기의 곡명이 다르기 때문에 정보원인 '용기의 곡명'을 표출어로 246필드에 제1지시기호 '1'(주기와 부출표목을 지시)과 제2지시기호 'b'(표출어 생성 않음)로 지시하여 식별기호 '$i'로 비정형화된 표출어와 함께 다른 형태의 표제를 기술하였다(A2R.7.7B4; K4.6.7.3.4).

500 bb$a용기표제: 달구벌환상곡 연주실황

740 bb$a달구벌환상곡 연주실황

표제주기: 정보원인 '용기의 곡명'을 표출어로 500필드에 일반주기할 때(A2R.7.7B4; K4.6.7.3.4)는 740필드로 부표목한다.

260 ␢␢$a서울 :$bMuse Music Production,$c2000$f(예성음향)

300 ␢␢$a사운드 디스크 1매 (58:04) :$b디지털, 스테레오 ;$c12 cm

306 ␢␢$a005804

재생시간주기: 형태사항에 표시된 재생시간 '58분4초'는 306필드에 'hhmmss'(시간-2자리, 분-2자리, 초-2자리)형식으로 기술한다.

500 ␢␢$aCompact disc digital audio

505 0␢$a1. 관악을 위한 달구벌 팡파레 (4:36). 2. 낙동강 / 이태수 시 (4:55). 3. 팔공산 / 이태수 시 (4:23) -- 관현악을 위한 달구벌 환상곡 : 4. 해돋이 (6:34). 5. 산과 강 (9:12). 6. 번영의 도시 (8:28). 7. 달구벌 찬가 / 예종숙 시 (44:09)

내용주기: 자료에 수록된 내용곡명, 작곡자, 작사자, 연주자, 연주시간 등은 내용주기로 기재한다. 505필드는 제1지시기호로 정형화된 표출어 생성을 지시하고, 제2지시기호로 기본형과 확장형으로 구분지시하여 기본형은 기술사항에 대한 식별기호 없이 ISBD부호와 띄어쓰기로 기재하고 필요한 부표목은 7XX로 분출표목한다. 확장형은 각 사항을 해당 식별기호로 기재하여 내용곡명과 저자명의 색인파일을 직접 생성할 수 있게도 한다. 내용주기 되는 연주자, 연주시간은 각각 ( )에 묶어 기술한다. 그리고 연번 4-7의 곡명은 종합표제가 있기 때문에 종합표제를 먼저 기술하고 종합표제에 속한 각 곡명은 '.'로 구분하여 함께 기술하였다(A2R.6,7B18; K4.6.7.3.17).

511 8␢$a연주: 조미련(2), 김완준(3), 노래 ; 신미경(4-7), 소프라노 ; 문학봉(4-7), 바리톤 ; 박영호(4-7) 합창지휘 ; Daegu City Symphony Orchestra and Chorus, 최홍기, 지휘

연주자주기: 511필드는 '배역'이라는 정형화된 표출어의 자동생성 여부에 따라 해당 제1지시기호를 구분기술한다. '연주'는 정형화된 표출가 아니므로 제1지시기호 '8'로 지시하고 식별기호 '$a'로 기술하였다(A2R.6.7B6; K4.6.7.3.6). 연주자를 해당 곡명에 주기하지 않고 연주자주기에 모아서 주기할 때는 해당 연주곡의 연번을 ( )에 기재한다. 연주수단이 동일한 경우는 연주자를 ','로 구분기재하고 연주수단은 마지막에 기재한다.

┌ 518필드는 033필드와 연계시켜 기술

518 ␢␢$a1999년 10월 1일 대구문화예술회관에서 연주회실황 녹음

700 12$a이태수,$e시.$t낙동강$h[녹음자료].$n2 ← 내용주기된 분출표목

700 12$a이태수,$e시.$t팔공산$h[녹음자료].$n3

700 12$a예종숙,$e시.$t달구벌 찬가$h[녹음자료].$n7

700 1␢$a조미련 ← 연주자(노래) 부출표목

700 1␢$a김완준 ← 연주자(노래) 부출표목

700 1␢$a신미경 ← 연주자(소프라노) 부출표목

700 1␢$a문학봉 ← 연주자(바리톤) 부출표목

700 1␢$a박영호 ← 연주자(합창지휘) 부출표목

700 1␢$a최홍기 ← 연주자(지휘) 부출표목

710 ␢␢$aDaegu City Symphony Orchestra and Chorus ← 연주단체 부출표목

740 ␢2$a관악을 위한 달구벌 팡파레$h[녹음자료] ← 내용곡명의 분출표목

740 ␢2$a관현악을 위한 달구벌 환상곡$h[녹음자료]

부표목: 100필드(기본표목)에 기술되지 않은 작사자, 연주자, 지휘자는 700필드, 대등곡명은 246필드에, 500필드로 일반주기된 대등곡명은 740필드로 부표목한다.

2) 외국어로 표기된 한국인명

.....njmƀƀ22.....ƀaƀ4500

007 sdƀfsngnnuuned

008 000925s1995ƀƀƀƀulkftnƀƀƀƀƀƀƀƀƀƀƀƀaƀƀkorƀƀ

010[4]

028 01$aSCO-079ETA$bNICES

033 0ƀ$a1961----[5]$bn-us

> **녹음일시와 장소:** 033필드는 한국은 일시와 장소를 숫자부호로, 외국은 일시는 숫자부호, 장소는 문자부호로 기술하고, 518필드에 일시와 장소를 설명주기한다.
>
> ┌ 녹음 연월일은 YYYYMMDD형식으로 입력: 빈자리는 '--'로 입력
> │ ┌ 장소는 부속서6 **'외국지역구분부호표'**와 부속서5 **'한국지역구분부호표'** 참조
> 033 0ƀ$a1961----$bn-us
> 518 ƀƀ$a미국 헐리우드 볼 야외음악당 현장에서 1961년에 녹음

040 ƀƀ

041 0ƀ$dkor$deng

049 0ƀ$l

090 ƀƀ

100 1ƀ$a안익태

4) 010은 미국의회도서관 제어번호이다. 본서에서는 자관의 제어번호영역으로 활용하였다.

5) '033'에서 일자를 알 수 없는 부분은 '-'로 표시한다.

기본표목: 작곡자 '안익태'는 본명의 언어로 기술하는 원칙에 따라 한국어명으로 기본표목 하였다(K31.1.1.1.2).

245 10$a한국환상곡$h[녹음자료] =$xSymphonic fantasia Korea /$dEaktay Ahn 작곡

표제와 책임표시사항: 245필드는 식별기호 '$a'로 용기의 한국어곡명, '$x'로 영어곡명, '$d'로 작곡자를 으뜸정보원의 문자(영어)로 기술하였다(A2R.6.1A1; K4.6.4.1.0.1).

246 31$aSymphonic fantasia Korea$h[녹음자료]

260 ƀƀ$a서울 :$bSamsung Nices,$c1995$f(Samsung Electronics Co.)

300 ƀƀ$a사운드디스크 1매 (30:46) :$b디지털, 스테레오 ;$c12 cm

306 ƀƀ$a003046

306필드는 재생시간 시(hh).분(mm).초(ss)를 숫자부호 'hhmmss'형식으로 기술한다.

300 ƀƀ$a사운드디스크 1매(30분 46초)　　　306 ƀƀ$a003046

시간을 나타내는 숫자적 부호는 오른쪽에 기술하고 공난은 '0'로 표시

500 ƀƀ$a본표제는 용기의 표제임

본표제의 정보원: 으뜸정보원이 아닌 용기의 곡명을 본표제로 기술하였기 때문에 500필드는 본표제의 정보원을 주기하였다(A2R.1.7B3; K4.6.7.3.3).

500 ƀƀ$aCompact disc digital audio

511 8ƀ$a연주: Los Angeles Philharmonic Orchestra, 한인합창단, 안익태 지휘

연주자주기: 511필드는 연주단체명과 지휘자를 수단과 함께 주기하였다(A2R.6.7B6; K4.6.7.3.6). 기본표목된 작곡자가 직접 지휘한 경우에도 연주를 연주자주기한다.

518 ƀƀ$a미국 헐리우드 볼 야외음악당 현장에서 1961년에 녹음

630 04$a교향곡

700 1ƀ$aAhn, Eaktay　← 작곡자(영어명) 부출표목

710 ƀƀ$aLos Angeles Philharmonic Orchestra　← 연주단체 부출표목

710 ƀƀ$a한인합창단　← 연주단체 부출표목

부표목: 작곡자의 영어명은 700필드, 대등곡명은 246필드로 부표목하였다. 그리고 지휘자는 기본표목된 작곡자와 동일인이기 때문에 부표목하지 않았다.

3) 통일표제가 필요한 자료

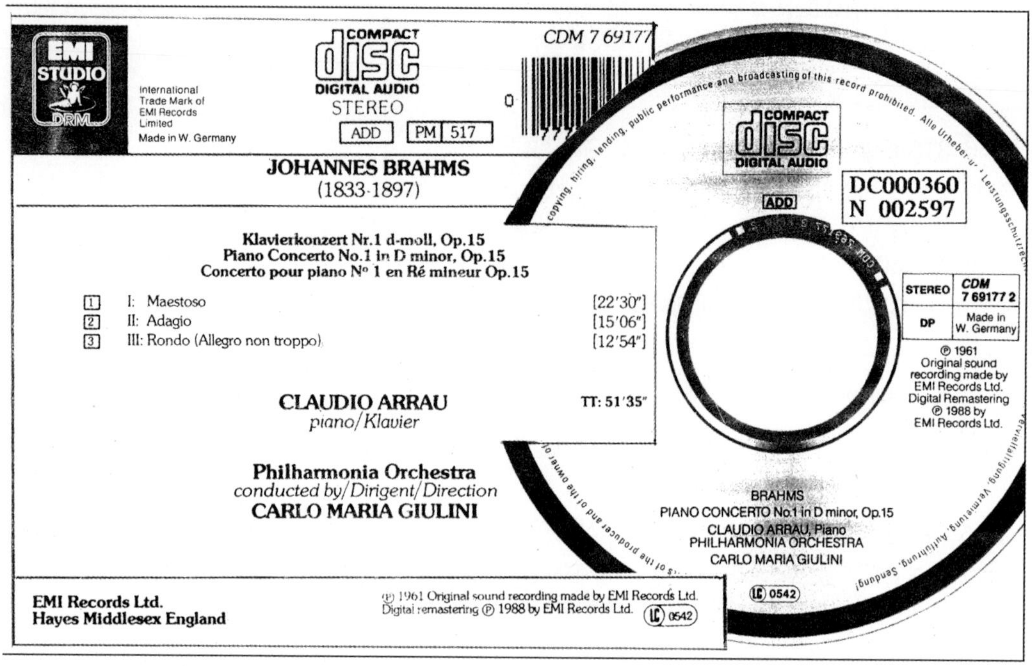

.....njmƀƀ22.....ƀaƀ4500

007 sdƀfsngnnuuned

008 ......r19881961ulkconƀƀƀƀƀƀƀƀƀƀƀƀaƀƀƀƀƀƀƀ

028 01$aCDM 7 69177 2$bEMI

040 ƀƀ

┌ 'ka': 키보드 피아노

048 ƀƀ$bka01

└ '01': 부수

악기나 성악부호: 048필드는 연주매체부호(표에 나타난 악기 및 성악부호 참조)와 부수를 각각 두 자리 숫자로 표시한다.

090 ƀƀ

100 1ƀ$aBrahms, Johannes,$d1833-1897

240 ƀ0$a협주곡,$m피아노,$n제1번, 작품 15,$rD 단조

통일표제: 240필드는 악곡형식을 중심으로 통일표제를 한국어로 기술하였다. 연주수단은 3종류까지 식별기호 '$m'을 반복 기술하고, 4종류 이상은 중요한 악기명만 기술하고 삼점줄임표로 생략한다(A2R.25.28).

┌ 통일표제의 식별기호

┌ 연주수단을 위한 식별기호를 반복 기술

┌ 권차를 위한 식별기호

240 ƀ❷$a악곡형식,$m연주수단,$m연주수단,$m연주수단...,$n권차,$r장단조

장·단조의 식별기호 ┘

245 10$aPiano concerto no. 1 in D minor, op. 15$h[sound recording] =$xKlavierkonzert Nr. 1 d-moll, Op. 15 /$dJohannes Brahms

표제와 책임표시사항: 245필드는 으뜸정보원의 문자 크기와 순서에 따라 독일어곡명을 본표제로 기술해야 하지만 잘 알려진 곡명으로도 할 수 있기 때문에 영어곡명을 본표제로 하고 독일어곡명은 대등표제로 기술하였다(A2R.6.0B2;6.1D; K4.6.4.1.0.1). 표제의 기술은 해당 언어의 어법에 준한다.

246 3ȸ$iParallel title:$aKlavierkonzert Nr. 1 d-moll, Op. 15$h[sound recording]

대등표제의 부표목: 정형화되지 않은 표출어는 제2지시기호 'ȸ'(표출어 생성 않음)와 식별기호 '$i'로 해당 표출어로 대등표제의 표목을 기술한다.

260 ȸȸ$aHayes Middlesex, England :$bEMI Records Ltd.,$c1988$e(W. Germany)
300 ȸȸ$a1 sound disc (51:35) :$bdigital, stereo ;$c12 cm
306 ȸȸ$a005135
500 ȸȸ$aOriginal sound recording made by EMI Records Ltd. in 1961, digital remastering 1988 by EMI Records Ltd.
500 ȸȸ$aMade in W. Germany
500 ȸȸ$aCompact disc digital audio

┌ 제작진 주기를 위한 표출어는 '제작진', 'Credits'로 기술
┌ 제작자의 역할어
┌ 역할어와 제작자명은 ','로 구분

500 ȸȸ$aCredits: producers, Walter Legge & Walter Jellinek ; balance engineers, Harold Davidson & Douglas Larter

└ 역할 간은 ';'으로 구분

제작진주기: 녹음자료의 제작진은 '제작진', 'Credits'라는 표출어로 역할어와 짝지어 제작자명을 500필드에 주기한다. 508필드의 제작진 주기는 시청각자료(VM)에만 해당된다.

511 8ȸ$aCast: Claudio Arrau, piano ; Philharmonic Orchestra, Carlo Maria Giulini, cond.
700 1ȸ$aArrau, Claudio ← 연주자(독주자) 부출표목
700 1ȸ$aGiulini, Carlo Maria ← 연주자(지휘자) 부출표목

4) 별표제가 있는 자료

.....njmƀƀ22.....ƀaƀ4500

007 sdƀbsmennuulce

008 ......nƀƀƀƀƀƀƀƀusƀsynƀƀƀƀƀƀƀƀƀƀƀaƀƀƀƀƀƀƀ

028 01$aKL 6005 (monaural)$bColumbia

028 01$aKS 6605 (stereo)$bColumbia

음반번호: 음반번호가 2개 이상인 경우는 028필드를 반복하여 각각 기술하거나, 다음 예와 같이 '/'로 구분하여 함께 기술한다(A2R.6.7B19; K4.6.7.3.19). 이때 발행자번호명에 대한 표출어는 제1지시기호에 의해 자동생성되므로 해당 번호만 기재한다. 그리고 식별기호 '$b'의 발행자번호의 정보원은 상표나 발행처를 간략형으로 기술한다.

028 0❷$a음반번호 (monaural)/음반번호 (stereo) :$b발행자번호의 정보원
<출력>발행자번호: 음반번호 (monaural)/음반번호 (stereo) : 발행자번호의 정보원

028 8❷$a음반번호 (monaural) :$b발행자번호의 정보원
028 8❷$a음반번호 (stereo) :$b발행자번호의 정보원
<출력>음반번호 (monaural) : 발행자번호의 정보원
음반번호 (stereo) : 발행자번호의 정보원

040 ƀƀ

048 ƀƀ$avb

090

100 1ƀ$aBernstein, Leonard

240 10$a교향곡,$n제3번

245 10$aSymphony no. 3 "Kaddish"$h[sound recording] :$bto the beloved memory of John F. Kennedy /$dLeonard Bernstein

표제와 책임표시사항: 표제 중에 포함된 'Kaddish'는 별표제이지만 정보원에 나타난 대로 곡명에 포함시켜 기술하고, 246필드로 부표목하였다. 그러나 별표제가 독립된 명칭으로 나타나 있을 때는 '一名'이나 'or'를 앞세워 본표제 다음에 기술한다(A2R.1.1B1; K4.1.1.1.11).

245 ❶❷$a"별표제"를 포함한 곡명$h[GMD]
246 3ƀ$i별표제:$a별표제명$h[GMD] = 740 ƀ❷$a별표제명$h[GMD]

245 10$a곡명, [일명], 별표제명$h[GMD]
246 3ƀ$i별표제:$a별표제명$h[GMD] = 740 ƀ0$a별표제명$h[GMD]

246 3ƀ$iPortion of title:$aKaddish$h[sound recording]

별표제는 검색을 위한 부분표제로 정형화된 표출어가 아니기 때문에 제2지시기호 'ƀ'와 식별기호 '$i'로 표출어를, '$a'로 표목되는 별표제를 기술하였다.

260 ƀƀ$aNew York :$bColumbia

300 ƀƀ$a1 sound disc :$banalog, 33⅓ rpm, stereo ;$c30 cm

500 ƀƀ$aProgram notes on container by Jack Gottlief

505 8ƀ$aContents: Side 1. Invocation. Koddish 1 (chorus). Din-torch. Kaddish 2 (soprano solo) -- side 2. Scherzo. kaddish 3 (boys' choir). Finale

내용주기: 505필드는 내용곡명이 검색어로 부적합하기 때문에 제2지시기호 'ƀ'(기본형)를 지시하여 주기하고 분출하지 않았다.

511 8ƀ$aCast: Felicia Montealegre, speaker ; Jennie Tourel, mezzo-soprano ; camerata singers, Abraham Kaplan, director ; Columbus Boychoir, Donald Bryant, director ; New York Philharmonic, Leonard Bernstein, cond.

연주자주기: 511필드는 독주자, 연주단체, 지휘자순으로 기술한다. 본 예는 3개의 연주단체가 함께하였기 때문에 연주단체와 지휘자를 짝지어 ';'으로 구분하여 기술하였다(A2R.6.7B6; K4.6.7.3.17). 지휘자는 700필드로, 연주단체는 710필드로 부표목하였다.

511 1ƀ$a독주자명, 연주수단 ; 독주자명, 연주수단 ; 연주단체, 지휘자, 역할어 ; 연주단체, 지휘자, 역할어.
<출력>배역: 독주자명, 연주수단 ; 독주자명, 연주수단 ; 연주단체, 지휘자, 역할어 ; 연주단체, 지휘자, 역할어.

600 10$aKennedy, John F. ← 피기념자 주제명부출표목

700 1ƀ$aMontealegre, Felicia ← 연설자 부출표목

700 1ƀ$aTourel, Jennie ← 독주자(mezzo-soprano) 부출표목

700 1ƀ$aKaplan, Abraham ← 독주자(camerata singer) 부출표목

700 1ƀ$aBreyant, Donald ← 지휘자(합창지휘) 부출표목

5) 종합표제가 있는 자료

.....njmƀƀ22.....ƀaƀ4500
007 sdƀbsmennuulce
008 ......nƀƀƀƀƀƀƀƀusƀuunƀƀƀƀƀƀƀƀƀƀƀaƀƀƀƀƀƀƀ
028 01$aH-71223$bNonesuch
040 ƀƀ
090 ƀƀ
100 1ƀ$aErb, Donald

기본표목: 한 사람의 작품집이기 때문에 100필드는 작품집의 작곡자를 기본표목하였다.

245 10$aMusic for instruments & electronic sounds$h[sound recording] /$dDonald Erb

표제와 책임표시사항: 245필드는 식별기호 '$a'로 종합표제, '$d'로 작곡자를 기술하고, 내용곡명은 505필드에 내용주기하였다.

260 ƀƀ$aNew York :$bNonesuch Records
300 ƀƀ$a1 sound disc :$banalog, 33⅓ rpm, stereo ;$c30 cm
500 ƀƀ$aDurations: 17 min. 12 sec. (side 1) ; 17 min.(side 2)
500 ƀƀ$aCredits (side 1): Recorded at Elektra Sound Recorders, Los Angeles ; recording engineer, John Haeny ; technical assistant, Paul Beaver ; producer, Bernard L. Krause

500 ɓɓ$aCredits (side 2): Recording engineer, James Campbell ; Electronic sound realized at the studio of the R. A. Moog Company (technical assistants, Reynold Weidenaar, William Hemsath, Rudolph Bubalo)

제작진주기: 수록된 A면과 B면의 제작자가 다르기 때문에 500필드를 반복하여 'Credits'라는 표출어에 면수를 ( )에 묶어 부기하고 해당 면의 제작자를 면수별로 주기하였다.

「제작진주기의 기술형식(A2R.6.7B6; K4.6.7.3.6)」

500 ɓɓ$a제작진: 제작자명, 역할어 ; 제작자명, 역할어
500 ɓɓ$aCredits: 제작자명, 역할어 ; 제작자명, 역할어
500 ɓɓ$a제작진(제1면): 제작자명, 역할어 ; 제작자명, 역할어
500 ɓɓ$aCredits (side A): 제작자명, 역할어 ; 제작자명, 역할어
500 ɓɓ$a제작진: 제1면: 제작자명, 역할어 ; 제작자명, 역할어 -- 제2면: 제작자명
500 ɓɓ$aCredits: Side A: 제작자명, 역할어 ; 제작자명, 역할어 -- Side 2: 제작자명
500 ɓɓ$a제작진: 제작자명, 역할어(제1면) ; 제작자명, 역할어(제1면)
500 ɓɓ$aCredits: 제작자명, 역할어 (side A) ; 제작자명, 역할어 (side A)

505 8ɓ$aContents: side 1. Reconnaissance : a composition in 5 movements (3:17 ; 2:10 ; 1:42 ; 6:43 ; 2:52) -- side 2. In no strange land : a composition in 4 movement (5:00 ; 4:48 ; 3:14 ; 3:37)

내용주기: 505필드는 면수, 내용곡명, 표제관련정보, 연주시간을 주기하였다. 연주시간은 면수별로 ( )에 함께 기술하였다(A2R.6.7B18; K4.6.7.3.17). 내용주기의 면수(side)와 면수(side) 사이는 '--'(A2R.2.7B18), 면수와 내용곡명 사이는 '.', 동일 면의 곡명과 곡명 사이는 '.'로 구분한다(K31.6.3.17). 면(side)을 나타내는 기수는 정보원의 숫자나 문자로 기술하고, 한국어의 단일 면 표시는 '제(第)'자를 붙여 '제1면', '제2면'으로 기술한다. 각 곡의 연주시간은 ( )로 묶어 해당 표제에 부기한다. 내용주기된 곡명에 대한 필요한 부표목은 7XX필드로 분출표목한다.

511 8ɓ$aCast (side 1): Bonnie Douglas, violin ; Rand Forbes, double-bass ; Ralph Grierson, piano ; Kenneth Watson, percussion ; Michael Tilson Thomas, moog synthesizer ; Leonard Stein, moog polyphonic instrument, Donald Erb, cond.

511 8ɓ$aCast (side 2): Stuart Dempster, trombone ; Bertram Turetzky, double-bass

연주자주기: side 1과 side 2의 연주자가 다르고 많은 종류의 연주자가 함께 하였기 때문에 511필드를 반복하여 표출어에 해당 면수를 부기하고 면수별로 연주자를 주기하였다(A2R.6.7.B6; K4.6.7.3.6).

┌ 제1지시기호 '1'에 의해 '배역'이라는 표출어 자동생성
511 1ɓ$aBonnie Douglas, violin ; ...
<출력>배역: Bonnie Douglas, violin ; ...

┌ 제1지시기호 '8'은 정형화되지 않은 'Cast'라는 표출어를 입력하기 위한 지시
511 8ɓ$aCast (side 1): Bonnie Douglas, violin ; ...
<출력>Cast (side 1): Bonnie Douglas, violin ; ...

700 1ɓ$aDouglas, Bonnie
700 1ɓ$aForbes, Rand
700 1ɓ$aGrierson, Ralph
700 1ɓ$aWatson, Kenneth
700 1ɓ$aDempster, Stuart
700 1ɓ$aTuretzky, Bertram

6) 종합표제가 없는 자료

(a) 한 사람의 작품

.....njmƀƀ22.....ƀaƀ4500
007 sdƀbsmennuulce
008 ......s1965ƀƀƀƀgwƀconƀƀƀƀƀƀƀƀƀƀƀƀaƀƀƀƀƀƀƀ
028 01$a139 424$bDG
028 01$aSEL 200088$bSEM
048 ƀƀ$bsa01
090 ƀƀ
100 1ƀ$aPaganini, Niccolo,$d1782-1840

기본표목: 종합표제가 없이 2개 이상의 작품을 수록한 자료는 한 사람의 저작인 경우와 2인 이상의 저작인 경우로 생각할 수 있다. 본 예는 한 사람의 저작으로 100필드에 식별기호 '$a'로 작곡자를 기본표목하고, '$d'로 생몰년을 기술하였다.

┌ 악곡형식을 식별기호 '$a'로 기술
│ ┌ 연주수단(악기명)을 식별기호 '$m'으로 기술
240 10$a협주곡,$m바이올린 <출력>[협주곡. 바이올린]
└ 240필드의 통일표제는 [ ]로 출력

통일표제: 240필드는 245필드에 기술된 두 개의 본표제가 공통으로 포함될 수 있는 통일표제를 작성해야 한다. 본예는 곡명이 악곡형식과 연주수단으로 되어 있기 때문에 통일표제를 '악곡형식과 연주수단'

으로 작성하였다(A2R.25.28).

245 10$aKonzert fur Violine und Orchester Nr. 1 D-dur op. 6 =$xConcerto for violin and orchestra no. 1 in D major, op. 6 ;$aKonzert fur Violine und Orchester Nr. 2 h-moll op 7"La Campanella" =$xConcerto for violin and orchestra no. 2 in B minor, op. 7$h[sound recording] /$dNiccolo Paganini

표제와 책임표시사항: 245필드는 각 곡명마다 대등곡명이 있기 때문에 식별기호 '$a'와 '$x'를 반복하여 곡명과 대등곡명을 짝지어 기술하고, 표제사항의 말미에 식별기호 '$h'로 GMD, '$d'로 작곡자를 기술하였다(A2R.6.1A1; K4.6.4.1.0.1). 그리고 곡명 중에 포함된 별표제나 대등곡명은 246필드나 740필드로 부표목한다.

246 3₺$iParallel title:$aConcerto for violin and orchestra no. 1 in D major, op. 6$h[sound recording] ← 대등곡명(첫 번째곡) 부출표목
246 3₺$iParallel title:$aConcerto for violin and orchestra no. 2 in B minor, op. 7$h[sound recording] ← 대등곡명(두 번째곡) 부출표목
246 3₺$iPortion of title:$aLa Campanella$h[sound recording] ← 별표제 부출표목

740필드로 부표목한 예

740 ₺₺$aConcerto for violin and orchestra no. 1 in D major, op.6$h[sound recording] ← 대등곡명(첫 번째곡) 부출표목
740 ₺₺$aConcerto for violin and orchestra no. 2 in B minor, op.7$h[sound recording] ← 대등곡명(두 번째곡) 부출표목
740 ₺₺$aLa Campanella$h[sound recording] ← 별표제 부출표목

┌ 동일저자의 곡명과 곡명은 ';'으로 구분(A2R.1.1G3)
245 10$a곡명A =$x대등곡명A ;$a곡명"별표제"B =$x대등곡명B$h[GMD] /$d작곡자 ;$e작사자
246 31$a대등곡명A <출력>대등표제: 대등곡명A
246 31$a대등곡명B 대등표제: 대등곡명B
246 30$a별표제 검색을 위한 부분표제: 별표제
700 1₺$a작사자

245필드의 식별기호 '$a'로 기술된 곡명은 제1지시기호 '1'에 의해 자동부표목된다.

260 ₺₺$aGermany :$bDeutsche Grammophon GmbH :$bPolydor International GmbH.[release],$c1965$e(Seoul :$fSung Eum Ltd.,$g1975)

발행사항: 260필드는 원판의 발행사항을 중심으로 기술하고, 한국의 제작회사는 제작사항으로 ( )에 묶어 정보원의 문자로 기술하였다(A2R.6.4G; K4.6.4.0.1).

「발행사항의 기술형식」

260 ₺₺$a발행지 :$b발행자,$c발행년$e(제작지 :$f제작자,$g제작년)
260 ₺₺$a발행지 :$b발행자 :$b배포자[배포],$c발행년$e(제작지 :$f제작자,$g제작년)
260 ₺₺$a발행지 :$b발행자 ;$a배포지 :$b배포자[배포],$c발행년$e(제작지 :$f제작자,$g제작년)

300 ₺₺$a1 sound disc :$banalog, 33⅓ rpm, stereo ;$c30 cm
500 ₺₺$a용기에 한국어로 된 작품해설
511 8₺$aCast: Shmuel Ashkenasi, violine ; Wiener Symphoniker, Heribert Esser, cond.
700 1₺$aAshkenasi, Shmuel ← 독주자(violine) 부출표목
700 1₺$aEsser, Heribert ← 지휘자 부출표목

(b) 두 사람 이상의 작품

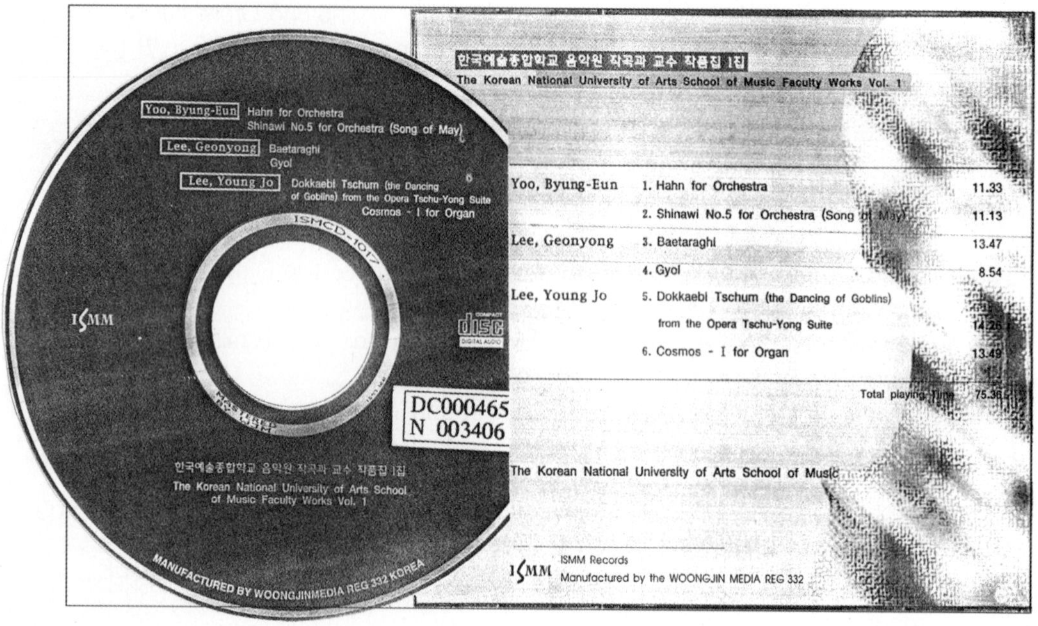

.....njmƀƀ22.....ƀaƀ4500
007 sdƀfsngnnuuned
008 ......nƀƀƀƀƀƀƀƀulksgnƀƀƀƀƀƀƀƀƀƀƀƀaƀƀkorƀƀ
040 ƀƀ
090 ƀƀ
100 1ƀ$a유병은

기본표목: 종합표제가 없는 자료로 2인 이상의 작품이 수록된 것이기 때문에 처음 곡명의 작곡자를 100필드에 기본표목하였다.

245 10$a한 =$xHahn for orchestra ;$a시나위 5번(5월의 노래) =$xShinawi no.5 for orchestra (song of May) /$d유병은 작곡.$a배따라기=$xBaetaraghi ;$a결. =$xGyol /$d이건용 작곡.$a"도깨비춤"오페라 처용조곡 중 =$xDokkaebi Tschum (the dancing of Gobilins) ;$a코스모스-1 =$xCosmos-1 for organ /$d이영조 작곡$h[녹음자료]

표제와 책임표시사항: 작품명이 3개 이상일 때는 두 번째 이하의 곡명은 내용주기하는 것이 좋으나 본 예는 곡명이 길지 않기 때문에 245필드에 으뜸정보원에 나타난 순서에 따라 곡명, 대등곡명, 작곡자를 짝지어 식별기호 '$a', '$x', '$d'를 반복하여 기술하였다. 기술방법은 작곡자의 구분은 '.'로, 동일 작곡자의 작품간의 구분은 ';'으로 기술하고, GMD는 표제와 책임표시사항의 말미에 기술하였다(A2R.6.1A1; K4.6.4.1.0.1).

100 ❶ƀ$a작곡자A
245 ❶❷$a곡명A =$x대등곡명A /$d작곡자A.$a곡명B =$x대등곡명B /$d작곡자B.$a곡명C =$x대등곡명C ;$a곡명D =$x대등곡명D /$d작곡자C$h[GMD]
246 31$a대등곡명A$h[GMD]
700 12$a작곡자B.$t곡명B$h[GMD]

700 12$a작곡자C.$t곡명C$h[GMD]
700 12$a작곡자C.$t곡명D$h[GMD]
700 12$a작곡자B.$t대등곡명B$h[GMD]
700 12$a작곡자C.$t대등곡명C$h[GMD]
700 12$a작곡자C.$t대등곡명D$h[GMD]

245필드에 식별기호 '$a'로 기술된 첫 번째 본표제는 자동부표목되기 때문에 첫 번째 작품의 대등곡명과 두 번째 곡명, 두 번째 대등곡명은 246필드로 부표목하고, 기본표목된 작곡자 이외의 작곡자와 곡명, 대등곡명은 700필드로 짝지어 분출표목하였다.

246 31$aHahn for orchestra$h[녹음자료] ← 첫 번째 대등곡명 부출표목
246 30$a시나위 5번(5월의 노래)$h[녹음자료] ← 두 번째 곡명 부출표목
246 30$aShinawi no. 5 for orchestra (song of May)$h[녹음자료] ← 두 번째 대등곡명 부출표목

┌ '$b'는 발행처를 위한 식별기호
│ ┌ '$f'는 제작자를 위한 식별기호
260 ƀƀ$a서울 :$blSMM Records$f(Woongjin Media)
└ 발행지와 동일한 제작지는 생략하고 제작자만 기재

발행사항: 260필드는 발행자와 제작자가 다르기 때문에 제작자를 식별기호 '$f'로 ( )에 묶어 기술하였다. 이때 발행지, 발행년과 동일한 제작지, 제작년은 생략한다. 그래서 제작자만 기록되기 때문에 식별기호 '$f'로 기술하였다.

300 ƀƀ$a사운드 디스크 1매 (75:36) :$b디지털, 스테레오 ;$c12 cm
306 ƀƀ$a01153600
440 00$a한국예술종합학교 음악원 작곡과 교수 작품집;$v1집 =$xThe Korean National University of Arts School of music faculty works ;$vv.1

총서표제: 440필드는 한국어로 된 총서표제와 영어로 된 대등총서표제를 기술하고, 자동부표목되지 않은 대등총서표제는 740필드로 부표목하였다. 이때 관사를 앞세운 총서표제는 관사를 ( )에 묶어 기술하고 제2지시기호 '1'로 지시하여 관사를 제외한 총서명표목으로 부출되게 하였다.

500 ƀƀ$a연주시간: 11:33 ; 11:13 ; 13:47 ; 8:54 ; 14:28 ; 13:49

재생시간주기: 수록된 곡명을 모두 본표제로 기술하였기 때문에 300필드는 식별기호 '$a'로 총연주시간, 306필드는 해당 연주시간의 숫자적 부호, 500필드는 각 곡의 연주시간을 일반주기로 기술하였다.

500 ƀƀ$aCompact disc digital audio
700 12$a이건용.$t배따라기$h[녹음자료] ← 두 번째 작곡자와 곡명 분출표목
700 12$a이건용.$tBaetaraghi$h[녹음자료] ← 두 번째 작곡자와 대등곡명 분출표목
700 12$a이건용.$t결$h[녹음자료] ← 두 번째 작곡자와 곡명 분출표목
700 12$a이건용.$tGyol$h[녹음자료] ← 두 번째 작곡자와 대등곡명 분출표목
700 12$a이영조.$t"도깨비춤"오페라 처용조곡 중$h[녹음자료] ← 세 번째 작곡자와 곡명 분출표목
700 12$a이영조.$tDokkaebi Tschum (the dancing of Gobilins$h[녹음자료] ← 세 번째 작곡자와 대등곡명 분출표목
700 12$a이영조.$t코스모스-1$h[녹음자료] ← 세 번째 작곡자와 곡명 분출표목
700 12$a이영조.$tCosmos-1 for organ$h[녹음자료] ← 세 번째 작곡자와 대등곡명 분출표목
740 ƀƀ$aKorean National University of Arts School of music faculty works ;$vv.1 ← 총서명 부출표목

두 번째 이하 저작을 내용주기한 예

245 10$a한 =$xHahn for orchestra ;$a시나위 5번(5월의 노래) =$xShinawi no.5 for orchestra (song of May) /$d유병은 작곡$h[녹음자료]

표제와 책임표시사항: 작품명이 3개 이상일 때는 두 번째 이하의 곡명은 내용주기하고, 245필드는 으뜸정보원에 나타난 작곡자의 곡명, 대등곡명을 짝지어 식별기호 '$a', '$x', '$d'로 기술하였다. 기술 방법은 작품간의 구분은 ';'으로 기술하고, GMD는 표제와 책임표시사항의 말미에 기술하였다 (A2R.6.1A1; K4.6.4.1.0.1).

100 ❶ƀ$a작곡자A
245 ❶❷$a곡명A =$x대등곡명A /$d작곡자A.
246 31$a대등곡명A$h[GMD]
505 0ƀ$a곡명B = 대등곡명B / 작곡자B. 곡명C = 대등곡명C ; 곡명D = 대등곡명D / 작곡자C
700 12$a작곡자B.$t곡명B$h[GMD]
700 12$a작곡자C.$t곡명C$h[GMD]
700 12$a작곡자C.$t곡명D$h[GMD]
700 12$a작곡자B.$t대등곡명B$h[GMD]
700 12$a작곡자C.$t대등곡명C$h[GMD]
700 12$a작곡자C.$t대등곡명D$h[GMD]

245필드에 식별기호 '$a'로 기술된 첫 번째 본표제는 자동부표목되기 때문에 첫 번째 작품의 대등곡명과 두 번째 곡명, 두 번째 대등곡명은 246필드로 부표목하고, 내용주기된 작곡자와 곡명, 대등곡명은 700필드로 짝지어 분출표목하였다.

300 ƀƀ$a사운드 디스크 1매 (22:46) :$b디지털, 스테레오 ;$c12 cm
306 ƀƀ$a002246
500 ƀƀ$a연주시간: 11:33 ; 11:13

재생시간주기: 본표제로 수록된 두 곡의 합한 연주시간을 300필드에 식별기호 '$a'로 기술하고, 306필드는 해당 연주시간의 숫자적 부호, 500필드는 일반주기로 각각 기술하였다. 내용주기에 기술된 연주시간은 해당 곡명에 ( )로 부기하였다.

505 0ƀ$a배따라기 = Baetaraghi (13.47) ; 결 = Gyol (8:54) / 이건용 작곡. "도깨비춤" 오페라 처용조곡 중 = Dokkaebi Tschum (the dancing of Gobilins) (14:28) ; 코스모스-1 = Cosmos-1 for organ (13:4) / 이영조 작곡$h[녹음자료]

내용주기: 두 번째 이하의 작곡자의 작품은 제2지시기호를 기본형과 확장형으로 구분하여 지시하고, 내용주기되는 사항은 245필드의 기재형식에 준해 ISBD부호로 기술한다. 내용주기된 곡명과 작곡자는 7XX필드로 분출표목한다.

.....njmbb22.....bab4500
007 sdbbsmennuulce
008 ......nbbbbbbbbbusbuunbbbbbbbbbbbbabbbbbbb
028 01$aMS 7281$bColumbia
090 bb
100 1b$aTakemitsu, Toru

기본표목: 종합표제가 없는 자료로 제1면은 두 개의 곡을 하나의 연주단체에서 취입하고, 제2면은 곡명별로 각각의 연주자가 취입한 것이다. 100필드는 제1면에 수록된 처음 곡명의 작곡자로 기본표목하였다. 그리고 제2면의 작품은 501필드로 합철주기하였다.

245 11$a(The) Dorian horizon /$dToru Takemitsu.$aAkrata /$dYannis Xenakis$h[sound recording]

표제와 책임표시사항: 245필드는 식별기호 '$a'와 '$d'를 반복하여 제1면에 수록된 두 개의 곡명을 작곡자와 짝지어 본표제로 기술하였다. 이때 곡명 간에는 '.'로 구분하고(A2R.6.1G2; K4.6.4.1.0.1), GMD는 표제와 책임표시사항의 말미에 기술하였다. 식별기호 '$d'로 기술된 작곡자 중 기본표목되지 않은 작곡자는 700필드로 해당 곡명과 짝지어 분출표목하였다.

100 1b$a처음 작품의 작곡자
245 01$a(관칭) 곡명A /$d작곡자.$a곡명B /$d작곡자$h[GMD]
└ 관칭 'The', 'An', 'A'로 시작하는 곡명은 관칭을 ( )에 묶어 기술하고, 제2지시기호 '1'로 지시하여 표목될 때 관칭을 제외한 곡명으로 부표목되게 하였다.
700 12$a작품B의 작곡자.$a곡명B$h[GMD]

260 bb$aNew York :$bColumbia
300 bb$a1 sound disc :$banalog, 33⅓ rpm, stereo ;$c30 cm
500 bb$aCommissioned by The Koussevitzky Music Foundation
501 bb$aWith: Canciones a guiomar / Luigi Nono (Susan Belling, soprano). Syzygy / David Del Tredici (Phillis Bryn-Julson, soprano)

합취입주기: 501필드는 제2면에 수록된 곡을 '합취입', 'With'라는 표출어로 곡명, 작곡자, 연주자, 연주시간 등의 순서로 합철주기하고(A2R.6.7B21; K4.6.7.3.20), 곡명과 작곡자는 7XX필드로 분출표목하였다. KORMARC(통합서지용)은 합철되는 각 사항을 식별기호로 기술하고 있으나 이곳에서는 식별기호 없이 주기로 기술하였다.

501 bb$a합취입표제 / 작곡자 ; 작사자 (연주자주기)(연주시간). 발행사항
<출력>합철: 합취입표제 / 작곡자 ; 작사자 (연주자주기)(연주시간). 발행사항
└ 정형화된 '합철'이라는 표출어는 자동생성되나 'With'라는 표출어는 기술해야한다.
700 12$a작곡자.$t합취입표제$h[GMD].
700 1b$a작사자.$t합취입표제$h[GMD].
700 1b$a연주자.$t합취입표제$h[GMD]

501 bb$aWith: Title / author (participant) (durations). Publisher
<출력>With: Title / author (participant) (durations). Publisher

합취입주기에 대한 기술형식의 몇 가지 예(A2R.1.7B21;6.7B21):

「동일 작곡자를 반복기술」
501 bb$a곡명 / 작곡자 (연주자주기). 곡명 / 작곡자 (연주자주기)

┌ 합취입주기의 정형화되지 않은 표출어　　　　　두 번째 곡명 ┐
│　┌ 합취입 곡명　　　┌ 작곡자명　　┌ 연주자명과 연주수단 │

501 ␢␢$aWith: Fantasy Variations / Donald Martino (Paul Zukofsky, violin). Trio / Donald Martino (Paul Zukofsky, violin ; Arthur Bloom, clarinet; Gilbert Kalish, piano)

└ 두 번째 곡의 작곡자 └ 두 번째 곡의 연주자와 연주수단

「작곡자를 한번만 기술」

501 ␢␢$a곡명 (연주자주기) ; 곡명 (연주자주기) / 작곡자

┌ 합취입 곡명　　┌ 연주자명과 연주수단　┌ 두 번째 곡명

501 ␢␢$aWith: Fantasy Variations (Paul Zukofsky, violin) ; Trio (Paul Zukofsky, violin ; Arthur Bloom, clarinet ; Gilbert Kalish, piano) / Donald Martino

└ 연주자와 연주수단　　　　　　　　└ 작곡자명

합취입 된 동일 작곡자명이 중복 기술되지 않도록 각 작품명과 관계된 연주자를 짝지어 ( )로 표시하고, 작품과 작품사이는 ';'으로 구분하여 마지막에 작곡자표시를 하였다.

511 8␢$aCast: The Festival Chamber Ensemble, Richard Dufallo, cond.

연주자주기: 511필드는 245필드에 기술된 제1면의 곡명에 대한 연주자를 주기하고, 합철주기 되는 곡명의 연주자는 해당 곡명에 ( )로 연주자주기형식으로 기술하였다.

700 1␢$aDufallo, Richard ← 합철된 곡의 지휘자 부출표목
700 12$aXenakis, Yannis.$tAkrata$h[sound recording] ← 두 번째 작곡자와 곡명 분출표목
700 12$aNono, Luigi.$tCanciones a guiomar$h[sound recording] ← 합철된 곡의 작곡자와 곡명 분출표목
700 1␢$aBelling, Susan.$tCanciones a guiomar$h[sound recording] ← 합철된 곡의 독주자와 곡명 부출표목

분출표목되는 작곡자는 제2지시기호 '2'를 지시하고, 작사자와 연주자는 곡명의 중복표목을 피하기 위해 제2지시기호 '␢'를 지시하여 부출표목하였다.

700 12$aTredici, David Del.$tSyzygy$h[sound recording] ← 합철곡의 작곡자와 곡명 분출표목
700 1␢$aBryn-Julson, Phillis.$tSyzygy$h[sound recording] ← 합철곡의 독주자와 곡명 부출표목

710 ␢␢$aFestival Chamber Ensemble ← 본표제곡의 연주단체명 부출표목

단체명표목: 단체명이 'The'로 시작할 때는 식별상 필요한 경우 이외에는 이를 생략한 단체명을 표목으로 기술한다.

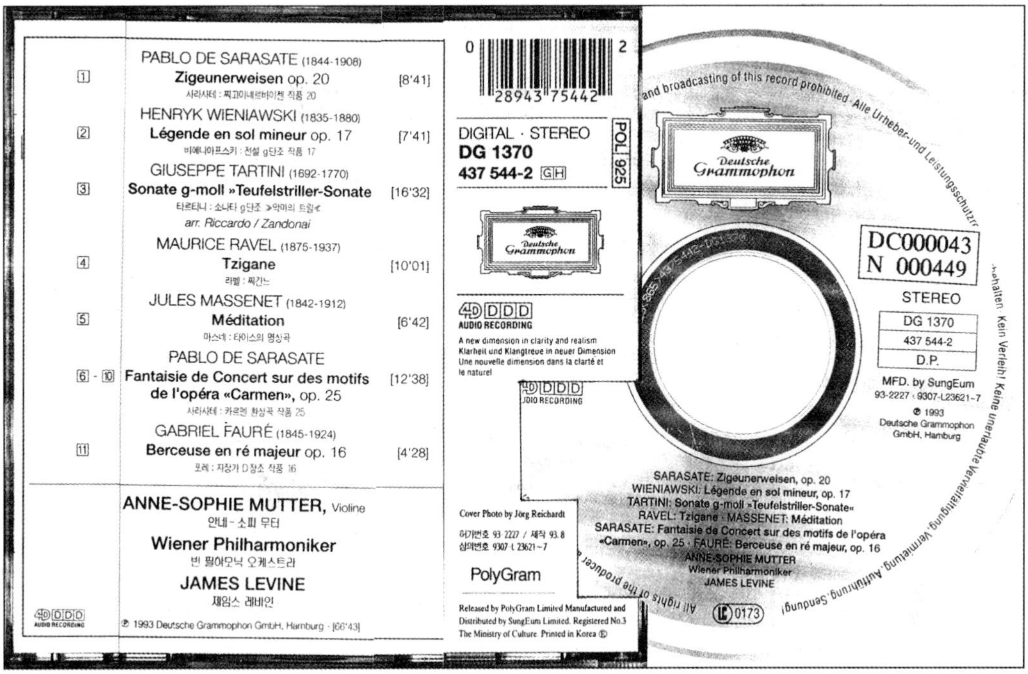

.....njmƀƀ22.....ƀaƀ4500

007 sdƀfsngnnuuned

008 ......pƀƀƀƀ1993gwƀnƀƀƀƀƀƀƀƀƀƀƀaƀƀƀƀƀƀƀ

028 01$aDG 1370 ; 437 544-2$bDG

040 ƀƀ

048 ƀƀ$bsa01

090 ƀƀ

100 1ƀ$aSarasate, Pablo de,$d1844-1908

기본표목: 100필드는 본표제로 기재되는 처음 작품의 작곡자를 기본표목하였다.

245 10$a찌고이네프바이젠 작품 20$h[녹음자료] =$xZigeunerweisen op. 20 /$dPablo de Sarazata

표제와 책임표시사항: 종합표제가 없는 수개의 작품일 때 245필드는 처음 작품의 곡명과 대등곡명, 그리고 작곡자를 기술하고(K31.1.1.5.11), 두 번째 이하의 곡명은 505필드로 내용주기 한다.

246 31$aZigeunerweisen op. 20$h[sound recording]

260 ƀƀ$aHamburg :$bDeutsche Grammophon GmbH :$bPolyGram Ltd. [release]$e(서울 :$f성음 [제작, 보급],$g1993)

발행사항: 원판의 발행사항을 260필드에 함께 기술하지 않고 주기할 때는 534필드에 '원판발행사항'이라는 표출어로 260필드의 발행사항 기재형식을 준용 주기한다.

┌ 식별기호 '$p'로 원판관련 표출어를 기술
534 bb$p원본발행사항 : $c발행지 : 발행자, 발행년
└ 원본주기 필드　　└ 식별기호 '$c'로 '원판발행지: 발행자, 발행년'형식으로 기술

300 bb$a사운드 디스크 1매 (66:43) :$b디지탈, 스테레오 ;$c12 cm
306 bb$a010643
500 bb$a본표제는 용기의 표제임
500 bb$aCompact disc digital audio

일반주기: CD는 500필드에 'Compact disc'나 'Compact disc-digital recording', 'Compact disc digital audio' 등의 용어로 주기한다(A2R.6.7B10).

500 bb$a연주시간: 8:41 (1) ; 7:41 (2) ; 16:32 (3) ; 10:01 (4) ; 6:42 (5) ; 12:38 (6-10) ; 4:28 (11)

┌ 전체곡의 연주시간
300 bb$a사운드 디스크 1매 (66:43) :$b디지탈, 스테레오 ;$c12 cm
306 bb$a010643 ← 300필드의 연주시간을 연계하여 'hhmmss'형식으로 기술
┌ 첫 번째곡의 연주시간　┌ 연번과 연번은 ';'으로 구분
500 bb$a연주시간: 8:41 (1) ; 7:41 (2) ; 16:32 (3) ; 10:01 (4) ; 6:42 (5) ; ...
└ 모아서 주기할 때 내용에 수록된 곡의 연번을 ( )로 부기

500 bb$aCover photo by Jorg Reichardt
505 0b$a2. 전설 g단조 작품 17 = Legende en sol mineur op. 17 / Henryk Wieniawski -- 3. 소나타 g단조 "악마의 트릴" = Sonate g-moll "Teufelstriller-sonate" / Giuseppe Tartini -- 4. 찌간느 = Tzigane / Maurice Ravel -- 5. 타이스의 명상곡 = Meditation / Jules Massenet -- 6-10. 카르멘 환상곡 작품 25 = Fantaisie de concert sur des motifs de l'opera "Carmen", op. 25 / Pablo de Sarasate -- 11. 자장가 d장조 작품 16 = Berceuse en re majeur op. 16 / Gabriel Faure

「**원곡명을 중심한 완전한 내용주기**」

505 0b$aContents: Legende en sol minueur op. 17 = 전설 g단조 작품 17 / Wieniawski, Henryk --
700 12$aWieniawski, Henryk.$tLegende en sol minueur op. 17$h[녹음자료]
700 12$aWieniawski, Henryk.$t전설 g단조 작품 17$h[녹음자료]

「**대등곡명 생략**」

505 0b$a2. 전설 g단조 작품 17 / Henryk Wieniawski -- 3. 소나타 g단조 "악마의 트릴" / Giuseppe Tartini --
700 12$aWieniawski, Henryk.$t전설 g단조 작품 17$h[녹음자료]
700 12$aTartini, Giuseppe.$t소나타 g단조 "악마의 트릴"$h[녹음자료]

「**대등곡명과 작곡자 생략**」

505 00$n2.$t전설 g단조 작품 17 --$n3.$t소나타 g단조 "악마의 트릴"--

제2지시기호 '0'은 내용주기되는 사항을 해당 식별기호로 기술하고, 검색어로 활용되게 한다.

511 8b$a연주: Anne-Sophie Mutter, violine ; Wiener Philharmoniker, James Levine, [지휘]
700 1b$aMutter, Anne-Sophie ← 연주자(violine) 부출표목

700 1b$aLevine, James ← 지휘자 부출표목
700 12$aWieniawski, Henryk.$t전설 g단조 작품 17$h[녹음자료] ← 내용표제와 저자명 분출표목
700 12$aTartini, Giuseppe.$t소나타 g단조 "악마의 트릴"$h[녹음자료]
700 12$aTartini, Giuseppe.$t악마의 트릴$h[녹음자료]
700 12$aRavel, Maurice.$t찌간느$h[녹음자료]
700 12$aMassenet, Jules.$t타이스의 명상곡$h[녹음자료]
700 12$aSarasate, Pablo de.$t카르멘 환상곡 작품 25$h[녹음자료]
700 12$aFaure, Gabriel.$t자장가 d장조 작품 16$h[녹음자료]

7) 대표표제가 있는 자료

.....njmƀƀ22.....ƀaƀ4500
007 sdƀbsngnnuuned
008 ......nƀƀƀƀƀƀƀƀulkptnƀƀƀƀƀƀƀƀƀƀƀƀaƀƀkorƀƀ
010
028 01$aMVC-98002$b뮤직빌리지
040 ƀƀ
048 ƀƀ$acu
090 ƀƀ
100 1ƀ$a이영조

기본표목: 한 사람의 작곡집은 작곡자를 100필드에 기본표목하고, 각 곡명과 작사자는 505필드에 내용주기하고 7XX필드로 분출표목하였다.

245 10$a逍遙遊$h[녹음자료] /$d李永朝 [作曲]

표제와 책임표시사항: 245필드는 으뜸정보원의 대표표제인 '소요유'를 본표제로 기술하였다(A2R.6.1B;1C;1F; K4.6.4.1.0.1).

260 ƀƀ$a[서울] :$b뮤직빌리지,$c[발행년미상]$f(Woong Jin Media)
300 ƀƀ$a사운드 디스크 1매 :$b디지털, 스테레오 ;$c12 cm
440 00$a李永朝合唱曲集 =$xYoung Jo Lee chorus music

총서명주기: 440필드는 식별기호 '$a'로 총서명, '$x'로 대등총서명를 기술하고, 대등총서명은 740필드로 부표목하였다.

500 ƀƀ$aCompact disc

500 ƀƀ$a제작진: 현장감독: 이전형 ; 음악감독: 박윤호 ...

제작진주기: 500필드에 식별기호 '$d'는 중요한 제작자를 한국어로 주기하고 생략된 부분은 '...'으로 표시한다.

505 0ƀ$a경(經) : 승려의 노래 -- 월정명 : 한국 고시조 -- 승무 / 조지훈 시 -- 농무 / 원동수 시 -- 소요유 / 장곡교 시 -- 탄금대 / 송요하 시 -- 절벽 / 이상 시 -- Logos I : 구약 전도서 중 -- Stabat mater : 구약 -- 동동 : 고려가요 -- 비단안개 / 김소월 시 ; 엄마야 누나야 / 김소월 시

내용주기: 505필드는 제2지시기호 'ƀ'(기본형)을 지시하여 식별기호 없이 모든 사항을 기술 하고(A2R.6.7B18; K4.6.7.3.17), 작사자와 곡명은 짝지어 700필드로 분출표목하였다.

505 0ƀ$a경(經) : 승려의 노래. -- 월정명 : 한국 고시조 -- 승무 / 조지훈 시 --
<출력>내용: 경(經) : 승려의 노래. -- 월정명 : 한국 고시조. -- 승무 / 조지훈 시 --

700 12$a조지훈,$e시.$t경$h[녹음자료] ← 내용주기된 작사자와 곡명 분출표목
700 12$a조지훈,$e시.$t월정명$h[녹음자료]
700 12$a조지훈,$e시.$t승무$h[녹음자료]
700 12$a원동수,$e시.$t농무$h[녹음자료]
700 12$a송요하,$e시.$t탕금대$h[녹음자료]
700 12$a이상,$e시.$t절벽$h[녹음자료]
700 12$a김소월,$e시.$t비단안개$h[녹음자료]
700 12$a김소월,$e시.$t엄마야 누나야$h[녹음자료]
740 ƀ2$aLogos I$h[녹음자료] ← 저작자 없는 내용곡명 분출표목
740 ƀ2$aStabat mater$h[녹음자료]
740 ƀ2$a동동$h[녹음자료]
740 ƀƀ$aYoung Jo Lee chorus music$h[녹음자료] ← 대등총서명 부출표목

부표목: 505필드로 기술된 곡명은 저자가 있는 것은 700필드로, 저자가 없는 것은 740필드로 각각 분출표목하였다(A2R.6.7B5). 이때 본표제로 기재된 대표표제는 내용은 주기하되 중복을 피해 분출표목 하지 않는다.

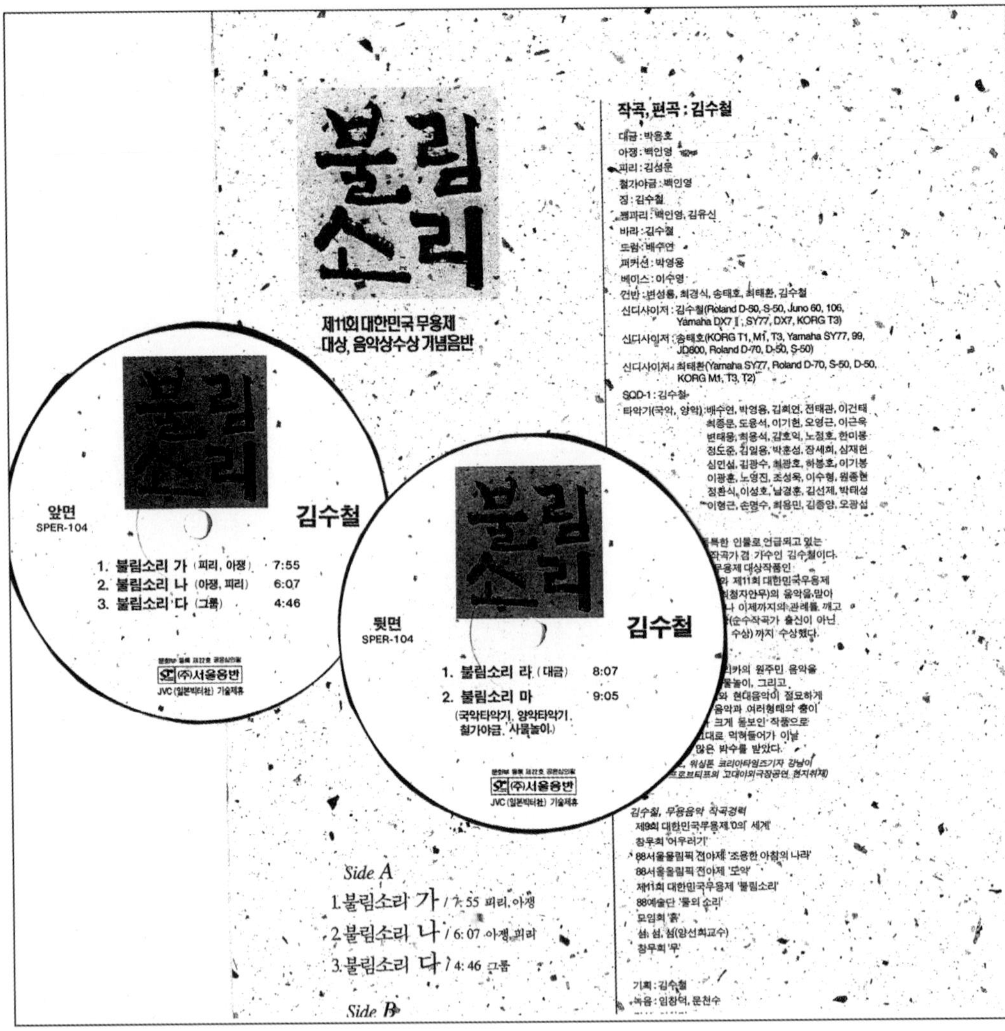

.....njmƀƀ22.....ƀaƀ4500
007 sdƀƀsmennuulce
008 ......s1992ƀƀƀƀulkuunƀƀƀƀƀƀƀƀƀƀƀƀaƀƀkorƀƀ
028 01$aSPER-104$b서울음반
040 ƀƀ
090 ƀƀ
100 1ƀ$a김수철

기본표목: 한 사람이 작곡하고 편집한 곡을 여러 종류의 악기를 동원하여 연주한 자료이기 때문에 작곡자를 100필드에 기본표목하였다.

245 10$a불림소리$h[녹음자료] :$b제11회 대한민국무용제 대상, 음악상 수상기념음반 /$d 김수철 작곡, 편곡

표제와 책임표시사항: 245필드는 으뜸정보원의 대표표제를 본표제로 하여 GMD, 표제관련정보, 저작자명을 해당 식별기호로 기술하였다(K31.1.1.1.8).

260 ƀƀ$a서울 :$b서울음반,$c1992

300 ƀƀ$a사운드 디스크 1매 :$b아날로그, 33⅓ 회전, 스테레오 ;$c30 cm

500 ƀƀ$a연주시간: 앞면. 7:55(1) ; 6:07(2) ; 4:46(3) ; 뒷면. 8:07(1) ; 9:05(2)

재생시간주기: 재생시간을 내용주기에 곡명별로 기술하지 않고 500필드에 모아서 주기할 때는 '연주시간' 이라는 표출어로 각각을 연번과 짝지어 주기한다.

= 500 ƀƀ$a연주시간: 앞면. 7:55(1) ; 6:07(2) ; 4:46(3) ; 뒷면. 8:07(1) ; 9:05(2)

= 500 ƀƀ$a연주시간: 7:55(앞면.1) ; 6:07(앞면.2) ; 4:46(앞면.3) ; 8:07(뒷면.1) ; 9:05(뒷면.2)

505 0ƀ$a앞면. 1. 불림소리 가 (피리, 아쟁). 2. 불림소리 나 (아쟁, 피리). 3. 불림소리 다 (그룹) -- 뒷면. 1. 불림소리 라 (대금). 2. 불림소리 마 (국악타악기, 양악 타악기, 철가야금, 사물놀이)

내용주기: 505필드는 내용곡명을 주기로만 기술되게 하기 위하여 제2지시기호 'ƀ'를 지시하고, 각 사항별 식별기호를 부여하지 않았다. 그리고 으뜸정보원에 표시된 연주수단인 악기명을 잡정보로 ( )에 묶어 부기하였다.

┌ 연주수단은 ( )에 묶어 기술

505 0ƀ$a앞면. 1. 불소리 가 (피리, 아쟁). 2. 불소리 나 (아쟁, 피리).

<출력>내용: 앞면. 1. 불소리 가 (피리, 아쟁). 2. 불소리 나 (아쟁, 피리).

└ 동일한 곡명이지만 '가', '나'가 연주수단의 중요도에 따라 선후로 표시하였기 때문에 각각 기술

제2지시기호 'ƀ'은 부출표목을 지원하지 않으므로 주기로만 출력된다.

511 8ƀ$a연주: 박용호(뒷면 1), 대금 ; 백인영(앞면 2. 뒷면 2), 아쟁, 철가야금 ; 김성운(앞면 1), 피리 ; 김수철, 징, 바라 ; 김유식, 꽹과리 ; 배수연, 드럼 ; 박영용, 퍼커션 ; 이수영, 베이스

연주자주기: 511필드는 내용곡명에 연주수단이 표제관련정보로 부기되어 있기 때문에 연주자명을 연주수단과 작품의 연번을 연계시켜 주기하였다(A2R.6.7B6).

586 ƀƀ$a대한민국무용제대상 음악상 수상, 제11회

수상: 586필드는 '수상', 'Awards'라는 표출어로 수상명, 회차, 연도를 주기한다. 이때 자동생성되는 '수상'이라는 표출어 이외의 다른 언어의 표출어는 기술시 함께 주기해야 한다(K4.1.7.3.24).

586 ƀƀ$a수상명, 회차나 연도 <출력>**수상: 수상명, 회차나 연도**

'수상'이라는 표출어는 제1지시기호 'ƀ'의 지시로 자동생성된다.

586 8ƀ$aAwards: Academy Award for Best Picture, 1987

제1지시기호 '8'(표출어 생성 않음)을 지시하고, 정형화되지 않은 표출어와 함께 주기한다.

700 1ƀ$a박용호 ← 연주자(대금) 부출표목

700 1ƀ$a백인영 ← 연주자(아쟁) 부출표목

700 1ƀ$a김성운 ← 연주자(피리) 부출표목

700 1ƀ$a김유식 ← 연주자(꽹과리) 부출표목

700 1ƀ$a배수연 ← 연주자(드럼) 부출표목

700 1ƀ$a박영용 ← 연주자(퍼커션) 부출표목

700 1ƀ$a이수영 ← 연주자(베이스) 부출표목

.....njmbb22.....bab4500
007 sdbfsngnnuuned
008 ......s1996bbbbysbuunbbbbbbbbbbbabbengbb
028 01$aCUL 107D$bCulburnie Records
033 1b$a199412--$a199505--$bn-ul

녹음일시와 장소: 033필드는 숫자적부호로 기술하고, 518필드는 서술형식으로 주기한다.

```
┌ 제1지시기호 '2'는 일시의 범위를 지시하는 것으로 '...에서 ...까지'일 때 지시
|    ┌ 처음 녹음일시인 1994년 12월을 숫자적부호로 기술
033 2b$a199412--$a199505--$bn-ul
           |   |              └ 외국지명의 문자적 부호(부속서6)
           |   └ 마지막 녹음일시인 1995년 5월을 숫자적부호로 기술
           └ 날짜를 확인할 수 없을 때는 '-'로 표시.
            ┌ 녹음일시
518 bb$aRecorded December 1994 to May 1995 at Bear Creek Studio, Santa Cruz,
    California                                  └ 녹음장소
    └ 녹음장소의 식별을 위한 상위지명
```

040 bb
090 bb
100 1b$aMachlis, Paul
245 11$a(The) Bright field$h[sound recording] /$dPaul Machlis with Alasdair Fraser, Barry Philips and William Coulter

표제와 책임표시사항: 245필드는 수록된 곡명 중 대표표제로 나타낸 곡명을 본표제로 기술하고, 책임표시는 대표작곡자와 함께한 공작곡자를 기술하였다. 이때 두 번째 이하 작곡자 간에는 식별기호 '$e'로 기술하지 않고 M21에서와 같이 정보원에 나타난 대로 서술형식으로 기술하였다. 그리고 100필드(기본표목)에 기술되지 않은 두 번째 이하의 저작자는 700필드로 부표목하였다.

```
    ┌ 첫 번째 발행지명        ┌ 두 번째 지명은 식별기호 '$a'를 반복 ';'으로 구분 기술
    |                         |  ┌ 두 번째 발행지명        ┌ 발행자(사)
260 bb$aGlasgow, Scotland ;$aNevada City, CA :$bCulburnie Records, $ccl996
  └ 해당 지명과 상위지명 간은 ','로 구분
```

발행사항: 260필드에 2개 이상의 발행지명을 함께 기술할 때는 식별기호 '$a'를 반복하여 각각 기재하고, 지명과 지명의 구분은 ';'으로 한다. 지명만으로 식별이 불분명할 때는 해당 지명에 상위지명을 부기한다.

300 bb$a1 sound disc (45 min.) :$bdigital, stereo ;$c4¾ in
306 bb$a004500
500 bb$aPopular music
500 bb$aCompact disc
505 8b$aContents: Wintersuite (7:09) -- Buchanan mist (3:40) -- The promenade (3:43) -- Dancing boots (2:09) -- The selkie (5:37) -- The early morn (3:46) -- Shetland air (5:37) -- Eamonn a Chnic g(3:32) -- Along the western shore (4:47) -- Pennan Den (3:26) -- The bright field (4:52)

```
┌ 제1지시기호 '8'은 표출어를 사용하지 않거나 정형화되지 않은 표출어 기술을 지시
|    ┌ 정형화되지 않은 표출어        ┌ 동일인의 연주수단 간에는 ','로 구분
|    |                               |                    ┌ 다른 연주수단 간은 ';'으로 구분
511 8b$aCast: Paul Machlis, piano, keyboards ; Alasdair Fraser, violin, viola ;
```

Barry Philips, violoncello ; William Culter, guitar

연주자주기: 연주자가 2개 이상의 연주수단으로 연주한 경우는 연주수단을 ','로 구분하여 함께 기술한다.

518 ɓɓ$aRecorded December 1994 to May 1995 at Bear Creek Studio, Santa Cruz, California
700 1ɓ$aFraser, Alasdair ← 연주자(violin, viola) 부출표목
700 1ɓ$aPhilips, Barry ← 연주자(violoncello) 부출표목
700 1ɓ$aCulter, William ← 연주자(guitar) 부출표목
700 1ɓ$aMachlis, Paul ← 연주자(piano) 부출표목
740 ɓ2$aWintersuite$h[sound recording] ← 내용주기된 곡명 분출표목
740 ɓ2$aBuchanan mist$h[sound recording]
740 ɓ2$aPromenade$h[sound recording]
740 ɓ2$aDancing boots$h[sound recording]
740 ɓ2$aSelkie$h[sound recording]
740 ɓ2$aEarly morn$h[sound recording]
740 ɓ2$aShetland air$h[sound recording]
740 ɓ2$aEamonn a Chnic$h[sound recording]
740 ɓ2$aAlong the western shore$h[sound recording]
740 ɓ2$aPennan Den$h[sound recording]
740 ɓ2$aBright field$h[sound recording]

8) 합취입된 자료

(a) 한 사람의 작품

.....njmƀƀ22.....ƀaƀ4500
007 sdƀfsngnnuuned
008 ......pƀƀƀƀ1993ulksynƀƀƀƀƀƀƀƀƀƀƀaƀƀƀƀƀƀƀ
028 01$a440 543-2(DO 0283)$bDECCA
090 ƀƀ
100 1ƀ$aBrahms, [Johannes],$d1833-1897
240 ƀ0$a교향곡,$n제1번, 작품 68,$rC단조
245 10$aSymphony no. 1 in C minor, op. 68$h[sound recording] /$d[Johannes] Brahms

표제와 책임표시사항: 245필드는 처음 곡명을 본표제로 기술하고, 두 번째 곡명은 연주자가 다르기 때문에 501필드에 합철주기하였다.

「두 번째 곡명을 합철로 주기한 예」

245 10$a첫 번째 곡명$h[GMD] /$d작곡자
501 ƀƀ$a두 번째 곡명 ; 세 번째 곡명 / 작곡자
511 8ƀ$a연주: 본표제곡의 독주자, 연주수단 ; 연주단체명, 지휘자
511 8ƀ$a연주(합철): 합철된 곡의 독주자, 연주수단 ; 연주단체명, 지휘자

501 ƀƀ$a두 번째 곡명 ; 세 번째 곡명 / 작곡자 (독주자, 연주수단 ; 연주단체명, 지휘자)

합철자료를 모두 본표제로 기재한 예

245 10$aSymphony no. 1 in C minor, op. 68 ;$aAlto rhapsody, op. 53 /$d [Johannes] Brahms$h[sound recording]

표제와 책임표시사항: 동일 작곡자의 저작이므로 245필드는 식별기호 '$a'를 반복하여 두곡을 함께 본표제로 기술하고, 연주자주기는 511필드를 반복하여 각각을 주기하였다.

511 8ƀ$aCast(첫 번째 곡): Vienna Philharmonic Orchestra, Zubin₩ Mehta, cond.

511 8ƀ$aCast (두 번째 곡): Helen Watts, contralto ; Les Choeurs de la Radio Suisse Romande et Pro Arte de Lausanne, Andre Charlet, chorus master ; L'Orchestre de la Suisse Romande, Ernest Ansermet, cond.

연주자주기: 511필드는 본표제로 기술된 곡명의 독주자와 지휘자를 주기하고, 그리고 본표제로 기재된 곡명의 독주자나 지휘자는 표출어에 '첫번째 곡', '두번째 곡'를 ( )로 부기하여 구분주기 하였다. 연주자로 주기된 독주자와 지휘자는 700필드로 부표목하였다.

260 ƀƀ$a[S.l.] :$bDecca ;$aHamburg :$bPolyGram Ltd[release] ;$a서울 :$b중앙일보사 [보급]$e(서울 :$f성음사,$g1993)

300 ƀƀ$a1 sound disc :$bdigital, stereo

440 00$aHeritage of Music ;$v43

총서주기: 440필드는 자동 부출 되는 총서명을 기술하고, 490필드는 주기로만 기술하거나 다르게 부표목 되는 총서명을 기술한다. (A2R.6.6A1; K4.6.6.0.1).
490필드에 제1지시기호 '1'은 830필드와 연계시켜 다르게 부표목되는 총서명에 지시한다.

500 ƀƀ$aCompact disc digital audio

501 ƀƀ$aWith: Alto rhapsody, op. 53 ← 합철주기된 곡명은 740필드로 부표목

511 8ƀ$aCast: Vienna Philharmonic Orchestra, Zubin Mehta, cond.

511 8ƀ$aCast (With): Helen Watts, contralto ; Les Choeurs de la Radio Suisse Romande et Pro Arte de Lausanne, Andre Charlet, chorus master ; L'Orchestre de la Suisse Romande, Ernest Ansermet, cond.

연주자주기: 511필드는 본표제로 기술된 곡명의 독주자와 지휘자를 주기하고, 그리고 501로 합철주기 된 곡명의 연주자주기(독주자나 지휘자)는 511필드를 반복하여 표출어에 '합철' 또는 'With'를 ( )로 묶어 구분주기하였다. 연주자로 주기된 독주자와 지휘자는 700필드로 부표목하였다.

630 04$a광상곡,$n작품 53

통일표제: 합철주기 된 곡명의 통일표목은 630필드로 주제명부표목하였다.

700 1ƀ$aMehta, Zubin ← 지휘자(본표제곡) 부출표목

700 1ƀ$aWatts, Helen ← 연주자(본표제곡) 부출표목

700 1ƀ$aCharlet, Andre ← 합창지휘자(합취입곡) 부출표목

700 1ƀ$aAnsermet, Ernest ← 지휘자(합취입곡) 부출표목

710 ƀƀ$aVienna Philharmonic Orchestra ← 연주단체명(본표제곡) 부출표목

740 ƀƀAlto rhapsody, op. 53$h[sound recording] ← 합철곡명 부출표목

(b) 두 사람 이상의 작품

.....njmƀƀ22.....ƀaƀ4500
007 sdƀbsmennuulce
008 ......rƀƀƀƀ1957usƀsunƀƀƀƀƀƀƀƀƀƀƀaƀƀƀƀƀƀƀ
028 01$aH/HS 25053$bMGM
048 ƀƀ$asa02$asb01$asc01
090 ƀƀ
100 1ƀ$aHiller, Lejaren

기본표목: 2인 이상의 공작곡자인 경우 100필드는 첫 번째 작곡자를 기본표목한다.

240 ƀ0$a조곡,$m현
245 10$aIlliac suite for string quartet$h[sound recording] /$dLejaren Hiller and Leonard Isaacson

표제와 책임표시사항: 245필드는 제1면의 곡명과 작곡자를 해당 식별기호로 기술하였다(A2R.6.1A1; K4.6.4.0.1).

「KORMARC」

```
                              ┌ 동서형식의 역할어는 저자명의 뒷부분에 기재
                              │   ┌ 역할을 달리한 저자자는 ';'으로 구분
... /$dK. B. Lewis,$eP. Larkin 작곡 ;$eT. T. Rongo
  │              │└ '$e'는 두 번째 이하의 저작자나 역할을 달리한 저작자의 구분기호
  │              └ 동일 역할의 저작자 간은 ','로 구분
  └ '/$d'는 처음저작자의 구분기호
```

「M21」

┌ 양서형식의 역할어는 저자명 앞부분에 기재
... /#cby K. B. Lewis and P. Larkin ; text by T. T. Rongo.
| | └ ';'은 역할을 달리한 저작자의 구분을 위한 기호
| └ 동일 역할의 저작자는 'and'로 기술(A2R.1.1F4)
└ '/#c'는 책임표시를 위한 구분기호와 식별기호로 M21에서는 포함되는 각각의 기재사항을 식별기호 없이 ISBD부호로만 기재

260 ɓɓ$aNew York :$bMGM Records
300 ɓɓ$a1 sound disc :$banalog, 33⅓ rpm, stereo ;$c30 cm
490 10$aComputer music from the university of Illinois

┌ 제1지시기호 '1'은 다르게 부표목되는 총서명을 830필드와 연계한 지시
490 10$aComputer music from the university of Illinois
830 ɓ0$aComputer music (University of Illinois)
| └ 490필드의 총서명과 다르게 부출표목되는 총서명
└ 제2지시기호 '0'은 총서명에 ( )로 기재되는 관제가 없을 때 지시

500 ɓɓ$aTitle from container
500 ɓɓ$aString quartet: William Mullen, David Rosenboom, violin ; Theodore Lucas, viola ; Lee Duckles, cello
500 ɓɓ$aNotes on container by Lejaren Hiller
500 ɓɓ$aOriginally released in 1957 (side 1) and 1963 (side 2)

작품발표: 본 예는 두 작품의 최초 발행년이 다르기 때문에 500필드에 발행년을 주기하고 수록된 면수를 ( )에 부기한다.

500 ɓɓ$aMGM: Metro-Goldwyn-Mayer, Inc.

일반주기: 500필드는 본표제의 정보원, 작품의 발행년도, 작품의 해설, 연주단체의 구성원, 발행처 등의 약어에 대한 정식명칭을 일반주기한다.

501 ɓɓ$aWith (side 2): Computer cantata / Lejaren Hiller and Robert Baker

합취입주기: 501필드는 제2면의 곡명을 합취입 주기하고, 합취입주기된 곡명, 작곡자, 연주자는 7XX필드로 부표목하였다.

511 8ɓ$aCast (side 1): University of Illinois Composition String Quartet
511 8ɓ$aCast (side 2): Helen Hamm, soprano ; The Contemporary Chamber Players of the University of Illinois, Jack McKenzie, cond.
630 04$a칸타타

주제명표목: 본표제의 통일표제는 240필드에 해당 식별기호로 기술하고, 합철된 자료의 통일표제는 630필드로 주제명부표목하였다.

700 1ɓ$aIsaacson, Leonard ← 기본표목되지 않은 공작곡자 부출표목
700 1ɓ$aHamm, Helen ← 독주자(본표제곡) 부출표목
700 1ɓ$aMcKenzie, Jack ← 지휘자(본표제곡) 부출표목
700 12$aHiller, Lejaren.$tComputer cantata$h[sound recording] ← 합취입주기된 첫 번째 작곡자와 곡명 분출표목
700 12$aBaker, Robert.$tComputer cantata$h[sound recording] ← 합취입주기된 두 번째 작곡자와 곡명 분출표목
710 ɓɓ$aUniversity of Illinois Composition String Quartet ← 연주단체명(본표제곡) 부출표목
830 ɓ0$aComputer music (University of Illinois) ← 다르게 부출되는 총서명부출표목

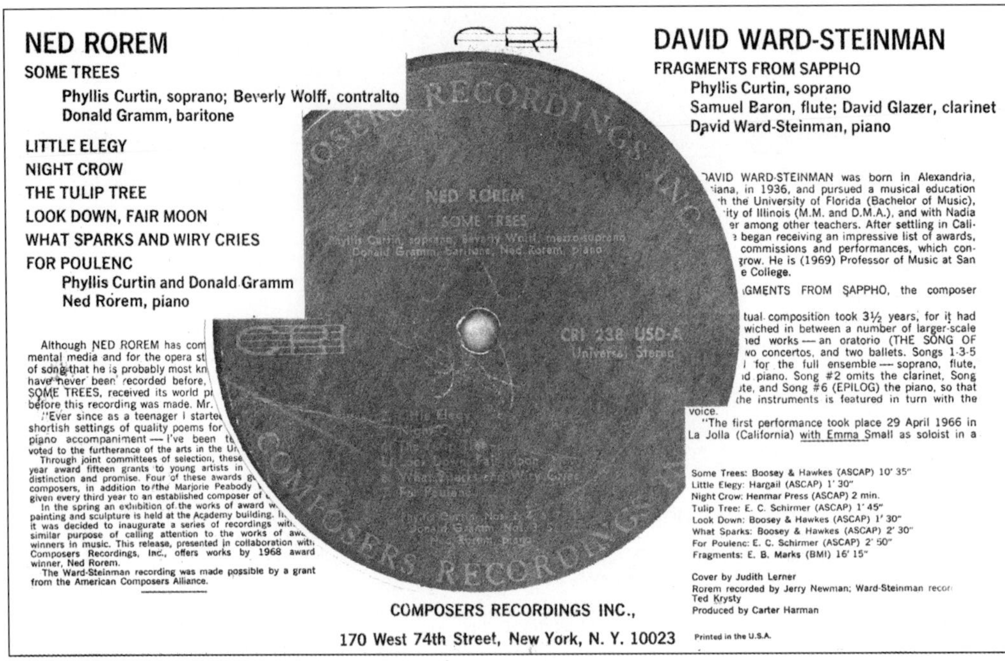

.....njmbb22.....bab4500
007 sdbbsmennuulce
008 ......nbbbbbbbbusbsgnbbbbbbbbbbbabbengbb
028 01$aCRI 238 USD$bComposers Recording
040 bb
048 bb$ava01$avu01$ave01$aka01
090 bb
100 1b$aRorem, Ned

제1면은 Ned Rorem이 작곡한 7개 곡을 4인의 연주자가 연주그룹을 달리하여 취입하였고, 제2면은 David Ward-Steinman이 작곡한 곡을 그룹을 달리한 연주자가 취입한 자료이다.
기본표목: 100필드는 제1면의 작곡자를 기본표목하고, 이면의 곡명은 501필드로 합취입주기하였다.

245 10$aSome trees$h[sound recording] /$dNed Rorem

표제와 책임표시사항: 245필드는 제1면의 처음곡명을 본표제로 하고, 해당 작곡자를 식별기호 '$d'로 기술하였다. 그리고 두 번째 이하의 곡명은 505필드로 내용주기하였다.

260 bb$aNew York :$bComposers Recordings Inc.
300 bb$a1 sound disc :$banalog, 33⅓ rpm, stereo ;$c30 cm
500 bb$aTitle from container

표제정보원: 500필드는 으뜸정보원 이외에서 기술한 본표제의 정보원을 주기하였다(A2R.6.7B3).

500 bb$aNotes on container
500 bb$aCredits: Cover by Judith Lerner ; Rorem recorded by Jerry Newman ; Ward-Steinman recorded by Ted Krysty

501 ƀƀ$aWith (on verso): Fragments from sappho / David Ward-Steinman (Phyllis Curtin, soprano ; Samuel Baron, flute ; David Glazer, clarinet ; David Ward-Steinman, piano) (16:15)

합취입주기: 501필드는 제2면의 곡명, 작곡자, 연주자를 합취입주기하였다. 합취입의 기술은 245필드의 기술본체와 동일한 형식으로 기술하고, 연주자는 ( )에 511필드의 연주자주기 형식으로 기술한다(A2R.6.7B21; K4.6.7.3.20). 합취입주기된 곡명과 작곡자는 7XX필드로 분출표목하였다.

505 8ƀ$aContents: 1. Some trees (10:35) -- 2. Little elegy (1:30) -- 3. Night crow (2:00) -- 4. The Tulip tree (1:45) -- 5. Look down, fair moon (1:30) -- 6. What sparks and wiry cries (2:30) -- 7. For poulenc (2:50)

내용주기: 505필드는 제1면에 수록된 내용곡명을 연번과 짝지어 주기하였다(A2R.6.7B18; K4.6.7.3.17). 다음은 내용주기의 권차와 연번에 대한 기술형식이다.

「내용표제(권차를 생략)」

505 8ƀ$aContents: Some trees (10:35) -- Little elegy (1:30) -- Night...

「면수와 내용표제」

505 8ƀ$aContents: side 1. Some trees (10:35). Little elegy (1:30) --

「면수와 연번 및 내용표제」

505 8ƀ$aContents: side 1.1. Some trees (10:35). 2. Little elegy (1:30) --

「권차의 표제와 연번의 표제」

505 8ƀ$aContents: side 1. Ned Rorem. 1. Some trees (10:35). 2. Little elegy (1:30). 3. Night crow (2:00) -- Side 2. David Ward-Steinman. 4. The Tulip tree (1:45)

재생시간주기: 505필드에 내용주기된 각 곡의 연주시간과 501필드에 합철주기된 표제의 연주시간은 해당 곡명에 ( )로 묶어 부기하였다.

다음은 수록된 각 곡명의 연주시간을 500필드에 '재생시간', 'Duration'이라는 표출어로 서술형이나 축약형으로 모아서 주기하는 몇 가지 방법을 예로 제시한 것이다(A2R.6.7B10; K4.6.7.3.9).

500 ƀƀ$a연주시간: 10분 35초 ; 1분 30초 ; ... ← 서술형식의 연주시간 주기
500 ƀƀ$a연주시간: Side A. 10 min., 35 sec. ; 1 min., 30 sec. Side B. ...
500 ƀƀ$a연주시간: Side A. 10:35 ; 1:30 ; ... ← 축약형식의 연주시간 주기
500 ƀƀ$a연주시간: Side A. 10 min., 35 sec.(1) ; 1 min., 30 sec.(2). Side B. ...
500 ƀƀ$a연주시간: 10 min., 35 sec.(side A. 1) ; 1 min., 30 sec.(side A. 2) ; ...
500 ƀƀ$aDuration: ...

┌ 제1지시기호 '8'은 식별기호 '$a'로 표출어를 직접 입력할 때 지시
| ┌ 연주자명 ┌ 연주수단 ┌ 내용주기된 연주곡의 연번
511 8ƀ$aCast: Phyllis Curtin, soprano (1, 2, 4, 6, 7) ; Beverly Wolff, contralto (1) ; Donald Gramm, baritone (1, 3, 5) ; Ned Rorem, piano (2, 3, 4, 5, 6, 7)
630 ƀ0$a성악
700 1ƀ$aCurtin, Phyllis ← 연주자(소프라노) 부출표목
700 1ƀ$aWolff, Beverly ← 연주자(콘트랄도) 부출표목
700 1ƀ$aGramm, Donald ← 연주자(바리톤) 부출표목

700 1ƀ$aBaron, Samuel ← 연주자(피아노) 부출표목

700 1ƀ$aGlazer, David ← 연주자(클라리넷) 부출표목

┌ 제1지시기호 '1'은 성으로 시작하는 이름일 때
| ┌ 제2지시기호 '2'는 작곡자명과 곡명을 분출할 것을 지시
| | ┌ '$a'로 작곡자명을 기술 ┌ '$t'로 곡명을 기술

700 12$aWard-Steinman, David.$tFragments from sappho$h[sound recording] ← 합취입주기된 작곡자와 곡명 분출표목

740 ƀ2$aLittle elegy$h[sound recording] ← 내용주기된 곡명 분출표목

740 ƀ2$aNight crow$h[sound recording]

740 ƀ2$aTulip tree$h[sound recording]

740 ƀ2$aLook down, fair moon$h[sound recording]

740 ƀ2$aWhat sparks and wiry cries$h[sound recording]

740 ƀ2$aFor poulenc$h[sound recording]

9) 연주자 위주의 자료

(a) 독주자료

.....njmƀƀ22.....ƀaƀ4500

007 sdƀfsngnnuuned

008 ......s1999ƀƀƀƀulkuunƀƀƀƀƀƀƀƀƀƀƀaƀƀƀƀƀƀ

010

028 03$aKICP-017$b국립문화재연구소

040 ƀƀ

090 ƀƀ

245 00$a김봉업 줄소리·해금가락$h[녹음자료] =$xChulsori & Haegum solo of Kim Pong-Op /$d국립문화재연구소

> **표제와 책임표시사항**: 245필드는 식별기호 '$a'로 대표표제를 줄머리잡기로 기술하고, '$x'로 영어표제를 대등표제로 기술하였다.

246 31$aChulsori & Haegum solo of Kim Pong-Op ← 대등표제 부표목

260 ƀƀ$a[S.l.] :$b국립문화재연구소,$c1999

300 ƀƀ$a사운드 디스크 1매 :$b디지털, 스테레오 ;$c12 cm

490 10$a국립문화재연구소 소장자료 시리즈 ;$v6

> **총서명주기**: 총서명이 연구소명을 포함하고 있기 때문에 이를 490필드에 제1지시기호 '1'로 지시하고, 830필드에 연구소명을 제외한 총서명으로 부표목하였다.

500 ƀƀ$aCompact disk digital audio

500 ƀƀ$a용기의 총서표제: Korean traditional music collection 6

일반주기: 본 예는 총서표제가 용기와 으뜸정보원이 상이하기 때문에 500필드에 정보원을 표출어로 주기하고 740필드로 부표목하였다.

505 0ƀ$a줄소리 (29:34). 1. 설명. 2. 줄아니리 1.2. 중타령. 3. 절이름타령. 중타령. 팔선녀 타령. 중근본들어라. 장삼을 벗는다. 왕지타령. 새타령. 줄타리설명 -- 해금독주 (16:38). 4. 방아타령. 5. 노랫가락. 6. 베틀가. 7. 오돌독. 8. 도라지타령. 9. 아리랑. 10. 경기아리랑. 11. 태평가. 12. 양산도. 13. 창부타령. 14. 국거리

내용주기: 내용의 구성은 대표표제와 곡명으로 되어 있고, 동일번호 내에도 수개의 곡명이 있기 때문에 505필드는 대표표제와 해당 곡명를 연번과 함께 주기하였다(A2R.6.7B18; K4.6.7.3.17).

「**대표표제로 간략히 주기**」

505 0ƀ$a줄소리 (29:34) -- 해금독주 (16:38)

「**대표표제와 내용곡명을 함께 주기**」

┌ 대표표제를 먼저 기술 대표표제 사이는 '--'로 구분 ┐
505 0ƀ$a줄소리 (29:34). 1. 설명. 2. 줄아니리 1.2. 중타령... -- ....
└ 내용의 연번과 연번 사이는 '.'로 구분
└ 대표표제 내의 연번은 표제와의 사이를 '.'로 구분.
└ 대표표제에만 연주시간이 있기 때문에 연주시간을 표제관련정보로 기술

511 8ƀ$a연주: 김봉업

연주자주기: 연주자명이 본표제에 포함되어 있을 때에도 511필드는 연주자명을 주기한다. 그리고 본 예에서는 주기된 연주자명이 본표제의 처음부분에 나타나 있기 때문에 부표목으로는 지시하지 않았다. 그러나 문자를 달리한 연주자명이 표목을 필요로 할 때는 이를 부표목한다.

700 1ƀ$a김봉엽

연주자 부출표목: 여러 작곡자의 곡을 1인이 독주한 자료를 독주자로 기본표목하지 않고 부출표목으로 하였다(A2R.21.23C1).

700 1ƀ$aKim, Pong-Op ← 연주자(영어명) 부출표목

한국인명이 영어로 표목될 때는 영어형식에 준하여 '성, 이름' 으로 표목한다.

710 ƀƀ$a국립문화재연구소 ← 저작단체명 부출표목
740 ƀƀ$aKorean traditional music collection ;$v6 ← 용기의 대등총서명 부출표목
830 ƀ0$a소장자료 시리즈(국립문화재연구소) ;$v6 ← 다르게 표목되는 총서명 부출표목

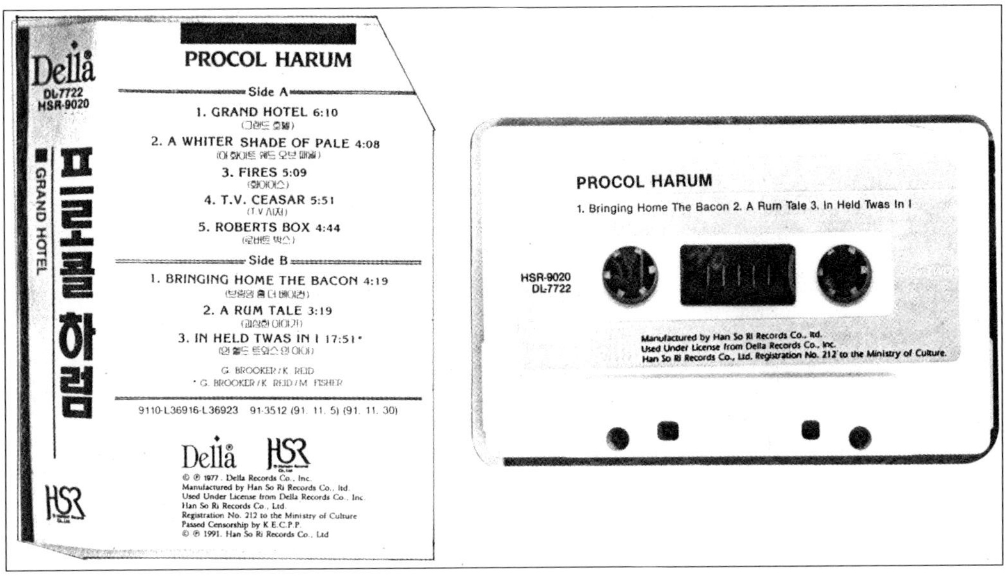

.....njmƀƀ22.....ƀaƀ4500
007 ssƀlsnjlbuuuue
008 ......p19771991ulkuunƀƀƀƀƀƀƀƀƀƀƀƀaƀƀengƀƀ
028 01$aDL-7722$bDella
028 01$aHSR-9020$bHSR
040 ƀƀ
090 ƀƀ
245 00$aProcol Harum$h[sound recording] =$x프로콜 하럼

이 자료는 한국어 곡명과 영어곡명을 함께하고 있으나 한국어 곡명은 영어발음으로 나타낸 것이기 때문에 영어곡명을 중심으로 목록하였다.
표제와 책임표시사항: 245필드는 으뜸정보원에 나타난 연주자명으로 된 영어곡명을 본표제로, 한국어 곡명을 대등표제로 표제줄머리잡기로 기술하였다(A2R.1.1B3;2B3). 연주자명은 511필드로 연주수단과 함께 주기하고, 700필드로 '성, 이름' 순으로 부표목하였다.

246 31$a프로콜 하렘$h[sound recording]
260 ƀƀ$a[S.l.] :$bDella Records Co.,$c1977$e(서울 :$f한소리레코드,$g1991)

발행사항: 260필드는 원판의 발행사항 'Della Records Co.'를 기술하고, '한소리레코드사'는 제작사항으로 발행사항 다음에 ( )에 묶어 기술하였다(A2R.6.4F; K4.6.4.0.1). 제작처에 관한 사항이 한국어와 영어로 함께 나타나 있을 때는 내용과 동일한 문자로 기술하는 것이 원칙이지만 여기에서는 한국어로 기술하였다.

「발행지와 제작지가 상이할 때」
260 ƀƀ$a발행지 :$b발행자,$c발행년$e(제작지 :$f제작자,$g제작년)

「발행지와 제작지가 동일할 때」
260 ƀƀ$a발행지 :$b발행자,$c발행년$f(제작자,$g제작년)

「발행지와 제작년이 동일할 때」
260 ƀƀ$a발행지 :$b발행자,$c발행년$f(제작자)

300 ȸȸ$a1 sound cassette :$banalog, 1 7/8 ips, 2 track, stereo ;$c4 1/4 × 3 1/2 in. 1/4 in. tape
505 8ȸ$aContents: side 1. Grand hotel (6:10). A Whiter shade of pale (4:08). Fires (5:09). T. V. Ceasar (5:51). Roberts box (4:44) -- side 2. Bringing home the bacon (4:19). A Rum tale (3:19). In held twas in I (17:51)
511 8ȸ$aSong: Procol Harum
700 1ȸ$aHarum, Procol

독주자 부출표목: 여러 작곡자의 곡을 1인이 독주한 자료로 독주자를 기본표목하지 않고 부출표목하였다 (A2R.21.23C1).

740 ȸ2$aGrand hotel$h[sound recording] ← 내용주기된 곡명 분출표목
740 ȸ2$aWhiter shade of pale$h[sound recording]
740 ȸ2$aFires$h[sound recording]
740 ȸ2$aT. V. Ceasar$h[sound recording]
740 ȸ2$aRoberts box$h[sound recording]
740 ȸ2$aBringing home the bacon$h[sound recording]
740 ȸ2$aRum tale$h[sound recording]
740 ȸ2$aIn held twas in I$h[sound recording]

.....njmƀƀ22.....ƀaƀ4500
007 sdƀfsngnnuuned
008 ......s1997ƀƀƀƀulksgnƀƀƀƀƀƀƀƀƀƀƀaƀƀkorƀƀ
040 ƀƀ
048 ƀƀ$bva02
090 ƀƀ
245 00$a신영옥 조수미 열창$h[녹음자료]

표제와 책임표시사항: 245필드는 자료에 나타난 인명으로 된 곡명을 줄머리잡기로 기술하였다.

260 ƀƀ$a서울 :$bSamsung Entertainment Group,$c1997$f(Samsung Electronics Co.)
300 ƀƀ$a사운드 디스크 1매 :$b디지탈, 스테레오 ;$c12 cm.
500 ƀƀ$a리더스투데이 창간 기념특별부록
500 ƀƀ$aCompact disc
500 ƀƀ$a모체자료명: 리더스투데이 (Today readers)
505 0ƀ$a1. 동심초 / 김성태 -- 2. 내마음 / 김동진 -- 3. 보칼리즈 / 라흐마니노프 -- 4. 그리운 이름이여 : 베르디 오페라 리골레토 중 / 베르디 -- 5. 오 나의 사랑하는 아버지 : 푸치니 오페라 자니스키키 중 / 푸치니 -- 6. 아베마리아 / 구노 -- 7. 빛나는 세라핌 / 헨델 -- 8. 님이 오시는지 / 김규환 -- 9. 그리운 금강산 / 최영섭 -- 10. 사랑의 기쁨 / 마르티니 -- 11. 그대의 달콤한 목소리 (청교도) / 벨리니 -- 12. 인형의 노래 (호프만의 이야기) / 오펜 바하 -- 13. 나의 후작님 (박쥐) / 스트라우스 -- 14. 노래의 날개위에 / 멘델스존

내용주기: 505필드는 제2지시기호 'ƀ'(기본형)으로 지시하여 내용곡명, 작곡자를 짝지어 식별기호 없이 기술하고, 700필드로 분출표목하였다.

511 8ᵬ$a노래: 신영옥, 조수미

연주자주기: 511필드는 표제에 포함된 연주자명을 연주수단과 함께 연주자주기하고, 700필드로 부표목하였다. 동일 연주수단의 연주자명 사이는 ','로, 다른 연주수단 사이는 ';'으로 구분한다(A2R.6.7B6; K4.6.7.3.6).

> 511 8ᵬ$a노래: 연주자명, 연주자명
>
> 511 8ᵬ$aCast: 연주자명, 연주수단 ; 연주자명, 연주자명, 연주수단

630 ᵬ4$a성악

주제명표목: 630필드는 특정 주제명표목표에 의해 작성된 주제명이 아니기 때문에 제2지시기호를 '4'로 지시하였다.

700 1ᵬ$a신영옥 ← 독주자 부출표목
700 1ᵬ$a조수미 ← 독주자 부출표목

연주자 부출표목: 이 자료는 2인의 연주자가 각각 취입한 자료이기 때문에 연주자를 각각 부표목하였다(A2R.23C1).

700 12$a김성태.$t동심초$h[녹음자료] ← 내용주기된 작곡자와 곡명 분출표목
700 12$a김동진.$t내마음$h[녹음자료]
700 12$a라흐마니노프, 세르게이,$d1873-1943.$t보칼리즈$h[녹음자료]
700 12$a베르디, 주젭페,$d1813-1901.$t그리운 이름이여$h[녹음자료]
700 12$a푸치니, 자코모,$d1858-1924.$t오 나의 사랑하는 아버지$h[녹음자료]
700 12$a구노, 샤를 프랑스와.$t아베마리아$h[녹음자료]
700 12$a헨델, 게오르크 프리드리히,$d1685-1759.$t빛나는 세라핌$h[녹음자료]
700 12$a김규환.$t님이 오시는지$h[녹음자료]
700 12$a최영섭.$t그리운 금강산$h[녹음자료]
700 12$a마르티니, 보후슬라브,$d1890-1959.$t사람의 기쁨$h[녹음자료]
700 12$a벨리니.$t그대의 달콤한 목소리$h[녹음자료]
700 12$a바하오펜, 자크,$d1819-1880.$t인형의 노래$h[녹음자료]
700 12$a스트라우스, 요한,$d1804-1847.$t나의 후작님$h[녹음자료]
700 12$a멘델스존, 펠릭스,$d1809-1847.$t노래의 날개위에$h[녹음자료]
740 ᵬᵬ$a리더스투데이[6]

6) 772필드의 모체자료는 전자자료에 적용하는 필드이다.

The University of California, Santa Cruz
Board of Studies in Music Presents
THE WEDNESDAY EVENING GACULTY RECITAL SERIES

ROY MALAN, violin

SYLVIA JENKINS, piano

Performing Arts Concert Hall

February 15, 1989 Wednesday,8 PM

PROGRAM

Sonata no. 3 in E-flat Beethoven

Sonatina no. 2 in A minor, op. post. 137 Schubert

Sonata no. 1 in A major, op. 13 Faure

.....njmƀƀ22.....ƀaƀ4500

006 aƀƀƀƀƀƀp000ƀƀ

부호화정보 필드 - 부가적 자료 특성: 본 자료와 형태가 다른 딸림자료의 부호화정보를 기술한다. 모체자료는 녹음자료로 리더/06에 'j'로 레코드유형이 표시되어 있고, 딸림자료는 모체자료와 다른 도서형태이기 때문에 006/00에 'a'(도서: 문자자료)로 딸림자료의 부호화정보를 기술한다.

007 sdƀfsngnnuuned

008 ......s1989ƀƀƀƀusƀsgnƀƀƀƀƀƀƀƀƀƀƀaƀƀƀƀƀƀƀ

033 ƀƀ$a19890215$bn-us

090 ƀƀ

┌ 연주자명 ┌ 연주수단

245 00$aRoy Malan, violin, Sylvia Jenkins, piano$h[sound recording]

└ 연주자명 └ 연주수단

표제와 책임표시사항: 245필드는 으뜸정보원에 나타난 연주자명과 연주수단을 본표제로 하여 줄머리잡기로 기술하고, 연주자는 700필드로 부표목하였다.

┌ 발행지명이 불명일 때 'sino loco'의 약자 's.l.'을 기재

260 ƀƀ$a[S.l.] :$b[n.p.],$c1989

└ 발행처명이 불명일 때 'no publisher'의 약자 'n.p.'를 기재

「발행지 불명일 때」

260 ƀƀ$a[S.l.] :$b발행처,$c발행년 260 ƀƀ$a[발행지불명] :$b발행처,$c발행년

「발행처 불명일 때」

260 ƀƀ$a발행지 :$b[n.p.],$c1발행년 260 ƀƀ$a발행지 :$b[발행처불명],$c발행년

260 ƀƀ$a발행지,$c1발행년

「발행지, 발행처 불명일 때」

260 bb$a[S.l.] :$b[n.p.],$c발행년

260 bb$a[발행지불명] :$b[발행처불명],$c발행년

260 bb$c발행년

300 bb$a2 sound cassettes :$banalog, stereo., Dolby-processed +$eProgram

500 bb$aTitle from accompanying program

500 bb$a"Wednesday evening faculty recital series"

505 8b$aContents: Sonata no. 3 in E flat / Beethoven -- Sonatina no. 2 in A minor, op. post. 137 / Schubert -- Sonata no. 1 in A major, op. 13 / Faure

내용주기: 내용곡명의 작곡자가 성으로만 되어 있는 경우는 505필드의 내용주기에도 정보원에 나타난 대로 기술하고, 700필드로 작곡자를 부표목할 때는 완전명으로 생몰년까지 함께 기술한다.

505 8b$aContents: Sonata no. 3 in E flat / Beethoven -- ...

700 12$aBeethoven, Ludwig van,$d1770-1827.$tSonata no. 3 in E flat$h[sound recording]

└ 표목에는 작곡자의 완전명으로 기술

511 8b$aCast: Roy Malan, violin ; Sylvia Jenkins, piano

연주자주기: 본예는 연주자명과 연주수단이 짝지어진 형식으로 본표제로 되어있기 때문에 511필드에서는 연주자주기를 생략할 수도 있다. 그러나 연주자명으로만 표시된 표제일 때는 연주자와 연주수단을 연계시켜 511필드에 연주자주기해야 한다.

518 bb$aRecorded February 15, 1989, University of California, Santa Cruz Performing Arts Concert Hall

700 1b$aJenkins, Sylvia ← 독주자(피아노) 부출표목

700 1b$aMalan, Roy ← 독주자(바이올린) 부출표목

연주자 부출표목: 여러 작곡자의 곡을 2인이 연주한 자료이다. 본 예는 245필드에 본표제로 기재된 연주자명이 '이름 성'으로 나타나 있기 때문에 인명표목형식으로 각 연주자를 '성, 이름'으로 700필드에 부출표목하였다(A2R.21.23C1).

┌ 내용주기된 작곡자명 ┌ 작곡자의 생몰년 ┌ 내용주기된 곡명

700 12$aBeethoven, Ludwig van,$d1770-1827.$tSonata no. 3 in E flat ← 내용주기된 작곡자와 곡명 분출표목

700 12$aSchubert, Franz,$d1797-1828.$tSonatina no. 2 in A minor, op. post. 137

700 12$aFaure, Gabriel,$d1845-1924.$tSonata no. 1 in A major, op. 13

(b) 단체 연주자료

.....njmƀƀ22.....ƀaƀ4500
007 sdƀbsmennuulce
008 ......nƀƀƀƀƀƀƀƀusƀsunƀƀƀƀƀƀƀƀƀƀƀƀaƀƀƀƀƀƀƀ
010
028 01$aBLP 4042$bBlue Note
040 ƀƀ
090 ƀƀ
245 00$aHorace-scope$h[sound recording]

표제와 책임표시사항: 245필드는 식별기호 '$a'로 대표표제를 줄머리잡기로 기술하고, 내용의 곡명은 505필드로 내용주기하였다.

260 ƀƀ$aNew York :$bBlue Note Records Inc.
300 ƀƀ$a1 sound disc :$banalog, 33⅓ rpm, microgroove, stereo ;$c30 cm
500 ƀƀ$aNotes on container by Barbara J. Gardner
500 ƀƀ$aHorace Silver Quintet: Blue Mitchell, trumpet ; Junior Cook, tenor sax ; Horace Silver, piano ; Gene Taylor, bass ; Roy Brooks, drums
500 ƀƀ$aCredits: cover drawing: Paula Donohue ; photo: Francis Wolff ; recording: Rudy van Gelder
505 8ƀ$aContents: side 1.1. Strollin ; 2. Where you at? ; 3. Without you / Don Newey ; 4. Horace-scope / Horace Silver -- side 2.1. Yeah! ; 2. Me and my baby ; 3. Nica's dream / Horace Silver

내용주기: 505필드는 면수별로 대표표제를 포함한 수록된 내용곡명를 작곡자와 짝지어 주기하였다

(A2R.2.7B18;K4.6.7.3.17).

┌ 동일 작곡자의 작품과 작품 간에는 ';'으로 구분
505 ●0$t곡명A ;$t곡명B ;$t곡명C /$d작곡자 --$t곡명 /$d작곡자 ;$e작사자
┌ 면수와 연번은 '.'로 구분 └ 면수표시가 없을 때는 작곡자 사이를 '--'로 구분
505 ●0$n면수.연번.$t곡명A ;$t곡명B /$d작곡자.$n연번.$t곡명 /$d작곡자 ;$e작사자 --$n면수.
연번.$t...
└ 연번과 곡명은 '.'로 구분
면수와 면수 간에는 '--'로 구분

서양인명은 505필드에 제2지시기호 'ƀ'(기본형)로 식별기호 없이 주기하고 700필드로 각각 분출표목하였다.

┌ 제2지시기호 'ƀ'는 내용을 각각의 식별기호 없이 주기할 때 지시
505 8ƀ$aContents: Horma / Iannis Xenakis
700 12$aXenakis, Iannis.$tHorma$h[sound recording]
└ 제2지시기호 '2'는 작곡자와 곡명을 짝지어 분출표목할 때 지시

511 8ƀ$aCast: Horace Silver Quintet

연주자주기: 연주단체명과 단체의 구성원이 함께 표시되어 있는 경우는 511필드에 식별기호 '$a'로 연주단체의 구성원을 ( )에 묶어 함께 기술하거나, 500필드에 연주단체의 구성원을 연주수단과 함께 일반주기한다(A2R.6.7B6; K4.6.7.3.6).

「연주자주기」

511 1ƀ$a독주자, 연주수단 ; 연주단체명 (연주자명, 연주수단 ; 연주자명, 연주수단 ; ....)

「일반주기」

500 ƀƀ$a연주단체명: 연주자명, 연주수단 ; 연주자명, 연주수단....
511 1ƀ$a연주단체명.

700 12$aNewey, Don.$tStrollin$h[sound recording] ← 내용주기된 작곡자와 곡명 분출표목
700 12$aNewey, Don.$tWhere you at?$h[sound recording]
700 12$aNewey, Don.$tWithout you$h[sound recording]
700 12$aSilver, Horace.$tYeah!$h[sound recording]
700 12$aSilver, Horace.$tMe and my baby$h[sound recording]
700 12$aSilver, Horace.$tNica's dream$h[sound recording]
710 ƀƀ$aHorace Silver Quintet ← 연주단체명 부출표목

연주단체명 부출표목: 여러 작곡자의 작품을 하나의 연주단체가 취입한 것으로 연주단체명을 710필드에 부출표목한다(A2R.23C1).

10) 단체저작자료

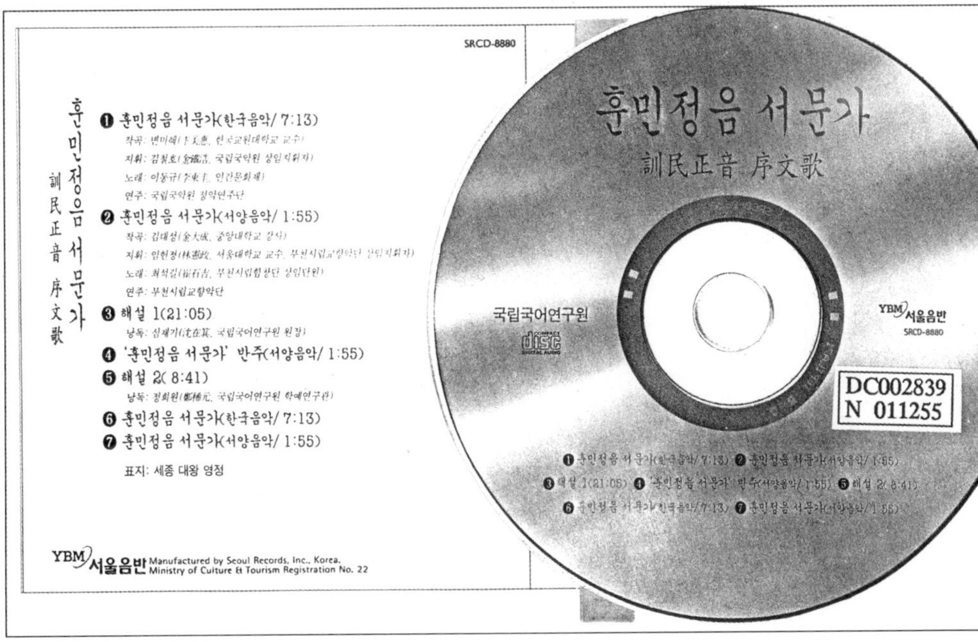

.....njmƀƀ22.....ƀaƀ4500
007 sdƀfsngnnuuned
008 ......s2000ƀƀƀƀulkuunƀƀƀƀƀƀƀƀƀƀƀƀaƀƀkorƀƀ
010
028 01$aSRCD-8880$b서울음반
040 ƀƀ
090 ƀƀ
245 00$a훈민정음 서문가$h[녹음자료] /$d국립국어연구원 기획 ;$e심재기 글

표제와 책임표시사항: 본 예는 훈민정음 서문가를 한국음악과 서양음악, 그리고 해설로 취입한 것이다. 245필드는 종합표제를 본표제로 하고, 기획사와 글을 쓴 사람은 책임표시에 기술하였다. 본표제에 함께 표시된 한자표제의 기술방법을 몇 가지로 생각해 보았다.

245 00$a훈민정음 서문가(訓民正音 序文歌)$h[녹음자료]
└ 식별이 필요한 한자표제는 ( )에 묶어 본표제에 부기

245 00$a훈민정음 서문가$h[녹음자료] ← 식별되는 한글표제는 한자표제를 생략
500 ƀƀ$a한자표제: 訓民正音 序文歌 ← 한자표제를 일반주기로 기술

260 ƀƀ$a서울 :$b국립국어연구원,$c2000$f(서울음반)
300 ƀƀ$a사운드 디스크 1매 (49:57) :$b디지털, 스테레오 ;$c12 cm
306 ƀƀ$a004957
500 ƀƀ$a한자표제: 訓民正音 序文歌
500 ƀƀ$aCompact disk digital audio

500 ƀƀ$a연주시간: 7:13 (1) ; 1:55 (2) ; 21:05 (3) ; 1:55 (4) ; 8:41 (5) ; 7:13 (6) ; 1:55 (7)

재생시간주기: 작품별 재생시간은 500필드에 모아서 주기하거나 505필드로 내용주기 되는 해당 표제에 ( )로 묶어 부기한다. 500필드로 주기할 때는 내용주기된 표제와 연결될 수 있도록 해당 면수나 연번을 ( )에 묶어 부기한다.

「**연주시간에 대한 일반주기의 예**(A2R.6.7B10)」

500 ƀƀ$a연주시간: 18:12 ; 11:80

500 ƀƀ$a연주시간: 18:12 (제1면) ; 11:80 (제2면)

500 ƀƀ$a연주시간: 9:12 (side 1.1) ; 9:00(side 1.2) ; 5:80 (side 2.1) ;...

「**연주시간에 대한 내용주기의 예**(A2R.6.7B18)」

505 0ƀ$a곡명 (18:12) -- 곡명 (11:80) -

505 0ƀ$a1. 곡명 / 작곡자 (18:12) -- 2. 곡명 / 작곡자 (11:80)

505 0ƀ$aside l.1. 곡명 / 작곡자 (9:12). 2. 곡명 / 작곡자 (9:00) -- side 2.1. ...

505 0ƀ$aside l.1. 곡명 (4:12) ; 2. 곡명 (5:00) / 작곡자. 3. 곡명 / 작곡자 (9:12) -- side 2.1. ...

┌ 녹음자료의 제작자는 508필드(영상자료의 제작자주기)에 기재치 않고 500필드에 일반주기
┌ 표출어 ┌ 역할어
┌ 제작자명

500 ƀƀ$a제작진: 진행, 김희전 ; 제작진행, 국악춘추사

제작진주기: 제작자는 저작자와 구분하여 500필드에 제작자명과 역할어를 짝지어 '제작진', 'Credits'라는 표출어로 주기하였다.

┌ 제1지시기호 '0'은 완전내용주기의 지시로 소유한 자료를 직접 목록한 경우
┌ 제2지시기호 'ƀ'는 내용주기를 식별기호 없이 기본형으로 주기할 때 지시
┌ 표제관련정보는 정보원에 나타난 대로 기재
┌ 작곡자는 '/'로, 연주자는 ( )로 기재

505 0ƀ$a1. 훈민정음 서문가(한국음악) / 변미혜 작곡 (이동규, 노래 ; 국립국악원정악연주단, 김철호, 지휘) (7:13) -- 2. 훈민정음 서문가(서양음악) / 김대성 작곡 (최석길, 노래 ; 부천시립교향악단, 임헌정, 지휘) (1:55) -- 3. 해설 1 (21:05) -- 4. '훈민정음 서문가' 반주(서양음악) (1:55) -- 5. 해설 2 (8:41) -- 6. 훈민정음 서문가(한국음악) (7:13) -- 7. 훈민정음 서문가 (1:55)

내용주기: 505필드는 종합표제와 내용표제가 동일하지만 작곡자와 연주자가 다르기 때문에 이를 해당 식별기호로 기술하고, 제2지시기호 'ƀ'를 지시하여 내용주기로만 기술되게 하였다. 그리고 필요한 내용표제는 작곡자와 짝지어 700필드로 분출표목하고, 내용주기된 독주자, 지휘자명은 700필드로 각각 부표목하였다.

511 8ƀ$a낭독: 심재기 (3), 정희원 (5)

연주자주기: 511필드는 내용주기의 연주자주기에 기술되지 않은 낭독자를 '낭독'이라는 표출어로 연번을 연계시켜 주기하고, 700필드로 부표목하였다.

700 1ƀ$a심재기 ← 저작자(글) 부출표목

700 12$a변미혜.$t훈민정음 서문가 (한국음악)$h[녹음자료] ← 내용주기된 표제와 작곡자 분출표목

700 12$a김대성.$t훈민정음 서문가 (서양음악)$h[녹음자료]

700 1ƀ$a이동규 ← 연주자(내용표제 노래) 부출표목

700 1ƀ$a김철호 ← 연주자(지휘) 부출표목

700 1ƀ$a최석길 ← 연주자(노래) 부출표목
700 1ƀ$a임헌정 ← 연주자(지휘) 부출표목
700 1ƀ$a정희원 ← 연주자(낭독) 부출표목
710 ƀƀ$a국립국어연구원 ← 저작단체명(기획) 부출표목

단체명표목: 단체명 직접표목은 식별기호 '$a'로 해당 단체명을 그대로 표목하고, 식별이 필요한 경우에는 상위단체명을 부기한다. 그리고 단체명 간접표목은 식별기호 '$a'로 상위단체명, '$b'로 해당 단체명을 하위 표목으로 기술한다(A2R.24.14).

「**단체명의 직접표목**」

710 ƀƀ$a계명오페라단 710 ƀƀ$aBela Bartok Choir, Hungary

710 ƀƀ$a계명오페라단(대구) 710 ƀƀ$aBela Bartok Choir (Hungary)

식별을 위한 상위단체명은 ( )에 묶어 기술 하거나 ','로 구분 기술한다. 그러나 단체명만으로 식별이 가능할 때는 상위단체명을 기술하지 않아도 된다.

「**단체명의 간접표목**」

710 ƀƀ$a계명대학교.$b계명오페라단 ← 상위단체명은 행정단위명이나 기관명을 기술

710 ƀƀ$aHungary.$bBela Bartok Choir ← 상·하위표목은 '.'로 구분

.....njmƀƀ22.....ƀaƀ4500
007 sdƀfsngnnuuned
008 ......nƀƀƀƀƀƀƀƀtgkcnnƀƀƀƀƀƀƀƀƀƀƀaƀƀkorƀƀ
010
028 03$aSUCPD2001
040 ƀƀ
090 ƀƀ
110 ƀƀ$a대구광역시

> **기본표목**: 본 자료는 지방자치단체인 '대구광역시'가 제작한 것이기 때문에 110필드는 단체의 정식명칭인 '대구광역시'로 기본표목하였다.

245 10$aNatural let it be$h[녹음자료] :$b환경노래 독창, 중창모음곡 /$d대구광역시 맑고 푸른 대구 21 추진협의회 제작

> **표제와 책임표시사항**: 245필드는 대표표제를 본표제로 하고, 책임표시에는 하부단체명까지 기술하였다. 그리고 내용표제는 505필드에 내용주기하였다.

246 30$a환경노래 독창, 중창 모음곡$h[녹음자료]
260 ƀƀ$a[S.l.] :$b대구광역시$f(신라음반)
300 ƀƀ$a사운드 디스크 1매 :$b디지털, 스테레오 ;$c12 cm
500 ƀƀ$aCompact disk digital audio
505 0ƀ$a지구의 날 -- 세계환경의 날 -- 바다의 날 -- 물의 날 -- 오존층 보호의 날

> **내용주기**: 내용의 구성은 대표표제와 곡명, 그리고 각 곡의 작곡자, 연주자로 되어있다. 505필드는 대표

표제를 주기하고 각 곡명과 작곡자, 연주자는 생략하였다. 그러나 보다 상세한 내용이 필요할 때는 이들 곡에 대한 사항을 주기하고 분출표목해야 한다. 다음은 상세 정도에 따른 내용주기이다(A2R.6.7B18; K4.6.7.3.17).

「**대표표제**」

505 0₿$a지구의 날 -- 세계환경의 날 -- ...

「**대표표제와 내용곡명**」

505 0₿$a지구의 날. 오 지구는 아름다워라. 신토불이... -- 세계 환경의 날 ...
740 ₿2$a지구의 날. 오 지구는 아름다워라$h[녹음자료]
740 ₿2$a신토불이$h[녹음자료]
740 ₿2$a세계환경의 날$h[녹음자료]
......

「**대표표제, 내용곡명, 저작자, 연주자**」

505 0₿$a지구의 날. 오 지구는 아름다워라 / 김황희 작사 ; 진규영 작곡 (이은경, 노래). 신토불이 / 신형국 작사 ; 권태복 작곡 (이다니엘, 오기원, 김중원 노래)... -- 세계환경의 날 ...
700 12$a김황희.$t지구의 날. 오 지구는 아름다워라$h[녹음자료]
700 12$a진규영.$t지구의 날. 오 지구는 아름다워라$h[녹음자료]
700 12$a이은경.$t지구의 날. 오 지구는 아름다워라$h[녹음자료]
....

작곡자, 작사자, 연주자를 내용표제와 짝지어 분출표목한 경우이다.

511 8₿$a연주: 김지은, 이인선, 피아노 ; 그린환경합창단

연주자주기: 511필드는 내용주기된 전체 곡의 연주에 관여한 연주자인 피아노와 합창단명을 주기하고, 7XX필드로 부표목하였다.

700 1₿$a김지은 ← 연주자(피아노) 부출표목
700 1₿$a이인선
710 ₿₿$a그린환경합창단 ← 연주단체명 부출표목
740 ₿2$a지구의 날$h[녹음자료] ← 내용주기된 곡명 분출표목
740 ₿2$a세계 환경의 날$h[녹음자료]
740 ₿2$a바다의 날$h[녹음자료]
740 ₿2$a물의 날$h[녹음자료]
740 ₿2$a오존층 보호의 날$h[녹음자료]

11) 권차 및 편제가 있는 자료

(a) 권차가 있는 자료

.....njaƀƀ22.....ƀaƀ4500
007 sdƀbsmennuulce
008 ......nƀƀƀƀƀƀƀƀulksgnƀƀƀƀƀƀƀƀƀƀƀaƀƀkorƀƀ
028 01$aSPDR-096$b서울음반
040 ƀƀ
090 ƀƀ
245 00$a부활.$nII$h[녹음자료] =$xBorn again.$nII

표제와 책임표시사항: 이 자료는 경음악으로 권차를 달리하여 발행한 것이기 때문에 245필드는 본표제를 줄머리잡기로 기술하였다. 그리고 권차는 식별기호 '$n'을 반복하여 표제의 문자끼리 연계시켜 기술하였다(A2R.1.1B9; K4.6.4.1.0.1).
음악자료를 각 권별로 목록할 때는 권차를 곡명과 함께 기술하고, 해당 음반에 포함된 곡명은 내용주기한다. 곡명과 권차 사이에는 '.'로 구분한다(A2R.1.1B9;12.1B4).

245 00$a곡명.$n권차$h[GMD] =$x대등곡명.$n대등권차

┌ '.$n'은 곡명과 권차의 구분과 식별기호

245 00$a곡명.$n권차,$p편제$h[GMD]

└ ',$p'는 권차와 편제의 구분과 식별기호

245 00$a곡명.$p편제$h[GMD]

└ '.$p'는 곡명과 편제의 구분과 식별기호

246 31$aBorn again.$nII$h[녹음자료]

여러 형태의 표제: 245필드에 기재된 대등표제는 246필드에 제1지시기호 '3'(주기 않고 표제부출)과 제2지시기호 '1'('대등표제'라는 표출어)로 기술한다.

260 ᑲᑲ$a서울 :$b서울음반

300 ᑲᑲ$a사운드 디스크 1매 :$b아날로그, 33⅓ 회전, 스테레오 ;$c30 cm

500 ᑲᑲ$a케이스에 작품해설이 있음

500 ᑲᑲ$a연주시간: 21:45(side A) ; 22:44(side B)

┌ 권차를 달리한 동일곡명은 권차를 연계시켜 하나의 곡명으로 기술한 예

505 0ᑲ$a회상. I. II. III ; 천국에서 ; 슬픈사슴 / 김태원 작사, 작곡 -- 2월7일 : 경음악 / 김태원 작곡 -- 이 나라 주인되어 : 건전가요 -- Jill's theme : 경음악 / Ennio Morricone

=505 0ᑲ$aside A. 1-3. 회상. I. II. III / 김태원 작사, 작곡. 4. 2月7日 / 김태원 작곡. 5. 이 나라 주인되어 (건전민요) -- side B.1. 천국에서 ; 2. 슬픈사슴 / 김태원 작사, 작곡. 3. Jill's theme : 경음악 / Ennio Morricone

내용주기: 505필드는 동일 사항의 반복 기술을 피하기 위하여 자료가 수록된 순서에 관계없이 동일인에 의한 저작을 함께 ';'으로 구분하여 기술하는 방법과 면수와 연번을 연계시켜 순서별로 기술하는 방법을 함께 제시하였다(A2R.6.7B18; K4.6.7.3.17).
한 저작자에 2가지 이상의 역할어 표시는 ',', '및', '&' 등으로 구분하여 기술한다.
505필드에 제2지시기호 'ᑲ'로 지시된 내용주기는 700필드(개인명)나 710필드(단체명)로 분출표목한다(A2R.21.23D).

505 0ᑲ$a곡명 / 작곡자 ; 작사자
700 12$a작곡자.$t곡명$h[GMD]
700 12$a작사자.$t곡명$h[GMD]

511 8ᑲ$a이승철, vocal ; 서영진, k. board ; 정준교, bass ; 김성태, drum ; 김태원, guitar

700 12$a김태원.$t회상. I. II. III$h[녹음자료] ← 내용주기된 작곡자와 곡명 분출표목

700 12$a김태원.$t2월 7일$h[녹음자료]

700 12$a김태원.$t천국에서$h[녹음자료]

700 12$a김태원.$t슬픈사슴$h[녹음자료]

700 12Morricone, Ennio.$tJill's theme :$g경음악$h[녹음자료]

740 ᑲ2$a이 나라 주인되어$h[녹음자료] ← 작곡자가 없는 내용표제 분출표목

.....njaƀƀ22.....ƀaƀ4500
007 sdƀfsngnnuuned
008 ......s1994ƀƀƀƀulkkinƀƀƀƀƀƀƀƀƀƀƀaƀƀkorƀƀ
028 01$aSKCD-K-0474$bSKC
040 ƀƀ
090 ƀƀ
245 00$a우리 ᄒᆞᆫ마당.$n1집$h[녹음자료] :$c'94국악의 해기념

표제와 책임표시사항: 이 자료는 상위총서명과 하위총서명을 가진 자료이다. 245필드는 하위총서명을 줄머리잡기로 기술하고, 상위총서명은 440필드에 총서명주기하였다. 편차는 식별기호 '$n'으로 부기하고, 내용곡명은 505필드에 내용주기하였다.

260 ƀƀ$a서울 :$bSKC,$c1994
300 ƀƀ$a사운드 디스크 1매 (66:40) :$b디지털, 스테레오 ;$c12 cm
306 ƀƀ$a006640
440 00$a國樂 ;$v13집 =$xKorean traditional music ;$vv. 13
500 ƀƀ$aCompact disk digital audio
500 ƀƀ$a용기의 표제: 國樂 우리 ᄒᆞᆫ마당 1집

일반주기: 500필드로 주기한 경우는 으뜸정보원의 곡명과 상이한 용기의 곡명을 정보원과 함께 기술하고, 740필드로 부표목하였다.

┌ 본표제와 상이한 표제는 정보원을 표출어로 기술
│ ┌ 본표제와 상이한 해당 표제를 기술
500 ƀƀ$a용기의 표제: 국악 우리 한마당 1집
740 ƀ0$a국악 우리 한마당.$n1집$h[녹음자료]

=246 1ƀ$i용기의 표제:$a國樂 우리 한마당 1집

246필드로 기술한 경우는 제1지시기호로 주기와 표목을 지시기하고, 제2지시기호는 표출어를 지시한다.

246 1ƀ$i용기의 표제:$a國樂 우리 한마당 1집

<출력(주기)>용기의 표제: 國樂 우리 한마당 1집

<출력(표목)>국악 우리 한마당 1집

246필드는 제1지시기호 '1'에 의해 용기의 표제가 자동으로 주기와 표목된다.

505 0ƀ$a1. 웃다리 풍물 (9:58) -- 2. 배뱅이 굿 (12:03) -- 3. 대금산조 (12:17) -- 4. 남도 민요 (9:04) -- 5. 박타는 대목(흥부가중) (23:18)

내용주기: 505필드는 수록된 내용의 곡명을 주기하고 필요한 경우 연주시간을 곡명에 ( )로 부기한다.

511 8ƀ$a연주: 이은관(2), 안숙선(4), 유수정(4), 정미정(4), 공옥진(5), 창 ; 원장현(3), 대금 ; 한울림(1), 사물놀이 ; 정화영(2.3), 고수 ; 민속연주단(4.5), 반주

연주자주기: 511필드는 내용주기된 각 곡의 연주자가 다양하기 때문에 내용주기의 해당곡명에 기술하지 않고 내용주기의 연번을 연계시켜 연주자주기에 기술하였다. 연주자주기는 독주자, 연주단체, 반주자순으로 기술하고, 독주자와 연주단체는 7XX필드로 부표목하였다.

700 1ƀ$a이은관 ← 연주자(창) 부출표목
700 1ƀ$a안숙선
700 1ƀ$a유수정
700 1ƀ$a정미정
700 1ƀ$a공옥진
700 1ƀ$a원장현 ← 연주자(대금) 부출표목
700 1ƀ$a정화영 ← 연주자(고수) 부출표목
710 ƀƀ$a한울림 ← 연주단체명(사물놀이) 부출표목
710 ƀƀ$a민속연주단 ← 연주단체명(반주) 부출표목
740 ƀ0$a국악 우리 한마당.$n1집$h[녹음자료] ← 용기의 표제 부출표목
740 ƀ0$aKorean traditional music ;$vv.13 ← 대등총서명 부출표목
740 ƀ2$a웃다리 풍물$h[녹음자료] ← 내용주기된 곡명 분출표목
740 ƀ2$a배뱅이 굿$h[녹음자료]
740 ƀ2$a대름산조$h[녹음자료]
740 ƀ2$a남도민요$h[녹음자료]
740 ƀ2$a박타는 대목(흥무가중)$h[녹음자료]

┌ '$x'는 한자 이외의 문자를 한글로 변형 기술한 경우의 식별기호
│ ┌ '245'는 변형 기술된 문자가 있는 해당 필드와 문자를 표시
890 ƀƀ$x245한$x500한
│ └ '한'은 변형 기술한 문자
└ '$x500'은 변형문자가 포함되어 있는 해당 필드와 식별기호

변형문자표시: 890필드는 특수문자로 기술하지 못하거나 변형 기술한 경우 이에 관한 사항을 해당 식별기호로 기술한다.

.....njaƀƀ22.....ƀaƀ4500
007 sdƀfsngnnuuned
008 ......s2000ƀƀƀƀulkuunƀƀƀƀƀƀƀƀƀƀƀƀaƀƀƀƀƀƀƀ
040 ƀƀ
090 ƀƀ
100 1ƀ$a권순호
245 10$a權純鎬作品集.$nvol.1$h[녹음자료] =$xSoon-Ho Kwon composition album.$nvol.1

> **표제와 책임표시사항**: 245필드는 대표표제와 대등표제, 그리고 권차를 언어별로 짝지어 해당 식별기호로 기술하였다(A2R.6.1A1; K4.6.1.0.1). 곡명 앞부분에 표시된 연도는 용기의 곡명이 연도를 포함하지 않고 있기 때문에 발행년도로 기술하였다.
>
> 245 10$a곡명.$n권차$h[GMD] =$x대등곡명.$n권차 /$d저작자명
>
> 두 가지 언어로된 곡명은 언어별로 짝지어 해당 식별기호를 반복하여 기술한다.

246 31$aSoon-Ho Kwon composition album.$nvol.1$h[녹음자료]
=740 ƀƀ$aSoon-Ho Kwon composition album.$nvol.1$h[녹음자료]
260 ƀƀ$a[서울] :$b성음,$c2000$f(성남전자)
300 ƀƀ$a사운드 디스크 1매 :$b디지털, 스테레오 ;$c12 cm
500 ƀƀ$a본표제는 용기의 표제임
500 ƀƀ$aCompact disc digital audio
500 ƀƀ$aVocal Quartet: Hee Park, Oyeon Kwon, Soonye Cha, Sara Lee
505 00$n1.$t플롯을 위한 필리리$g(5:00) --$n2.$t1인의 타악기연주자를 위한 세미치 변주곡$g(5:00) --$n3.$t바이올린을 위한 회개$g(3:00) --$n4.$t오르간을 위한 바하에 대한 명상$g(22:00) --$n5.$t트럼본을 위한 침묵 없는 침묵$g(5:01) --$n6.$t바리톤과 4중창, 혼성 합창을 위한 시편 100편$g(14:00)

내용주기: 505필드는 식별기호 '$t'로 내용곡명, '$n'으로 권차, '$g'로 연주시간을 기술하고, 제1지시기호 '0'을 지시하여 '내용'이라는 정형화된 표출어를 생성하게 하였다. 제2지시기호 '0'(확장형)은 식별기호 '$a'(저작자명), '$t'(내용표제)로 기술된 내용곡명은 색인파일을 직접 생성할 수 있기 때문에 740필드로 분출표목하지 않았지만 정확한 색인파일을 위해서는 7XX필드에 분출표목을 생성하여 저자명의 도치나 내용곡명의 첫머리에 오는 문자(관사)를 제외한 부표목을 작성하기도 한다.

511 8ƀ$a연주: Susana Weiand, flute (1) ; Wolfgang Wandhof, percussion 2) ; Garina Schmidt, violine (3) ; Young-joo Ahn, organ (4) ; Meik Lutolsky, trombone (5) ; Jonseog Lee, bariton (6) ; Mixded Chorus, Bernd Musken, cond. (6) ; Vocal Quartet (6) ; Jugend Chor of Koln Bruck, chorus (6)

연주자주기: 각 곡의 연주자가 다르기 때문에 505필드의 내용주기에 함께 기술하지 않고 511필드의 연주자주기에 모아서 기술하는 방법으로 제시하였다. 이 방법은 연주자명에 연주곡의 번호를 ( )에 부기하고, 연주수단을 함께 기술하며, 필요한 경우 연주자는 700필드로 부표목한다(A2R.6.7B6; K4.6.7.3.6).

```
  ┌─ 제1지시기호 '8'은 정형화되지 않은 표출어를 기재할 때 지시
  │    ┌─ '배역'이라는 표출어 이외의 정형화되지 않은 표출어를 식별기호 '$a'로 기술
  │    │     ┌─ 연주자명은 자료에 표시된 대로 기술
511 8ƀ$a연주: Susana Weiand, flute (1) ; ...
                              │    │  └─ 역할이 다른 연주자간에는 ';'으로 구분
                              │    └─ 연주자에 연주곡의 번호를 ( )에 부기
                              └─ 연주자명에 연주수단을 역할어로 함께 기술
```

700 1ƀ$aWeiand, Susana ← 연주자(flute) 부출표목

700 1ƀ$aWandhof, Wolfgang ← 연주자(percussion) 부출표목

700 1ƀ$aSchmidt, Garina ← 연주자(violine) 부출표목

700 1ƀ$aAhn, Young-joo ← 연주자(organ) 부출표목

700 1ƀ$aLutolsky, Meik ← 연주자(trombone) 부출표목

700 1ƀ$aMusken, Bernd ← 연주자(지휘) 부출표목

700 1ƀ$aLee, Jonseog ← 연주자(bariton) 부출표목

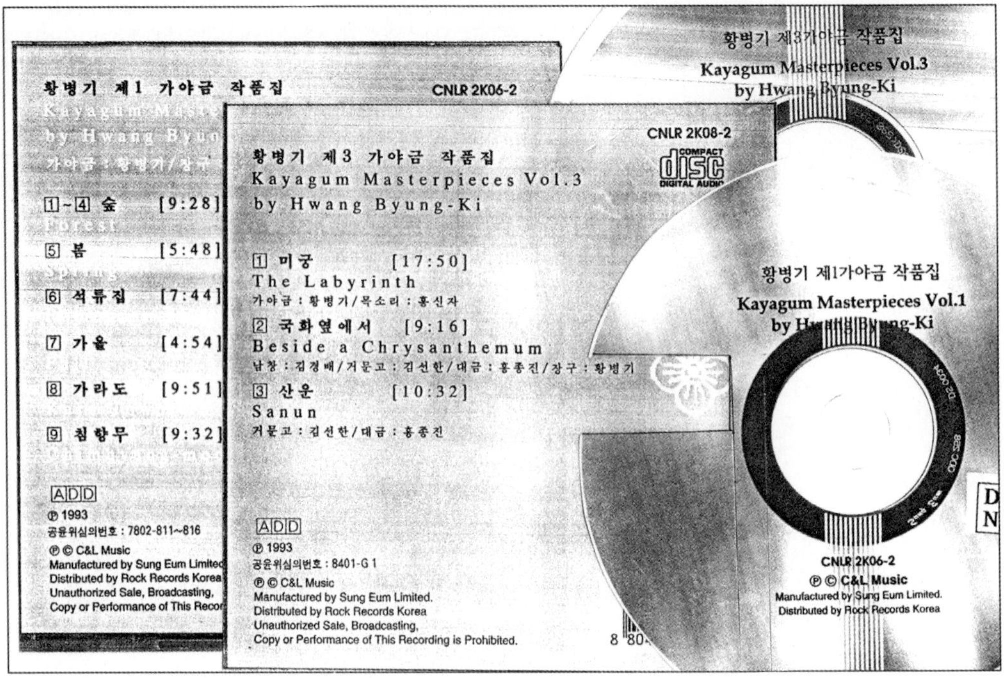

.....njaƀƀ22.....ƀaƀ4500
007 sdƀfsngnnuuned
008 ......s1993ƀƀƀƀulkkgnƀƀƀƀƀƀƀƀƀƀƀƀaƀƀkorƀƀ
028 01$aCNLR 2K06-2$bC&L Music
028 01$aCNLR 2K07-2$bC&L Music
028 01$aCNLR 2K08-2$bC&L Music
028 01$aCNLR 2K09-2$bC&L Music

발행자번호: 028필드는 3매의 CD에 각각 나타난 발행자번호를 태그를 반복하여 기술하였다.

040 ƀƀ
090 ƀƀ
100 1ƀ$a황병기

기본표목: 100필드는 개인 작품집이기 때문에 작곡자를 기본표목하였다.

245 10$a황병기...가야금 작품집$h[녹음자료] =$xKayagum masterpieces /$d황병기 [작곡]

표제와 책임표시사항: 245필드는 회차나 권차가 본표제의 일부로 그 중앙에 포함되어 있기 때문에 이를 삼점줄임표로 생략한 표제를 본표제로 기술하였다. 그러나 각 CD를 독립된 저록으로 목록할 때는 회차나 권차를 포함한 표제를 본표제로 기술한다.

「작품집 전체를 하나의 목록으로 작성」

245 10$a황병기...가야금 작품집$h[녹음자료] =$x...
└ 전체 작품집을 함께 정리하기 때문에 권차는 '...'으로 생략
300 ƀƀ$a사운드 디스크 4매 :$b
└ 본표제로 기재된 작품집의 매수를 기재

505 0ḇ$a제1.1-4. 숲 (9:28). 5. 봄 (5:48).
└ 면수와 연번을 함께 표시 └ 해당 곡의 연주시간

300필드의 매수는 전체 음반의 매수를 기술. 505필드는 권수와 연번을 짝지어 내용곡명을 내용주기한다. 이때 내용곡명에는 연주시간을 ( )로 부기한다.

「작품집 각 권을 독립된 저록으로 목록」

245 10$a황병기 제1 가야금 작품집$h[녹음자료] =$x...
└ 각각의 음반을 독립해서 정리할 때 음반의 연번을 포함한 표제
┌ 본표제로 기재된 음반매수
300 ḇḇ$a사운드 디스크 1매 :$b...
505 0ḇ$a1-4. 숲 (9:28). 5. 봄 (5:48)...
└ 각각의 음반으로 목록할 때는 해당 곡의 연번만을 기재

300필드는 245필드에 기술된 자료의 매수를 기술하고, 505필드는 연번을 짝지어 내용곡명을 내용주기한다. 이때 내용곡명에는 연주시간을 ( )로 부기한다.

246 31$aKayagum masterpiece$h[녹음자료] ← 대등표제 부출표목
=740 1ḇ$aKayagum masterpieces$h[녹음자료] ← 대등표제 부출표목
260 ḇḇ$a서울 :$bC&L Music,$c1993 :$bRock Records Korea[보급]$f(성음사)
300 ḇḇ$a사운드 디스크 4매 :$b디지털, 스테레오 ;$c12 cm
500 ḇḇ$aCompact disc
505 00$n제1. 1-4.숲$g(9:28).$n5.$t봄$g(5:48).$n6.석류집$g(7:44).$n7.가을$g(4:54).$n8.$t가라도$g(9:51).$n9.$t침향무$g(9:32) --$n제2. 1.$t비단길$g(15:45).$n2-5.$t아이보개 $g(7:43).$n6-10.$t전설$g(12:49).$n11.$t영목$g(9:27) --$n제3.1.$t미궁$g(17:50).$n2.$t국화옆에서$g(9:16).$n3.$t산운$g(10:32) --$n제4. 1-4.$t밤의 소리$g(11:36).$n5-6.$t하림성$g(7:02).$n7-9.$t남도환상곡$g(14:34).$n10-13.$t소엽산방.$n14-18.$t춘설$g(8:55)

내용주기: 505필드는 3매로 된 CD를 하나로 목록하기 때문에 연주자주기와 연관시키기 위해 CD별 번호와 연번을 함께 기술하였다(A2R.1.7B18).
식별기호 '$t'로 기술된 내용표제는 제2지시기호 '0'에 의해 색인파일을 직접 생성할 수 있기 때문에 분출표목을 작성하지 않았다.

511 8ḇ$a연주: 황병기 (제1.제2.제3.1), 가야금 ; 안혜란 (제1), 박문규 (제2), 황병기 (제3.2), 장구 ; 홍신자 (제3.1), 목소리 ; 김경배 (제3.2), 남창 ; 김선한 (제3.2-3), 거문고 ; 홍종진 (제2.2-5.제3.2-3), 대금 ; 김난형 (제2.2-5), 반주가야금

연주자주기: 511필드에 각 곡의 연주자를 모아서 주기할 때는 연주자명과 연주수단을 짝지어 주기하고(A2R.6.7B6), 연주자명은 700필드로 분출표목한다. 이때 연주자주기와 505필드의 내용곡명과의 연계를 위하여 연주자명에는 CD별 번호와 연번을 ( )에 묶어 부기한다.

700 1ḇ$a안혜란
700 1ḇ$a박문규
700 1ḇ$a홍신자
700 1ḇ$a김경배
700 1ḇ$a김선한
700 1ḇ$a홍종진
700 1ḇ$a김난형

(b) 편제가 있는 자료

.....njaƀƀ22.....ƀaƀ4500
007 sdƀfsngnnuuned
008 ......nƀƀƀƀƀƀƀƀulkkknƀƀƀƀƀƀƀƀƀƀaƀƀkorƀƀ
028 01$a951$bMBC
040 ƀƀ
043 ƀƀ$a41000--
090 ƀƀ
245 00$a한국민요대전.$p경기도편$h[녹음자료] =$xGreat series of Korean Folksongs.
$pKyonggido province /$dMBC

이 자료는 총서명, 각 도별 편제, 그리고 다시 편제를 권차로 분리한 군별, 리별, 소리별로 몇 단계의 세부 표제로 구성되어 있다. 총서명과 편제는 본표제로 기술하고, 편제 내의 권차와 내용표제는 내용주기하였다. **표제와 책임표시사항**: 245필드는 총서표제를 본표제로 하고 대등표제와 편제는 언어별 표제와 연계시켜 식별기호 '$a', '$x', '$p'를 짝지어 표제줄머리잡기로 목록하였다(A2R.1.1B9; K31.1.1.1.2). 그리고 표목이 필요한 대등표제와 편제는 246필드로 부표목하였다.

「대등편제가 있을 때」

편제는 '$p'를 반복 언어별로 짝지어 기재

245 00$a본표제.$p편제$h[GMD] =$x대등표제.$p대등편제 /$d저작단체명
710 ƀƀ$a저작단체명
246 30$a편제$h[GMD] ← 제2지시기호 '0'은 '검색을 위한 부분표제'라는 표출어 생성 지시
246 31$a대등표제.$p대등편제$h[GMD].
246 31$a대등편제$h[GMD].

「대등편제가 없을 때」

245 00$a본표제.$p편제$h[GMD] =$x대등표제 /$d저작단체명
=245 00$a본표제$h[GMD] =$x대등표제.$p편제 /$d저작단체명

710 ȸȸ$a저작단체명
246 30$a편제$h[GMD]
246 31$a대등표제$h[GMD]
| ㄴ 제2지시기호 '1'은 '대등표제'라는 표출어 생성을 지시
ㄴ 제1지시기호 '3'은 245필드에 기재된 사항으로 주기 않고 부표목할 것을 지시

246 31$aGreat series of Korean Folksongs.$pKyonggido province$h[녹음자료] ← 대등표제 부출표목
246 31$aKyonggido province$h[녹음자료] ← 대등편제 부출표목
246 30$a경기도편$h[녹음자료] ← 본표제의 편제 부출표목
260 ȸȸ$a서울 :$bMBC,$c1995
300 ȸȸ$a사운드 디스크 8매 :$b디지털, 스테레오 ;$c12 cm
500 ȸȸ$aCompact disc
500 ȸȸ$a연주시간: 2:10 ; 11:03 ; 3:33 ; 6:28 ; 6:22 ; 2: 15 ; 25:53
505 00$n1.$t가평군.$t강화군 --$n2.$t김포군.$t고양시.$t안성군 --$n3.$t안성군.$t양평군.$t여주군.$t연천군 --$n4.$t연천군.$t옹진군.$t인천 --$n5.$t인천.$t용인군.$t이천군 --$n6.$t이천군.$t파주군 --$n7.$t파주군.$t평택군 --$n8.$t포천군.$t화성군

내용주기: 505필드는 내용주기의 상세 정도에 따라 몇 가지 단계로 예를 제시하였다(A2R.6.7B18).

「군별 내용주기 예」

505 00$n7.$t파주군.$t평택군

「리별 내용주기 예」

505 00$n7.$t파주군 문산읍 이천 1리.$t평택군 포승면 방림3리

「소리명별 내용주기 예」

505 00$n7. 5,$t논매는 소리 (파주군 문산읍 이천 1리)$g(6:22) --$n6,$t논매는 소리 -- 얼카덩어리 (평택군 포승면 방림 3리)$g(2:15).$n7,$t고사반 (평택군 포승면 방림 3리)$g(25:53)

내용주기되는 소리명은 채집지명을 ( )로 묶어 함께 표목되게 하였다.

소리명은 경기도 내에서 각 리 단위별로 되어 있고 동일한 곳에서도 2개 이상 수록된 내용이 있을 뿐 아니라 소리명칭이 동일한 것이 있기 때문에 소리명의 내용주기에 리 단위와 연계시켜 함께 기술하였다.

511 1ȸ$a이승철, vocal ; 서영진, k. board ; 정준교, bass ; 김성태, drum ; 김태원, guitar
700 1ȸ$a이승철 ← 연주자(vocal) 부출표목
700 1ȸ$a서영진 ← 연주자(k. board) 부출표목
700 1ȸ$a정준교 ← 연주자(bass) 부출표목
700 1ȸ$a김성태 ← 연주자(drum) 부출표목
700 1ȸ$a김태원 ← 연주자(guitar) 부출표목

12) 총서명이 있는 자료

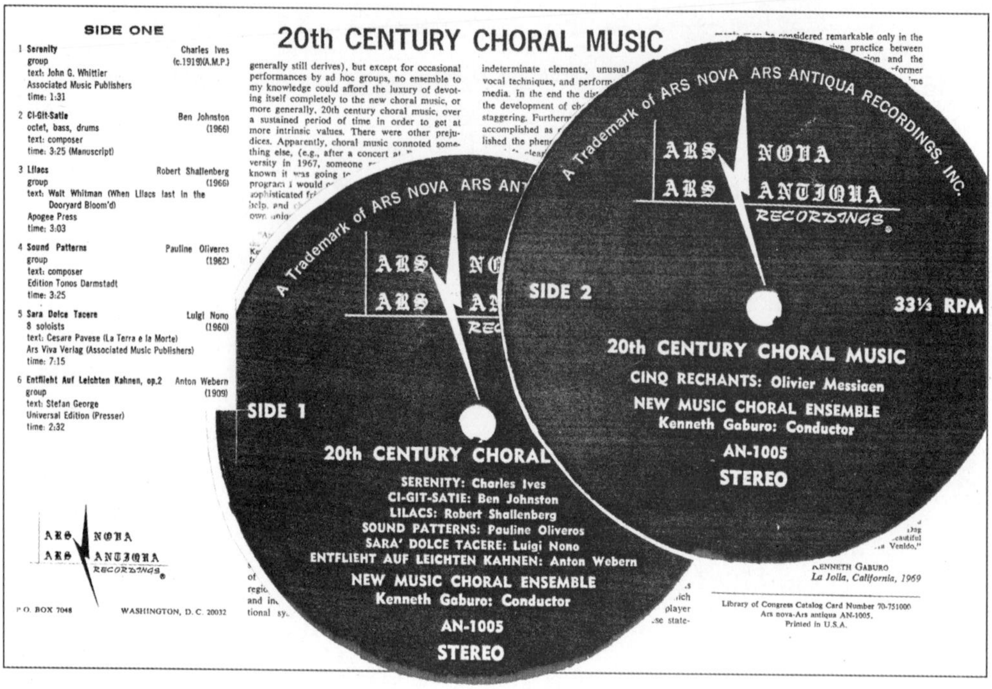

.....njmႦႦ22.....ႦaႦ4500
007 sdႦbsmennuulce
008 ......s1969ႦႦႦႦusႦchnႦႦႦႦႦႦႦႦႦႦႦႦaႦႦengႦႦ
028 01$aAN-1005$bArs Nova-Ars Antiqua Recordings Inc.
090 ႦႦ
245 00$a20th century choral music$h[sound recording]
260 ႦႦ$aWashington, D.C. :$bArs Nova Ars Antiqua Recordings, Inc.,$c1969
300 ႦႦ$a1 sound disc :$banalog, 33⅓ rpm, stereo ;$c30 cm
500 ႦႦ$aNotes on container by Jock Boyd, Phyllis Dreazen and Kenneth Gaburo
505 8Ⴆ$aContents:side 1. 1. Serenity (1919) / Charles Ives (1:31). 2. Ci-git-satie (1966) / Ben Johnston (3:25). 3. Lilacs (1966) / Robert Shallenberg (3:03). 4. Sound patterns (1962) / Pauline Oliveros (3:25). 5. Saradolcetacere (1960) / Luigi Nono (7:15). 6. Entflieht auf leichten kahnen, op. 2 (1909) / Anton Webern (2:32) -- side 2. Cinq Rechants (1948) / Olivier Messiaen (17:34)

내용주기: 505필드는 연주자주기와 연관되게 내용곡명에 수록면수와 연번을 연계시켜 내용주기하였다 (A2R.1.7B18; K4.6.7.3.17). 다음은 내용주기의 가능한 기술형식이다.

「**면수와 연번을 생략한 내용주기**」

505 00$t곡명 --$t곡명 --$t곡명

505 00$t곡명 --$t곡명 (최초발표년) /$d작곡자$g(연주자주기)$g(연주시간) --$t곡명 (최초발표년)

/$d작곡자$g(연주자주기)$g(연주시간) --

제2지시기호 '0'과 식별기호 '$t'와 '$d'로 기술된 곡명과 저작자를 색인어로 자동출력될 수 있게 한다.

505 0b/$a곡명 -- 곡명(최초발표년) / 작곡자 (연주자주기) (연주시간) -- 곡명(최초발표년) / 작곡자 (연주자주기) (연주시간) --

그러나 작곡자와 곡명을 짝지어 표목할 필요가 있을 때는 제2지시기호 'b/'로 내용주기사항을 식별기호 없이 기재하고 700필드로 작곡자와 곡명을 함께 기술하여 분출표목한다.
면수나 연번을 함께 기술하지 않은 경우는 곡명과 곡명 사이를 '--'로 구분한다.

「면수와 연번을 함께한 내용주기」

505 00$n제1면.$t곡명.$t곡명 --$n제2면.$t곡명.$t곡명
└ 면수별 내용주기는 '--'를 면수로 구분

505 00$n1.$t곡명 --$n2.$t곡명 --$n3.$t곡명 --$n4.$t곡명
└ 연번별 내용주기는 '--'를 연번으로 구분

┌ 면수와 연번은 '.'로 구분 표시
505 00$n제1권.1.$t곡명.$n2.$t곡명 --$n제2권. 1.$t곡명.$n2.$t곡명
└ 면수와 연번별 내용주기는 '--'를 면수별로 구분

505 00$n제1권.$t곡명.$n1.$t곡명.$n2.$t곡명 --$n제2권.$t곡명....

505 80$aContents:$nside 1.$tTitle.$n1.$tTitle.$n2.Title --$nside 2.$tTitle. $n1.. $tTitle..$n2.$tTitle

511 8b/$aCast: The Ensemble: Barbara Dalheim (1. 2. 3), Rosalind Powell (3), Jean Geil (1. 3), Margaret Rosso, Jo Ann Lacquet, Janet Pummill, Patricia Hawkins (2), sopranos ; Marcia Swengel (1. 2. 3), Bonnie Barnett (1. 3), Shirley Panish (3), Karen Hinshaw, Miriam Barndt, Barbara Shapiro (3), altos ; William Brooks (1. 2. 3), Albert Hughes (3), Doug Pummill (1. 3), Robert Smith (2), tenors ; ... ; New Music Choral Ensemble, Kenneth Gaburo, cond.

연주자주기: 511필드는 연주자명과 연주수단을 짝지어 주기하고, 특정 곡의 연주자명에는 연주곡의 연번을 ( )에 묶어 부기한다(A2R.6.7B6; K4.6.7.3.10). 동일 연주수단의 연주자간에는 ','로, 다른 연주수단의 연주자간에는 ';'으로 구분한다(A2R.6.7B6).

630 b/0$a합창
700 1b/$aGaburo, Kenneth ← 지휘자 부출표목
700 12$aIves, Charles.$tSerenity (1919)$h[sound recording] ← 내용주기된 작곡자와 곡명 분출표목
700 12$aJohnston, Ben.$tCi-git-satie (1966)$h[sound recording]
700 12$aShallenberg, Robert.$tLilacs (1966)$h[sound recording]
700 12$aOliveros, Pauline.$tSound patterns (1962)$h[sound recording]
700 12$aNono, Luigi.$tSaradolcetacere (1960)$h[sound recording]
700 12$aWebern, Anton.$tEntflieht auf leichten kahnen, op. 2 (1909) $h[sound recording]
700 12$aMessiaen, Olivier.$tCinq Rechants (1948)$h[sound recording]

THE

WORLD'S
FAVORITE SONGS
OPERA & MUSICAL

1

1. 가극「칼멘」 제4막 : 자, 여기에(비제) [1] Carmen : Act Ⅳ ; Les voici ! (Bizet)
2. 가극「호프만 이야기」 제2막 : 올림피아의 등장(오펜바하) [2] The Tales of Hoffman : Act II ; Presentation of Olympia (Offenbach)
3. 가극「파우스트」 제4막 : 병사의 합창(구노) [3] Faust : Act Ⅳ ; Soldier's Chorus (Gounod)
4. 가극「나부코」 제3막 : 헤브라이 포로들의 합창(베르디) [4] Nabucco : Act Ⅲ ; Chorus of the Hebrew Slaves (Verdi)
5. 가극「오텔로」 제2막 : 눈동자 빛나는 그곳(베르디) [5] Otello : Act II ; Dove Guardi Slendono Raggi (Verdi)
6. 가극「일 · 트로바토레」제2막 : 대장간의 합창(베르디) [6] Il Trovatore : Act II ; Anvil Chorus (Verdi)
7. 가극「로엔그린」 제3막 : 결혼의 합창(바그너) [7] Lohengrin : Act Ⅲ ; Bridal Chorus (Wagner)
8. 가극「리골레토」 제1막 : 자, 이제 복수를(베르디) [8] Rigoletto : Act I ; Zitti, Zitti (Verdi)
9. 가극「뉴른베르그의 마이스터징거」제3막 : 깨어나라(바그너) [9] Die Meistersinger : Act Ⅲ ; Wach' Auf ! (Wagner)
10. 가극「미뇽」 제3막 : 솔솔 바람을 타고(토마) [10] Mignon : Act Ⅲ ; Au Souffle Leger Du (Thomas)
11. 가극「카발레리아 · 루스티카나」 : 오렌지 향기는 바람에 날리고 [11] Cavalleria Rusticana : Gli Aranci Olezzano (Mascagni)
12. 희가극「박쥐」제2막 : 친한 사이(요한 · 쉬트라우스) [12] Die Fledermaus : Act II ; Bruderlein Und Schwesterlein (J. Strauss)

2

13. 뮤지컬「헬로 · 달리」 : 「헬로 · 달리」(제리 · 허만) [13] Hello, Dolly ! ~ from "Hello, Dolly !" (Jerry Herman)
14. 뮤지컬「지붕위의 바이얼린」 : 「선라이즈 · 선셋」(보크 - 하니크) [14] Sunrise, Sunset ~ from "Fiddler On The Roof" (Bock-Harnick)
15. 뮤지컬「남태평양」 : 마담이 최고(로저스 - 해머스타인 2세) [15] There Is Nothin' Like A Dame ~ from "South Pacific" (Rodgers-Hammerstein II)
16. 뮤지컬「회전목마」 : 참으로 멋진 피크닉(로저스 - 해머스타인 2세) [16] A Real Clambake ~ from "Carousel" (Rodgers-Hammerstein II)
17. 뮤지컬「뮤직 · 맨」 : 76의 트롬본(메레디스 · 윌슨) [17] Seventy Six Trombones ~ from "The Music Man" (Meredith Willson)
18. 뮤지컬「방랑의 왕」 : 방랑자의 노래(후커 - 프리믈) [18] Song of The Vagabonds ~ from "The Vagabond King" (Hooker-Friml)
19. 뮤지컬「사운드 · 오브 · 뮤직」 : 사운드 · 오브 · 뮤직(로저스 - 해머스타인 2세) [19] The Sound of Music ~ from "The Sound of Music" (Rodgers-Hammerstein II)
20. 뮤지컬「마이 · 훼어 · 레이디」 : 그렇게 되면 좋아 - 운이 좋으면(러너 - 러위) [20] Wouldn't It Be Loverly ; With A Little Bit of Luck ~ from "My Fair Lady" (Lerner-Loewe)
21. 뮤지컬「황태자의 첫사랑」 : 축배의 노래(도넬리 - 롬버그) [21] Drinking Song ~ from "The Student Prince" (Donnelly-Romberg)
22. 뮤지컬「로즈마리」 : 인디언 · 러브 · 콜(해머스타인 2세 - 하바크 - 프리믈) [22] Indian Love Call ~ from "Rose Marie" (Hammerstein II-Harbach-Friml)
23. 뮤지컬「고양이와 바이얼린」 : 밤은 사랑을 위해(하바크 - 컨) [23] The Night was Made For Love ~ from "The Cat and the Fiddle" (Harbach-Kern)
24. 뮤지컬「춤추는 뉴욕」 : 뉴욕, 뉴욕(컴덴 - 그린 - 번스타인) [24] New York, New York ~ from "On The Town" (Comden-Green-Bernstein)

● 1~12. The Robert Shaw Chorale / RCA Orchestra / Robert Shaw, Conductor
● 13~24. The Robert Shaw Chorale and Orchestra / Robert Shaw, Conductor
● 14. Paul Ukena, Baritone Solo ● 19. Florence Kopleff, Contralto Solo
● 24. David Meyers, Baritone Solo

Timings [1] Side-A 3:58/1:17/4:01/4:51/5:05/2:47
Side-B 4:53/1:37/2:47/2:52/7:12/3:54
[2] Side-A 3:19/5:21/3:06/3:51/2:56/2:40
Side-B 6:00/4:22/2:45/6:17/4:39/2:46

.....njmᵬᵬ22.....ᵬaᵬ4500
007 sdᵬbsmennuulce
008 ......pᵬᵬᵬᵬ1975usᵬopnᵬᵬᵬᵬᵬᵬᵬᵬᵬᵬᵬaᵬᵬundᵬᵬ
028 01$aXLRL2-7021(K2RY 4207)$bRCA
028 01$aJG02919-JG02942$bJG
040 ᵬᵬ
090 ᵬᵬ
245 00$aWorld's favorite songs opera & musical$h[녹음자료]

이 자료는 2매의 음반에 세계적인 가극과 뮤지컬 중 아리아를 발췌하여 취입한 것이다. 내용목차는 발췌곡명과 출처인 모체곡명이 함께 나타나 있다.
표제와 책임표시사항: 245필드는 종합표제를 줄머리잡기로 기술하였다.

260 ᵬᵬ$aNew York :$bRCA Corporation$e(서울 :$f지구레코드사,$g1975)
300 ᵬᵬ$a사운드 디스크 2 매 :$banalog, 33⅓ rpm, 스테레오 ;$c30 cm
500 ᵬᵬ$a연주시간: 3:58 (1) ; 1:17 (2) ; 4:01 (3) ; 4:51 (4) ; 5:06 (5) ; 2:47 (6) ; 4:53 (7) ; 1:37 (8) ; 2:47 (9) ; 2:52 (10) ; ...
505 0ᵬ$a1. 자, 여기에 (가극 「칼멘」 제4막) / Georges Bizet -- 2. 올림피아의 등장(가극

「호프만 이야기」 제2막) / Jacques Offenbach -- 3. 병사의 합창(가극「파우스트」 제4막) / Charles Francois Gounod -- 4. 헤브라이 포로들의 합창 (가극 「나부코」 제3막) ; 5. 눈동자 빛나는 그곳 (가극「오텔로」 제2막) ; 6. 대장간의 합창 (가극「일·트로바토레」 제2막) ; 8. 이제 복수를 (가극「리골레토」 제1막) / Giuseppe Verdi -- 7. 결혼의 합창 (가극「로엔그린」 제3막) ; 9. 깨어나라 (가극「뉴른베르그의 아이스터징거」 제3막) / Wilhelm Richard Wagner -- ...

내용주기: 505필드는 발췌곡명을 중심으로 기술하고 출처인 모체곡명은 표제관련정보로 ( )에 묶어 부기하였다. 동일 작곡자의 작품은 순서를 바꾸어 함께 모아 기술하고, 면수와 연번은 전체 곡에 대한 연번이 연속되어 있으므로 면수표시를 생략하고 연번만 기술하였다(A2R.6.7B18; K4.6.7.3.17).

내용주기로 가능한 몇 가지 방법:

「모체명을 표제로 하고 발췌곡명을 하위표제나 편제로 기술」

505 0ƀ$a1.「칼멘」 제4막 : 자, 여기에 / Georges Bizet -- 2. ...

505 8ƀ$aContents: 1. Carman. Act IV : Les voici / Georges Bizet --

이 방법은 모체명을 중심으로 '아리아곡명 : 부제'형식으로 기술한 예이다.

「발췌곡명을 표제로 모체명을 잡정보로 기술」

505 0ƀ$a1. 자, 여기에 (가극「칼멘」 제4막) / Georges Bizet -- 2. ...

505 8ƀ$aContents: 1. Les voici (Carman, Act IV) / Georges Bizet -- 2. ...

이 방법은 모체명을 ( )에 묶어 기술하여 곡명과 함께 모체명을 확인되게 한 예이다.

505 0ƀ$a1. 자, 여기에 : 가극「칼멘」 제4막 / Georges Bizet -- n2. ...

505 8ƀ$aContents: 1. Les voici : Carman, Act IV / Georges Bizet -- 2. ...

이 방법은 모체명을 아리아곡명에 대한 표제관련정보로 기술한 예이다.

「발췌곡명이나 모체명 중 하나 만을 기술」

505 0ƀ$a1. 자, 여기에 -- 2. 올림피아의 등장 -- 3. ...

505 8ƀ$aContents: 1. Les voici -- 2. Presentation of Olymia -- 3. ...

이 방법은 간단히 하기 위하여 아리아곡명만을 기술한 예이다.

505 0ƀ$a1. 자, 여기에 / Georges Bizet -- 2. 올림피아의 등장 / Offenbach, Jacques -- 3. ...

505 8ƀ$aContents: 1. Les voici / Georges Bizet -- 2. Presentation of Olymia / Offenbach, Jaqcues --

이 방법은 아리아곡명과 작곡자명을 짝지어 기술한 예이다.

505 0ƀ$a1. 칼멘 : 제4막 -- 2. 호프만 이야기 : 제2막 -- 3. ...

505 8ƀ$aContents: 1. Carman : Act IV -- 2. Tales of Hoffman: Act II --

이 방법은 모체명과 아리아가 포함된 장, 막으로만 기술한 예이다.

505 0ƀ$a1. 칼멘 : 제4막 / Georges Bizet -- 2. 호프만 이야기 : 제2막 / ...

505 8ƀ$aContents: 1. Carman / Georges Bizet -- 2. Tales of ...

이 방법은 모체명과 작곡자를 짝지어 기술한 예이다.

제2지시기호 'ƀ'로 내용주기된 곡명과 작곡자명은 필요한 표목을 7XX필드로 분출표목해야 한다.

「발췌곡명과 모체명을 함께 자동 부출되게 기술」

505 00$n1.$t「칼멘」 제4막 :$t자, 여기에 /$dBizet, Georges --$n2. ...

505 80$aContents:$n1.$tCarman, Act IV:$tLes voici /$tBizet, Georges --$n2. ...

이 방법은 제2지시기호 '0'으로 지시하여 '$t'로 기재된 표제와 '$d'로 기재된 작곡자명이 색인어로 활용되게 한 예이다. 이때 '$d'로 기재되는 서양인명은 성과 이름을 도치하여 기술한다.

511 8ƀ$aCast: Paul Ukeno, baritone solo (14) ; Florence Kopleff, contralto solo (19) ; David Meyers, baritone solo (24) ; The Robert Shaw Chorale ; RCA Orchestra, Robert Shaw, 지휘 (1-12) ; The Robert Shaw Chorale and Orchestra, Robert Shaw, 지휘 (13-24)

연주자주기: 511필드에 각곡의 연주자를 함께 주기할 때는 독주자는 연주수단을, 연주단체는 지휘자를 연계시켜 기술하고, 각각의 연주자와 연주단체는 연주한 곡의 연번을 ( )에 묶어 부기해야한다.

630 ƀ0$a가극

주제명표목: 630필드는 식별기호 '$a'로 '가극'이라는 통일된 명칭으로 주제명표목하였다.

700 1ƀ$aUkeno, Paul ← 연주자(baritone) 부출표목
700 1ƀ$aKopleff, Florence ← 연주자(contralto solo) 부출표목
700 1ƀ$aMeyers, David ← 연주자(baritone solo) 부출표목
700 1ƀ$aShaw, Robert ← 연주자(지휘자) 부출표목
700 12$aBizet, Georges.$t자, 여기에 (가극「칼멘」 제4막)$h[녹음자료] ← 내용주기된 작곡자와 아리아곡명 분출표목
700 12$aOffenbach, Jacques.$t올림피아의 등장 (가극「호프만 이야기」 제2막)$h[녹음자료]
700 12$aGounod, Charles Francois.$t병사의 합창 (가극「파우스트」 제4막)$h[녹음자료]
700 12$aVerdi, Giuseppe.$t헤브라이 포로들의 합창 (가극 「나부코」 제3막)$h[녹음자료]
700 12$aVerdi, Giuseppe.$t눈동자 빛나는 그곳 (가극「오텔로」 제2막)$h[녹음자료]
700 12$aVerdi, Giuseppe.$t대장간의 합창 (가극「일·트로바토레」 제2막)$h[녹음자료]
700 12$aVerdi, Giuseppe.$t이제 복수를 (가극「리골레토」 제1막)$h[녹음자료]
700 12$aWagner, Wilhelm Richard.$t결혼의 합창 (가극「로엔그린」 제3막)$h[녹음자료]
....
....
700 12$aStrauss, Johann.$t친한 사이 (희가극「박쥐」 제2막)$h[녹음자료]
710 ƀƀ$aRobert Shaw Chorale ← 연주단체명(합창) 부출표목
710 ƀƀ$aRCA Orchestra ← 연주단체명 부출표목

13) 음악제(연주회, 페스티발)자료

.....njaƀƀ22.....ƀaƀ4500

007 sdƀfsngnnuuned

008 ......s1999ƀƀƀƀulkchnƀƀƀƀƀƀƀƀƀƀƀƀaƀƀkorƀƀ

033 1ƀ$a19991127$a19991128$b11000

녹음일시와 장소: 033필드는 녹음일시와 장소가 2회 이상이기 때문에 제1지시기호 '1'(다수일시)로 지시하고, 식별기호 '$a'를 반복하여 각각의 날짜를 함께 기술하였다. 그리고 518필드에는 033필드와 연계된 내용을 설명주기하였다.

┌ 녹음일시가 2일 이상이므로 제1지시기호 '1'을 지시
┌ 2일 이상일 때 '$a'를 반복 처음 날짜와 마지막 날짜를 기술
┌ 녹음장소인 서울의 지역번호(부속표5 참조)

033 1ƀ$a19991127$a19991128$b11000
518 ƀƀ$a1999년 11월 27-28일 영산아트홀 정기연주회 실황 녹음

040 ƀƀ

090 ƀƀ

┌ 연주회자료는 연주회명을 기본표목 ┌ 회차, 회기, 장소 등 사항은 ( )에 묶어 기술

111 ƀƀ$a삶과꿈 싱어즈 정기연주회$n(13회 :$d1999 :$c서울)

└ 장소는 개최지명을 기술
회차는 식별기호 '$n'으로 기술 ┘ └ 회의연도를 식별기호 '$d'로 회기로 기술

기본표목: 111필드는 회의명에 회차, 회기, 회의장소 등을 ( )로 묶어 해당 식별기호로 기본표목하였다 (A2R.24.7).

245 10$a새천년 특별 음악회.$p슬기의 탑$h[녹음자료] :$b삶과꿈 싱어즈 기획 공연 (13회 정기연주회실황) /$d삶과꿈(도서출판) 주최

표제와 책임표시사항: 245필드는 식별기호 '$a'로 본표제, '$p'로 편제를 표제줄머리잡기로 기술하였다(A2R.1.1B9; K31.1.1.1.2). 그리고 연주사항은 식별기호 '$b'로 표제관련정보로 기술하고, 주최자나 후원자는 책임표시($d, $e)로 기술하였다.

246 30$a슬기의 탑$h[녹음자료] ← 편제 부출표목

<출력>검색을 위한 부분표제: 슬기의 탑 [녹음자료]

=740 ƀƀ$a슬기의 탑$h[녹음자료]

260 ƀƀ$a서울 :$b서울음반,$c1999

300 ƀƀ$a사운드 디스크 1매 :$b디지털, 스테레오 ;$c12 cm

500 ƀƀ$aCompact disc digital audio

500 ƀƀ$a수록곡 중 창작곡만 내용주기하였음

500 ƀƀ$a제작진: 김은경, 디자인 ; 신갑순, 음악감독

500 ƀƀ$a삶과꿈 싱어즈 단원: 이윤주, 이수경, 박정민, 김현미, 소프라노 ; 최미옥, 이은숙, 정혜원, 알토 ; 김경순, 박성규, 정양수, 테너 ; 강철, 이규석, 김우석, 바리톤 ; 조양명, 피아노 ; 박인숙, 오르간 ; 홍종진, 훈, 대금 ; 김화숙, 플룻 ; 박성수, 트럼펫 ; 한문경, 김은혜, 타악기

일반주기: 500필드에 연주단원명을 주기하였는데 이는 필요한 경우 중요 단원명을 선별 주기하기도 한다.

┌ 제1지시기호 '2'는 내용곡명을 선별주기할 때 '부분내용'이라는 표출어 생성을 지시

505 2ƀ$a새날 / 임준희 작곡 (김경순, 독창) -- 우리는 하나 / 황병기 작곡 (박인숙, 오르간 ; 황병기, 장구 ; 홍종진, 훈, 대금) -- 밀레니엄 칸타타 / 진규영 작곡 (이혜영, 소프라노 ; 한문경, 김은혜, 타악기)

내용주기: 505필드는 제1지시기호 '2'를 지시하고 수록곡명 중 창작곡명을 중심으로 작곡자와 연주자를 주기하였다. 그리고 500필드는 부분내용주기에 대해 설명주기하였다.

<출력>부분내용: 새날 / 임준희 작곡 (김경순, 독창) -- 우리는 하나 / 황병기 작곡 (박인숙, 오르간 ; 황병기, 장구 ; 홍종진, 훈, 대금) -- 밀레니엄 칸타타 / 진규영 작곡 (이혜영, 소프라노 ; 한문경, 김은혜, 타악기)

511 8ƀ$a연주: 삶과꿈 싱어즈

518 ƀƀ$a1999년 11월 27-28일 영산아트홀 정기연주회 실황 녹음

700 1ƀ$a김경순 ← 연주자(독창) 부출표목

700 1ƀ$a박인숙 ← 연주자(오르간) 부출표목

700 1ƀ$a홍종진 ← 연주자(훈, 대금) 부출표목

700 1ƀ$a이혜정 ← 연주자(소프라노) 부출표목

700 1ƀ$a한문경 ← 연주자(타악기) 부출표목

700 1ƀ$a김은혜 ← 연주자(타악기) 부출표목

700 12$a임준희.$t새날$h[녹음자료]] ← 내용주기된 작곡자와 곡명 분출표목

700 12$a진규영.$t밀레니엄 칸타타$h[녹음자료]

THE THIRD LINCOLN CENTER INTERNATIONAL CHORAL FESTIVAL

Recording produced by Howard Scott

April 6–May 2, 1972

A non-competitive invitational program for outstanding university choruses, presented by Lincoln Center for the Performing Arts

Marshall Bartholomew, *Honorary Director*   Robert Shaw, *Music Director*   Willi Gohl, *Associate Music Director*

James R. Bjorge, *Director*   Leonard de Paur, *Associate Director*

The spirit and excitement of the third Lincoln Center nternational Choral Festival are reflected in this recording. hich begins with a selection by each of the sixteen horuses and concludes with the ensemble of 630 voices -the world singing together.

The search for these groups took Leonard de Paur and e individually to fifty countries, to audition one hundred horuses. The sixteen we invited to participate arranged eir own international travel, while Lincoln Center, and e hundreds of people and organizations that helped us, rovided their complete hospitality for three and a half eeks. The schedule included one hundred twenty-five oncerts at universities and schools in twenty-two states, eceptions by the First Lady at the White House and the ecretary General at the United Nations, a concert at the ennedy Center in Washington, D.C., and a festive ive-concert week in Lincoln Center's Philharmonic Hall.

Thus far, the young singers of 52 choruses from 31 ountries have taken part in either the first (1965), the econd (1969), or the third Festival. We are planning the ourth for April, 1974. –James R. Bjorge

Each Festival's substantial deficit must be met through pecial contributions to the Lincoln Center Fund.

Timings:

Side A (Band 1) 1:48–2:03–2:22–4:45–3:05
Side A (Band 2) 3:50–2:25–2:15–2:50–3:07

Side B (Band 1) 1:45–2:20–2:35–1:35–2:02–4:35
Side B (Band 2) 1:05–4:22–3:00–1:30

LCS-1972
SIDE A
BAND 1

FEDERAL REPUBLIC OF GERMANY:
Monteverdi-Chor
(University of Hamburg)
Jürgen Jürgens, *Conductor*
Claudio Monteverdi (1567-1643)
S'andasse amor a caccia

BRAZIL:
Coral da Universidade de São Paulo
Benito Juarez de Souza, *Conductor*
Capiba (b. 1904) and Carlos Penna Filho (1930-1960)
A Mesma Rosa Amarela

JAPAN:
Waseda University Glee Club
Noriteru Hamada, *Conductor*
Toshihisa Okamoto, *Student Conductor*
Japanese Folk Song Arr. Yoichiro Fukunaga
Itsuki Lullaby

POLAND:
Academic Choir of Szczecin Technical University
Jan Szyrocki, *Conductor*
Gyorgy Deakbardos (b. 1924)
Eli, Eli

ARGENTINA:
Coro Universitario de San Juan
(Universidad Provincial Domingo Faustino Sarmiento)
Juan Petracchini, *Conductor*
Carlos Washington Barraquero (b. 1927)
El Molinero de Dios

BAND 2

HUNGARY:
Béla Bartók Choir
(Eötvös Loránd University, Budapest)
Gábor Baross, *Conductor*
Zoltán Kodály (1882-1967)
Székely keserves ("Transylvanian Lament")

INDIA:
The Gandharva Choir
(Gandharva Maha Vidyalaya, New Delhi)
Pandit Maudgalya, *Conductor*
Vedic Hymn Sangachchhadhvam

GREAT BRITAIN:
London Student Chorale
(University of London)
Roy Wales, *Conductor*
Benjamin Britten (b. 1913)
Concord, from "Gloriana"

NETHERLANDS:
Amsterdam University Choir
Wim van Gerven, *Conductor*
Jan Pieterszoon Sweelinck (1562-1621)
Psalm 134: Orsus, serviteurs

UGANDA:
Nyonza Singers
(National Teachers College, Kampala)
Samuel Muwonge, *Conductor*
H. Sserukenya
Wanjala ("Mr. Hunger")

SIDE B
BAND 1

FRANCE:
Choeur Madrigal de L'Université de Strasbourg
Jean-Paul van Eller, *Conductor*
Claude de Sermisy (c. 1490-1562)
Tant que vivrai en âge florissant

REPUBLIC OF KOREA:
Ewha Womans University Glee Club
Mrs. Kyu-Soon Lee, *Conductor*
Korean Folk Song, Arr. Hee Cho Kim
Joyful Choon Hyang

DENMARK:
Copenhagen University Music Students Choir
Poul Jørgensen, *Conductor*
Jesper Grove Jørgensen, *Associate Conductor*
Bernhard Lewkovitch (b. 1927)
Three Madrigals of Torquate Tasso, Opus 13
"Non é questo un morire"

NEW ZEALAND:
University of Auckland Choir
Peter Godfrey, *Conductor*
Orlando di Lasso (1532-1594)
Jubilate Deo

CZECHOSLOVAKIA:
Brno Academic Choir
(University of Brno and Brno Technical College)
Lubomir Mátl, *Conductor*
Vladimir Werner (b. 1937)
Milostné madrigaly ("Madrigals of Love")
"Videl jsem zrána" ("I Saw in the Morning")

United States Universities Chorus
Thomas Hilbish, University of Michigan, *Conductor*
Comprised of quartets from the choruses of Bowie State College, Eugene T. Simpson, conductor; Florida State University, Clayton Krehbiel; Indiana University, Don V. Moses; North Texas State University, Frank McKinley; Ohio State University, Maurice Casey; State University of New York, Albany, Mrs. Tamara Knell; University of Iowa, Daniel Moe; University of Southern California, Charles C. Hirt; University of Washington, Rodney Eichenberger; Westminster Choir College, Joseph Flummerfelt
Leslie Bassett (b. 1923)
Collect for Peace
For Chorus with Electronic Tape

BAND 2

Combined Festival Choruses
Robert Shaw, *Conductor*
Orlando di Lasso (1532-1594)
Echo Song
Alexander Aliabiev (1787-1851)
Solov'yem Zalyetnym ("The Fleeting Nightingale")
Robert Austin, tenor solo
Johann Sebastian Bach (1685-1750)
Dona Nobis Pacem, from Mass in B minor
Frederick Swann, Organ
Marshall Bartholomew, *Conductor*
Traditional University Song, Arr. Marshall Bartholomew
Gaudeamus Igitur

Scores for a number of works performed during the three Festivals are available through the Belwin Mills Publishing Corp.'s *Lincoln Center Choral Series*. Information about the *Series*, as well as copies of the three Festival recordings, may be obtained from: The Belwin Mills Publishing Corp., 25 Deshon Drive, Melville, New York 11746. Prices of the recordings, prepaid within the U.S., are: first Festival (2 records) – $10.00; second Festival –$5.00; third Festival–$5.00 (plus applicable tax).

.....njab̸b̸22.....b̸ab̸4500
007 sdb̸bsmennuulce
008 ......s1975b̸b̸b̸b̸usb̸chnb̸b̸b̸b̸b̸b̸b̸b̸b̸b̸b̸ab̸b̸mulb̸b̸
028 01$aLCS-1972$bBelwin Mills
040 b̸b̸
090 b̸b̸
111 b̸b̸$aLincoln Center International Choral Festival$n(3rd :$d1972 :$cNew York)

기본표목: 음악제나 페스티발에 의한 자료는 111필드에 식별기호 '$a'로 음악제나 페스티벌명으로 기본표목한다. 이때 회차, 회기, 장소는 해당 식별기호로 ( )에 묶어 부기한다.

245 11$a(The) Third Lincoln Center international choral festival$h[sound recording] :$bApril 6-May 2, 1972

표제와 책임표시사항: 245필드는 회차를 생략한 표제나 포함한 표제를 본표제로 기술한다(A2R.2B5;12.1B6; K31.1.1.4). 회차의 생략으로 표제가 불완전한 경우나 수록한 내용의 과다로 음반을 회차별로 각각 목록할 경우는 회차를 포함한 표제를 본표제로 기술하거나 회차를 도치한 본표제로 기술한다. 본 예는 회차를 포함한 표제를 본표제로 기술하였다.

「**회차를 생략한 경우**」

245 00$aLincoln Center International Choral Festival

회차가 표제의 처음이나 말미에 표시된 것을 생략할 때에는 삼점줄임표'...'를 쓰지않지만, 표제의 중간에 포함된 회차를 생략할 때는 삼점줄임표 '...'를 사용한다.

「회차를 포함한 경우」

245 00$aThird Lincoln Center International Choral Festival

245 20$a(Third) Lincoln Center International Choral Festival

<출력(표목)>Lincoln Center International Choral Festival
Third Lincoln Center International Choral Festival

245필드에서 제1지시기호 '2'로 기술된 것은 ( )로 묶어 기술된 사항을 제외한 표제와 포함한 표제로 각각 부출되게 한다.

「회차를 도치한 경우」

245 00$aLincoln Center International Choral Festival.$nthird
식별기호 '$n'은 도치되는 회차표시 ┘

<출력>Lincoln Center International Choral Festival. third

260 ɓɓ$aNew York :$bThe Belwin Mills Publishing Corp.,$c1974

300 ɓɓ$a1 sound disc :$banalog, 33⅓ rpm, stereo ;$c30 cm

500 ɓɓ$aA non-competitive invitational program for outstanding university choruses, presented by Lincoln Center for the Performing Arts

500 ɓɓ$aCredits: Marshall Bartholomew, honorary director ; Robert Shaw, music director ; Willi Gohl, associate music director ; James R. Bjorge, director ; Leonard de Paur, associate director ; Howard Scott, recording producer

500 ɓɓ$aDurations: Side A. band 1. 1:45 ; 2:02 ; 2:21 ; 4:50 ; 3:05 ; band 2. 3:50 ; 2:32 ; 2:15 ; 2:49 ; 3:08. side B. band 1, 2:40 ; 2:46 ; 2:35 ; 1:25 ; 2:03 ; 4:32 ; band 2, 8:27

연주시간주기: 복잡한 연주시간은 500필드에 '연주시간', 'Duration'이라는 표출어로 면수와 연번을 짝지어 주기한다(A2R.6.7B10; K4.6.7.3.10). 다음은 연주시간의 주기 예이다.

500 ɓɓ$a연주시간: 면수: 재생시간 (연번) ; 재생시간 (연번). 면수: 재생시간. ...

500 ɓɓ$a연주시간: 면수. 연번, 재생시간 ; 연번, 재생시간. 면수. 연번, 재생시간. ...

511 8ɓ$aCast (side A): Monteverdi-chor, Federal Republic of Germany ; Coral da Universidade de Sao Paulo, Brazil ; Waseda University Glee Club, Japan ; Academic Choir of Szczecin Technical Univ., Poland ; Coro Universitario de San Juan, Argentina ; Bela Bartok Choir, Hungary ; The Gandharva Choir, India ; ...

511 8ɓ$aCast (side B): Choeur Madrigal de L'universite de Strasbourg, France ; Ewha Woman's Univ. Glee Club, Republic of Korea ; Copenhagen Univ. Music Students Choir, Denmark ; ...

연주자주기: 내용의 표제가 국명과 연주단체명으로 되어 있기 때문에 내용주기로 기술하지 않고 511필드에 연주자주기하고, 국명은 연주단체명의 상위기관명으로 ','로 부기하였다. 연주단체명이 표목이 필요할 때는 710필드로 각각 부표목한다.

630 ɓ0$a합창

710 ɓɓ$aMonteverdi-chor, Federal Republic of Germany ← 연주단체명 부출표목

....

710 ɓɓ$aEwha Woman's Univ. Glee Club, Republic of Korea

710 ɓɓ$aCopenhagen Univ. Music Students choir, Denmark

....

14) 가극 · 오페라자료

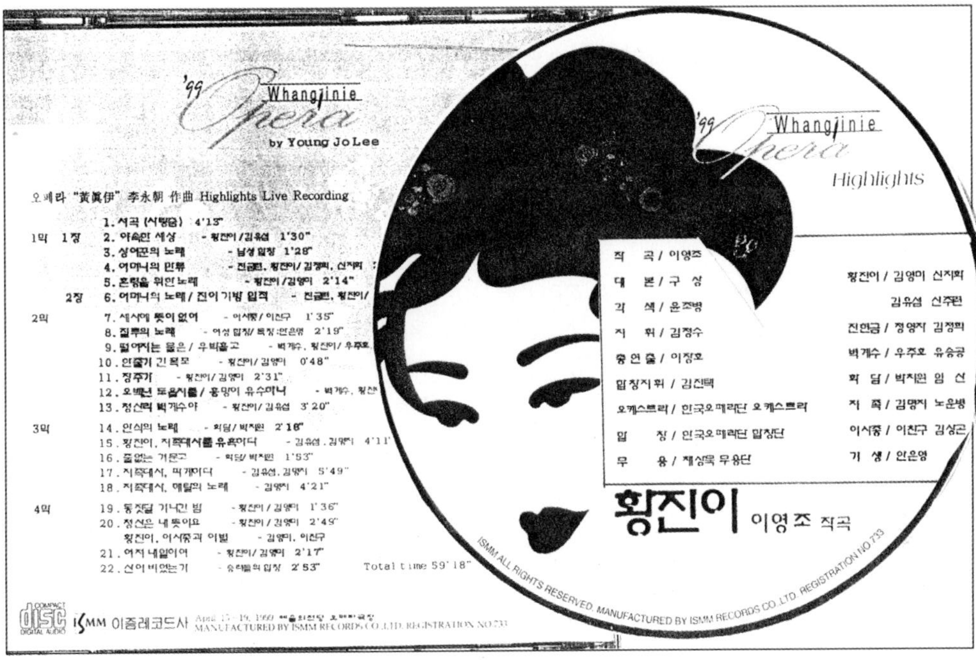

.....njmƀƀ22.....ƀaƀ4500

007 sdƀfsngnnuuned

008 ......s1999ƀƀƀƀulkopnƀƀƀƀƀƀƀƀƀƀƀaƀƀkorƀƀ

033 1ƀ$a19990415$a19990419

녹음의 일시와 장소주기: 가극이나 오페라의 녹음은 033필드에 녹음일시와 장소를 숫자적인 부호로 기술하고, 이를 연계시켜 518필드에는 설명주기한다.

040 ƀƀ

090 ƀƀ

100 1ƀ$a이영조

기본표목: 100필드는 오페라의 작곡자를 기본표목한다.

245 10$a황진이$h[녹음자료] =$xOpera Whanginie:$chighlights :$b전4막 2장 /$d이영조 작곡 ;$e구상 대본 ;$e윤조병 각색

표제와 책임표시사항: 245필드는 식별기호 '$a'로 오페라곡명, '$x'로 대등표제를 기술하고, 책임표시는 작곡자, 대본자, 각색자를 기술한다(A2R.6.1F1). 대등표제는 246필드로 부출표목하였다.

246 31$aOpera Whanginie$h[녹음자료] ← 대등곡명 부출표목

260 ƀƀ$a서울 :$b이즘레코드사,$c1999

300 ƀƀ$a사운드 디스크 1매 (59:18) :$b디지털, 스테레오 ;$c12 cm

306 ƀƀ$a00591800

500 ␢␢$a용기의 표제: 오페라 "黃眞伊" : Highlight live recording
500 ␢␢$aCompact disc digital audio
500 ␢␢$a공연: 1999년 4월 15-19일, 예술의 전당 오페라극장
500 ␢␢$a제작진: 총연출, 이장호
518 ␢␢$a1999년 4월 15일-19일 예술의전당 오페라극장에서 녹음
505 0␢$a1막.1장, 서곡. 야속한 세상. 상여꾼의 노래. 어머니의 만류. 혼령을 위한 노래. 제2장, 어머니의 노래 --제2막. 세사에 뜻이없어. 질투의 노래. 떨어지는 물은. 한줄기 긴 폭포. 장주가. 오백년 도읍지를. ...

내용주기: 오페라 장면을 나타낸 내용곡명은 주기로만 나타내기 위해 505필드의 제2지시기호 '␢'로 지시하여 각 사항별에 따른 식별기호를 사용하지 않았다.

511 1␢$a김영미, 신지화, 김유섭, 신주련 (황진이 역) ; 정영자, 김정희 (진현금 역) ; 우주호, 유승공 (박계수 역) ; 박치원, 임산 (화담 역) ; 김명지, 노운병 (지족 역) ; 이찬구, 김상곤 (이사종 역) ; 안은영 (기생 역)
511 8␢$a연주: 한국오페라단 오케스트라, 김정수 지휘 ; 한국오페라단 합창단, 김진택 지휘 ; 채상묵 무용단

연주자주기: 연주자는 배역자와 연주자를 구분하여 배역자는 511필드에 '배역'이란 표출어로 배역명과 연계시켜 기술하고, 연주자는 511필드를 반복하여 '연주'라는 표출어로 연주단체와 지휘자를 짝지어 ';'으로 구분하여 기술하였다(A2R.6.7B6; K4.6.7.3.6). 기술된 배역명과 지휘자는 700필드로 부표목하였다.

511 1␢$a연기자, 연기자, 연기자 (배역명) ; 연기자, 연기자 (배역명) ; ...
<출력>배역: 연기자, 연기자, 연기자 (배역명) ; 연기자, 연기자 (배역명) ; ...

'배역'이라는 표출어는 제1지시기호 '1'에 의해 출력시 자동생성된다.
배역명을 여러 사람의 연기자가 분담하였을 때는 동일 연기자명을 ','로 구분하여 기술하고 ( )에 배역명을 부기한다.

511 8␢$a연주: 독주자, 연주수단 ; 연주단체, 지휘자 ; 연주단체, 지휘자

정형화되지 않은 표출어 '연주'는 제1지시기호 '8'로 지시하고 기술한다.

520 4␢$a전4막2장으로 구성된 이 오페라는 한국오페라단(단장: 박기현)에 의하여 1992년 위촉되어 7년 후인 1999년 4월 15일부터 19일까지 서울 예술의전당오페라하우스에서 초연되었다

요약 등 주기: 520필드는 제1지시기호 '4'(해제)로 자료의 해제를 주기하였다.

520 4␢$c전4막2장으로 구성된 이 오페라는 ...
<출력>해제: 전4막2장으로 구성된 이 오페라는 ...
└ '해제'라는 표출어는 제1지시기호 '4'에 의해 자동생성

630 ␢0$a가극
700 1␢$a구상 ← 저작자(대본자) 부출표목
700 1␢$a윤조병 ← 저작자(각색자) 부출표목
700 1␢$a이장호 ← 제작자 부출표목
700 1␢$a김영미 ← 연주자 부출표목
700 1␢$a김정수 ← 지휘자 부출표목
700 1␢$a김진택 ← 지휘자 부출표목
710 ␢␢$a한국오페라단 오케스트라 ← 연주단체 부출표목
710 ␢␢$a한국오페라단 합창단
740 ␢␢$a오페라 "황진이"$h[녹음자료] ← 일반주기된 용기표제 부출표목

.....njmƀƀ22.....ƀaƀ4500
007 sdƀbsmennuulce
008 ......nƀƀƀƀƀƀƀƀusƀopnƀƀƀƀƀƀƀƀƀƀƀaƀƀengƀƀ
028 01$aD-450(nomo)$bDesto
028 01$aDST-6450(stereo)$bDesto
040 ƀƀ
090 ƀƀ
100 1ƀ$aMoore, Douglas

기본표목: 이 자료는 문학작품을 원본으로 오페라로 작곡한 것이기 때문에 100필드는 오페라의 작곡자를 기본표목하고, 원작품의 저작자는 500필드에 원본주기하였다.

245 11$a(The) Devil and Daniel Webster$h[sound recording] :$bfolk opera in one act /$dDouglas Mooreb ;$ebook by Stephen Vincent Benet

ㄴ ';$e'는 역할을 달리한 저작자의 구분기호와 식별기호

표제와 책임표시사항: 245필드는 식별기호 '$a'로 가극명, '$d'로 작곡자, '$e'를 반복하여 작사자를 기술하였다.

260 ƀƀ$aNew York :$bDesto Records
300 ƀƀ$a1 sound disc :$banalog, 33⅓ rpm, stereo ;$c30 cm
500 ƀƀ$aBased on: The Devil and Daniel Webster / by Stephen Vincent Benet

원본주기: 오페라의 원본은 500필드에 원표제와 원작자를 주기하고, 원표제는 오페라곡명과 일치하기 때문에 부표목하지 않았다(A2R.6.7B6).

500 ƀƀ$a원본: 원본표제 / 원본저작자명
500 ƀƀ$aBased on: 원본표제 / 원본저작자명

500 ㅂㅂ$aNotes on container by Otto Luening

해설주기: 자료에 첨부된 해설은 500필드에 일반주기한다(A2R.6.7B17).

505 8ㅂ$aContents: side 1. Part 1 -- side 2. Conclusion

내용주기: 505필드는 제2지시기호 'ㅂ'로 가극의 각 장면별 표제를 기술하여 주기로만 출력되게 하였다. 그러나 장면별에 따른 명칭이 중요하지 않을 때는 내용주기 자체를 생략할 수도 있다.

505 0ㅂ$t표제 --$t표제	505 8ㅂ$aContents: 표제 --표제
<출력>내용: 표제 -- 표제	<출력>Contents: 표제 -- 표제

정형화 되지 않은 표출어는 제1지시기호 '8'과 식별기호 '$a'로 기술해야 한다.

511 8ㅂ$aCast: Lawrence Winters (Daniel Webster), baritone ; Joe Blankenship (Jabez Stone), bass ; Doris Young (Mary Stone), soprano ; Frederick Weidner (Mr. Scratch), tenor and other soloists ; The Festival Choir & Orchestra, Armando Aliberti, cond.

연주자주기: 511필드는 연주자명에 연주수단을 짝지어 주기하고 필요한 배역명은 ( )로 보기한다. (A2R.7.7B6). 연주자는 그 중요도에 따라 으뜸정보원을 중심으로 선별 기술한다.

「배역명을 연주수단 다음에 기술하는 방법」

511 1ㅂ$a연주자명, 연주수단 (배역) ; 연주자명, ...

「배역명을 연주자명 다음에 기술하는 방법」

511 1ㅂ$a연주자명 (배역명), 연주수단 ; 연주자명, ...

630 ㅂ0$a가극

700 1b$aBenet, Stephen Vincent ← 작사자 부출표목

700 1ㅂ$aWinters, Lawrence ← 연주자(baritone) 부출표목

700 1ㅂ$aBlankenship, Joe ← 연주자(bass) 부출표목

700 1ㅂ$aYoung, Doris ← 연주자(soprano) 부출표목

700 1ㅂ$aWeidner, Frederick ← 연주자(tenor) 부출표목

700 1ㅂ$aAliberti, Armando ← 지휘자 부출표목

710 ㅂㅂ$aFestival Choir & Orchestra ← 연주단체명 부출표목

.....njmƀƀ22.....ƀaƀ4500
007 sdƀfsngnnuuned
008 ......s1994ƀƀƀƀulkmpnƀƀƀƀƀƀƀƀƀƀƀaƀƀkorƀƀ
028 00$aSCO-046KSC$bNices
040 ƀƀ
090 ƀƀ
100 1ƀ$a김수철

기본표목: 영화음악에 대한 자료는 녹음자료를 위한 목록이기 때문에 100필드는 영화음악의 작곡자를 기본표목하였다.

245 10$a서편제$h[녹음자료] =$xSopyonje /$d김수철 작곡, 편곡

표제와 책임표시사항: 245필드는 식별기호 '$a'로 으뜸정보원의 한국어표제(영화제목)를, '$x'로 영어표제를, '$d'로 작곡자를 기술하였다(A2R.6.1F1; K4.6.4.1.0.1). 책임표시에 기술되는 2가지 이상의 역할어를 한 저작자에게 부기할 때는 ','로 구분하여 기술한다.

.... /$d저작자명 작곡, 가사. ... /$d저작자명 작곡, 편곡

246 31$aSopyonje$h[녹음자료] ← 대등표제를 여러형태의 표제로 부출표목
=740 ƀƀ$aSopyonje$h[녹음자료]

대등표제: 대등표제는 통합형식 이전에는 740필드로 부표목하였으나 통합형식에서는 246필드를 확대하여 주기와 부표목을 각각 지시기호로 자동출력되게 하였다.

260 ƀƀ$a서울 :$b삼성나이세스,$c1994$f(삼성전자)
300 ƀƀ$a사운드 디스크 1매 (59:18) :$b디지털, 스테레오 ;$c12 cm

500 ƀƀ$aCompact disc digital audio
500 ƀƀ$a영화제작 감독: 임권택
500 ƀƀ$a한국 최초의 오리지날 사운드트랙
505 0ƀ$a1. 천년학 (대금타이틀) (4:43) -- 2. 유봉집마루 (0:55) -- 3. 소리 길 (연주음악) (1:23) -- 4. 한량 술자리 (1:25) -- 5. 길 (5:22) -- 6. 페가움막 (6:18) -- 7. 소리길 (소금+대금) (3:36) -- 8. 이산저산 (길) (4:15) -- 9. 천년화 (대금솔로) (1:55) -- 10. 소릿제 페가방안 (3:17) -- 11. 선창가 (7:43)

내용주기: 505필드는 제2지시기호 'ƀ'로 주기로만 기술되게 하고 영화장면명을 나타낸 내용표제를 설명적 용어로 ()에 묶어 부기하였다(A2R.6.7B18; K4.6.7.3.17).

내용주기는 자동색인 여부에 따라 다음과 같이 기술할 수 있다.

┌ '$n'은 권차와 연번을 위한 식별기호
│ ┌ 내용표제를 위한 식별기호 해당 곡의 연주시간 ┐
505 00$n1,$t천년학$g(대금타이틀)$g(4:43) --$n2,$t유봉집마루$g(0:55) --
└ 표제관련정보를 위한 식별기호

<출력>내용: 1. 천년학 (대금타이틀) (4:43) -- 2. 유봉집마루 (0:55) --

제2지시기호 '0'은 식별기호 '$t'로 주기된 내용표제의 자동 색언어 활용을 지시한다.

505 0ƀ$a1. 천년학 (대금타이틀) (4:43) -- 2. 유봉집마루 (0:55) --

<출력>내용: 1. 천년학 (대금타이틀) (4:43) -- 2. 유봉집마루 (0:55) --

제2지시기호를 'ƀ'(기본형)는 주기로만 기술하기 위한 식별기호로 내용주기사항을 식별기호 없이 기술한다.

630 ƀ0$a영화$x음악
700 1ƀ$aKim, Soo-Chul ← 작곡자(영어명) 부출표목
700 1ƀ$a김건택 ← 영화감독명 부출표목

15) 국악자료

(a) 판소리

.....njmƀƀ22.....ƀaƀ4500
007 sdƀfsngnnuuned
008 ......s1993ƀƀƀƀulkkfnƀƀƀƀƀƀƀƀƀƀƀƀaƀƀkorƀƀ
028 01$aSCO-101SST$bNices
028 01$aSCO-102SST$bNices
028 01$aSCO-103SST$bNices
040 ƀƀ
090 ƀƀ
130 ƀ0$a흥부전 <출력>[흥부전]

└ 130필드로 출력되는 통일표목은 [ ]로 출력됨

기본표목: 본 예는 작곡자가 없는 한국고전에 대한 판소리를 1인의 연주자가 수록한 자료이기 때문에 130필드에서 '흥부전'이라는 통일표제를 기본표목하였다(A4R.21.23C1).

245 10$a흥보가$h[녹음자료] :$b동편제의 거장 강도근 판소리 「흥보가」

표제와 책임표시사항: 245필드는 자료명을 본표제로 기술하고, 3매의 자료를 하나의 목록으로 기술하기 때문에 권차는 표시하지 않았다.

260 ƀƀ$a서울 :$bNices,$c1993$e(삼성전자)

300 ƀƀ$a사운드 디스크 3매 (147:00) :$bdigital ;$c12 cm
└ 3매 전체의 연주시간을 기재

형태사항: 300필드의 식별기호 '$a'는 곡이 수록된 전체의 디스크매수를 기술하였다.

306 ƀƀ$a005300$a005700$a003700

306필드는 전체의 재생시간이나 부분재생시간을 정형화된 숫자 'hhmmss'형식으로 기술한다.

500 ƀƀ$aCompact disc digital audio

500 ƀƀ$a연주시간: 53:00 (CD1) ; 57:00 (CD2) ; 37:00 (CD3)

연주시간주기: 연주시간은 500필드에 '연주시간'이라는 표출어와 함께 CD번호를 짝지어 주기하였다. 이 때 연주시간은 'mm:ss'형식으로하고 디스크별은 ';'으로 구분한다.

505 00$nCD1.1.$t놀보 심술 대목.$n2.$t흥보 쫓겨나는 대목.$n3.$t흥보 자식 보채는 대목.$n4.$t흥보 호방에 들어가는 대목.$n5.$t매품팔이 얘기를 듣고 돌아오는 흥보.$n6,$t..... --$nCD2.1.$t신세 한탄하는 흥보처.$n2.$t대사 내려오는 대목.$n3.$t집터를 잡으려 따라서는 흥보.$n4.$t흥보가 집을 짓고 터를 다지는 대목.... --$nCD3.1.$t비단옷을 챙기는 대목.$n2.$t비단옷을 차려 입은 흥보처.$n3.$t흥보, 마지막 박을 타는 대목.$n4.$t흥보 지은집을 설명하는 대목.$n5.$t흥보처 놀보 맞이하는 대목.$n6.$t...

내용주기: 505필드는 CD번호와 연번, 그리고 내용표제를 연계기켜 주기하였다. 이때 CD번호는 해당 판의 내용주기에 연번 '1'과 함께 기술하고 두 번째 표제부터는 연번만 기술하였다. 내용표제는 제2지시기호 '0'과 식별기호 '$t'로 기술하여 자동 색인어로 활용되게 하였다.

```
                ┌ CD번호와 연번은 '.'로 구분
                │ ┌ 연번과 표제는 '.'로 구분              ┌ CD와 CD 사이는 '--'로 구분
505 00$nCD 1.1.$t... .$n2.$t... .$n3.$t... .$n4.St... --$nCD2.1.$t... .$n2.$t...
          │ │              └ 표제와 표제 사이는 '.'로 구분
          │ └ CD번호와 동일 CD내의 연번
          └ '$n'는 권차를 위한 식별기호
```

511 8ƀ$a연주: 강도근, 판소리

연주자주기: 511필드는 판소리라는 연주수단과 함께 독주자명을 주기하였다.

700 1ƀ$a강도근 ← 연주자(판소리) 부출표목

(b) 민요

.....njmƀƀ22.....ƀaƀ4500
007 sdƀfsngnnuuned
008 ......s1995ƀƀƀƀulkkonƀƀƀƀƀƀƀƀƀƀƀƀaƀƀkorƀƀ
028 01$aHKYCD-02$bJIGU
040 ƀƀ
090 ƀƀ

┌ 표제에 포함된 별표제는 자료에 나타난 대로 기술

245 00$a호남 우도 농악 '판굿'$h[녹음자료] =$xHonam Udo Nongak 'Pan Gut' :$bKorean traditional music /$d이보형 채록 　대등표제에 포함된 별표제 ┘

표제와 책임표시사항: 245필드는 한국어 표제를 본표제로 하고 영어표제는 대등표제와 표제관련정보로 기술하였으며, 채록자를 책임표시에 기술하였다. 이때 표제에 포함된 별표제는 자료에 나타난 대로 기술하고, 별표제와 대등표제는 246필드에 각각 부표목하였다.

246 3ƀ$i별표제:$a판굿$h[녹음자료] ← 본표제에 포함된 별표제 부출표목

246 31$aHonam Udo Nongak 'Pan-Gut'$h[녹음자료] ← 대등표제 부출표목

└ 별표제를 포함한 대등표제는 표제에 기술된 그대로 부표목

246 3ƀ$i별표제:$aPan-Gut$h[녹음자료] ← 대등표제에 포함된 별표제 부출표목

└ 정형화되지 않은 표출어는 제2지시기호 'ƀ'와 식별기호 '$i'로 기재

260 ƀƀ$a서울 :$b지구레코드,$c1995

300 ㅂㅂ$a사운드 디스크 1매 (73:15) :$bdigital ;$c12 cm

└ 기타형태사항은 확인된 녹음방식만 기술

306 ㅂㅂ$a01131500

440 00$a한국고음반연구회 음향자료선집 ;$v2

총서주기: 440필드로 기술된 총서명이 다른형태의 총서명표목을 필요로 할 때는 740필드로 부표목한다.

440 00$a한국고음반연구회 음향자료선집 ;$v2
<출력(표목)>한국고음반연구회 음향자료선집 ; 2.
740 ㅂㅂ$a음향자료선집 (한국고음반연구회).$n2

500 ㅂㅂ$a이보형 채록

500 ㅂㅂ$aCompact disc digital audio

500 ㅂㅂ$a제작진: 자료제공 및 해설, 이보형 ; 총괄, 정창관 ; 녹음, 양정환, 배연형, 이진원 ; 자료보완 및 해설, 권도희 ; 편집, 장휘주, 조유미 ; 디자인, 노재명, 성기련 ; 기획, 한국고음반연구회

제작진주기: 500필드의 녹음자료에 대한 제작진주기는 역할어별로 ';'으로 구분하고, 동일 역할의 제작자 간에는 ','로 구분하였다. 508필드의 제작진 주기는 영상자료를 위한 필드로 녹음자료의 제작진은 500필드로 일반주기해야 한다.

505 00$n1.$t오채질굿$g(08:41) --$n2.$t오방진$g(4:51) --$n3.$t노래굿$g(2:32) --$n4.$t구정놀이 I$g(4:54) --$n5.$t구정놀이 II$g(29:43) -$n6.$t호호굿$g(8:05) --$n7.$t일광놀이$g(9:19) --$n8.$t탈복굿$g(5:10)

511 8ㅂ$a연주: 박남식, 전경환, 정인삼, 김병섭, 이정범, 이동원, 전경식, 이용업, 서남기, 황재기, 이덕진, 김동식, 한국민속촌 농악대, 영광농악대

연주자주기: 511필드는 자료의 정보원에 연주자명을 일괄해서 나타내었기 때문에 주기에도 같은 방법으로 기술하였다.

700 1ㅂ$a이보형 ← 채록자 부출표목

채록자: 채록으로 제작된 작품은 작품에 책임이 있는 채록자를 부표목한다.

710 ㅂㅂ$a한국고음반연구회 ← 제작단체명(기획) 부출표목

740 ㅂㅂ$a음향자료선집 (한국고음반연구회).$n2 ← 다르게 표목되는 총서명부출표목

.....njaȸȸ22.....ȸaȸ4500

007 sdȸfsngnnuuned

008 ......s1987ȸȸȸȸulkkmnȸȸȸȸȸȸȸȸȸȸȸaȸȸkorȸȸ

028 01$aSKCD-K-0061$bSKC

040 ȸȸ

090 ȸȸ

┌ '.$n'은 권차를 위한 부호와 식별기호

245 00$a국악.$n제10집$h[녹음자료] =$xKorean trad.$nvol. 10 :$b'94국악의해 기념

표제관련정보가 하나일 때는 대등표제 뒤에 권차를 표시┘

표제와 책임표시사항: 245필드는 디스크의 총서명을 본표제로 기술하고, 식별기호 '$x'로 영어표제를 대등표제로 기술하였다.

246 31$aKorean trad.$nvol. 10$h[녹음자료] ← 대등표제 부출표목

=740 ȸȸ$aKorean trad.$nvol. 10$h[녹음자료]

260 ȸȸ$a서울 :$bSKC,$c1987

300 ȸȸ$a사운드 디스크 1매 (63:28) :$b디지털, 스테레오 ;$c12 cm

306 ȸȸ$a010328

500 ȸȸ$a본표제는 디스크 표제임

500 ȸȸ$a용기의 표제: 國樂 (시나위, 육자배기, 흥타령) 제10집 = Korean trad. music Vol. X

용기의 표제: 본표제와 상이한 용기의 표제는 500필드에 정보원을 표출어로 주기하고 필요한 경우 740 필드로 부출표목한다.

500 bb$aCompact disk

500 bb$a연주시간: 9:55 (1) ; 4:33 (2) ; 0:42 (3) ; 1:10 (4) ; 22:19 (5) ; 24:39 (6)

연주시간: 500필드는 '연주시간'이라는 표출어로 내용의 연번과 짝지어 주기하였다.

505 00$n1-4.$t시나위 --$n5.$t육자배기 --$n6.$t흥타령

내용주기: 505필드는 내용표제를 연번을 짝지어 주기하고, 제2지시기호 '0'을 지시하여 '$t'로 주기된 내용표제가 자동 색인어로 생성되게 하였다. 내용주기되는 각 표제의 연주시간이나 연주자를 필드(500. 511)를 달리하여 기술할 때는 내용주기되는 각 표제에 연번을 짝지어 관계된 기술요소와 내용표제가 연결되게 한다.

「내용표제, 연주자주기, 연주시간」

505 80$a표출어:$n연번.$t내용표제$g(연주자주기)$g(연주시간) --$n연번.$t내용...

「내용표제, 연주자주기」

505 80$a표출어:$n연번.$t내용표제$g(연주자주기) --$n연번.$t내용...
500 bb$a연주시간: 시간 (연번) ; 시간 (연번) ; 시간 (연번) ; ...

「내용표제」

505 80$a표출어:$n연번.$t내용표제 --$n연번.$t내용...
500 bb$a연주시간: 시간 (연번) ; 시간 (연번) ; 시간 (연번) ; ...
511 bb$a연주자: 연주자명 (연번) ; 연주자명 (연번) ; 연주자명 (연번) ...

511 8b$a연주: 안숙선 (5. 6), 박양덕 (5. 6), 김수연 (5. 6), 소리 ; 원장현, 가야금 ; 김무길, 거문고 ; 박종선, 아쟁 ; 박헤선 (1. 2. 3. 4), 해금 ; 서용석, 대금 ; 한세연 (1. 2. 3. 4), 피리 ; 장덕화, 장고

연주자주기: 각 곡의 연주자가 혼합되어 있기 때문에 511필드에 주기되는 연주자명에 연주한 곡의 연번을 ( )에 묶어 부기하였다.

700 1b$a안숙선 ← 연주자 부출표목
700 1b$a박양덕
700 1b$a김수연
700 1b$a김수연
700 1b$a원장현
700 1b$a김수길
700 1b$a작종선
700 1b$a박혜선
700 1b$a서용석
700 1b$a한세연
740 bb$a국악(시나위, 육자배기, 흥타령) 제10집 ← 용기의 표제 부출표목

3. 비음악자료

1) 실황녹음자료

.....njmƀƀ22.....ƀaƀ4500
007 ssƀlmnjlbuuuue
008 ......s1996ƀƀƀƀulknnnƀƀƀƀƀƀƀƀ
ƀzƀaƀƀkorƀƀ
040 ƀƀ
090 ƀƀ
100 1ƀ$a김재규

기본표목: 비음악자료는 설화자나 연설자를 기본표목한다. 본 예는 군법회의의 진술 내용을 녹음한 것이기 때문에 100필드는 내용에 책임이 있는 진술자명을 기본표목 하였다.

245 10$a육성! 金載圭 군법회의 최후진술$h[녹음자료] /$d東亞日報 新東亞部 제작, 편집
260 ƀƀ$a서울 :$b東亞日報社,$c1996
300 ƀƀ$a사운드 카세트 1매 :$b아날로그, $1\frac{7}{8}$ ips., 2 트랙, 모노 ;c4\frac{1}{4} \times 3\frac{1}{2}$인치, $\frac{1}{4}$인치 테이프

형태사항: 300필드는 식별기호 '$a'로 '녹음테이프'라는 특정자료종별과 수량, '$b'로 녹음방식, 연주테이프의 길이, 트랙수, 채널수, '$c'로 용기의 크기, 테이프 폭을 기술하였다(A2R.6.5).

┌ 녹음방식은 '아날로그'나 '디지털'로 표시
┌ 특정자료종별과 수량
┌ 1초간 연주테이프의 길이를 'ips'로 기술

300 ƀƀ$a녹음테이프와 수량 :$b녹음방식, 연주테이프의 길이, 트랙수, 채널수 ;$c용기의 크기, 테이프의 폭

트랙수를 표시 ┘
└ 테이프의 폭을 cm로 표시
모노/스테레오를 표시 ┘
테이프를 담고 있는 용기의 크기를 '세로×가로 cm'로 표시 ┘

500 ƀƀ$a新東亞, 1996년 10월호 부록
740 ƀƀ$a신동아(잡지),$n1996년 10월호

모체자료주기: 딸림자료를 독립된 저록으로 목록할 때는 500필드에 모체지명, 권차나 년월, 그리고 관계를 주기하였다. 모체지명은 740필드에 '$a'로, 권.년차를 '$n'으로 함께 기술하여 부표목하였다.[7]

500 ƀƀ$a모체자료명: 新東亞, 1996년 10월호 부록
<출력(주기)>모체자료명: 新東亞, 1996년 10월호 부록
740 ƀƀ$a신동아(잡지),$n1996년 10월
<출력(표목)>신동아[잡지]. 1996년 10월

7) 772의 모체레코드저록은 computer자료를 위한 것이기 때문에 녹음자료에는 적용되지 않는다.

.....njmbb22.....bab4500
006 aabbbbbbp000bb

부호화정보 필드 - 부가적 자료 특성: 본 자료와 형태가 다른 딸림자료의 부호화정보를 기술한다. 모체자료는 녹음자료로 리더/06에 'j'로 레코드유형이 표시되어 있고, 딸림자료는 모체자료와 다른 도서형태이기 때문에 006/00에 'a'(도서: 문자자료)로 딸림자료의 부호화정보를 기술하였다.

007 sdbbmnennuulce
008 ......s1969bbbbusbnnnbbbrbbbbbgbabbengbb
028 01$aSTL 163$bTime-Life
040 bb
090 bb
245 00$aTo the moon.$nsection I,$pThe story in sound$h[sound recording]/$dnarrative script, David Davidson

본 예는 우주비행에 대한 기록을 제1부는 디스크, 제2부는 책자로 발간한 자료이다.
표제와 책임표시사항: 245필드는 식별기호 '$a'로 음반의 표제, '$n'으로 편차, '$p'로 편제를 본표제와 짝지어 표제줄머리잡기로 목록하고, 책자자료는 딸림자료로 기술하였다. 그리고 편제의 부표목은 246필드에 부표목하였다.

246 3b$iPortion of title:$aStory in sound$h[sound recording]

표목되는 표제가 관칭으로 시작할 때는 관칭을 제외한 표제로 기술한다.

246 3b$iPortion of title:$aStory in sound$h[sound recording]
260 bb$aNew York :$bTime-Life Records,$c1969

'+$e'는 딸림자료를 위한 부호와 식별기호 ┐

300 ɓɓ$a6 sound discs :$banalog, 33⅓ rpm, stereo ;$c30 cm. +$eBook (192 p. : illus. ; 31 cm.)

딸림자료명 ┘ |

딸림자료의 형태사항은 ()에 300필드의 기재형식을 준용 ┘

딸림자료: 딸림자료는 300필드에 식별기호 '$e'로 기술하고, 해당 형태사항은 딸림자료명에 ()로 묶어 부기한다(A2R.1.5E1;6.5E1; K31.1.4.4).
모체자료명과 상이한 딸림자료명은 500필드에 '딸림자료', 'Accompanying material'이라는 표출어로 주기하고, 740필드로 부표목하였다(A2R.1.7B11).

008 24-25: rɓ
300 ɓɓ$a자료의 종별과 수량 :$b형태적세목 ;$c크기 +$e딸림자료 (면수 : 삽도 ; 크기)
500 ɓɓ$a딸림자료의 표출어: 딸림자료명
740 ɓɓ$a딸림자료명$h[GMD]

딸림자료는 008/24-25자리에 설명자료의 표시인 'r'과 빈칸 'ɓ'를 연계시켜 기술한다.

500 ɓɓ$aAccompanying material: To the Moon. section II, The story in pictures and text / by The Editors of Time-Life Records
500 ɓɓ$aCredits: Recordings produced by Michael Kapp
505 8ɓ$aContents: side 1. 2. Prologue. pt. 1. To World War II. pt.2. 1945-1958 -- side 3. 4. 5. 6. Mercury. pt. 1. 1959. pt. 2. 1960-1961. pt. 3. 1961-1962. pt. 4. 1962-1963 -- side 7. 8. Gemini. pt. 1. 1964-1965. pt. 2. 1966 -- side 9. 10. 11. 12. Apollo. pt. 1. 1967. pt. 2. 1968. pt. 3. 1969. pt. 4. 1969

내용주기: 내용표제는 12개면(side)을 4개의 주제로 side와 part로 구분하고 있는 자료이기 때문에 주제 영역별로 포함된 면수를 함께 기술하고, 주제 내의 부(part)의 표제는 연번과 짝지어 내용주기하였다.

511 8ɓ$aNarrater: Sorrell Booke

연주자주기: 511필드는 식별기호 '$a'로 나레이터를 주기하고 부표목하였다(A2R.6.7B6).

700 1ɓ$aKapp, Michael ← 제작자 부출표목
700 1ɓ$aDavidson, David ← 대본자 부출표목
700 1ɓ$aBooke, Sorrell ← 나레이터 부출표목
740 ɓɓ$aStory in pictures and text$h[sound recording]. $nsection II ← 딸림자료명 부출표목
740 ɓ2$aPrologue.$h[sound recording] ← 내용주기된 표제 분출표목
740 ɓ2$aMercury.$h[sound recording]
740 ɓ2$aGemini.$h[sound recording]
740 ɓ2$aApollo.$h[sound recording]

내용표제는 표목으로 필요한 부분만 분출표목하였다.

2) 영상녹음자료

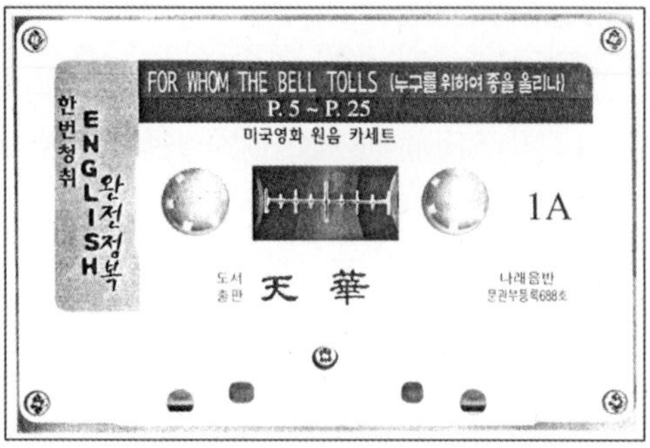

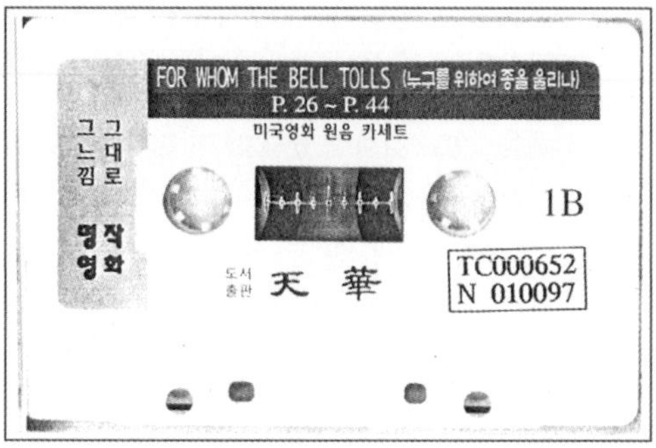

.....njmƀƀ22.....ƀaƀ4500
007 ssƀlmnjlbuuuce
008 ......s19ƀƀƀƀƀƀulknnnƀƀƀƀƀƀƀƀƀfƀaƀƀkorƀƀ
040 ƀƀ
090 ƀƀ
245 00$a누구를 위하여 종은 울리나$h[녹음자료] =$xFor whom the bell tols

표제와 책임표시사항: 본 자료는 녹음자료이지만 명작영화의 대화내용인 원음을 녹음한 것이기 때문에 작가를 기본표목하지 않고 영화제목(한국어)을 245필드에 표제줄머리잡기로 기술하였다. 이때 영화의 원명은 대등표제로 식별기호 '$x'로 기술한다.

┌ 한국어로된 외국영화표제는 한국어 제목을 본표제로 기술
│ ┌ 원어표제는 대등표제로 기술하고 246필드로 부표목
245 10$a한국어표제$h[녹음자료] =$x원어표제 /$d저자명
└ GMD는 실제 수록된 자료에 관한 사항을 표시

246 31$aFor whom the bell tols$h[녹음자료] ← 대등표제 부출표목
=740 ƀƀ$aFor whom the bell tols$h[녹음자료]
└ 대등표제를 740필드로 부출표목한 예

260 ƀƀ$a서울 :$b天華,$c19 $f(나래음반)

┌ cassette의 종별과 수량 cassette의 크기(세로×가로 inch) ┐ 테이프의 폭 ┐
300 ƀƀ$a사운드 카세트 4매 :$b아날로그, $1\frac{7}{8}$ ips., 2 트랙, 모노 ;c4\frac{1}{4} \times 3\frac{1}{2}$ 인치, $\frac{1}{4}$ 인치 테이프 └ 'ips'는 1초 동안의 연주길이(inch per second)

형태사항: 300필드는 식별기호 '$a'로 '녹음테이프'라는 특정자료종별과 수량, '$b'로 녹음방식, 연주테이프의 길이, 트랙수, 채널수, '$c'로 용기의 크기, 테이프 폭을 기술하였다(A2R.6.5).

500 ƀƀ$a미국영화 원음 카세트
500 ƀƀ$aCassette 1A: p.5-p.25 ; cassette 1B: p.26-p.44 ; ...
500 ƀƀ$a원작: For whom the bell tolls / Ernest Hemingway

원작주기: 영화의 원본이 된 원작에 관한 원서명과 저작자는 500필드에 '원작', 'Based on'이라는 표출어

로 주기하였다. 그리고 원표제는 245/$x로 기술된 대등표제와 동일하기 때문에 246필드로 부표목하고, 원저작자는 700필드로 부표목하였다.

┌ 원작주기는 245필드 기재형식을 준용
500 ƀƀ$a원작: For whom the bell tolls / Ernest Hemingway
<출력>원작: For whom the bell tolls / Ernest Hemingway

┌ 제2지시기호 'ƀ'는 분출표목이 아닌때 지시
700 1ƀ$aHemingway, Ernest.$tFor whom the bell tolls ← 원작자명 부출표목
└ 원작자명은 인명표목형식에 따라 '성, 이름'형식으로 기재

원작자명 부출표목: 원작표제는 246필드로 부표목되었기 때문에 원작자명을 700필드로 원작표제와 짝지어 부출표목하였다.

3) 녹음도서자료

.....njmƀƀ22.....ƀaƀ4500
007 ssƀlmnjlbuuuce
008 ......s19ƀƀƀƀƀƀulknnnƀƀƀƀƀƀƀƀ ƀzƀaƀƀkorƀƀ
040 ƀƀ
090 ƀƀ

┌ 무저자명 고전의 통일표제를 위한 Tag
130 ƀ0$a통감절요 <출력>[통감절요]
└ 통일표제는 통일된 언어와 형식으로 기재 └ 통일표제는 130필드에 의해 [ ]로 출력

기본표목: 본 예는 고전자료에 대한 내용을 녹음한 것이기 때문에 공통될 수 있는 표제를 130필드에 통일표제로 기본표목하였다.

245 20$a(소리나는) 통감절요$h[녹음자료] /$d김수길

표제와 책임표시사항: 245필드는 표제의 두부에 나타난 관제나 설명어구를 ( )에 묶어 본표제로 기술하고 제1지시기호 '2'로 지시하여 ( )를 포함한 표제와 제외한 표제가 각각 부표목되게 하였다.

┌ 제1지시기호 '2'는 ( )로 기술된 부분이 포함된 표제와 제외한 표제의 부출지시
│ ┌ 제1지시기호가 '2'일 때는 제2지시기호는 '0'으로만 지시
│ │ ┌ 표제 앞부분에 있는 관제나 설명적 어구는 ( )에 묶어 기술
245 20$a(소리나는) 통감절요$h[녹음자료]
<출력(부표목)> 소리나는 통감절요 [녹음자료] ← ( )의 관제를 포함한 부출표목
통감절요 [녹음자료] ← ( )의 관제를 제외한 부출표목

┌ 불명확한 발행년도는 확인된 부부만 표시
260 ƀƀ$a서울 :$b대유학당,$c19
300 ƀƀ$a사운드 카세트 2매 :$b0아날로그, 1⅞ ips., 2 트랙, 모노 ;$c4¼ × 3½ 인치, ¼ 인치 테이프
700 1ƀ$a김수길 ← 저작자 부출표목

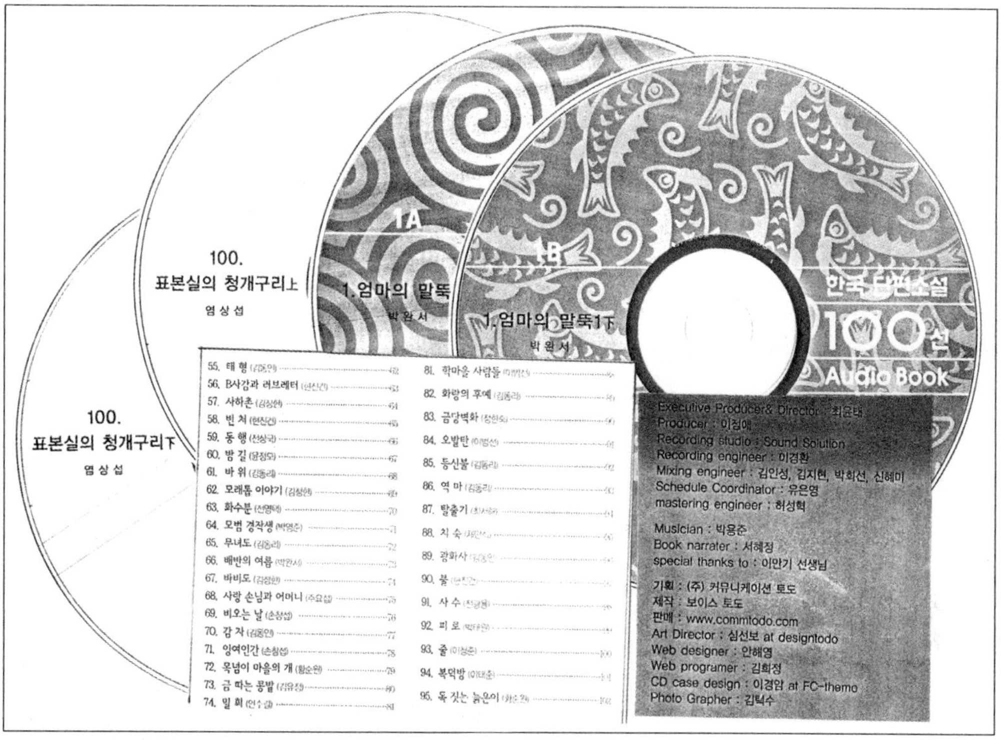

.....njcƀƀ22.....ƀaƀ4500

007 ssƀlmnjlbuuuce

008 ......s2002ƀƀƀƀulknnnƀƀƀƀƀƀƀƀƀfƀaƀƀkorƀƀ

040 ƀƀ

090 ƀƀ

┌ 제1지시기호 '0'은 식별기호 '$a'로 기술된 본표제를 줄머리잡기로 기술할 때 지시

245 00$a한국단편소설 100선$h[녹음자료] :$baudio book

└ 제2지시기호 '0'은 본표제를 그대로 인쇄하도록 지시

표제와 책임표시사항: 245필드는 전집명을 줄머리잡기로 기술하였다. 본표제를 줄머리잡기로 기술할 때는 제1지시기호를 '0'으로 지시하여 본표제가 중복 표목되지 않게 한다.

260 ƀƀ$a서울 :$b커뮤니케이션토도,$c2002

300 ƀƀ$a사운드 디스크 100매 :$b디지털, 모노 ;$c12 cm

500 ƀƀ$aCompact disc

┌ 제작진주기는 '제작진', 'Credits'라는 표출어로 기술

| ┌ 표출어는 ':'으로 구분

| | ┌ 제작자의 역할어는 자료에 나타난 문자를 그대로 기술

500 ƀƀ$a제작진: Executive producer & director, 최윤태 ; producter, 이정애 ; recording engineer, 이경환 ; mixing engineer, 김인성, 김지현, 박희선, 신혜미 ; schedule coordinator, 유은영 ; mastering engineer, 허성혁 ; art director, 심선보 ; web designer,

안해영 ; web programer, 김희정 ; CD case design, 이경암 ; photo grapher, 김택수

제작자명 앞의 역할어는 ','으로 구분 ┘ |
역할을 달리한 저작자 간에는 ';'으로 구분 ┘

제작진주기: 사운드자료의 제작진주기는 500필드에 '제작진'이라는 표출어로 제작자명을 주기한다. 'web designer'와 'web programer'도 제작진으로 주기한다.

505 0ƀ$a1.2.3. 엄마의 말뚝 / 박완서 -- 4. 성황당 / 정비석 -- 5. 레디 메이드 인생 / 채만식 -- 6. 강 / 서정인 -- 7. 고향 / 현진건 -- 8. 해방전후 / 이청준 -- 9. 별 / 황순원 -- 10. 병신과 머저리 / 이청준 -- 11. 모반 / 오상원 -- 12. 김강사와 T교수 / 유진오 -- 13. 웃음소리 / 최인호 -- 14. 메밀꽃 필 무렵 / 이효석 -- 15. 우상의 눈물 / 전상국 -- 16. 창랑정기 / 유진오 - 17. 붉은 산 / 김동인 -- 18. 자유종 / 이해조 -- 19. 오분간 / 김성한 -- 20. 운수 좋은 날 / 현진건 -- 21. 눈길 / 이청준 -- 21. 눈 길 / 이청준 -- 22. 논 이야기 / 채만식 -- 23. 아홉컬레의 구두로 남은 사내 / 윤흥길 -- 24. 날개 / 이상 -- 25. 가마귀 / 이태준 -- 26. 소나기 / 황순원 -- 27. ...

내용주기: 505필드는 작품명과 저작자를 CD의 연번을 연계시켜 제2지시기호 'ƀ'를 지시하여 내용주기되는 사항을 식별기호 없이 기술하였다. 필요한 부표목은 7XX필드로 분출표목한다.

┌ 제1지시기호 '0'은 완전내용주기의 '내용'이라는 표출어 생성을 지시
│ ┌ '$a'는 형식화된 내용주기를 위한 식별기호
505 0ƀ$a1. 2. 3. 엄마의 말뚝 / 박완서 -- 4. 성황당 / 정비석 --
│ │ └ 저작자는 245필드의 기재형식으로 '/'로 기재
│ └ 내용표제는 정보원의 문자로 기재
└ 작품이 수록된 CD의 연번을 기록: 해당 작품이 CD 3매에 수록되어 있으므로 해당 연번을 함께 기술

511 8ƀ$aMusican: 박용준 ; book narrater: 서혜정 ; special thanks to: 이만

연주자주기: 나레이터와 음악가는 511필드에 연주자주기하였다.

700 12$a박완서.$t엄마의 말뚝$h[녹음자료] ← 내용주기된 표제와 저작자 분출표목
700 12$a정비석.$t성황당$h[녹음자료]
700 12$a채만식.$t레디 에이드 인생$h[녹음자료]
700 12$a서정인.$t강$h[녹음자료]
700 12$a현진건.$t고향$h[녹음자료]
700 12$a이청준.$t해방전후$h[녹음자료]
....

4) 통치자의 기록자료

.....njmƀƀ22.....ƀaƀ4500
007 ssƀlsnjlbuuuce
008 ......s1996ƀƀƀƀulknnnƀƀƀƀƀƀƀƀƀƀlƀa ƀƀkorƀƀ
040 ƀƀ
090 ƀƀ
110 ƀƀ$a한국.$b대통령 (1963-1979 : 박정희)

기본표목: 대통령 재임 기간의 연설문은 단체명기본기입 원칙에 따라 110필드에 식별기호 '$a'로 관용국명, '$b'로 직명(재임기간 : 개인명)을 단체명으로 기본표목한다(A2R.24.20B1). 그리고 대통령 개인명은 600필드에 주제명부표목한다.

┌ 국명은 관용명으로 기재. 예: 대한민국은 한국. 미합중국은 미국
│ ┌ 통치자의 직명을 기재
110 ƀƀ$a한국.$b대통령 (1963-1979 : 박정희)
600 14$a박정희 └ 통치자의 재임기간과 개인명은 ( )로 기재

245 10$a朴正熙-60年代의 證言$h[녹음자료] /$d朝鮮日報社 제작, 편집
260 ƀƀ$a서울 :$b朝鮮日報社,$c1996
300 ƀƀ$a사운드 카세트 1매 :$b아날로그, $1\frac{7}{8}$ ips., 2 트랙, 모노 ;c4\frac{1}{4} \times 3\frac{1}{2}$인치, $\frac{1}{4}$인치 테이프
500 ƀƀ$a모체자료명: 月刊朝鮮, 1996년 4월호 부록

모체자료주기: 딸림자료의 목록에는 500필드에 모체자료명, 권차나 년월, 그리고 모체자료와 관계를 '모체자료명'이라는 표출어로 주기하고, 740필드에 '$a'로 모체지명, '$n'으로 권.년차를 함께 기술하여 부표목한다.[8]

500 ƀƀ$a모체자료명: 月刊朝鮮, 1996년 4월호 부록
<출력>모체자료명: 月刊朝鮮, 1996년 4월호 부록
740 ƀƀ$a월간조선, 1996년 4월호
<출력(표목)>월간조선, 1996년 4월호

500 ƀƀ$a모체자료명: 신동아(잡지), 2007년 3월호 부록
└ 모체자료명 '신동아'라는 제명이 식별이 필요할 때 잡지명임을 ( )에 표시

┌ 국인명을 주제명으로 한 부출표목을 위한 지시기호
│ ┌ 특정 주제명표목표에 의하지 않은 목록자가 작성한 주제명표목일 때 지시
600 14$a박정희 <출력>[박정희]
└ 통치자의 개인명을 주제명부출표목 └ 주제명표목은 [ ]로 출력

740 ƀƀ$a월간조선, 1996년 4월호 ← 모체자료명 부출표목
│ └ 연속간행물의 경우 수록된 호수(년월일)을 지명에 부기
└ 모체자료명

8) 772의 모체레코드저록은 computer자료를 위한 것이기 때문에 녹음자료에는 적용되지 않는다.

.....njmƀƀ22.....ƀaƀ4500
007 sdƀbsmennuulce
008 ......nƀƀƀƀƀƀƀƀusƀnnnƀƀƀƀƀƀƀƀƀlƀaƀƀengƀƀ
028 01$aLW-125(record 1)$bLongines
028 01$aLW-126(record 2)$bLongines
028 01$aLW-127(record 3)$bLongines
040 ƀƀ
090 ƀƀ
110 ƀƀ$aUnited State.$bPresident (1956-1963 : Kennedy)

> **기본표목**: 공직(대통령) 기간 중의 공적인 성격의 연설문은 110필드에 식별기호 '$a'로 관용국명, '$b'로 직명(재임기간 : 개인명)을 단체명으로 기본표목한다(A2R.24.20B1). 그리고 대통령 개인명은 600필드에 주제명부표목한다.
>
> **110 ƀƀ$a관용국명.$b직명 (재임기간 : 개인명)**
> **600 14$a개인명** ← 단체명에 기술되는 대통령 개인명은 주제명으로 부출표목

245 11$a(The) Kennedy years 1956-1963$h[sound recording] :$bsecretary of state Dean Rusk narrating and introducing the famous speeches of John Fitzgerald Kennedy /$dThe Longines Symphonette Recording Society
260 ƀƀ$aWashington, D.C. :$bMetro-Goldwyn-Mayer ← 발행년 불명은 공란
300 ƀƀ$a6 sound discs :$banalog, 33 1/3 rpm ;$c30 cm
500 ƀƀ$aExclusively produced for The Longines Symphonette Recording Society by Metro-Goldwyn-Mayer
505 8ƀ$aContents: record 1. side 1. JFK 1956 nomination speech. JFK 1960 acceptance

speech. Address to the greater Houston Ministerial Association. 1960 inauguration speech. side 2. Report to the nation on the Berlin crisis. Berlin City Hall speech. Address to the nation on the University of Mississippi.$tAddress to the nation on Birmingham, Alabama -- record 2. side 1. Address to the nation on Soviet missiles in Cuba. JFK's speech to the American University. Address to the Nation on the test Ban Treaty.$tJFK address to the United Nations sept. 20, 1963. side 2. Press conference excerpts (closing comments by Dean Rusk) -- record 3. side 1...

내용주기: 505필드는 제2지시기호 'ƀ'(기본형), '0'(확장형)으로 구분 지시하여 기본형은 각 사항을 식별기호 없이 주기하고, 확장형은 각 사항을 식별기호로 주기한다(A2R.6.7B18). 다음은 내용주기형식을 제2지시기호 'ƀ'(기본형)로 나타낸 것이다. 이때 내용주기된 사항의 필요한 부출표목은 7XX필드로 분출표목해야 한다.

「권차와 연번」 ┌ 면수별은 '—'로 구분

505 0ƀ$aRecord 1. side 1. 표제. 표제. side 2. 표제. 표제 -- record 2. side 1. 표제. 표제. side 2. 표제. ....

505 8ƀ$aContents: record 1. side 1. 표제. 표제. side 2. 표제. 표제 -- record 2. side 1. 표제. 표제. side 2. 표제. ....

「권차 또는 면수 중 하나만 표시」

505 0ƀ$aRecord 1. 표제. 표제. 표제. 표제 -- record 2. 표제. 표제. 표제. ....
505 8ƀ$aContents: record 1. 표제. 표제. 표제. 표제 -- record 2. 표제. 표제. 표제. ....
505 0ƀ$aSide 1. 표제. 표제-- side 2. 표제. 표제 -- …
505 8ƀ$aContents: side 1. 표제. 표제-- side 2. 표제. 표제 …

「표제(권차와 연번의 생략)」

505 0ƀ$a표제 --표제 -- 표제 -- 표제 -- 표제 -- 표제 --
505 8ƀ$aContents: 표제 --표제 -- 표제 -- 표제 -- 표제 -- 표제 --
└ 곡명별은 '—'로 구분

511 8ƀ$aCast: Special narrator Dean Rusk ; news analyst Chet Huntley

연주자주기: 511필드는 설화자와 해설자를 역할어와 함께 주기하였다(A2R.6.7B6).

600 14$aKennedy, John F. ← 대통령개인명 주제명부출
630 ƀ0$a연설
700 1ƀ$aRusk, Dean ← 나레이터 부출표목
700 1ƀ$aHuntley, Chet ← 뉴스 해설자 부출표목
710 ƀƀ$aLongines Symphonette Recording Society ← 연주단체명 부출표목

5) 종교경전자료

.....njcƀƀ22.....ƀaƀ4500
007 sdƀfmngnnuuned
008 ......s1987ƀƀƀƀjaƀnnnƀƀƀƀƀƀƀƀƀnnaƀƀipnƀƀ
020 ƀƀ$a4820282107$c9,000圓
028 01$aNICD-101$b일본성서협회
028 01$aNICD-102$b일본성서협회
028 01$aNICD-103$b일본성서협회
028 01$aNICD-104$b일본성서협회
028 01$aNICD-105$b일본성서협회

디스크별 발행자번호는 028필드를 반복하여 발행처명과 짝지어 기술한다.

040 ƀƀ
090 ƀƀ

┌ 기독교 경전은 '성서', 'Bible'을 통일표목
│ ┌ 성서는 편제로 '구약,' 'OT,' '신약', 'NT'로 기술
│ │ ┌ 구약에 포함된 도서명을 편제로 기술
130 ƀ0$a성서.$p구약.$p창세기.$l일본어
│ │ └ 본문의 언어를 식별기호 '$l'로 기술
│ └ 편제는 식별기호 '$p'를 반복하여 크기 순으로 기술
└ 통일표목으로 기술되는 경전명은 식별기호 '$a'로 기술

기본표목: 130필드는 성서의 통일표제를 표목어로 기본표목하였다(A2R.25.18). 이 자료는 일본어 자료이지만 통일표목을 비롯한 모든 부표목사항은 모두 한국어로 기술하였다.

┌ 본표제　　┌ 편제　　　　　　　　┌ 표제관련정보
245 10$a舊約聖書.$p創世記$h[녹음자료] :$b新共同譯 /$d日本聖書協會

표제와 책임표시사항: 245필드는 구약성서를 본표제로, 책명을 편제로, 발행처를 저작자로 기술하고, 책명은 246필드에, 저작단체명은 710필드에 부표목하였다.

┌ 제2지시기호 '0'은 '검색을 위한 부분표제'라는 표출어 생성을 지시
246 30$a창세기$h[녹음자료]
<출력>검색을 위한 부분표제: 창세기[녹음자료]
<출력(표목)>창세기 [녹음자료]
=246 3ƀ$i편제:$a창세기$h[녹음자료]
<출력>편제: 창세기 [녹음자료]
=740 ƀƀ$a창세기$h[녹음자료]
260 ƀƀ$a東京 :$b日本聖書協會,$c1987
300 ƀƀ$a사운드 디스크 5매 :$bdigital ;$c12 cm
440 00$a聖書(新共同譯) ;$v1
500 ƀƀ$aCompact disc digital audio
505 8ƀ$a內容: CD 1. 創世記, 第1章-第14章 - CD 2. 創世記, 第15章-第24章 - CD 3. 創世記, 第25章-第32章 - CD 4. 創世記, 第33章-第41章 - CD 5. 創世記, 第42章-第50章

내용주기: 505필드는 CD별로 수록된 장(章)을 주기하기 위한 것이기 때문에 제2지시기호 'ƀ'를 지시하여 내용표제를 주기로만 출력되게 하였다. 그래서 내용주기의 각 사항별 식별기호를 사용하지 않았다. 내용주기되는 사항은 성보원의 문자로 주기한다.

710 ƀƀ$a일본성서협회
└ 일본어(한자)로 된 단체명을 한국어음에 따라 한글로 부출표목하였다.

〈표 1〉 발행국부호표(발췌)
(Country of Publication Codes)

Country	Code	Country	Code	Country	Code
Argentina	ag	Korea (North)	kn	New Zealand	nz
Australia	at	Korea (South)	ko	Nigeria	nr
Austria	au	Seoul	ulk	Norway	no
Brazil	bl	Pusan	bnk	Pakistan	pk
Cambodia	cb	Taegu	tgk	Panama	pn
Cameroon	cm	Inch'on	ick	Peru	pe
Canada	cn	Kwangju	kjk	Philippines	ph
China	cc	Taejon	tjk	Poland	pl
Cuba	cu	Kyounggi-do	ggk	Portugal	po
Denmark	dk	Kangwon-do	gak	Puerto Rico	pr
Egypt	ua	Ch'ungch'ong buk-do		Romania	rm
Ethiopia	et		hbk	Russia	ru
Finland	fi	Ch'ungch'ong nam-do		Saudi Arabia	su
France	fr		hck	Singapore	si
Germany	gw	Chollabuk-do	jbk	Slovakia	xo
Greece	gr	Chollanam-do	jnk	South Africa	sa
Hong Kong	hk	Kyongsang buk-do		Spain	sp
Hungary	hu		gbk	Sweden	sw
Iceland	ic	Kyongsang nam-do		Switzerland	sz
India	ii		gnk	Syria	sy
Indonesia	io	Cheju-do	jjk	Thailand	th
Iran	ir	Kuwait	ku	Turkey	tu
Iraq	iq	Laos	ls	United Kingdom	uk
Ireland	ie	Lebanon	le	United States	us
Israel	is	Macao	mh	Uruguay	uy
Italy	it	Malaysia	my	Uzbekistan	uz
Jamaica	jm	Mexico	mx	Vatican City	vc
Japan	ja	Mongolia	mp	Venezuela	ve
Jordan	jo	Morocco	mr	Vietnam	vm
Kazakhstan	kz	Nepal	np	Yemen	ye
Kenya	ke	Netherlands	ne	Yugoslavia	yu

* 부속서1: **발행국부호표**를 발췌한 것으로 상세한 것은 본표를 참조하시기 바람

제 2 장

영화·비디오녹화자료

1. 제어필드

006 부호화정보필드 − 부가적 자료특성(Fixed-Length Data Elements − Additional Material Characteristics) <A>R

딸림자료가 본 자료와 다른 형태인 평면영사자료 리더/06 'g', 평면비영사자료 리더/06 'k', 입체자료 리더/06 'r', 키트 리더/06 'y'가 아닌 경우 006필드에 해당 자료의 유형을 적용한다.

006필드는 00−13까지 14자리로 구성된다. 첫 번째 00자리는 형태가 다른 자료나 딸림자료의 자료형태를 표시하고, 01−13자리는 008필드의 18−20, 22, 29, 33, 34자리의 내용을 표시한다.

<table>
<tr><th>자수위치</th><th>데이터요소</th><th>자수위치</th><th>데이터요소</th></tr>
<tr><td rowspan="3">00</td><td rowspan="3">g − 평면영사자료
k − 평면비영사자료
r − 입체자료(실물)
y − 키트</td><td>05</td><td>이용대상자 수준(008/22)</td></tr>
<tr><td>06-08</td><td>미정의</td></tr>
<tr><td>09</td><td>자료의 형태(008/29)</td></tr>
<tr><td rowspan="2">01-03</td><td rowspan="2">영화나 비디오녹화자료의 상영사간(008/18-20)</td><td>10-11</td><td>미정의</td></tr>
<tr><td>12</td><td>시청각자료의 유형(008/33)</td></tr>
<tr><td>04</td><td>미정의</td><td>13</td><td>기술수준(008/34)</td></tr>
</table>

006 g128ƀƀƀsƀvn

007 형태기술필드(Physical Description Fixed Field--General Information) <O>R

007필드는 영화와 비디오녹화자료를 구분하여 영화는 00자리의 자료범주표시를 'm'으로 하고, 01-22자리까지 모두 23자리, 비디오녹화자료는 00자리의 자료범주표시를 'v'로 하고, 01-08 자리까지 9자리의 고정길이 필드로 구성된다.

◎ 영 화

자수위치	자리	데이터명	데 이 터 요 소
00	1	자료범주표시	m－영화
01	1	특정자료종별	c－필름 카트리지 f－필름 카세트 r－필름 릴 u－자료를 특정화하지 않음 z－기타 필름형태 ｜－부호화하지 않음
02	1	미정의	ƀ－빈칸
03	1	색채	b－흑백 c－천연색 h－수작업에 의한 색 m－혼합 n－적용불가(상이 없는 자료) u－미상 z－기타 ｜－부호화하지 않음
04	1	스크린 형태	a－표준음향 아파추어 b－아나몰픽(대형화면: nonanamorphic)이 아님 c－입체(3D) d－아나몰픽(대형화면: anamorphic) e－기타 와이드 스크린 형태 f－표준무성 아파추어 u－미상 z－기타 ｜－부호화하지 않음
05	1	음향유무	ƀ－무성 a－매체자체에 음향수록 b－매체와 별도로 음향 수록 u－미상 ｜－부호화 않음
06	1	음향수록 매체	ƀ－무성 a－영화필름상의 광학녹음트랙 b－영화필름상의 마그네틱녹음트랙(자기녹음대) c－카트리지상의 마그네틱음향테이프(자기음향테이프) d－음반 e－릴상의 마그네틱음향테이프(자기음향테이프) f－카세트상의 마그네틱음향테이프(자기음향테이프) g－영화필름상의 광학 및 마그네틱녹음트랙(자기녹음대) h－비디오테이프 i－비디오디스크 u－미상 z－기타 ｜－부호화하지 않음
07	1	필름의 폭	a－표준 8 mm b－수퍼 8 mm/싱글 8 mm c－9.5 mm d－16 mm e－28 mm f－35 mm g－70 mm u－미상 z－기타 ｜－부호화하지 않음
08	1	음향의 재생상태	k－혼합 m－단음(모노럴) n－적용불가(무성) q－4채널, 다채널, 써라운드 s－스테레오 u－미상 z－기타 ｜－부호화하지 않음
09	1	제작요소	a－작업용 필름 b－편집된 필름 c－삭제된 필름(장면) d－편집용 인화필름 e－혼합트랙 f－타이틀 밴드/삽입자막롤 g－프로덕션롤(production rolls) n－적용불가 z－기타 ｜－부호화하지 않음
10	1	감광상태	a－양화 b－음화 n－적용불가 u－미상 z－기타 ｜－부호화하지 않음
11	1	복제단계	d－복제 e－마스터(초벌) o－원판 r－표본인화 u－미상 z－기타 ｜－부호화하지 않음
12	1	필름의 기본재료	a－미확인 안전체 c－아세테이트 미확인 안전체 d－디아세테이트 안전체 i－질산염체 m－질산안전 혼합체 n－적용불가 p－폴리에스테르 안전체 r－혼합 안전체 t－트리아세테이트 안전체 u－미상 z－기타 ｜－부호화하지 않음
13	1	색채의 범주	a－3층 채색(3 layer color) b－2층 채색 단편색(2 color, single strip) c－색상불명의 2채색(undetermined 2 color) d－색상불명의 3채색(Undetermined 3 color) e－3색 스트립(3 strip color) f－2색 스트립(2 strip color) g－적색 스트립(Red strip) h－청색 또는 녹색 스트립(Blue or green strip) i－시안 스트립(Cyan strip) j－마젠타 스트립(Magenta strip) k－황색 스트립(Yellow strip) l－SEN 2 m－SEN 3 n－적용불가 p－세피아톤(Sepia tone) q－기타 색상(Other tone) r－Tint s－Tinted and toned t－스텐실 컬러(Stencil color) u－미상 v－수작업에 의한 색 z－기타 ｜－부호화하지 않음
14	1	다채색 인화유형	a－연료흡인전사 인화필름 b－3 layer stock c－3 layer stock, low fade d－Duplitized stock n－적용불가 u－미상 z－기타 ｜－부호화하지 않음
15	1	변질상태	a－변질상태 불분명 b－질산염: 의심스러운 냄새 c－질산염: 자극적인 냄새 d－질산염: 갈색, 변색, 색바램, 탈색 e－질산염: 끈적거림 f－질산염: 거품, 기포 g－질산염: 응고 h－질산염: 가루화 k－비질산염: 인지할 수 있는 정도의 손상(디아세테이트 냄새) l－비질산염: 과도한 손상 m－비질산염: 완전 손상 ｜－부호화하지 않음
16	1	필름의 완전성	c－완전 i－불완전 n－적용불가(home movies, unedited footage, outtakes 등) u－미상 ｜－부호화하지 않음
17-22	6	필름검사일자	최근 필름검사일자를 ccyymm(세기, 연도, 월을 각각 2자리)로, 전체 또는 부분을 알 수 없는 경우 붙임표 '-'로 채운다. 예: 198609=19세기1986년9월 ｜－부호화하지 않음

```
┌─ 00(자료범주표시): m－영화
| ┌─ 01(특정자료종별: SMD): f－필름 카세트
| | ┌─ 02(미정의): ƀ－빈칸
| | | ┌─ 03(색채): b－흑백
| | | | ┌─ 04(스크린 형태): a－표준음향 아파추어
| | | | | ┌─ 05(음향 유무): ƀ－무성
| | | | | | ┌─ 06(음향수록매체): ƀ－무성
| | | | | | | ┌─ 07(필름의 폭): f－35 mm
007 mffbaƀƀfnnadunnan198609
└─ Tag          | | | | | | | | | └─17-22(필름검사일자): 198609－19세기 1986년 9월
                | | | | | | | | └─ 16(필름의 완전성): n－적용불가
                | | | | | | | └─ 15(변질상태): a－불분명
                | | | | | | └─ 14(다채색 인화유형): n－적용불가
                | | | | | └─ 13(색채의 범주): n－적용불가
                | | | | └─ 12(필름의 기본재료): u－미상
                | | | └─ 11(복제단계): d－복제
                | | └─ 10(감광상태): a－양화
                | └─ 09(제작요소): n－적용불가
                └─ 08(음향의 재생상태): n－적용불가(무성)
```

◎ 비디오 녹화자료

자수위치	자리	데이터명	데 이 터 요 소
00	1	자료범주표시	v－비디오녹화자료
01	1	특정자료 종별	c－비디오카트리지 d－비디오디스크 f－비디오카세트 r－비디오릴 u－자료를 특정화하지 않음 z－기타 |－부호화하지 않음
02	1	미정의	ƀ－빈칸
03	1	색채	a－단색 b－흑백 c－천연색 m－혼합 n－적용불가 u－미상 z－기타 |－부호화하지 않음
04	1	비디오 녹화형식	a－베타(½in. 비디오카세트) b－VHS(½in. 비디오카세트) c－U-matic(¾in. 비디오카세트) d－EIAJ(일본규격 ½in. 릴) e－Type C(1 in. 릴) f－Quadruplex (2 in. 릴) g－레이저 광 비디오디스크 h－CED 비디오디스크 i－베타캠(½in. 비디오카세트) j－베타캠 SP(½in. 비디오카세트) k－슈퍼 VHS(½in. 비디오카세트) m－M-II(½in. 비디오카세트) o－D-2(¾in. 비디오카세트) p－8 mm q－Hi-8 mm u－미상 v－DVD z－기타 |－부호화하지 않음
05	1	음향 유무	ƀ－무성 a－매체에 음향이 수록되어 있음 b－매체와 별도로 음향이 수록되어 있음 u－미상 |－부호화하지 않음
06	1	음향수록 매체	ƀ－무성 a－영화필름상의 광학녹음대 b－영화필름상의 자기녹음대 c－카트리지상의 자기음향테이프 d－음반 e－릴상의 자기음향테이프 f－카세트상의 자기음향테이프 g－영화필름상의 광학 및 자기녹음대 h－비디오테이프 i－비디오디스크 u－미상 z－기타 |－부호화하지 않음
07	1	필름의 폭	1－8 mm m－¼in. o－½in. p－1 in. q－2 in. r－¾in. u－미상. z－기타(비디오디스크에 해당) |－부호화하지 않음
08	1	음향의 재생상태	k－혼합 m－단음(모노럴) n－적용불가(무성) q－4채널, 다채널, 서라운드 s－스테레오 u－미상 z－기타 |－부호화하지 않음

```
┌ Tag
|    ┌ 00(자료범주표시): v－비디오 녹화자료
|    |┌ 01(특정자료종별: SMD): f－비디오 카세트
|    ||┌ 02(미정의): ƀ－빈칸
|    |||┌ 03(색채): c－천연색
|    ||||┌ 04(비디오녹화형식): b－VHS(½in, 비디오 카세트)
|    |||||┌ 05(음향 유무): a－매체에 음향이 수록되어 있음
007 vffcbaurs
           ||└ 08(음향의 재생상태): s－스테레오
           |└ 07(필름의 폭): r－¾in.
           └ 06(음향수록 매체): u－미상
```

008 부호화정보필드(Fixed-Length Data Elements)<M>R

008필드는 40자리의 고정장필드로 00-17, 26-28, 32, 35-39자리는 모든 자료에 공통으로 적용되는 부호화정보자리이고(제1장 008 필드 참조), 18-25, 29-31, 33-34자리는 영화 및 비디오녹화자료를 위한 부호화정보자리이다.

◎ 영화 및 비디오녹화자료

자수위치	자리수	데이터명	데 이 터 요 소
00-05	6	**입력일자**(공통)	00-05(6):입력일자.
06	1	**발행년유형**(공통)	ƀ－기재할 수 없는 년도: 기원전 년도 |－부호화하지 않음
07-10	4	**발행년 1**(공통)	해당 발행년
11-14	4	**발행년 2**(공통)	해당 발행년
15-17	3	**발행국명**(공통)	부속서1. **발행국명부호** 참조
18-20	3	**영화나 비디오녹화자료의 상영시간**(006/01-03)	000－상영시간이 3자리가 넘어갈 경우(999분을 초과할 경우) 001-999－상영시간. nnn－적용불가(영화나 비디오녹화자료가 아닌 경우) --- －상영시간미상 |||－부호화하지 않음
21	1	**미정의**(006/04)	ƀ－빈칸 |－부호화하지 않음
22	1	**이용대상자 수준**(006/05)	ƀ－일반이용자용 a－취학전 아동 b－초등학생 c－중학생 d－고등학생 e－성인용 f－특수계층(시각, 청각, 발달 등의 장애자용) j－아동용 z－미상 또는 세분하지 않는 경우 |－부호화하지 않음
23-25	3	**미정의**(006/06-08)	ƀƀƀ－빈칸 |||－부호화하지 않음
26-27	2	**한국대학부호**(공통)	부속서2. **한국대학부호** 참조. *고서는 미정의
28	1	**수정레코드**(공통)	ƀ－변형없음 b－문자를 빈칸(ƀ)으로 입력한 경우 h－한자를 한글로 입력한 경우 r－로마자 이외의 문자를 로마자로 입력한 경우 s－레코드의 단축 x－한자 이외의 문자를 한글로 변형 입력한 경우 |－부호화하지 않음
29	1	**자료의 형태**(006/09)	ƀ－기타 a－마이크로필름 b－마이크로피시 c－마이크로오패크 d－큰활자인쇄자료 f－점자자료 r－복제자료 s－전자자료 |－부호화하지 않음

자수 위치	자리 수	데이터명	데 이 터 요 소
30-31	2	**미정의** (006/10-11)	ɓɓ－빈칸 ll－부호화하지 않음
32	1	**목록전거**(공통)	ɓ－국가서지작성기관 a－자관 c－협력기관(국립중앙도서관 이외) d－기타 기관 u－미상 l－부호화하지 않음
33	1	**시청각자료의 유형**(006/12)	**평면영상자료**: f－필름스트립 m－영화 s－슬라이드 t－트랜스페어런시 v－비디오녹화자료 **평면비영상자료**: a－예술품 원본 c－예술품 복제자료 d－투시도(diorama) i－그림 k－그래픽 l－기술도면 n－챠트 o－플래시카드 **입체자료(실물)**: a－예술품 원본 c－예술품 복제자료 g－게임 p－마이크로스코프 슬라이드 . q－모형 r－실물(Realia) w－장난감 **킷트**: b－킷트 **기타**: z－기타 l－부호화하지 않음
34	1	**기술수준** (006/13)	a－애니메이션(animation: 동화상) c－애니메이션(동화상)과 실연 l－실연 n－적용불가 u－미상 z－기타 l－부호화하지 않음
35-37	3	**언어**(공통)	부속서3. **언어구분부호표** 참조 ɓɓɓ－빈칸(미정의) mul－복수(다수)언어 sgn－기호로 된 언어 und－미상 lll－부호화하지 않음
38-39	2	**한국정부기관부호** (공통)	부속서4. **한국정부기관부호표** 참조 *고서는 미정의

┌ 00-05(6자리: **입력일자**: 공통) **991021**－1999년10월21일
┌ 06(1자리: **발행년유형**: 공통) **m**－복수년도
┌ 07-10(4자리: **발행년 1**: 공통) **1970**－발행년(시작년)
┌ 11-14(4자리: **발행년 2**: 공통) **1976**－발행년(마지막년)
┌ 15-17(3자리: **발행국명**: 공통) **ulk**－한국 서울
┌ 26-27(2자리: **한국대학부호**: 공통) **ɓɓ**－해당 없음
┌ 28(1자리: **수정레코드**: 공통) **h**－한자를 한글로 입력
┌ 32(1자리: **목록전거**: 공통) **a**－자관
┌ 35-37(3자리: **언어부호**: 공통) **mul**－다수언어
┌ 38-39(2자리: **한국정부기관부호**: 공통) **ɓɓ**－해당 없음

008 991021m19791976ulk127ɓeɓɓɓɓɓhlɓɓavlmulɓɓ

└ 34(1자리: **기술수준**) l－실연
└ 33(1자리: **시청각자료의 유형**) v－비디오녹화자료
└ 30-31(2자리: **미정의**) **ɓɓ**－빈칸
└ 29(1자리: **자료의 형태**) l－부호화않음
└ 23-25(3자리: **미정의**) **ɓɓɓ**－빈칸
└ 22(1자리: **이용대상자수준**) **e**－성인용
└ 21(1자리: **미정의**) **ɓ**－빈칸
└ 18-20(3자리: **영화/녹화자료 상영시간**) **127**－127분

2. 극영화자료

1) 필름 릴자료

낮 과 밤

==

이 두 용

감독

==

홍 복 희 각본

이 문 용 각색

==

서울

우성영화사

〈리더[1]〉

레코드 길이:	레코드 상태: n	레코드 유형: g	서지수준: m	제어유형: ꜩ
문자부호화체계: ꜩ	지시기호 자리수: 2	식별기호 자리수: 2	데이터 기본번지:	
입력수준: ꜩ	목록기술형식: a	연관레코드조건: ꜩ	엔트리 맵: 4500	

007 mrꜩcuaggqgaouuuac-------

008 ......s1984ꜩꜩꜩꜩulk---ꜩgꜩꜩꜩꜩꜩꜩꜩꜩꜩamukorꜩꜩ

040 ꜩꜩ

049 0ꜩ$l

090 ꜩꜩ$a☐$b

245 00$a낮과 밤$h[영화] /$d이두용 감독 ;$e홍복희 각본 ;$e이문용 각색

표제와 책임표시사항: 245필드는 식별기호 '$a'로 영화제목을 줄머리잡기로 기술하고, '$d'로 감독자, '$e'를 반복하여 각색자, 각본자, 촬영자, 제작자를 기술하였다(A2R.7.1F; K4.7.1.6). 책임표시에 식별기호 '$d'와 '$e'로 기술된 인명은 700필드, 단체명은 710필드로 부표목한다.

---

1) 리더의 00-04자리(길이필드)와 12-16 자리(데이터기본번지)는 자동생성된다.

「A2R」

```
                                    ┌ 인명 앞에 기재되는 역할어는 ','로 구분
                                    │    ┌ 역할을 달리한 저작자는 ';'으로 구분
245 00$a영화제목$h[영화] /$d감독, OOO ;$e각본, OOO ;$e각색, OOO ;$e촬영, OOO
700 1ɓ$a감독명 ──────────┘           │            │            │
700 1ɓ$a각본자명 ─────────────────────┘            │            │
700 1ɓ$a각색자명 ──────────────────────────────────┘            │
700 1ɓ$a촬영자명 ───────────────────────────────────────────────┘
```

「KORMARC」

```
245 00$a영화제목$h[영화] /$dOOO 감독 ;$eOOO 각본 ;$eOOO 촬영
                                └ 인명 뒤의 역할어는 구분부호 없이 기재
```

260 ɓɓ$a서울 :$b우성영화사,$c1984

300 ɓɓ$a필름 릴 4권 :$b유성, 천연색 ;$c70 mm

형태사항: 300필드는 식별기호 '$a'로 '필름 릴'이라는 특정자료종별과 릴의 권수, '$b'로 음향, 칼라, '$c'로 필름의 폭을 mm단위로 기술한다(A2R.7.5; K4.7.5.1)).

「특정자료종별(A2R.7.5B1; K4.7.5.1.2)」

필름 카트리지	film cartridge	비디오카트리지	videocartridge
필름 카세트	film cassette	비디오카세트	videocassette
필름 루프	film loop	비디오디스크	videodisc
필름 릴	film reel	비디오릴	videoreel
		DVD-비디오	DVD-video[2]

「특정자료종별과 수량(A2R.7.5B2)」

300 ɓɓ$a필름 루프 1개 (4분 30초) → = (4:30) → = (4 min., 30 sec.)

300 ɓɓ$a필름 카세트 2개 (각 25분) → = (각 25:00) → = (25 min. each)

300 ɓɓ$a비디오릴 1개 (약58분) → = (약58:00) → = (ca. 58 min)

300 ɓɓ$a비디오디스크 1매 (45,876 fr.) → = (45,876 fr.)

「특정자료종별과 수량의 분립기술(K4.7.5.1.2.)」

300 ɓɓ$a비디오카세트 5개중 제1-2번 (60분)

300 ɓɓ$a필름 릴 3개중 제1릴 (17분)

300 ɓɓ$aOn reel 1 of 3 film reels (17 min.)

300 ɓɓ$aOn cassettes 1-2 of 5 videocassettes (60 min.)

특정자료종별과 수량에는 연주시간 및 화면수를 ( )에 묶어 부기한다.

500 ɓɓ$a본표제는 표제화면의 표제임

본표제의 정보원: 500필드에 본표제의 정보원을 서술형식으로 주기하거나 '본표제'라는 표출어로 주기한다(A2R.7.7B3; K4.1.7.3.3).

500 ɓɓ$a본표제는 용기에서 기술 　　 500 ɓɓ$a본표제: 용기의 표제

2) DVD-Video는 AACR2R 2002 revision에서 추가된 특정자료표시이다(ALA, 2002. *Anglo-American Cataloguing Rules* (2nd ed., 2002 Revision. Chicago: ALA, 2002)

500 ƀƀ$a본표제는 표제화면에서	500 ƀƀ$a본표제: 표제화면 표제
500 ƀƀ$aTitle from container	500 ƀƀ$aTitle: from container
500 ƀƀ$aTitle from title screen	500 ƀƀ$aTitle: from title screen

511 1ƀ$a장민호, 문정숙, 윤일봉, 신일룡, 원미경, 송승환, 하재영, 윤양하, 김윤미, 한소룡, 신우철

배역진주기: 511필드는 연기자, 연주자 또는 출연자명을 '배역', 'Cast'라는 표출어로 주기한다. 이때 정형화된 '배역'이라는 표출어는 제1지시기호 '1'에 의해 자동생성되기 때문에 입력하지 않고, 이외의 표출어는 제1지시기호 '8'을 지시하고 표출어를 기술해야 한다. 출연자가 많을 때는 중심되는 인물을 중심으로 선별 기술한다(A2R.7.7B6).

┌ '1': '배역'이란 표출어 자동생성	┌ '8': 해당 표출어 기술을 위한 지시기호
511 1ƀ$a연기자 ; 연기자	**511 8ƀ$aCast: 연기자 ; 연기자**
<출력>**배역: 연기자 ; 연기자**	<출력>**Cast: 연기자 ; 연기자**

520 ƀƀ$a서울에서 라스팔마스까지 5대양 6대주의 생활현장을 중심으로 촬영한 영화

┌ '요약'은 제1지시기호 'ƀ'에 의해 정형화된 표출어로 자동생성

<출력>요약: 서울에서 라스팔마스까지 5대양 6대주의 생활현장을 중심으로 촬영한 영화

650 ƀ4$a극영화

주제명표목: 650필드는 '극영화'라는 한글 주제명을 기술하든지 'Feature film'이라는 영어 주제명을 기술하든지 한 도서관에서는 동일한 언어의 주제명으로 통일해야 한다.

┌제2지시기호 '4'는 특정표목표에 의하지 않고 목록자가 작성한 주제명을 지시

650 ƀ4$a극영화	650 ƀ0$aFeature film
	└ 제2지시기호 '0'은 미국국회도서관 주제명표목표(LCSH)에 의해 작성된 주제명을 지시

700 1ƀ$a이두용 ← 감독자 부출표목

700 1ƀ$a홍복희 ← 각본자 부출표목

700 1ƀ$a이문용 ← 각색자 부출표목

.....ngmƀƀ22.....ƀaƀ4500
007 mrƀceagfqgaouuuac------
008 ......s1951ƀƀƀƀusƀ075ƀgƀƀƀƀƀƀƀƀƀamuengƀƀ
040 ƀƀ
090 ƀƀ$a□$b
245 00$aAlice in Wonderland$h[motion picture] /$d[by] Walt Disney Productions ;$eproducer, Ben Sharpsteen ;$edirector, Clyde Ceronimi ;$eanimation, Milt Kahl

표제와 책임표시사항: 245필드는 식별기호 '$a'로 영화제목, '$h'로 'motion picture'라는 GMD, '$d'로 감독자, '$e'를 반복하여 두 번째 이하의 저작자와 역할을 달리한 제작자를 기술하였다. 영상자료의 책임표시는 제작사(production company), 후원자(sponsor), 공동제작사(co-prod. company), 감독자(director), 제작자(producer), 작가(writer: 각색자, 각본자), 만화제작자(animator), 촬영자(photographer) 등이 기술된다[3](A2R.7.1F; K4.7.1.6).

260 ƀƀ$aSanta Monica, Calif. :$bRKO Radio Pictures,$c1951
300 ƀƀ$a3 film reels (ca. 75 min.) :$bsd., col. ;$c35 mm

재생시간주기: 300필드는 식별기호 '$a'에 ( )로(A2R.7.5B2; K4.7.5.1.2), 306필드는 해당 시간을 숫자부호 'hhmmss'(시간, 분, 초를 각각 2자리)의 형식으로 기술하고, 각 작품별 재생시간이 6개 이상인 경우는 500필드에 일반주기하거나 505필드의 내용주기에 기타정보로 ( )에 묶어 기술한다(A2R.7.7B18).[4]

┌ 비디오디스크 2매 전체의 상영시간을 표시
300 ƀƀ$a비디오디스크 2 매 (약150분)　　300 ƀƀ$a1 videocassette (ca. 135 min.)

---

3) Deborah A. *Fritz, Cataloging with AACR2R and USMARC: for books, computer files, serials, sound recordings, videorecordings* (Chicago: ALA., 1998), p. 209.

4) MARC21. 306필드 참조

306 ꝥꝥ$a012000$a013000 306 ꝥꝥ$a021500

└ 전체 상영시간을 'hhmmss'로 표시

└ 디스크별 상영시간을 식별기호 '$a'를 반복 'hhmmss'형식으로 표시

500 ꝥꝥ$a재생시간: 31:00 ; 18:39 ; ...

└ 상영시간을 500필드에 '재생시간'이라는 표출어로 일반주기한 예

306 ꝥꝥ$a012500
500 ꝥꝥ$aTitle from title screen
500 ꝥꝥ$aBased on: Alice's adventures in wonderland / by Lewis Carroll

원작주기: 영화나 비디오자료의 원본이 된 저작은 500필드에 '원작', 'Based on'이라는 표출어와 함께 주기하고(A2R.7.7B7), 원작명이나 원작자는 7XX필드로 부표목한다.[5]

┌ 주기되는 원작명과 원작자명은 245필드의 형식을 준용

500 ꝥꝥ$a원작: 원작품명 / 원작자명
700 12$a원작자명.$t원작품명

원작자명과 원작품명이 동시에 부표목이 필요한 경우는 이를 700필드로 분출표목한다.

508 ꝥꝥ$aCredits: Story, Winston Hibler ; music, Oliver Wallace ; film editor, Lloyd Richardson

제작진주기: 508필드는 영화 및 비디오녹화자료에서 책임표시에 기술되지 않은 작곡자, 필름의 편자, 촬영자, 조수, 조감독... 등 예술적이고 기술적인 측면에서 제작에 참여한 인명이나 단체명을 '제작진,' 'Credits'라는 표출어로 역할어와 짝지어 주기한다(A2.7.7B6;K4.7.7.3.6). 그리고 제작진주기로 기술된 사항은 특히 중요한 경우만 7XX필드로 부표목한다.

508 ꝥꝥ$a제작진: 역할어, 개인명 또는 단체명 ; 역할어, 개인명 또는 단체명 ; ....

해설자주기: 해설자(나레이터) 중 음성해설자는 508필드로 주기하고, 스크린해설자는 511필드로 주기한다(A2R.7.7B6)[6].

650 ꝥ4$aFeature film
700 12$aCarroll, Lewis.$tAlice's adventures in wonderland ← 원작자명과 원작품명 분출표목
700 1ꝥ$aSharpsteen, Ben ← 제작자 부출표목
700 1ꝥ$aCeronimi, Clyde ← 감독자 부출표목
700 1ꝥ$aKahl, Milt ← 삽화자 부출표목
710 ꝥꝥ$aWalt Disney Productions ← 제작단체명 부출표목

5) 507필드(원저작, 원표제주기)에 있는 원작주기는 번역자료의 원서주기이므로 507필드와 혼동하지 않아야 한다.
6) 511필드는 연주자와 배역진주기로 시청각자료에서 해설자에 대한 기술을 지시하고 있다.

.....ngmɓɓ22.....ɓaɓ4500

007 mrɓceaggqgaouuuac------

008 ......p19971968usɓ138ɓgɓɓɓɓɓɓɓɓɓɓamuengɓɓ

010

040 ɓɓ

041 0ɓ$akor$heng

언어부호: 041필드는 영화 및 비디오녹화자료의 음성녹음대와 다른 언어판, 딸림자료의 언어판인 경우와 무성영화의 덧 인쇄제목의 언어가 다를 때 그 언어를 기술한다.

┌ 본문언어나 중심되는 언어 하나만 표시
008/35-37 eng
041 0ɓ$akor$heng
| | └ 원본의 언어인 영어를 부속서3. **'언어구분부호표'** 참조 기술
| └ 본문언어: 녹음된 한국어를 부속서3. **'언어구분부호표'** 참조 기술
└ 제1지시기호 '0'은 번역물이 아닌 다수언어 즉 2개 이상의 언어로 되어 있을 때 지시

500 ɓɓ$a영어녹음, 한국어 자막

090 ɓɓ$a▭$b

245 00$a로미오와 줄리엣$h[영화] =$xRomeo and Juliet /$dFrance Zeffirelli 감독 ;$eFrance Brusati 대본

260 ɓɓ$a[S.l.] :$bParamount社,$c1968 :$b20th century Fox[배급],$c1997

발행사항: 260필드는 발행사항과 배포사항, 그리고 제작사항을 해당 식별기호로 기술한다. 이때 발행사항과 배포사항은 동일한 식별기호를 사용하고, 배포자는 [ ]에 '배포', '배급' 등을 부기한다. 그리고 제작사항은 후부에 ( )로 기술한다.

┌ 발행사항 ┌ 배포사항 ┌ 포배, 배급 등을 [ ]로 부기

260 ꟌꟌ$a발행지 :$b발행사,$c발행년 ;$a배포지 :$b배포사[배급/배포],$c배포년$e(제작지 :$f제작사,$c제작년)
└ ';'은 발행사항과 배포지의 구분부호 |
제작사항은 ( )로 기재 ┘

260 ꟌꟌ$a발행지 :$b발행사,$c발행년 :$b배포사[배급/배포],$c배포년$e(제작지 :$f제작사, $c제작년) ← 발행지와 동일한 배포지는 생략

260 ꟌꟌ$a발행지 :$b발행사,$c발행년 :$b배포사[배급/배포],$c배포년$f(제작사,$c제작년) ← 발행지와 동일한 배포지, 제작지는 생략

260 ꟌꟌ$a발행지 :$b발행사,$c발행년 :$b배포사[배급/배포]$f($f제작사)

배포사항과 제작사항의 각부분이 발행사항과 동일한 부분은 생략한다.

300 ꟌꟌ$a필름 릴 5권 (138분) :$b유성, 천연색 ;$c70 mm

「재생시간의 기술」

300 ꟌꟌ$a특정자료종별과 수량 (재생시간) :$b기타형태사항 ;$c크기
└ 재생시간은 ( )로 기술(A2R.7.5B2; K4.7.5.1.2.6)

500 ꟌꟌ$a연주시간: 00분. 00초 ; 00분. 00초 ; ....
└ 500필드는 '연주시간'이라는 표출어로 모아서 일반주기(A2R.7.7B10)

505 00$t표제 /$d저작자$g(재생시간) --$t표제$g(재생시간) .....
└ 내용주기에는 '$g'로 ( )에 묶어 기술(A2R.7.7B18)

501 ꟌꟌ$a합철: 작품명 / 저작자 (재생시간)
└ 합철주기의 재생시간은 ( )로 기술(A2R.7.7B21)

306 ꟌꟌ$a021800
500 ꟌꟌ$a본표제는 표제화면에서
500 ꟌꟌ$a영어녹음, 한국어 자막
500 ꟌꟌ$a원작: William Shakespeare

원작주기: 원작에 관한 사항은 500필드에 원작의 표제와 저작자를 '원작', 'Based on'이라는 표출어로 표제와 책임표시사항의 기술형식과 동일한 방법으로 주기하고[7](A2R.1.7A3;7.7B7), 원작명과 원작자는 7XX필드로 부표목한다. 그러나 표제와 책임표시사항과 동일한 원작표제와 저작자는 부표목하지 않는다.

500 ꟌꟌ$a원작: 원작표제 / 원작자 500 ꟌꟌ$aBased on: 원작표제 / 원작자
700 12$a원작자명.$t원작표제

역할을 달리한 저작자는 ';'으로 구분 ┐
동일 역할의 저자명은 ','로 구분 ┐ |

508 ꟌꟌ$a제작진: 연출, Anthony Havelock-Allen, John Brabourne ; 음악, Nino Rota

┌ 배역자명 ┌ 배역명은 ( )로 부기

511 1Ꟍ$aLeonard Whiting (Romeo), Olivia Hussey (Juliet), Milo O'shea (Friar Lawrence), Rat Heywood (The Nurse), Robert Stephens (The Prince)

<출력>배역: Leonard Whiting (Romeo), Olivia Hussey (Juliet), Milo O'shea (Friar Lawrence),

---

7) 507필드(원저작, 원표제에 관한 주기)는 번역자료의 원작에 관한 것이기 때문에 영화 및 비디오녹화자료의 원저작에는 적용되지 않는다.

Rat Heywood (The Nurse), Robert Stephens (The Prince)

배역명: 배역사항은 특별히 필요한 경우 이외는 부표목하지 않고 주기로만 기술한다.

586 ㅂㅂ$a아카데미 2개부문 수상

650 ㅂ4$a극영화

700 1ㅂ$aZeffirelli, France ← 감독자 부출표목

700 1ㅂ$aHavelock-Allen, Anthony ← 연출자 부출표목

700 1ㅂ$aBrusat, France ← 대본자 부출표목

┌ 제1지시기호 '0'은 주기로 표시할 것을 지시
│┌ 제2지시기호 'ㅂ'는 '이용가능한 다른 형태자료'라는 표출어 생성을 지시
776 0ㅂ$aShakespeare, William.$t로미오와 쥬리엣,$z8934401664

<출력>이용가능한 다른 형태자료: Shakespeare, William. 로미오와 쥬리엣, ISBN 8934401664

기타형태저록: 해당 자료에 이용 가능한 다른 물리적 형태의 자료를 이용할 수 있을 때는 이에 관한 사항을 776필드(기타 형태저록)에 식별기호 '$a'로 기본표목, '$t'로 표제, '$z'로 ISBN을 기술하여 함께 이용될 수 있게 한다.

갈마 = 業 = Kalma

제작사 반도영상
제작자 정경희
감독 이은철
각본 윤석훈
촬영 박성덕
조감독, 음악 이종식
미술, 조명 한희창
편집 현동춘
출연 이대근 전세영
이무정 홍여진

심의일자 1991.11.22
개봉일자 1991.12.07

.....ngmbb22.....bab4500
007 mrbcuagfqgaouuuac------
008 ......s1991bbbbulk---bgbbbbbbbbbbamukorbb
040 bb
090 bb$a[ ]$b
245 00$a갈마, [일명], 業$h[영화] =$xKarma /$d이운철 감독 ;$e정경희 제작 ;$e윤석훈 원작, 각본

표제와 책임표시사항: 별표제는 245필드에 식별기호 '$a'로 본표제에 '일명', 'or'를 앞세워 식별기호 없이 기술하고(A2R.1.1B1; K31.1.1.1.12), 식별기호 '$h'로 GMD, '$x'로 대등표제를 기술하였다. 대등표제와 별표제는 246필드나 740필드로 부표목한다.

245 00$a본표제, [일명], 별표제$h[GMD] =$x대등표제
246 30$a별표제$h[GMD] = 740 bb$a별표제$h[GMD]
246 31$a대등표제$h[GMD] = 740 bb$a대등표제$h[GMD]

┌ 별표제 구분표시 ┌ 대등표제
│ ┌ 별표제 │ ┌ 첫 번째 책임표시
245 00$a갈마, [일명], 業$h[영화] =$xKarma /$d이운철 감독 ;$e정경희 제작 ;$e윤석훈 원작, 각본
└ GMD 두번째 이하 책임표시┘
246 30$a업$h[영화] = 740 bb$a업$h[영화] ← 별표제의 부출표목
246 31$aKarma$h[영화] = 740 bb$aKarma$h[영화] ← 대등표제의 부출표목
└ 245필드에 기재된 사항일 때는 주기하지 않고 부출표목만을 위한 '3'으로 지시

246 30$a업$h[영화]
246 31$aKarma$h[영화]
260 bb$a서울 :$b반도영화,$c1991
300 bb$a필름 릴 3권 :$b유성, 천연색 ;$c35 mm
500 bb$a본표제는 표제화면에서
500 bb$a원작: 갈마 / 윤석훈

원작자와 원작명은 245필드에 기재되어 있으므로 주기를 생략할 수도 있다.

508 bb$a제작진: 기획, 신경숙
511 1b$a이대근, 전세영, 홍여진, 이무정, 서창숙, 강용호, 안진수
650 b4$a극영화
700 1b$a이운철 ← 감독자 부출표목
700 1b$a정경희 ← 제작자 부출표목
700 1b$a윤석훈 ← 원작자(각본자) 부출표목

2) 비디오카세트자료

.....ngmƀƀ22.....ƀaƀ4500

007 vfƀccahrq

008 ......s1997ƀƀƀƀulk114ƀgƀƀƀƀƀƀƀƀƀavukorƀƀ

028 01$a

090 ƀƀ$a[ ]$b

245 00$a초록물고기$h[비디오녹화자료] /$d이창동 감독, 시나리오 ;$e명계남, 여균동 제작기획 ;$e유영길 촬영감독

표제와 책임표시사항: 드라마는 245필드에 영화제목을 줄머리잡기로 기술한다. 책임표시의 동일한 역할의 저작자 구분은 ','로, 역할을 달리한 저작자의 구분은 ';'으로 기술하고, 이들 각각의 저작자는 700필드로 부표목한다.

... /$d역할어, 저작자명 ;$e역할어, 역할을 달리한 저작자명
... /$d역할어, 저작자명,$e공저작자명 ;$e역할어 역할을 달리한 저작자명
| └ ';$e'는 역할이 다른 저작자 구분과 식별기호
└ ',$e'는 동일 역할의 저작자 간의 구분부호와 식별기호

700 1ƀ$a저작자명
700 1ƀ$a공저작자명
700 1ƀ$a역할을 달리한 저작자명

260 ƀƀ$a서울 :$b이스트필름 :$b드림박스홈비디오[배급],$c1997$f(신영인더스트리)

발행사항: 260필드는 발행지, 발행자(사), 발행년을 해당 식별기호로 기술하고, 제작사항은 식별기호 '$e', '$f', '$g'로 ( )에 묶어 기술한다. 그러나 제작사항은 발행사항과 상이한 부분만을 해당 식별기호에 ( )로 묶어 기술한다.

[제작사항과 발행사항이 상이할 때]

260 ㅂㅂ$a발행지 :$b발행자,$c발행년$e(제작지 :$f제작자,$g제작년)

[제작자와 제작년이 발행사항과 상이할 때]

260 ㅂㅂ$a발행지 :$b발행자,$c발행년$f(제작자,$g제작년)

[제작년이 발행년과 상이할 때]

260 ㅂㅂ$a발행지 :$b발행자,$c발행년$g(제작년)

300 ㅂㅂ$a비디오카세트 1매 (114분) :$b유성, 칼라 ;$c¾ 인치

형태사항: 300필드는 특정자료종별과 수량, 연주시간, 기타형태사항, 테이프의 폭, 딸림자료를 해당 식별기호로 기술한다.
형태사항의 상영시간 기술형식:

┌ 재생시간을 완전형으로 기술

300 ㅂㅂ$a특정자료종별과 수량 (00 min. 00 sec.) :$b기타형태사항 ;$c테이프의 폭 +$e딸림자료

300 ㅂㅂ$a특정자료종별과 수량 (00:00) :$b기타형태사항 ;$c테이프의 폭 +$e딸림자료

└ 재생시간을 간략형식으로 기술

306 ㅂㅂ$a015400

재생시간: 재생시간은 306필드에 식별기호 '$a'로 'hhmmss'(시간, 분, 초를 각각 2자리)의 형식으로 숫자부호를 기술하거나, 500필드에 '재생시간', 'Duration'이라는 표출어로 일반주기한다.

'01'은 'hh'의 1시간 ┐ ┌ '03'은 'ss'의 3초

306 ㅂㅂ$ahhmmss 306 ㅂㅂ$a015003 = 재생시간은 1시간50분3초

└ '50'은 'mm'의 50분

500 ㅂㅂ$a재생시간: 1시간 50분 3초

500 ㅂㅂ$a본표제는 표제화면의 표제임
508 ㅂㅂ$a제작진: 음악, 이동준 ; 미술, 주병도 ; 조명감독, 김동호 ; 편집, 김현
511 1ㅂ$a한석규 ; 심혜진 ; 문성근 ; 명계남 ; 김용만
521 ㅂㅂ$a연소자 관람불가
650 ㅂ4$a극영화
700 1ㅂ$a이창동 ← 감독자 부출표목
700 1ㅂ$a명계남 ← 제작기획자 부출표목
700 1ㅂ$a유연길 ← 촬영자 부출표목

[Title screen]

TURNER HOME ENTERTAINMENT
Closed Captioned for the hearing impaired
TBS PRODUCTIONS

A CENTURY OF WOMEN

PART 1
Work & Family
Directed by Sylvia Morales
Written by Jacoba Alta & Heidi Schulman

[Part 2 has the same information except for the title, "Sexuality & social justice" and the director, Judy Korin.]

[cassette label for part 1]
TURNER HOME ENTERTAINMENT
A CENTURY
OF WOMEN

WORK AND FAMILY
color, Hi-Fi Stereo
Appx. 95 mins.
Cat. No. 3145
Closed Captioned
©1994 TBS PRODUCTIONS

[The labels for the other parts are essentially the same except for the part-titles and the catalog numbers]
[container information]

TBS PRODUCTIONS, INC. AND VU PRODUCTIONS, INC. PRESENTS "A CENTURY OF WOMEN"
NARRATED BY jANE FONDA starring JUSTINE BATEMAN OLYMPIA DUKAKIS JASMINE GUY TALIA SHIRE....
executive producer JACOBA ATLAS writers JACOBA ATLAS LYNN ROTH HEIDI SCHULMAN

.....ngmɓɓ22.....ɓaɓ4500
007 vfɓcbahoq
008 ......s1994ɓɓɓɓusɓ285ɓgɓɓɓɓɓɓɓɓɓavuengɓɓ
020 ɓɓ$a0780605209(pt.l)
020 ɓɓ$a0780605365(pt.2)
020 ɓɓ$a0780605373(pt.3)
040 ɓɓ
090 ɓɓ$a☐$b
245 00$aCentury of women$h[videorecording] /$dTBS Produtions

표제와 책임표시사항: 245필드는 종합표제를 줄머리잡기로 기술하고, 내용표제는 505필드에 내용주기하였다. 표제줄머리잡기로 기술될 때 표제 앞에 있는 관제(관사)는 제2지시기호 '1'과 ( )로 기재하여 부표목될 때 다음 단어로 검색되게 하나 표제줄머리잡기에서는 제2지시기호 '0'과 관제(관사)를 제외한 표제로 기재하는 것이 좋다.

┌ 제2지시기호 '1'은 관제를 ( )로 기재한 표제의 표목출력시 제외할 것을 지시
245 01$a(A) Century of women$h[videorecording] /$dTBS Produtions

245 00$aCentury of women$h[videorecording] /$dTBS Produtions
└ 제2지시기호 '0'은 관제를 기재하지 않은 표제를 그대로 표목할 것을 지시

260 ɓɓ$aAtlanta, Ga. :$bTurner Home Entertainment,$ccl994
300 ɓɓ$a3 videocassettes (95 min. each) :$bsd., col. ;$c½ in.
500 ɓɓ$aClosed-captioned
500 ɓɓ$aTitle from title screen
500 ɓɓ$aTBS: Turner Broadcasting System

505 8ƀ$aContents: pt.1. Work and family -- pt.2. Sexuality and social justice -- pt.3. Image and polular culture

내용주기: 505필드는 제2지시기호 'ƀ'을 지시하여 식별기호 '$a'로 'Contents'라는 표출어에 사항별에 따른 표출어 없이 part 번호와 표제를 기술하고, 표목이 필요한 내용표제는 740필드로 분출표목하였다.

508 ƀƀ$aExecutive producer, Jacoba Atlas ; producer, Lynne Tuite ; writers, Jacoba Atlas, Lynn Roth, Heidi Schulman

제작진주기: 제작진은 촬영자(photographer; camara; camaraman; cinematographer), 만화제작자(animator), 미술가(artist), 삽화가(illustrator), 그래픽제작자(graphics/graphic arts), 영화편집자(film editor), 사진편집자(photo editor), 편집자(editor), 나레이터(narrator), 성우(voice), 음악가(music), 상의자(consultant), 고문(adviser) ... 등을 기술한다.8)

511 8ƀ$aNarrator: Jane Fonda
└-- 'Narrator'는 다른 배역과 구분하여 511필드를 반복하여 기술

511 8ƀ$aCast: Justine Bateman, Olympia Dukakis, Jasmine Guy, Talia Shire

배역진주기: 511필드는 제작진을 역할별로 ';'으로 구분하여 함께 기술하거나 511필드를 반복하여 주기하고(A2R.7.7B6), 그 중요도에 따라 700필드로 부표목한다.

520 8ƀ$aSummary: Tells the story of women in the 20th century--how they lived, loved, worked, played and, most importantly, changed the course of American history

538 ƀƀ$aVHS; hi-fi stereo
└ 음향에 관한 녹음시스템을 자료에 나타난 대로 기술

650 ƀ0$aWomen$zUnited States$xhistory
650 ƀ0$aWomen$zUnited States$xSocial conditions

주제명: 650필드는 해당 지시기호와 식별기호로 기술하였다.

```
┌ '제주제명부출표목--일반주제명'을 위한 필드
│      ┌ 제2지시기호 '0'은 사용된 주제명표목표 'LC Subject Heading'을 지시
│      │                ┌ 지리세목        ┌ 일반세목
650 ƀ0$aWomen$zUnited States$xhistory
<출력> Women--United States--history
                 └──────────└── 원주제명과 세목 간은 '--'로 출력
```

700 1ƀ$aFonda, Jane ← 제작자(narrator) 부출표목
700 1ƀ$aAtlas, Jacoba ← 제작자(executive producer) 부출표목
700 1ƀ$aTuite, Lynne ← 제작자(producer) 부출표목
700 1ƀ$aRoth, Lynn ← 제작자(writer) 부출표목
700 1ƀ$aSchulman, Heidi ← 제작자(jt. writer) 부출표목
710 ƀƀ$aTBS Productions, Inc. ← 제작사 부출표목
710 ƀƀ$aTunner Home Entertainment (Firm) ← 발행처(자) 부출표목
740 ƀ2$aWork and family$h[videorecording] ← 내용표제 분출표목
740 ƀ2$aSexuality and social justice$h[videorecording]
740 ƀ2$aImage and polular culture$h[videorecording]

8) Deborah, p. 210.

.....ngcb̸b̸22.....b̸ab̸4500
007 vfb̸cbahlq
008 ......s1992b̸b̸b̸b̸usb̸090b̸gb̸b̸b̸b̸b̸b̸b̸b̸b̸avuengb̸b̸
040 b̸b̸
041 0b̸$akor$heng
090 b̸b̸$a□$b
245 00$aMy new partner.$n2$h[videorecording] =$x마이뉴파트너.$n2 /$dproducer and director, Claude Zidi ;$ewriter, Didier Kaminka ;$ecamera, Jean-Jacques Tarbes

표제와 책임표시사항: 비디오녹화자료의 대부분은 원명을 그대로 한국어음으로 나타낸 경우가 많기 때문에 본표제 이외의 문자를 달리한 표제를 대등표제로 기술하였다(K3.1.1.1.1.2).

본표제와 대등표제의 가능한 기술형식이다:

245 00$a영어표제$h[GMD] /$d저작자 ;$e역할을 달리한 저작자 ← 원자료명을 본표제로 기술하고 대등표제를 246필드로 기술한 예
246 11$a한국어표제$h[GMD]

245 00$a한국어표제$h[GMD] =$x영어표제 /$d저작자 ;$e역할을 달리한 저작자 ← 한국어표제를 본표제로 기술하고, 영어표제는 대등표제로 기술한 예
246 31$a영어표제$h[GMD]

245 00$a영어표제$h[GMD] =$x한국어표제 /$d저작자 ;$e역할을 달리한 저작자 ← 원자료표제를 본표제로 기술하고, 한국어표제는 대등표제로 기술한 예
246 31$a한국어표제$h[GMD]

245필드(표제줄머리잡기)에 식별기호 '$d', '$e'로 기술된 저작자는 7XX필드로 부표목하고, '$x'로 기술된 대등표제는 246필드나 740필드로 부표목한다. 245필드의 '$d', '$e'로 기술되지 않은 제작진은 508필드에 역할어와 함께 제작진주기한다(A2R.7.7B6).

┌ 한국어 표제는 본표제로 '$a'로 기술
│ ┌ 외국어표제는 대등표제로 '$x'로 기술(A2R.7.1),
│ │ ┌ 감독, 각색, 촬영자는 책임표시에
│ │ │ '$d'와 '$e'로 기술(A2R.7.1F)
245 00$a한국어표제$h[GMD] =$x외국어표제 /$d제작자 ;$e 역할을 달리한 제작자
700 1b̸$a제작자
700 1b̸$a역할을 달리한 제작자
246 31$a외국어표제(대등표제) = 740 b̸b̸$a외국어표제(대등표제)
508 b̸b̸$a제작진: 역할어, 제작자 ; 역할어, 제작자

246 31$a마이뉴파트너.$n2$h[videorecording]
= 740 b̸b̸$a마이뉴파트너 2$h[videorecording]
260 b̸b̸$aNew York :$bRoissy Films,$c1992
300 b̸b̸$a1 videocassette (90 min.) :$bsd., col. ;$cstandard 8 mm
500 b̸b̸$aHome video
500 b̸b̸$aTitle from title screen
508 b̸b̸$aCredits: Music, Francis Lai ; art, Francoise Deleu
511 8b̸$aCast: Philippe Noiret, Thierry Lhermitte, Guy Marchand
538 b̸b̸$aVHS

시스템사항: 538필드는 자료에 나타난 녹화방식인 'VHS', 'Beta', 'U-Matic', '8 mm video cassette', 'Laser optical

CAV' 등의 시스템사항을 주기한다(A2R.7.7B10).

538 ␢␢$a녹화방법 538 ␢␢$aU-Matic

650 ␢4$a극영화
700 1␢$aZidi, Claude ← 감독자 부출표목
700 1␢$aKaminka, Didier ← 각색자 부출표목
700 1␢$aTarbes, Jean-Jacques ← 촬영자 부출표목

한국어로 목록기술한 예

090 ␢␢$a[　　　]$b
245 00$a마이뉴파트너.$n2$h[비디오녹화자료] =$xMy new partner.$n2 /$d감독, 끌르드 지드 ;$e각본, 디디에 카밍카
246 31$aMy new partner.$n2$h[비디오녹화자료]
=740 ␢␢$aMy new partner 2$h[비디오녹화자료]
260 ␢␢$a뉴욕 :$bRoissy Films,$c1992
300 ␢␢$a비디오카세트 1매 (VHS형, T90) :$b유성, 천연색 ;$c표준 8 mm
500 ␢␢$a홈비디오
500 ␢␢$a본표제는 표제화면에서
508 ␢␢$a제작진: 음악, 프란시스 세이 ; 미술, 프랑스와 즈델류 ; 촬영, 장 자끄 따르브
511 1␢$a필립 누와레 ; 띠에르 레르미뜨 ; 기 마르샹 ; 린스 르노 ; 그라스 디 까삐띠니
538 ␢␢$aVHS
650 ␢4$a극영화

주제명표목: 주제명표목은 6XX필드로 언어를 통일하여 기술해야 한다.

700 1␢$a지드, 끌르드 ← 감독자 부출표목
700 1␢$a카밍카, 디디에 ← 각색자 부출표목
700 1␢$a따르브, 장 자끄 ← 촬영자 부출표목

3) 비디오디스크자료

.....ngmƀƀ22.....ƀaƀ4500
007 vdƀcgaizq
008 ......s2000ƀƀƀƀulk099ƀƀƀƀƀƀƀƀƀƀƀavukorƀƀ
028 04$aSPO-554$b스펙트럼디비이디
040 ƀƀ
041 0ƀ$akor$aeng$achi

자막: 자막은 500필드에 설명적인 용어로 사용된 언어를 주기하거나, '설명자막' 또는 'Subtitle'이라는 표출어로 주기한다.

008 35-37 kor
041 0ƀ$akor$aeng$achi
500 ƀƀ$a한국어, 영어, 중국어 설명자막 = 500 ƀƀ$a설명자막: 한국어, 영어, 중국어
500 ƀƀ$aSubtitles in Korean, English = 500 ƀƀ$aSubtitles: Korean, English

090 ƀƀ$a[ ]$b
245 00$a러브$h[비디오녹화자료] =$xLove /$d박철, 이범수, 이장수 감독 ;$e송지나 각본

표제와 책임표시사항: 245필드는 한국어표제를 본표제로 기술하고, 영어표제를 대등표제로 기술하였다(A2R.7.1A1; K4.7.1.0.1). 공저작자는 ① 동일한 역할의 저작자명을 하나의 식별기호로 기술하는 방법과 ② 저작자명을 각각 식별기호로 기술하는 방법으로 생각할 수 있다. 본 예는 전자의 방법으로 세 사람의 감독자명을 식별기호 '$d'로 함께

기술하고, 각본자는 역할을 달리한 저작자로 식별기호 '$e'로 기술하였다.

「역할어를 앞부분에 기술한 예」
.... /$d감독, OOO, OOO ;$e각색, OOO
.... /$dOOO,$eOOO 감독 ;$eOOO 각색

「역할어를 뒷부분에 기술한 예」
.... /$dOOO, OOO 감독 ;$eOOO 각색

「각각의 식별기호로 기술한 예」
.... /$d감독, OOO,$eOOO ;$e각색, OOO

책임표시의 역할어 기술은 한국어 형식은 KORMARC의 기술형식에 따라 저작자 뒷부분에, 영어형식은 M21의 기술형식을 준용하여 저작자 앞부분에 기술하였다.

246 31$aLove$h[비디오녹화자료]
=740 ƀƀ$aLove$h[비디오녹화자료]
260 ƀƀ$a서울 :$b프펙트럼디브이디,$c2000
300 ƀƀ$a비디오디스크 1매 (99분) :$b유성, 천연색 ;$c4¾ in.

형태사항: 300필드에는 식별기호 '$a'로 특정자료종별과 매수를 기술한다.

「광의의 특정자료종별」
300 ƀƀ$a비디오디스크 1매 (99 분) : ...
300 ƀƀ$a1 videodisc (99 min.) : ...

「협의의 특정자료종별」
300 ƀƀ$aDVD 1매 (99 분) : ...
300 ƀƀ$a1 DVD (99 min.) : ....

306 ƀƀ$a014900
500 ƀƀ$a본표제는 표제화면의 표제임
500 ƀƀ$a설명자막: 영어, 한국어, 중국어
500 ƀƀ$aDVD video
500 ƀƀ$a음향특성: Dolby digital stereo

음향특성: 음향의 특성사항은 500필드에 '음향특성'이라는 표출어로 주기하거나 자료에 나타난 그대로 서술주기한다. 그리고 녹음방식에 대한 시스템사항은 538필드에 기술한다.

500 ƀƀ$a음향특성: Dolby digital stereo
500 ƀƀ$aDolby digital stereo

500 ƀƀ$aWide screen 16 : 9

화면의 폭: 재생되는 화면의 폭에 대한 비율이 나타나 있는 것은 '화면의 폭', 'Wide screen' 등의 용어와 함께 500필드에 주기한다.

500 ƀƀ$a화면의 폭 16 : 9
500 ƀƀ$aWide screen 16 : 9

┌ 역할어: 역할어와 제작자명은 ','로 구분 기재
┌ 역할어와 역할어 사이의 구분은 ';'으로 기재

508 ƀƀ$a제작진: 제작, 이우석 ; 기획, 이호성 ; 프로듀서, 제임스 강 ; 라인프로듀서, 프레드 코바, 필립 정 ; 촬영, 함창기 ; 조명, 허명희 ; 동시녹음, 에드 화이트 ; 음악, 켄 송 ; 편집, 김혜진 ; 기록, 줄리 추 ; 미술, 한유정 ; 조감독, 크리스 캐노스키 ; 제작책임, 현경석 ; 제작진행, 윤동근...

제작진주기: 245필드의 책임표시에 기술되지 않은 제작자는 508필드에 역할어와 짝지어 주기한다. 이때 제작자를 역할어 별로 ';'으로 구분하고, 역할의 중요 정도에 따라 선별기술한다(A2R.7.7B6; K4.7.7.3.6).[9]

9) 생략되는 제작자는 'Assistants or associates; Production supervisors or coordinators; Project or executive

511 1ȸ$a정우성 ; 고소영
　└ 배역자명은 중요한 연기자명을 중심으로 기재

521 ȸȸ$a12세 이용가
538 ȸȸ$aDVD format, Dolby surround

시스템사항: 녹화자료는 녹화와 녹음방법 등에 관한 시스템사항이 정보원에 나타나 있을 때 538필드에 기술한다 (A2R.7.7B10; K4.7.7.3.9).

538 ȸȸ$aDVD format, Dolby digital stereo

650 ȸ4$a극영화
700 1ȸ$a박철 ← 감독자 부출표목
700 1ȸ$a이범수 ← 감독자(공동) 부출표목
700 1ȸ$a이장수 ← 감독자(공동) 부출표목
700 1ȸ$a송지나 ← 각본자 부출표목

---

editors; Technical advisers or consultants; Audio or sound engineers; Writers of discussion or program; Other persons or bodies making only a major or purely technical contribution' 등이다.

.....ngmƀƀ22.....ƀaƀ4500
007 vdƀcgaizq
008 ......s2001ƀƀƀƀulk120ƀƀƀƀƀƀƀƀƀƀƀavukor ƀƀ
028 04$aBDV-D093$bBITWIN
040 ƀƀ
041 0ƀ$akor$aeng

언어부호: 041필드는 2개 이상의 다수언어나 번역자료에 한하여 008/35-37자리와 연계시켜 기술한다.

┌ 008/35-37자리는 중요한 언어 하나를
│ <부속서3. **언어구분부호표**> 참조 기술
008 ......s2001ƀƀƀƀulk120ƀƀƀƀƀƀƀƀƀƀƀavukorƀƀ
041 0ƀ$akor$aeng
│ └ 중요한 언어순으로 식별기호 '$a'를 반복<부속서3. **언어구분부호표**> 참조 기술
└ 제1지시기호 '0'은 다수언어의 지시

090 ƀƀ$a[   ]$b
245 00$a아버님전상서, [일명], 나그네 설움$h[비디오녹화자료] /$d문석봉 연출 ;$e박진숙 극본

별표제: 별표제는 245필드에 식별기호 '$a'로 [일명]이나 [or]이라는 구분명으로 식별기호 없이 함께 기술하고, 246필드나 740필드로 부표목한다. 본자료는 정보원에 '부제'로 되어 있으나 내용적으로는 별표제이기 때문에 별표제로 기술하였다.

┌ 별표제의 '일명'을 목록자가 기술할 때는 [ ]로 묶어 기술
│ ┌ GMD는 별표제 다음에 기술
245 00$a아버님전상서, [일명], 나그네 설움$h[비디오녹화자료]
246 30$a나그네 설움$h[비디오녹화자료]
<출력>검색을 위한 부분표제: 나그네 설움 [비디오녹화자료]
└ 제2지시기호 '0'에 의해 '검색을 위한 부분표제'라는 표출어 자동생성
=740 ƀƀ$a나그네 설움$h[비디오녹화자료]

246 3ƀ$i별표제:$a나그네 설움$h[비디오녹화자료]
= 740 ƀƀ$a나그네 설움$h[비디오녹화자료]
260 ƀƀ$a[서울] :$b비트윈,$c2001
300 ƀƀ$a비디오디스크 1매 (120분) :$b유성, 천연색 ;$c12 cm
306 ƀƀ$a020000

440 00$aMBC신파극

총서주기: 440필드는 자료에 나타난 총서명을 기술하고, 한국어 발음으로 필요한 총서명은 740필드로 부표목하였다.

440 00$aMBC신파극
740 ␢␢$a[엠비시]신파극$h[비디오녹화자료]
└ 한국어로도 총서명이 검색될 수 있게할 필요가 있을 때 부출표목

500 ␢␢$a본표제는 용기의 표제임
500 ␢␢$aWide screen 1.33 : 1
500 ␢␢$a19 연도 제작한 영화를 MBC에서 Videodisc로 발행한 것임

원자료주기: 영화자료를 videodisc로 제작한 것은 500필드에 영화자료의 제작사항과 연계된 videodisc자료의 제작내력을 주기한다.

500 ␢␢$a설명자막: 영어
508 ␢␢$a제작진: 연출, 문석봉
511 l␢$a이덕화 ; 오정해 ; 심수봉 ; 김영옥 ; 최종원
521 ␢␢$a전체이용가능
538 ␢␢$aDVD format, Dolby surround
650 ␢4$a극영화
700 1␢$a문석봉 ← 연출자 부출표목
700 1␢$a박진숙 ← 극본자 부출표목
740 ␢␢$a[엠비시]신파극$h[비디오녹화자료]

이 자료는 한글로 기술사항을 기술하면서 제작에 관여한 인명이나 단체명 등의 고유명사는 영어로, 역할어는 한글로 기술하였다.

.....ngmƀƀ22.....ƀaƀ4500
006 aaƀƀƀƀƀo000ƀƀ
006 aƀƀƀƀƀƀo000ƀƀ

> **부호화정보 필드 - 부가적 자료 특성**: 본 자료와 형태가 다른 딸림자료의 부호화정보를 기술한다. 모체자료는 영상자료로 리더/06에 'g'로 레코드유형이 표시되어 있고, 딸림자료는 모체자료와 다른 도서형태이기 때문에 006/00에 'a'(도서: 문자자료)로 딸림자료의 부호화정보를 기술하였다.

007 vdƀcgaizq
008 ......s2000ƀƀƀƀulk103ƀgrƀƀƀƀƀƀƀƀavukorƀƀ
028 41$aSPD-545$b스펙트럼디비이디
040 ƀƀ
041 0ƀ$akor$aeng
090 ƀƀ$a□$b
245 00$a성월동화$h[비디오녹화자료] =$x星月童話 /$dDaniel Lee 감독 ;$eCatherine Hun, Takaichise 제작

> **표제와 책임표시사항**: 245필드에는 한글표제를 본표제로 기술하고, 중국어표제는 대등표제로 식별기호 '$x'로 기술하였다(A2R.7.1). 한자로 된 중국어표제가 한국어표제와 동일한 음으로 목록되는 경우는 대등표제로만 기술하고 부표목하지 않는다. 그러나 중국이나 일본어 자료의 표제를 자체의 언어나 해당 음으로 표목할 때는 이를 246필드나 740필드로 부표목해야한다.

┌ 제1지시기호 '2'는 245필드의 본서명과 동일음으로 주기와 부표목이 불필요 할 때 지시

246 21$a星月童話$h[비디오녹화자료]

246 11$aMoonlight express$h[비디오녹화자료]

└ 제1지시기호 '1'은 245필드에 기재되지 않은 두 번째 대등표제로 주기와 부표목을 지시

대등표제: 두 개 이상의 대등표제는 첫 번째는 245필드에 '$x'로 기재하고 246필드로 부출표목한다. 두 번째 이하의 대등표제는 246필드에 주기와 부출표목 한다. 그리고 500필드에 주기할 때는 대등표제라는 표출어로 기술하고 740필드로 부표목한다(K4.1.1.3.2.2)).

500 ȸȸ$a대등표제: Moonlight express
740 ȸȸ$aMoonlight express$h[비디오녹화자료]

260 ȸȸ$a[S.l.] :$bMei Ah Film Production Co. Ltd,$c2000$e(서울 :$f스펙트럼디브이디)

발행사항: 영화의 발행사항과 배급사항은 260필드에 해당 식별기호를 반복하여 발행지/배급지, 발행자/배급자[배급], 발행년/배급년을 식별이 가능한 범위내에서 간략히 기술하고(A2R.7.4; K31.1.3), 제작사항은 ( )에 묶어 제작지, 제작자, 제작년으로 기술한다.

260 ȸȸ$a발행지 :$b발행자,$c발행년 ;$a배급지 :$b배급자[배급],$c배급년$e(제작지 : $f제작자,$g제작년)

300 ȸȸ$a비디오디스크 1매(103분) :$b유성, 천연색 ;$c4¾ in. +$e해설서

형태사항: 300필드는 '$a'로 '필름 릴'이라는 특정자료종별과 릴의 권수, '$b'로 유/무성, 칼라, '$c'로 필름의 폭, '$e'로 딸림자료를 기술한다(A2R.7.4; K4.7.4). 딸림자료가 별도의 명칭을 가진 것은 500필드에 '딸림자료'라는 표출어로 딸림자료의 표제와 저작자[10]를 주기하고(A2R.7.7B10; K31.1.6.3.11), 7XX필드로 부표목한다. 크기는 필름의 폭을 mm로 기술하고, 2가지 이상의 크기를 함께 표시할 때는 '/'로 구분하여 함께 기술한다. 영상자료의 부호화필드 008/23-25자리는 딸림자료 해설서의 부호인 'r'과 빈칸의 표시 'ȸȸ'으로 표시했다.

008/23-25: rȸȸ
300 ȸȸ$a특정자료종별과 수량 :$b유-무성, 칼라 ;$c크기 +$e해설서(형태사항) + 음반(형태사항)
500 ȸȸ$a딸림자료: 해설서의 서명 ← 딸림자료가 별도의 표제가 있을 때의 주기
500 ȸȸ$a딸림자료: 음반표제
740 ȸȸ$a해설서의 서명 ← 딸림자료명의 부출표목
740 ȸȸ$a음반표제$h[녹음자료]

┌ 필름의 폭을 2가지 종류를 함께
│ 기재할 때 '/'로 구분
300 ȸȸ$a필름 릴 1매(103분) :$b유성, 천연색 ;$c8 mm/16 mm +$e해설서 (28 p. : 삽도 ; 22 cm)
+ 음반 (사운드디스크 1매 : 디지털, 스테레오 ; 12.5 cm)
└ 두 번째 이하의 딸림자료는 구분부호 '+'를 반복하여 자료명과 형태사항(300필드와 동일한 형식)을 기술
006 aaȸȸȸȸȸo000ȸȸ ← 딸림자료 해설설의 부호화정보 기술
006 jmpnȸȸȸȸȸȸȸȸȸ ← 딸림자료 음반의 부호화정보 기술

306 ȸȸ$a014300

500 ȸȸ$a본표제는 표제화면의 표제임

500 ȸȸ$a자막: 한글, 영어

500 ȸȸ$aDVD video

500 ȸȸ$a음향특성: Dolby digital stereo

500 ȸȸ$aLetter Box 4 : 33

---

10) 딸림자료의 저자가 본자료의 저자와 상이할 때 기술한다.

508 bb$a제작진: 미술감독, Horacema ; 기록, Lo Chi-Leung ; 제작책임, Li Kuo-Hsing, Yasutaka Otsuka, Tetsu Kayama
511 1b$aLeslie Cheung ; Takako Tokiwa
521 bb$a12세 이용가
538 bb$aDVD format, Dolby surround 5.1
650 b4$a극영화
700 1b$aLee, Daniel ← 감독자 부출표목
700 1b$aHun, Catherine ← 제작자 부출표목
700 1b$aTakaichise ← 제작자(공동) 부출표목

〈표 2〉 영화필름과 필름스트립의 배열상 무시되는 모두(冒頭)관사[@]

국어명	정관사	부정관사
화란어	De, Het, 't, 's[1)]	* Een, Eene, 'n
영어	The	A, An
프랑스어	Le, La, L', Les	* Un, *Une
독일어	Der[2)], Die,Das	* Ein, *Eine
이태리어	Il, La, Lo, I, Gli, Gl', Le, L'	* Un, * Uno, * Una
노르웨어(Riksmål) 〃 (Nynorsk)	Den, Det, De Den, Det, Dei	* En, * Et * Ein, * Ei, *Eit
스페인어	El, La, Lo, Los, Las	* Un, * Una
스웨덴어	Den, Det, De	* En, * Ett

[@]영화필름과 필름스티립의 배열규칙 37C을 참조
[1)]화란어의 s는 표제의 처음문자일 때 무시한다.
[2)]주격형(主格形)일 때 무시한다.
* 표시의 부정관사는 동일한 형식으로 기수(基數) 1(one)로도 사용되기 때문에 구분상 주의가 요망된다.

.....ngcɓɓ22.....ɓaɓ4500
007 vfɓcbahlq
008 ......s1992ɓɓɓɓhkɓ100ɓgɓɓɓɓɓɓɓɓɓavuchiɓɓ
040 ɓɓ
041 0ɓ$akor$hchi
090 ɓɓ$a☐$b

┌ 제1지시기호 '0'은 표제줄머리잡기로 기술할 때 지시
│ ┌ '$n': 권차를 위한 식별기호. 표제와 권차는 '.'로 구분
│ │ ┌ '$p': 편제를 위한 식별기호. 편차와 편제는 ','으로 구분
│ │ │ 중국어 원표제를 대등표제로 기술 ┐

245 00$a무간도.$nII,$p혼돈의 시대$h[비디오녹화자료] =$x無間道.$nII,$p混沌時代 /$d 감독, 맥조휘,$e유위강 ;$e각본, 맥조휘,$e장문강 ;$e제작, 촬영, 유위강

│ └ 역할이 다른 저작자는 ';'로 구분
└ 동일한 역할의 저작자는 ','로 구분

표제와 책임표시사항 : 대등표제가 2개 이상일 때는 두 번째 이하의 대등표제는 246필드에 제2지시기호 '1'로 '대등표제'라는 표출어 생성을 지시하고, 제1지시기호로 주기와 표제부출 여부를 지시한다. 그리고 500필드에 주기할 때는 '대등표제'라는 표출어로 주기하고 740필드로 부표목한다.
대등표제로 기술된 중국어표제는 한자음으로는 한국어표제와 동일하기 때문에 부출표목하지 않았다.

246 21$a無間道$h[비디오녹화자료] ← 대등표제(중국어): 주기와 표목하지 않음
246 3ɓ$i편제:$a혼돈시대$h[비디오녹화자료] ← 대등편제 부출표목
246 11$aInfernal affairs.$nII$h[비디오녹화자료] ← 대등편제(영어) 주기와 부출표목
= 500 ɓɓ$a대등표제: Infernal affairs. II ← 대등표제(영어) 주기

= 740 ᑲᑲ$aInfernal affairs.$nII$h[비디오녹화자료] ← 대등편제(영어) 부출표목
= 740 ᑲᑲ$a혼돈의 시대$h[비디오녹화자료] ← 편제 부출표목
260 ᑲᑲ$a홍콩 :$bMedia Asia Film Ltd.,$c2003 :$b브에나비스타 인터내셔널 코리아 [배급]
300 ᑲᑲ$a비디오디스크 1매 (100분) :$bsd., col. ;$c12 cm
500 ᑲᑲ$a개봉: 2003년 11월 5일

개봉: 개봉사항은 500필드에 '개봉'이라는 표출어로 개봉 년월일을 기술한다.

500 ᑲᑲ$a개봉: 2003년 11월 5일 ← '개봉'이라는 표출어로 기술
500 ᑲᑲ$a2003년 11월 5일 개봉 ← 표출어를 사용하지 않고 서술형식으로 기술

500 ᑲᑲ$a본표제: 디스크 라벨의 표제
508 ᑲᑲ$a제작진: 음악, 진광영
511 1ᑲ$a진관희, 여문락, 증지위, 황추생, 유가령
521 ᑲᑲ$a15세 이상 관람가
650 ᑲ4$a극영화
700 1ᑲ$a맥조휘 ← 감독자 부출표목
700 1ᑲ$a유위강
700 1ᑲ$a장문강 ← 각본자 부출표목
856 40$uhttp://www.mugando.com
= 500 ᑲᑲ$a홈페이지: www.mugando.com

홈페이지: 정보원에 나타난 Home page주소는 856필드로 기술한다. 그러나 KORMARC(통합서지용) 이전에는 500필드에 '홈페이지', 'Home page'라는 표출어로 주기하였다.

500 ᑲᑲ$a홈페이지: www.mugando.com

500 ᑲᑲ$aHome page: www.mugando.com

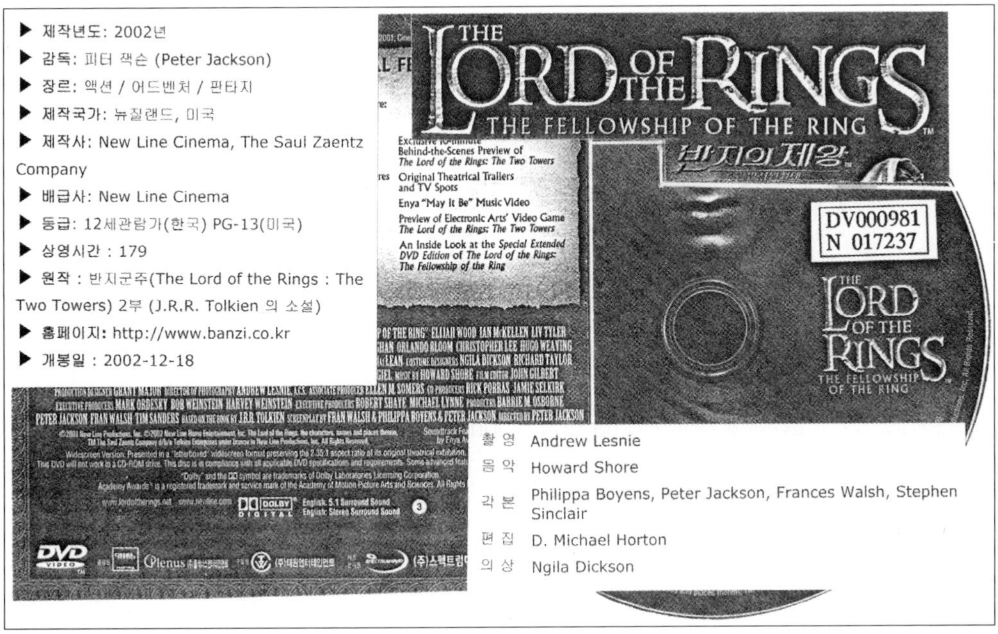

.....ngmɓɓ22.....ɓaɓ4500
007 vdɓcgaizq
008 ......s2000ɓɓɓɓusɓ181ɓɓɓɓɓɓɓɓɓɓɓavuengɓɓ
010
028 01$a
040 ɓɓ
041 0ɓ$akor$heng
090 ɓɓ$a[   ]$b
245 00$a반지의 제왕.$p두개의 탑$h[비디오녹화자료] =$xThe Lord of the rings.$pThe Two towers /$dPeter Jackson 감독 ;$ePhilippa Boyens,$ePeter Jackson, $eFrances Walsh,$eStephen Sinclair 각본 ;$eAndrew Lesnie 촬영
246 3ɓ$i편제:$a두개의 탑$h[비디오녹화자료] ← 편제 부출표목
246 31$aLord of the rings$h[비디오녹화자료] ← 대등표제 부출표목
246 3ɓ$i편제:$aTwo towers$h[비디오녹화자료] ← 대등편제 부출표목

표제와 책임표시사항: 245필드는 한국어표제를 편제와 짝지어 본표제로 기술하고, 영어표제는 영어편제와 짝지어 대등표제로 기술하였다. '$d'와 '$e'로 기술되는 책임표시는 감독, 각본, 촬영자를 기술하였는데 각본자는 4인으로 처음 인명만 기술해야 하나 본 예에서는 모두 기재하였다(K4.1.1.6.2.7).

「4인 이상의 저작자를 처음 저자명만 기재한 예」

┌ 편차가 없이 편제만 있을 때는 표제와 편제를 '.'로 구분
245 00$a반지의 제왕.$p두개의 탑$h[비디오녹화자료] =$xThe Lord of the rings.$pThe Two towers /$dPeter Jackson 감독 ;$ePhilippa Boyens,...[등 각본] ;$eAndrew Lesnie 촬영

동일 역할의 저작자가 4인 이상일 때는 처음 인명에 '...등', '...and others'로 기재하고 두 번째 이하의 저작자명부터는 생략한다.

「4인 이상의 저작자를 모두 기재한 예」

245 00$a반지의 제왕.$p두개의 탑$h[비디오녹화자료] =$xThe Lord of the rings.$pThe Two towers /$dPeter Jackson 감독 ;$ePhilippa Boyens,$ePeter Jackson, $eFrances Walsh,$eStephen Sinclair 각본 ;$eAndrew Lesnie 촬영
246 3ɓ$i편제:$a두개의 탑$h[비디오녹화자료]
246 31$aLord of the rings$h[비디오녹화자료]
246 3ɓ$i편제:$aTwo towers$h[비디오녹화자료]
= 740 ɓɓ$a두개의 탑$h[비디오녹화자료] ← 편제 부출표목
┌ 대등표제의 부출표목에는 편제를 '$p'로 함께 기술
= 740 ɓɓ$aLord of the rings.$pThe two towersf$h[비디오녹화자료]
= 740 ɓɓ$aTwo towers$h[비디오녹화자료]
└ 검색이 가능할 수 있도록 대등편제를 부출표목

260 ɓɓ$a[S.l.] :$bNew Line Home Entertainment, Inc.,$c2003 :$b플레너스엔터데인먼트 [공급]$f(스펙트럼디브이디 [제작, 판매원])

발행사항: 260필드는 미국과 뉴질랜드의 2개 회사에서 제작하였기 때문에 식별기호 '$b'를 반복하여 나란히 기술하였다.

300 ɓɓ$a비디오디스크 2매(179분) :$b유성, 천연색 ;$c12 cm
306 ɓɓ$a025900
500 ɓɓ$a본표제는 표제화면의 표제임

┌ '원작', 'Based on'이라는 표출어로 본표제와 상이한 원작명과 저작자명을 기술
500 ɓɓ$a원작: J. R. R. Tolkien의 소설
└ 원작명은 본표제와 동일하기 때문에 원작의 저작자명만을 기술
=500 ɓɓ$a원작: The Lord of the rings / J. R. R. Tolkien

원작주기: 원작은 500필드에 '$a'로 '원작'이라는 표출어로 원저작자명을 기술하고 부표목하였다. 본표제와 원작명이 동일하기 때문에 원작자명만 기술하기도 하고 원작명과 함께 기술하기도 한다.

500 ɓɓ$a자막: 한국어
500 ɓɓ$aWidescreen 2.35 : 1

┌ 원판발행에 대한 표출어
│ ┌ 원판의 발행사 ┌ 원판의 공동발행사
500 ɓɓ$a영화: New Line Productions, Inc. : The Saul Zaentz Company, 2002 : New Line Cinema [배급] (Wingnut Films, production)
│ └ 원판의 배급(보급)처 └ 원판의 제작사
└ 원판 발행년

원판의 발행사항: 원판의 발행사항은 500필드에 260필드 기술형식으로 주기한다.

500 ɓɓ$aDVD video
500 ɓɓ$a2002년 12월 18일 개봉
500 ɓɓ$aDolby digital EX 5.1 surround sound, stereo surround sound
500 ɓɓ$aRegion 3
505 0ɓ$aDisc 1. Feature -- Disc 2. Special features
508 ɓɓ$a제작진: 각본, Philippa Boyens, Peter Jackson, Frances Walsh, Stephen Sinclair ; 음악, Howard Shore ; 편집, D. Michael Horton ; 의상, Ngila Dickson

┌ 제1지시기호 '1'은 '배역'이라는 표출어 자동생성을 지시
| ┌ 연기자명 ┌ 배역명을 ( )로 부기

511 1ƀ$aElijah Wood (Frodo Baggins), Ian McKellen (Gandalf the White), Viggo Mortensen (Aragorn/Strider/The Heir of Gondor), Sean Astin (Samwise 'Sam' Gamgee), Billy Boyd (Peregrin 'Pippin' Took), Dominic Monaghan (Meriadoc 'Merry' Brandybuck), Orlando Bloom (Legolas Greenleaf), John Rhys-Davies, Liv Tyler, Cate Blanchett, Christopher Lee, ...

521 ƀƀ$a12세 관람가(한국) PG-13(미국)

이용대상자주기: 521필드에는 정보원에 나타난 이용대상자를 그대로 기술한다.

538 ƀƀ$aDVD video format, Dolby digital surround

650 ƀ4$a극영화

700 1ƀ$aJackson, Peter ← 감독자 부출표목

700 1ƀ$aLesnie, Andrew ← 촬영자 부출표목

700 1ƀ$aBoyens, Philippa ← 각본자 부출표목

700 1ƀ$aTolkien, J. R. R. ← 원작자 부출표목

856 40$uhttp://www.banzi.co.kr

=500 ƀƀ$a홈페이지: http://www.banzi.co.kr

4) Laser disc(LD)자료

.....ngmƀƀ22.....ƀaƀ4500
007 vdƀcgaizq
008 ......nƀƀƀƀƀƀƀƀulk112ƀgƀƀƀƀƀƀƀƀƀavukorƀƀ
028 41$aSKLD-1015$bSKC
040 ƀƀ
090 ƀƀ$a☐$b
245 00$a서편제(西便制)$h[비디오녹화자료] /$d임권택 감독 ;$e이태원 제작, 기획 ;$e김명곤 각색 ;$e정일성 촬영

표제와 책임표시사항: 극영화는 245필드에 영화제목를 줄머리잡기로 기술하고, 감독자, 제작자, 각색자 등 제작에 참여한 중요한 제작진을 책임표시로 기술하였다(A2R.7.1F; K4.7.1.6). 책임표시에 기술되지 않은 제작진은 508필드에 주기하였다(A2R.7.7B6; K4.7.7.3.6).

260 ƀƀ$a서울 :$b태흥영화 :$bSKC[판매, 제작]

발행사항: 260필드에 식별기호 '$b'로 기술되는 발행처나 배포처가 역할관계를 필요로 하기 때문에 자료에 나타난 역할어를 [ ]에 묶어 부기하였다.

300 ƀƀ$a비디오디스크 1매 (2면, 112분) :$b유성, 천연색 ;$c30 cm
306 ƀƀ$a015200
500 ƀƀ$a본표제는 표제화면의 표제임
500 ƀƀ$aLaser disc
500 ƀƀ$aColor/NTSC

500 ƀƀ$a원작: 이청준

원작주기: 원작명과 원작자는 500필드에 '원작'이라는 표출어와 함께 주기한다. 본표제와 동일한 부분은 주기를 생략한다(A2R.7.7B7).

500 ƀƀ$a원작: 원작표제 / 원작자 700 12$a원작자$t원작표제	500 ƀƀ$a원작: 원작자 700 1ƀ$a원작자

본표제와 상이한 원작표제는 원저작자와 짝지어 주기하고 분출표목한다. 그러나 본표제와 동일한 원작표제는 원저작자만 주기하고 부출표목한다.

508 ƀƀ$a제작진: 조명, 차정남 ; 음악, 김수철 ; 편집, 박순덕 ; 미술, 김유준 ; 동시녹음, 김범수 ; 소품, 김호길 ; 분장, 홍동은 ; 미용, 투영미용실 ; 의상, 이해윤 ; 사진, 구본창, 양현모 ; 스틸, 양기주

511 1ƀ$a김명곤 ; 오정해 ; 김규철 ; 안변경 ; 최동준 ; 최종원 ; 신새길 ; 강선숙

538 ƀƀ$aCLV, digital audio

586 ƀƀ$a대종상영화제 최우수작품상, 감독상, 촬영상, 녹음상, 신인여우상, 신인남우상, 제31회 ; 영평상 최우수작품상, 감독상, 촬영상, 남연기상, 신인연기상, 음악상, 제13회 ; 청룡영화제 최다관객상, 대상, 작품상, 촬영상, 신인여우상, 남우주연상, 남우조연상, 제14회 ; 상해국제영화제 최우수감독상, 여우주연상, 제1회 ; 춘사영화제 최우수작품상, 감독상, 여우주연상, 남자새얼굴연기상, 미술상, 제4회 ; 백상예술대상 작품상, 제30회

수상: 586필드는 '수상'이나 'Awards'라는 표출어로 수상명과 회차 또는 연도를 주기한다. 이때 자동생성되는 '수상'이란 표출어 이외는 해당 표출어를 기술한다(K4.1.7.3.24). 2개 이상의 수상명 간에는 ';'으로 구분하여 함께 기술하거나 586필드를 반복하여 기술한다.

586 ƀƀ$a수상명, 수여년도나 회차 ; 수상명, 수여년도나 회차
<출력>수상: 수상명, 수여년도나 회차 ; 수상명, 수여년도나 회차

586 8ƀ$aAwards: 수상명, 수여년도나 회차
<출력>Awards: 수상명, 수여년도나 회차

650 ƀ4$a극영화

주제명표목: 주제명표목표를 사용하지 않는 주제명은 6XX필드에 제2지시기호 '4'로 지시한다.

700 1ƀ$a이태원 ← 제작자 부출표목
700 1ƀ$a이청준 ← 원작자 부출표목
700 1ƀ$a김명곤 ← 각색자 부출표목
700 1ƀ$a임택권 ← 감독자 부출표목
700 1ƀ$a정일성 ← 촬영자 부출표목

〈번역언어(카세트자료)〉

.....ngmƀƀ22.....ƀaƀ4500
007 vfƀcbafoq
008 ......c19881983ulk176ƀeƀƀƀƀƀƀƀƀƀƀavukorƀƀ
028 41$aML100003$bMGM
040 ƀƀ
041 0ƀ$akor$heng
090 ƀƀ$a□$b
245 00$a닥터 지바고$h[비디오녹화자료] =$xDoctor Zhivago /$d감독, David Lean ;$e각본, Robert Bolt

표제와 책임표시사항: 245필드에는 한글표제를 줄머리잡기로 기술하고, '$x'로 영어표제, '$d'와 '$e'로 감독과 각본자를 기술하였다. 이 때 '$d'와 '$e'로 기술되는 저작자는 정보원의 원명으로 기술하고, 역할어는 한국어로 기술하였다.

246 31$aDoctor Zhivago$h[비디오녹화자료]
=740 ƀƀ$aDoctor Zhivago$h[비디오녹화자료]

┌ 비디오디스크의 발행사항 ┌ 한국 배포사항
260 ƀƀaaNew York :$bMGM/UA Entertainment Co.,$c1983 ;$a서울 :$bDaewoo Electronics Co.[배급],$c1988$f(Pioneer Video. Inc. : 세신영상)
└ 두번째 이하 제작자

발행사항: 260필드는 원 비디오자료의 발행사항을 기술하고 한국의 발행사항은 공급자와 제작자로 기술하였다.

2개 이상의 제작자를 함께 표시할 때는 제작자를 위한 식별기호가 반복되지 않기 때문에 ';'으로 구분하여 기재한다.

300 ƀƀ$a비디오카세트 2매 (176분) :$b유성, 천연색, 스테레오 ;$c½ in.
306 ƀƀ$a025600
500 ƀƀ$a1965년 Metro-Goldwyn-Mayer Inc.의 제작 영화를 1983년 MGM/UA Entertainment Co.에서 video로 제작
500 ƀƀ$aHome video
500 ƀƀ$a본표제는 표제화면의 표제임
500 ƀƀ$a원작자: Boris Pasternak

원작주기: 원작사항은 500필드에 '원작', 'Based on'이라는 표출어로 원작표제와 원작자를 주기한다(A2R.7.7B7). 본 예는 원작표제와 245필드에 식별기호 '$x'로 기재된 대등표제가 동일하기 때문에 원작자만 기술하였다.

500 ƀƀ$aLaser disc
508 ƀƀ$a제작진: 음악, Maurice Jarre
511 1ƀ$aGeraldine Chaplin ; Julie Christie ; Tom Courtenay ; Omar Sharif
521 ƀƀ$a중학생이상 관람가
530 ƀƀ$a단행본자료와 videocassette로도 간행
538 ƀƀ$aVHS
586 ƀƀ$a아카데미 6개부문 수상
650 ƀ0$a극영화
700 1ƀ$aPasternak, Boris ← 원작자 부출표목
700 1ƀ$aLean, David ← 감독자 부출표목
700 1ƀ$aBolt, Robert ← 각본자 부출표목
776 0ƀ$aPasternak, Boris.$t닥터 지바고,$c박형규 옮김. $z89329005310 3890
776 0ƀ$aPasternak, Boris.$t닥터 지바고[LD].$dNew York : MGM/UA Entertainment Co., 1983

이용가능한 다른 형태자료: 530필드는 해당 자료가 다른 물리적 형태의 자료로 간행되고 있을 때 알기 쉽게 설명형으로 나타내고(A2R.7.7B16; K4.7.7.3.14), 다른 형태의 자료가 목록되어 있을 때는 776필드에 표제와 제어번호를 기술한다. 이 자료는 이용가능한 책자자료와 LD에 관한 사항으로 기술하였다.

530 ƀƀ$a단행본자료와 videocassette로도 간행
┌ 단행본자료의 저작자 ┌ 단행본자료의 번역자
776 0ƀ$aPasternak, Boris.$t닥터 지바고,$c박형규 옮김.$z893290053103890
└ 단행본자료의 서명 └ 단행본자료의 ISBN
┌ LD자료의 저작자 ┌ GMD
776 0ƀ$aPasternak, Boris.$t닥터 지바고 [LD].$dNew York : MGM/UA Entertainment Co., 1983
└ LD자료의 서명 └ LD자료의 발행사항

〈원어(LD)〉

007 vdbcgaizq
008 ......c19831965usb176bbbbbbbbbbbbavuengbb
010
020 bb$a0792804953
028 01$aML100003$bMGM
040 bb
090 bb$a□$b
245 00$aDoctor Zhivago$h[videorecording] /$ddirector, David Lean ;$escreen player, Robert Bolt
260 bb$aNew York :$bMGM/UA Entertainment Co.,$c1983$e(Seoul :$fPioneer Video, Inc. : 세신영상)

발행사항: 260필드는 비디오디스크의 발행사항을 기술하고, 제작사항은 해당 식별기호로 ( )에 묶어 기술하였다. 그리고 판의 제작에 관한 상세한 사항은 500필드로 설명주기하였다.

300 bb$a1 videodisc (176 min.) :$bsd., col., stereo ;$c30 cm
306 bb$a025600
500 bb$aLaser disc
500 bb$aBased on: Boris Pasternak's 'Doctor Zhivago'

원작주기: 500필드에 'Based on'이라는 표출어로 원작의 표제와 원작자를 정보원에 나타난 대로 설명주기하였다.

500 bb$aBased on: Boris Pasternak's 'Doctor Zhivago' ← 정보원사항을 그대로 기술
500 bb$aBased on: "Doctor Zhivago" / by Boris Pasternak ← 245필드 형식을 준용 기술

500 bb$a"This MGM/AU Home Video program is presented in its original motion picture version. 1965 Metro-Goldwyn-Mayer Inc. Package 1983 MGM/UA Entertainment Co."
508 bb$aCredits: Music, Maurice Jarre
511 8b$aCast: Omar Sharif (Yuri), Julie Christie (Lara), Geraldine Chaplin (Tonya), Rod Steiger (Komarovksy), Alec Guinness (Yevgraf), Tom Courtenay (Pasha), Ralph Richardson (Alexander), Rita Tushingham (The Girl), Jeffrey Rockland (Sasha), Tarek Sharif (Yuri at 8 years old), Bernard Kay (The Bolshevik), Klaus Kinski (Kostoyed), Siobhan McKenna (Anna)

연주자주기: 511필드는 중요 연기자명을 중심으로 간단히 기술한다. 그러나 영상자료의 전용기관에서는 전체의 연기자명을 배역과 짝지어 상세히 기술하여 완전한 정보를 제공할 수 있도록 해야 한다(A2R.7.7B6; K4.7.7.3.6).

530 bb$aIssued also as video cassette
538 bb$aLaser optical CAV

┌ 수상명 ┌ 수상명과 부분별 수상명 간에는 ':'으로 구분
586 bb$aAwards: Six Academy Awards: best color cinematography, best color art direction, best set decoration, best movie score, best screen play, and best costume design
└ 부분별 수상명 간은 ','로 구분
부분별 마지막 수상명은 'and'로 구분 ┘

수상: 586필드에는 'Awards'라는 표출어로 수상명과 부분별 수상명, 회차 등을 기재한다.

650 ƀ4$a극영화

주제명표목: 6XX필드로 기술되는 주제명은 언어를 통일해야 하기 때문에 본 예는 650필드를 한국어 주제명으로 통일하였다.

700 1ƀ$aLean, David

700 1ƀ$aBolt, Robert

┌ 원판발행에 대한 표출어
│ ┌ 다른 형태자료의 저작자 ┌ 표제 ┌ 특정자료표시

776 0ƀ$aPasternak, Boris.$t닥터 지바고[카세트].$d서울 : Daewoo Electronics Co., 1988

발행사항은 260필드의 형식으로 기재 ┘

이용가능한 다른 형태자료: 이용가능한 다른 형태자료로 카세트자료가 있기 때문에 530필드는 설명주기하고, 776필드에 식별기호 '$a'로 기본표목인 저자명, '$t'로 단행본과 카세트에 대한 서명, '$b'로 판차, '$d'로 발행사항, '$z'로 ISBN을 기술하였다.

530 ƀƀ$aIssued also as video cassette
776 0ƀ$aPasternak, Boris.$t닥터 지바고 [카세트].$d서울 : Daewoo Electronics Co., 1988
┌ 표출어는 제2지시기호 'ƀ'에 의해 출력시 자동생성
<출력>이용가능한 다른 형태자료: Pasternak, Boris. 닥터 지바고 [카세트]. 서울 : Daewoo Electronics Co., 1988

3. 애니메이션(만화영화)자료

.....ngmƀƀ22.....ƀaƀ4500
007 vdƀcgaizq
008 ......nƀƀƀƀƀƀƀƀulk055ƀƀƀƀƀƀƀƀƀƀƀavukorƀƀ
040 ƀƀ
041 0ƀ$akor$heng
090 ƀƀ$a□$b
245 00$a공룡왕국의 멋진 친구들$h[비디오녹화자료] =$xDinosaurs and other creature features :$b진짜 진짜 동물나라 /$dCynthia Van Cleef 감독 ;$eJulian P. Hobbs 제작

표제와 책임표시사항: 245필드는 식별기호 '$a'로 한글표제, '$x'로 영어표제, '$b'로 표제관련정보, '$d'로 저작자, '$e'로 두번째 이하의 저작자나 역할을 달리한 저작자를 기술하였다(A2R.7.1; K31.1.1). 본표제 이외의 표제는 246필드나 740필드, 책임표시의 저작자는 700필드를 반복하여 부표목하였다.

245 10$a본표제 =$x대등표제 :$b표제관련정보 /$d저작자,$e두번째 이하의 저작자 ;$e역할을 달리한 저작자
246 31$a대등표제 <출력>대등표제: 대등표제
246 30$a표제관련정보 <출력>검색을 위한 부분표제: 표제관련정보
= 740 ƀƀ$a대등표제
= 740 ƀƀ$a표제관련정보
700 1ƀ$a저작자
700 1ƀ$a두번째 이하의 저작자
700 1ƀ$a역할을 달리한 저작자

246 31$aDinosaurs and other creature features$h[비디오녹화자료] ← 대등표제 부출표목

= 740 bb$aDinosaurs and other creature features$h[비디오녹화자료]

260 bb$a[S.l.] :$bNational Geographic Television ;$a서울 :$b미디아트 [공급]$e(서울 :$f엠.에이.티)

발행사항: 260필드는 발행사항, 배포나 공급사항, 제작사항을 해당 식별기호로 기술한다. 이때 배포처에는 [ ]에 '배포나 배급'이라는 용어를 부기하고, 제작사항은 ( )에 묶어 기술한다(A2R.7.4; K4.1.4.0). 배급사항이 발행사항과 중복되거나, 제작사항이 발행사항이나 배급사항과 중복될 때는 중복되는 부분을 생략한다.

300 bb$a비디오디스크 1매(55분) :$b유성, 천연색 ;$c4¾ in.

306 bb$a005500

440 00$aNational geographic kids VCD

총서주기: 다음은 총서표제의 자동 부출 여부에 따른 440필드나 490필드[11]의 주기형식이다.

「**자동 부출표목되는 총서명**」

440 00$a총서명 ;$v총서번호
<출력(주기)>--(총서명 ; 총서번호)
<출력(표목)>총서명 ; 총서번호

「**주기로만 기술되는 총서명**」

490 00$a총서명 ;$v총서번호
<출력(주기)>--(총서명 ; 총서번호)
*제1지시기호를 '0'으로 지시

「**다르게 부출표목되는 총서명**」

490 10$a총서명 ;$v총서번호 ← 제1지시기호를 '1'로 지시
<출력(주기)>--(총서명 ; 총서번호)
830 b0$a다르게 표목되는 총서명 ;$v총서번호
<출력(표목)>다르게 표목되는 총서명 ; 총서번호

500 bb$a본표제는 표제화면의 표제임

500 bb$aDVD video

500 bb$aCCFE: Closed caption for education

500 bb$a한글, 영어 동시녹음

508 bb$a제작진: 책임제작, Andrew Carl Wilk ; 제작관리, Joan F. Wood ; 기록, Cynthia Van Cleef ; 노래, Janis Liebhart, Alan O'day ; 편집, Esan McaAll, Sean McAll ; 배경음악, Darry Kubian ; 촬영후 편집시설, AVA Interact, Inc. ; 교육고문, Doroth & Jerome Singer, Yale University

538 bb$aVCD

650 b4$a아동영화

700 1b$aCleef, Cynthia Van ← 감독자 부출표목

700 1b$aHobbs, Julian P. ← 제작자 부출표목

710 bb$aNational Georgraphic Television ← 발행단체명 부출표목

11) 490필드는 주기로만 기술되게 할 때는 제1지시기호 '0'으로 지시하고, 다르게 부출되는 총서명은 제1지시기호 '1'을 지시하고 830필드로 다르게 표목되는 총서명을 부표목한다.

4. 다큐멘터리자료

1) 필름 릴자료

청 구 No	필프 174/1978
제 명	베링에서 마젤란 까지. 미국 편 (37)
방 송 년 월 일	1978
Film 구 분	Color. (B/W.) (Nega) Posi.

비 고

1. 유엔 본부
2. 한국 야채 가게. 인터뷰
3. 하수구, 굴뚝
4. 거리 인파, 지하철의 승객들
5. 할렘가의 건물, 서성거리는 흑인들
6. 뒷골목의 쓰레기, 달리는 차량
7. 증권거래소
8. 자유의 여신상, 허드슨 강
9. 공중의 선전물들

최동명 mbc-TV

.....ngmb̸b̸22.....b̸ab̸4500
007 mrb̸bub̸bdngbouunau------
008 ......s1984b̸b̸b̸b̸ulk---b̸gb̸b̸b̸b̸b̸b̸b̸b̸b̸b̸amukorb̸b̸
033 1b̸$a1978----$bn-us

촬영일시와 장소: 033필드는 식별기호 '$a'로 촬영일시, '$b'로 촬영장소 등을 숫자부호로 기술하고, 518필드는 식별기호 '$a'로 '촬영/녹음 일시와 장소'를 설명주기한다.

┌─ 008/06자리는 발행년유형부호 's'로 단일연도 표시
│┌─ 008/07-10자리는 발행년1로 해당 발행년도 '1978' 표시
││ ┌─ 008/11-14자리는 발행년2로 해당 사항이 없으므로 'b̸b̸b̸b̸'로 표시
008 ......s1978b̸b̸b̸b̸....
┌─ 1978년(촬영일시). 확인되지 않은 촬영일시인 월,일부분은 '-'로 표시
│ ┌─ 촬영장소의 국명: 외국은 부속서6 **외국지역구분부호표** 참조
033 1b̸$a1978----$bn-us
518 b̸b̸$a1978년 뉴욕에서 촬영

┌─ 1982년 12월 5일 (촬영일시)
│ ┌─ 43150: 충북 제천지역번호(부속서5 **한국지역구분부호표** 참조)
033 0b̸$a19821205:$b43150
518 b̸b̸$a1982년12월5일 제천에서 촬영

040 ȢȢ

090 ȢȢ$a[   ]$b

245 00$a베링에서 마제란까지.$p미국편$h[영화]

표제와 책임표시사항: 245필드는 식별기호 '$a'로 영화제목, '$n'으로 편차, '$p'로 편제, '$h'로 GMD를 기술한다.

245 00$a본표제.$p편제$h[GMD] ← 편제가 있는 표제

245 00$a본표제.$n편차,$p편제$h(GMD] ← 편차와 편제가 있는 표제

245 00$a본표제.$n편차 또는 권차$h[GMD] ← 편차나 권차가 있는 표제

246 30$a편제.$n편차 ← 편제의 부출표목은 '$n'으로 권차를 함께 기술

246 30$a미국편

257 ȢȢ$a한국

기록필름의 제작국명 : 257필드는 기록필름 즉 다큐멘터리나 개인공연 등과 같이 발매되지 않은 동화상자료의 제작자(개인, 단체명)의 사무실이 위치한 관용국명을 기술한다.

257 ȢȢ$a관용국명

257 ȢȢ$a[S.l.]   257 ȢȢ$a[제작국불명]

257 ȢȢ$a관용국명 ; 관용국명

└ 2개 이상의 제작국명은 ';'으로 구분 기재

260 ȢȢ$a서울 :$bMBC,$c1978

300 ȢȢ$a필름 릴 1권 (850 feet) :$b네가, 무성, 흑백 ;$c16 mm

형태사항: 300필드는 특정자료종별과 수량, 필름의 길이, 기타형태사항[12]인 음화와 양화, 유성과 무성, 흑백과 천연색, 그리고 크기로 필름의 폭과 용기의 크기를 해당 식별기호로 기술한다(A2R.7.5; K4.7.5).

300 ȢȢ$a필름 릴 0권 (필름의 길이) :$b네가/포지, 유성/무성, 흑백/천연색 ;$c필름의 폭, 용기의 크기 +$e 딸림자료 (형태사항)

500 ȢȢ$a본표제는 용기의 표제

505 0Ȣ$a1. 유엔본부 -- 2. 한국인 야채가게 : 인터뷰 -- 3. 하수구. 굴뚝 -- 4. 거리인파. 지하철의 승객들 -- 5. 할렘가의 건물. 서성거리는 흑인들 -- 6. 뒷골목 쓰레기. 달리는 차량 -- 7. 증권거래소 -- 8. 자유의 여신상. 허드슨 강 -- 9. 공중의 선전물들

508 ȢȢ$a제작진: 촬영, 최동명

518 ȢȢ$a1978년 뉴욕에서 촬영

650 04$a기록영화

651 Ȣ4$a미국$x뉴욕   <출력>미국--뉴욕

700 1Ȣ$a최동명 ← 촬영자 부출표목

740 Ȣ2$a유엔본부$h[영화] ← 내용주기된 내용표제 분출표목

740 Ȣ2$a증권거래소$h[영화]

740 Ȣ2$a자유의 여신상$h[영화]

740 Ȣ2$a 허드슨 강$h[영화]

505필드로 주기된 내용의 일부를 선별 표목할 때는 740필드를 반복하여 필요한 표목을 골라 분출표목한다.

---

12) 기타형태사항은 대부분의 자료에 공통적인 포지, 유성, 천연색은 기술을 생략하기도 한다. 그러나 음화(네가), 무성, 흑백 또는 부분흑백 등일 경우는 빠짐없이 기술해야 한다.

.....ngmɓɓ22.....ɓaɓ4500

007 mrɓbuɓbbngbouuuau------

008 ......s197ɓɓɓɓɓusɓ101ɓgɓɓɓɓɓɓɓɓɓamuendɓɓ

┌─ 촬영일시는 1969년 7월과 일자는 불명이기 때문에 '--'로 표시

033 0ɓ$a196907--$bn-us

└ 촬영장소인 국명부호(부속서6 **외국지역구분부호표** 참조)
'n'은 North America, 'us'는 United States

040 ɓɓ

090 ɓɓ$a▭$b

245 00$aApollo 11$h[motion picture] :$bman on the Moon :$bofficial NASA footage

257 ɓɓ$aUSA

기록필름의 제작국명: 본자료는 기록영화이기 때문에 촬영한 회사의 사무실이 있는 관용국명인 'USA'를 기술하였다.

260 ɓɓ$aBurbank, Calif. :$bColumbia Pictures,$c197

260 ɓɓ$aBurbank, Calif. :$bColumbia Pictures,$c197 .
└ 식별되지 않은 발행지명은 상위지명을 ','로 부기(A2R.1.4C3)

┌─ 식별되지 않은 발행지명은 상위지명을 ( )로 부기(K31.1.3.14)
┌─ 확인되지 않은 발행자는 [발행자미상]이나 [발행자불명]으로 기술(A2R.1.4D7; K31.1.3.2.7)

260 ɓɓ$a안양 (경기도) :$b[발행자미상],$c19 .
└ 연도는 확인된 부분만 기술, 미확인 부분은 빈칸(A2R.1.4F8; K31.1.3.3.7)

300 ɓɓ$a1 film reel (ca. 10 min.) :$bsi., b&w ;$csuper 8 mm
└ 'circa'(L-about)의 약자로 연대, 날짜 등 숫자 앞에 '약', '略', 'c', 'ca', 'cir'등으로 사용

306 ɓɓ$a001000

500 ɓɓ$aTitle from title screen

500 ɓɓ$aNASA: National Aeronautics and Space Administration

기입체에 기재된 약자가 완전명으로 표시할 필요가 있을 때는 500필드로 일반주기한다.

518 ɓɓ$aFilmed during the first Moon landing, July 1969

520 8ɓ$aSummary: Motion pictures taken by Neil Armstrong and Michael Collins during the first Moon landing, July 1969

내용요약: 520필드는 요약, 초록, 해제 등을 제1지시기호로 구분하여 주기한다(A2R.7.7B17; K31.1.73.15). 정형화된 한국어 표출어는 제1지시기호에 의해 자동생성되지만 그 외의 언어는 제1지시기호 '8'을 지시하고 해당 표출어를 함께 기술해야 한다.

520 ɓɓ$a요약사항 <출력>**요약: 요약사항**	520 3ɓ$b초록사항 <출력>**초록: 초록사항**
520 8ɓ$aSummary: 요약사항 <출력>**Summary: 요약사항**	520 4ɓ$c해제사항 <출력>**해제: 해제사항**

600 14$aArmstrong, Neil ← 내용의 대상인물 주제명표목

= 700 1ɓ$aArmstrong, Neil ← 내용의 대상인물 부출표목

600 14$aCollins, Michael ← 내용의 대상인물 주제명표목

= 700 1ƀ$aCollins, Michael ← 내용의 대상인물 부출표목

자료에 포함된 대상인명은 600필드로 주제부출하거나 700필드로 부출표목한다.

650 04$a기록영화

┌─ 외국의 기관명만으로 식별되지 않을 때는 관용국명을 상위표목으로 기재
│ ┌─ 저작기관명은 하위표목으로 기재
710 ƀƀ$aUnited States.$bNational Aeronautics and Space Administration ← 단체명의 부출표목

2) 비디오카세트자료

.....ngmƀƀ22.....ƀaƀ4500
007 vfƀcbahrq
008 ......s1995ƀƀƀƀulk150ƀgƀƀƀƀƀƀƀƀƀƀavukorƀƀ
028 01$a
040 ƀƀ
090 ƀƀ$a▭$b
245 00$a테크노파워$h[비디오녹화자료] /$dKBS영상사업단

표제와 책임표시사항: 245필드에는 종합표제를 본표제로 기술하고, 내용표제는 505필드에 내용주기하였다. GMD: 비디오녹화자료는 245필드에 식별기호 '$h'로 GMD를 '비디오녹화자료', 'videorecording'이라고 기술하고(A2R.1.1C1), 300필드는 식별기호 '$a'에 특정자료종별로 '비디오카세트'라고 기술하였다(A2R.7.5B1).

257 ƀƀ$a한국
260 ƀƀ$a서울 :$bKBS영상사업단,$c1995
300 ƀƀ$a비디오카세트 5매 (각 30분) :$b유성, 천연색 ;$c¾ in.

형태사항: 300필드는 식별기호 '$c'로 '테이프의 폭'을 'cm'나 'inch'로 기술한다(A2R.7.5D). 필요에 따라서는 용기의 크기를 카세트의 '세로×가로×높이'의 형식으로 함께 기술하기도 한다.

300 ƀƀ$a특정자료종별과 수량 :$b기타형태사항 ;$c카세트의 가로×세로×높이 cm, 테이프의 폭
300 ƀƀ$a특정자료종별과 수량 :$b기타형태사항 ← 통일된 규격의 크기를 생략한 예
300 ƀƀ$a특정자료종별과 수량 :$b기타형태사항 ;$c테이프의 폭 ← 용기크기를 생략한 예

306 ƀƀ$a033000

500 ᵬᵬ$a본표제는 표제화면의 표제임
500 ᵬᵬ$a용기의 표제: 최첨단 건설의 세계 테크노파워
500 ᵬᵬ$aKBS: Korean Broadcasting System

약어: 약어에 대한 완전명이 간단할 때는 약자에 'i.e.'나 '실은'으로 [ ]에 묶어 부기하나, 길 때는 500필드로 일반주기한다.

「'i.e.'로 부기」

245 ... /$dKBS[i.e.: Korean Broadcasting System]영상사업단
710 ᵬᵬ$aKBS[i.e.: Korean Broadcasting System]영상사업단

「일반주기」

245 ... /$dKBS영상사업단
500 ᵬᵬ$aKBS: Korean Broadcasting System
710 ᵬᵬ$aKBS영상사업단

┌ 제2지시기호 '0'(확장형)은 '$t'로 기술된 내용표제의 색인어로 활용 가능
| ┌ '$n': 권차를 위한 식별기호
| | ┌ 연번과 표제는 '.'로 구분(A2R.7.7B18)

505 00$n제1편.$t자연을 이용한 건축물 --$n제2편.$t교량:$g더욱 길고 더욱 강하게 --$n제3편.$t바다를 이용하는 지질공학 --$n제4편.$t지하세계에 대한 도전 --$n제5편.$t현대대도시의 창조

내용주기:

┌ 제2지시기호 'ᵬ'(기본형)은 식별기호 없이 기재
| ┌ 식별기호 '$a'로 모든 기술사항을 ISBD구두법으로 기재

505 0ᵬ$a제1편. 자연을 이용한 건축물 -- 제2편. 교량 : 더욱 길고 더욱 강하게 --
740 ᵬ2$a자연을 이용한 건축물$h[비디오녹화자료]
740 ᵬ2$a교량$h[비디오녹화자료]
└ 505필드의 제2지시기호가 'ᵬ'(기본형)일 때는 필요한 내용표제를 740필드에 제2지시기호 '2'로 분출표목

내용표제의 재생시간은 300필드에 식별기호 '$a'로 기술된 재생시간으로 대체될 수 있기 때문에 여기에서는 생략하였다.

521 ᵬᵬ$a연소자 관람가
538 ᵬᵬ$aVHS
650 ᵬ4$a기록영화

주제명표목: 내용주기된 각각의 표제가 주제명을 필요로 할 때는 해당되는 주제명을 6XX필드로 부표목할 수도 있다.

505 00$t자연을 이용한 건축물 --$t바다를 이용하는 지질공학
<출력>내용: 자연을 이용한 건축물 -- 바다를 이용하는 지질공학
650 ᵬ4$a건축물
650 ᵬ4$a지질공학
└ 목록자가 특정표목표에 의하지 않고 임의로 작성한 주제명은 제2지시기호 '4'를 지시

710 ᵬᵬ$aKBS영상사업단
740 ᵬᵬ$a최첨단 건설의 세계 테크노파워$h[비디오녹화자료]

〈전집으로 목록〉

.....ngcƀƀ22.....ƀaƀ4500
    └ 전집으로 목록할 때는 '리더/07'자리의 서지수준을 'c'(전집)로 표시

007 vfƀcbahrq
008 ......s1997ƀƀƀƀulk114bgƀƀƀƀƀƀƀƀƀavukorƀƀ
028 01$a
040 ƀƀ
090 ƀƀ$a□$b
245 00$a세계는 지금$h[비디오녹화자료] /$dKBS[i.e.: Korean Broadcasting System] 영상사업단

표제와 책임표시사항: 245필드는 전집명을 줄머리잡기로 기술하고, 내용표제는 505필드로 내용주기하였다. 책임표시의 약자는 [ ]에 'i.e'로 완전명과 함께 기술하였다.

260 ƀƀ$a서울 :$bKBS영상사업단,$c1997
300 ƀƀ$a비디오카세트 15매 :$b유성, 천연색 ;$c ¾ in.
500 ƀƀ$a본표제는 표제화면의 표제임
505 0ƀ$a1.2. 정치편 -- 3.4. 경제편 -- 5.6. 사회편 -- 7. 문화편 -- 8.9. 산업편 -- 10. 교육편 -- 11. 과학편 -- 12. 환경편 -- 13. 군사편 -- 14.15. 사건실록편

[내용의 대표표제만 주기]

┌ 동일한 표제는 권수를 함께 기술
│ ┌ 권차와 내용표제 간에는 '.'로 구분
505 0ƀ$a1.2. 정치편 -- 3.4. 경제편
    └ 내용을 간단히 할 때는 내용의 대표표제만을 내용주기

[내용의 세부표제까지 주기]

┌ 제2지시기호 'ƀ'로 내용주기되는 사항을 식별기호 없이 기재
│ ┌ 내용의 대표표제와 내용표제는 ':'으로 구분
│ │ ┌ 연번표제와 표제과련정보는 ':'으로 구분

505 0ƀ$a1.2. 정치편: 1. 사막의 국제난민 : 팔레스타인 나라 만들기. 인디오출신 부통령 카르데니스 열풍 : 볼리비아. 영국선거 : 돈 안쓰고 승부한다. 인도 총선 : 뇌물부패 청산한다. 2. ... -- 3.4. 경제편

동일 연번 내의 연번제목은 '.'로 구분 ┘ 연번과 내용표제는 '.'로 구분 ┘

'내용'이라는 정형화된 한국어 표출어는 제1지시기호 '0'에 의해 자동생성되지만 정형화되지 않은 표출어는 제1지시기호 '8'과 식별기호 '$a'로 해당 표출어를 기술해야 한다.

505 0ƀ$a편차. 편제 -- 편차. 편제
<출력>내용: 편차. 편제 -- 편차. 편제

505 8ƀ$aContents: 편차. 편제 -- 편차. 편제
<출력>Contents: 편차. 편제 -- 편차. 편제

538 ƀƀ$aVHS
586 ƀƀ$a한국방송대상 우수작품상, 제23회(1997)
650 ƀ4$a기록영화
710 ƀƀ$aKBS[i.e.: Korean Broadcasting System]영상사업단

단체명표목: 내용에 책임이 있는 단체명은 110필드(기본표목-단체명)에 기술하고, 110필드에 기술되지 않은 단체명은 710필드(단체명부표목)로 부표목한다. 단체명이 약자로 식별이 필요한 경우는 완전명을 [ ]에 'i.e.'로 묶어 부기하거나 500필드로 일반주기한다.

500 ƀƀ$aKBS: Korean Broadcasting System

740 ƀ2$a정치편$h[비디오녹화자료]
740 ƀ2$a경제편$h[비디오녹화자료]
740 ƀ2$a사회편$h[비디오녹화자료]
740 ƀ2$a문화편$h[비디오녹화자료]
740 ƀ2$a산업편$h[비디오녹화자료]
740 ƀ2$a교육편$h[비디오녹화자료]
740 ƀ2$a과학편$h[비디오녹화자료]
740 ƀ2$a환경편$h[비디오녹화자료]
740 ƀ2$a군사편$h[비디오녹화자료]
740 ƀ2$a사건실록편$h[비디오녹화자료]

〈편제로 목록〉

040 ƀƀ
090 ƀƀ$a[ ]$b

245 00$a세계는 지금.$n1.2,$p정치편$h[비디오녹화자료] /$dKBS영상사업단

표제와 책임표시사항: 245필드는 본표제, 편차, 편제를 해당 식별기호로 기술하고, 편제는 246필드나 740필드로 부표목한다. 그리고 GMD는 편제 다음에 식별기호 '$h'로 기술한다.

「권차와 편제가 있는 자료」

┌ 본표제와 권차는 '.'로 구분
│ ┌ 권차와 편제는 ','로 구분

245 00$a본표제.$n권차,$p편제$h[GMD] /$d저작자
246 30$a편제.$n권차 <출력>검색을 위한 부분표제: 편제. 권차

=740 ㅂㅂ$a편제.$n권차
└ 편제와 권차는 '.'로 구분

「편제만 있는 자료」

┌ 본표제와 편제는 '.'로 구분
245 00$a본표제.$p편제$h[GMD] /$d저작자
246 30$a편제 〈출력〉검색을 위한 부분표제: 편제
=740 ㅂㅂ$a편제

「본표제와 권·연차가 있는 자료」

┌ 본표제와 권·연차는 ','로 구분
|┌ 식별기호 '$f'는 수집된 자료의 포괄년도나 기간을 기재
245 00$a본표제,$f권·연차$h[GMD] /$d저작자
〈출력〉 본표제, 권·연차

246 30$a정치편$h[비디오녹화자료] ← 편제 부출표목
= 740 ㅂㅂ$a정치편$h[비디오녹화자료] ← 편제 부출표목
257 ㅂㅂ$a한국
260 ㅂㅂ$a서울 :$bKBS영상사업단,$c1997
300 ㅂㅂ$a비디오카세트 2매 :$b유성, 천연색 ;$c ¾ in.

245 00$a본표제.$n권차,$p편제$h[GMD] /$d저작자
300 ㅂㅂ$a특별자료종별과 수량 :$b...
└ 245필드에 '$n'으로 기술된 권차의 매수를 기술(A2R.7.5B)

500 ㅂㅂ$a본표제는 표제화면의 표제임
500 ㅂㅂ$aKBS: Korean Broadcasting System
505 0ㅂ$a1. 사막의 국제난민 : 팔레스타인 나라 만들기. 인디오출신 부통령 카르데니스 열풍 : 볼리비아. 영국선거 : 돈 안 쓰고 승부한다. 인도총선 : 뇌물부패 청산한다 -- 2. 예멘 통일 이후 아물지 않은 상처들. 폭력으로 얼룩지는 코르시카의 자치운동. 스페인 : 13년만의 정권교체 불안한 출발. 정치세력화 하는 유럽의 집시들. 중국과 일본의 서사모아 상륙작전. 남아공 과거청산 이렇게 한다 : 진실화해위원회

내용주기: 505필드는 편제 내의 권차나 연번, 내용표제를 기술한다(A2R.7.7B18; K4.7.7.3.18).

「권차/연번이 없는 내용주기」

505 0ㅂ$a내용표제 -- 내용표제 -- 내용표제 -- 내용표제 -- ....
└ 권차나 연번이 없는 내용표제는 '--'로 구분

「권차가 있는 내용주기」

┌ 동일 권차 내의 표제와 표제는 '.'로 구분
505 0ㅂ$a권차. 내용표제. 내용표제. 내용표제 -- 권차. 내용표제 -- ....
└ 권차와 내용표제는 '.'로 구분 └ 권차와 권차는 '--'로 구분

「연번이 있는 내용주기」

┌ 연번과 연번은 '--'로 구분
505 0ㅂ$a연번. 내용표제 -- 연번. 내용표제 -- 연번. 내용표제 -- 권번.....
└ 권차가 없는 연번과 내용표제는 '.'로 구분

「권차와 연번이 있는 내용주기」

┌ 동일 권내의 연번과 내용표제는 '.'로 구분

505 0ɓ$a권차.연번. 내용표제 / 저작자. 연번. 내용표제 / 저작자 -- 권차.연번,

| └ 동일 권차 내의 연번과 연번은 '.'로 구분

└ 권차와 연번은 '.'로 구분

538 ɓɓ$aVHS

시스템사항: 538필드는 비디오녹화에 사용된 시스템(videorecording system)인 Beta; Laser optical CAV; VHS Hi-fi; LaserVision CAV; ...등을 기술한다(A2R.7.7B10f; K4.7.7.3.10).

586 ɓɓ$a한국방송대상 우수작품상, 제23회(1997)

수상: 586필드는 '수상', 'Awards'라는 표출어로 수상명과 회수 또는 수상년도를 기술한다(K4.1.7.3.24). 이때 정형화된 표출어 '수상' 이외의 표출어는 제1지시기호 '8'을 지시하고 식별기호 '$a'로 기술해야 한다.

586 ɓɓ$a한국방송대상 우수작품상, 제23회(1997)
<출력>수상: 한국방송대상 우수작품상, 제23회(1997)

586 8ɓ$aAwards: Pulitzer Prize for Nonfiction, 1981
<출력>Awards: Pulitzer Prize for Nonfiction, 1981

650 ɓ4$a기록영화
710 ɓɓ$aKBS영상사업단 ← 저작자 부출표목
740 ɓ2$a사막의 국제난민$h[비디오녹화자료] ← 내용주기된 표제 분출표목
740 ɓ2$a인디오출신 부통령 카르데니스 열풍$h[비디오녹화자료]
740 ɓ2$a영국선거$h[비디오녹화자료]
740 ɓ2$a인도총선$h[비디오녹화자료]
740 ɓ2$a예멘통일 이후 아물지 않은 상처들$h[비디오녹화자료]
740 ɓ2$a폭력으로 얼룩지는 코르시카의 자치운동$h[비디오녹화자료]
740 ɓ2$a스페인$h[비디오녹화자료]
740 ɓ2$a정치세력화 하는 유럽의 집시들$h[비디오녹화자료]
740 ɓ2$a중국과 일본의 서사모아 상륙작전$h[비디오녹화자료]
740 ɓ2$a남아공 과거청산 이렇게 한다$h[비디오녹화자료]

3) 필름 카트리지(Film cartridge)자료

.....ngmbb22.....bab4500
007 vcocpahlq
008 ......r19711964usb004bgrbbbbbbbbbbavuengbb
040 bb
090 bb$a▭$b
245 00$aJapanese tea ceremony$h[motion picture] /$dWalt Disney Productions
260 bb$a[Santa Ana, Calif.] :$bDoubleday Multimedia,$c1971

발행사항: 260필드는 식별기호 '$a'로 기술되는 발행지가 자료 이외에서 확인한 사항이기 때문에 [ ]로 묶어 기술하였다. 확인되지 않은 발행사항은 [S.l.], [발행지불명], [s.n.], [발행처불명], [s.d.], [발행년불명] 등으로 기술한다(A2R.1.4C6;1.4D7; K31.1.3). 그러나 영상자료의 경우는 확인할 수 없는 사항이 많기 때문에 다음 예와 같이 확인된 사항만 기술하기도 한다. 발행지명만으로 식별이 곤란할 때는 지명에 식별을 위한 상위지명을 함께 기술한다(A2R.7.4D1; K31.1.3.1.4).

260 bb$a발행지, 상위지명:	260 bb$aSanta Ana, Calif.:$b...
260 bb$a발행지 (상위지명):	260 bb$a광주 (경기도) :$b...

한국어형식의 상위지명은 ( )에 묶어 기술하고, 영어형식은 ','로 구분하여 부기한다.

┌ 특정자료표시를 'film cartridge'나 '필름 카트리지'로 표시
300 bb$a1 film cartridge (4 min.) :$bsd., col. ;$csuper 8 mm +$e1 study guide
└ 유·무성과 색채 └ 필름의 폭

306 bb$a000400 →재생시간을 'hhmmss'의 형식으로 기술
440 00$aJapan series
500 bb$aReleased by International Communications Films in I968

개봉: 개봉사항은 500필드에 서술주기나 표출어로 주기한다(A2R.7.7B9).

500 bb$aReleased by International Communications Films in I968
500 bb$a1868년 1월 1일 ICF에서 개봉
500 bb$p개봉: 1868년 1월 1일 ICF에서

500 bb$aFrom the 1961 motion picture entitled: Japan harvest the sea
520 8b$aSummary: Shows the tea house and the complete ritual, including trained young ladies as hostesses, the preparation of tea, and proper etiquette
710 bb$aWalt Disney Productions ← 저작단체명 부출표목
740 bb$aJapan harvests the sea$h[motion picture] ← 영화제목 부출표목

5. 대담자료

.....ngbbb22.....bab4500
007 vfbccahrq
008 ......s1999bbbbulk065bgbbbbbbbbbavukorbb

┌ 제1지시기호 '0'은 단일 일시를 위한 지시
│ ┌ 식별기호 '$a'는 촬영일시를 'YYYYMMDD'형식으로 표시
│ │ ┌ 09: 'MM'의 9월을 표시
│ │ │ ┌ 11000: '서울'을 표시(KORMARC 부속서5 **한국지역구분부호** 참조)
033 0b$a19990908$b11000
│ └ 08: 'DD'의 8일을 표시
└ 1999: 'YYYY'의 연도를 표시

촬영 일시와 장소: 033필드는 촬영일시와 장소를 숫자적부호로 기재하고, 518필드는 033필드와 연계된 사항을 서술주기한다.

518 bb$a서울 EBS방속국에서 1999년 9월 8일 녹화 및 촬영

040 bb
090 bb$a☐$b
245 00$a노동의 종말은 올 것인가?$h[비디오녹화자료] /$dEBS

표제와 책임표시사항: 대담자료는 자료명을 본표제로 245필드에 표제줄머리잡기로 목록한다. 책임프로듀서나 감독은 책임표시에 기술하거나 제작진으로 주기한다.

「제작자를 책임표시로 기술한 예」

245 00$a노동의 종말은 올 것인가?$h[비디오녹화자료] /$d책임프로듀서, 박상호 ;$e기술감독, 김종국

「제작자를 제작진으로 주기한 예」

245 00$a노동의 종말은 올 것인가?$h[비디오녹화자료]
508 ḇḇ$a제작진: 책임프로듀서, 박상호 ; 기술감독, 김종국 ; ...

260 ḇḇ$a서울 :$bEBS,$c1999
300 ḇḇ$a비디오카세트 1매 (65분) :$b유성, 천연색 ;$c ¾ in.
306 ḇḇ$a010500
440 00$aEBS 미래토크 2000

총서주기: 440필드는 주기된 대로 부출표목 되는 총서명을 주기한다(A2R.7.6B; K4.7.6). 440필드로 기술된 총서명이 영어 약자와 한국어로 혼합되어 있기 때문에 배열에 필요한 한국어 음으로 검색될 수 있도록 740필드로 부표목하였다.

┌ 총서명의 검색표목은 영어로 배열
440 00$aEBS 미래토크 2000
740 ḇḇ$a이비에스(EBS) 미래토크 2000$h[비디오녹화자료]
└ 검색표목을 한글로 배열되게 하기 위한 부표목

500 ḇḇ$a본표제는 표제화면의 표제임
500 ḇḇ$aEBS: Education Broadcasting System
500 ḇḇ$a1999년 9월 12일 EBS에서 방송
508 ḇḇ$a제작진: 책임프로듀서, 박상호 ; 기술감독, 김종국 ; 카메라감독, 여운길 ; 내레이션, 안지환 ; 출연, 황인수 ...
511 8ḇ$a대담: 강수돌, 윤은기, 유순신, 이선 ; 사회, 김영수

대담자: 511필드는 '대담', 또는 '대담자'라는 표출어로 대담자명을 역할어와 짝지어 주기하고(A2R.7.7B6), 사회자는 주기의 맨 마지막에 '사회'라는 역할어로 기술한다. 그리고 필요한 경우 대담자와 사회자를 700필드로 부출표목한다.

511 8ḇ$a대담: 강수돌, 윤은기, 유순신, 이선 ; 사회, 김영수
700 1ḇ$a강수돌
700 1ḇ$a윤은기　　700 1ḇ$a이선
700 1ḇ$a유순신　　700 1ḇ$a김영수

518 ḇḇ$a서울 EBS방송국 스튜디오에서 1999년 9월 8일 녹화 및 촬영
520 ḇḇ$a미래사회가 산업화와 과학화되면서 인간의 노동이 위기에 처하게 되고 노동시장과 직업의 변화에 어떻게 대처할 것인가에 대한 방안을 토론하고 있다
538 ḇḇ$aU-Matic
700 1ḇ$a강수돌 ← 대담자 부출표목　　700 1ḇ$a이선
700 1ḇ$a윤은기　　700 1ḇ$a김영수 ← 사회자 부출표목
710 ḇḇ$aEducation Broadcasting System ← 저작단체명 부출표목
740 ḇḇ$a이비에스(EBS) 미래토크 2000$h[비디오녹화자료] ← 총서명 부출표목
740 ḇḇ$a미래토크 2000$h[비디오녹화자료] ← 총서명 부출표목

.....ngcƀƀ22.....ƀaƀ4500
007 vfƀccahrq
008 ......s1995ƀƀƀƀulk150ƀgƀƀƀƀƀƀƀƀƀavukorƀƀ
033 0ƀ$a19990105$a19990111$a19990112$b11000
　└ 2회 이상의 녹음일시는 제1지시기호를 '0'으로 지시하고, 식별기호 '$a'를 반복하여 각각의 일시를 기술한다.
040 ƀƀ
090 ƀƀ$a______$b
245 00$a세계석학과의 대담$h[비디오녹화자료] :$b1995년 MBC신년특별기획/$d서형호 기획

표제와 책임표시사항: 245필드는 연속물로 녹화된 자료의 총서표제를 본표제로 기술하고, 식별기호 '$b'로 정보원에 나타난 표제관련정보와 '$d'로 전체의 기획자를 기술하였다. 표제관련정보는 246필드나 740필드로 부표목한다.

245 00$a세계석학과의 대담$h[비디오녹화자료] :$b1995년 MBC신년특별기획
246 30$aMBC신년특별기획,$n1995
= 740 ƀƀ$aMBC신년특별기획,$n1995
246 30$aMBC[i.e.:엠비씨]신년특별기획,$n1995
= 740 ƀƀ$aMBC[i.e.:엠비씨]신년특별기획,$n1995
= 740 ƀƀ$a[엠비씨]신년특별기획,$n1995

740필드의 부표목은 표제 앞에 표시된 년차나 권차를 도치하여 식별기호 '$n'으로 기술하였다.

246 30$aMBC신년특별기획,$n1995 ← 표제관련정보로 기록된 부분표제 부출표목
= 740 ƀƀ$aMBC신년특별기획,$n1995
246 30$aMBC[i.e.:엠비씨]신년특별기획,$n1995 ← 표제관련정보로 기록된 부분표제 부출표목

= 740 ␢␢$aMBC[i.e.:엠비씨]신년특별기획,$n1995
= 740 ␢␢$a[엠비씨]신년특별기획,$n1995
257 ␢␢$a한국
260 ␢␢$a서울 :$bMBC프로덕션,$c1995
300 ␢␢$a비디오카세트 3매 (각 50분) :$b유성, 천연색 ;$c¾ in.
306 ␢␢$a005000$a005000$a005000
500 ␢␢$a본표제는 표제화면의 표제임
500 ␢␢$aMBC: Korean Broadcasting System
500 ␢␢$a1999년 9월 5일 (제1집), 11일 (제2집), 12일 (제3집) MBC에서 방송
505 0␢$a[제1집]. 개방시대의 한국의 선택 / 미셸 깡드쉬, 사공일 대담 -- [제2집]. 南北韓과 四强 / 스칼라 피노, 이정식 대담-- [제3집]. 세계화와 한국경제 / 로렌스 클라인, 조순 대담

내용주기: 505필드는 권차, 대담제목, 대담자명을 기술하였다. 대담자는 '대담'이라는 역할어로 책임표시에 기술하고, 700필드를 반복하여 부표목하였다.

제2지시기호 '␢'일 때는 필요한 표목을 7XX필드로 분출표목

505 0␢$a[제1집]. 개방시대의 한국의 선택 / 미셸 깡드쉬, 사공일 대담
700 12$a깡드쉬, 미셸.$t개방시대의 한국의 선택
700 12$a사공일.$t개방시대의 한국의 선택

505필드의 제1집이라는 권차는 목록자가 작성하였기 때문에 [ ]에 묶어 부기하였다.

표출어 / 역할어 / 제작자명

508 ␢␢$a제작진: 기술감독, 서기환 (제1집.제2집), ; 구성, 백인희 ; 녹화, 김지연 (제1집.제2집), 홍석진 (제3집) ; 음악, 이춘화...

내용표제와 연계된 권차

제작진주기: 508필드는 제작에 참여한 중요도에 따라 선별기술하고, 제작자명에는 내용표제와의 연계를 위해 권차를 ( )로 묶어 부기하였다(A2R.7.7B6; K4.7.7.3.6).

538 ␢␢$aU-Matic
700 1␢$a서형호 ← 기획자 부출표목
700 12$a깡드쉬, 미셸.$t개방시대의 한국의 선택 ← 내용주기된 대담자와 내용표제 분출표목
700 12$a사공일.$t개방시대의 한국의 선택
700 12$a피노, 스칼라.$t남북한과 4강
700 12$a이정식.$t남북한과 4강
700 12$a클라인, 로렌스.$t세계와 한국경제
700 12$a조순.$t세계와 한국경제

Brennan Center for Justice Inauguration C-SPAN
* * *
Recorded May 8, 1995
East Conference Room U.S. Supreme Court
* * *
America & the Courts C-SPAN

.....ngmbb22.....bab4500
007 vfbccahrq
008 ......s1995bbbbusb052bbbb bbbbbbbavuendbb

┌ '0': 단일일시의 표시를 위한 제1지시기호
│ ┌ 녹화일시 1995년 5월 8일을 숫자기호로 기술
│ │ ┌ 녹화장소인 지역부호: 미국의 표시(부속서6 참조)
033 0b$a19950508$bn-us

촬영일시와 장소: 033필드는 촬영일시와 장소를 숫자적부호로 기술하고, 518필드는 촬영일시와 장소를 서술주기한다.

518 bb$aLicensed off-the-air recording made from a broadcast by C-SPAN on May 8, 1995

040 bb
090 bb$a[ ]$b
245 00$aBrennan center for justice inauguration$h[videorecording] /$dC-SPAN

표제와 책임표시사항: 245필드는 으뜸정보원에 나타난 기관명을 포함한 표제를 본표제로, 제작한 방송국명을 저작자로 기술하였다. 그리고 본표제에 포함된 기관명은 710필드로 부표목하였다.
본표제와 상이한 정보원의 표제는 246필드에 기재하거나 500필드로 정보원과 함께 주기하고 740필드로 부표목한다.

┌ '1': 식별기호 '$a'로 기재된 표제의 주기와 부표목을 지시
│ ┌ 'b': 식별기호 '$i'로 정형화되지 않은 표출어 입력을 지시
│ │ ┌ '$i': 정형화되지 않은 설명적어구의 표출어를 위한 식별기호
246 1b$iTitle on container:$aC-SPAN Brennan Center inauguration $h[videorecording]
← 용기표제의 주기와 부출표목
= 500 bb$aTitle on container: C-SPAN Brennan Center inauguration ← 용기표제의 주기
= 740 bb$aC-SPAN Brennan Center inauguration$h[videorecording] ← 용기표제 부출표목

257 bb$aUSA
260 bb$c1995
300 bb$a1 videocassette (52 min.) :$bsd., col. ;$c½ in.
306 bb$a005200
490 10$aAmerica & the courts / C-SPAN
500 bb$aTitle from title frame

500 ␢␢$aS-SPAN

┌ '대담자', 'speaker'라는 역할어
│ ┌ 대담자명: 정보원에 나타난 대담자명을 기술
│ │ ┌ 대담자 직명, 소속 기관명을 ( )로 부기

511 8␢$aCast: Speakers: John Sexton (New York University School of Law), Norman Dorsen (New York University School of Law), Richard Arnold (Judge, 8th Circuit U. S. Court of Appeals), William Brennan III (son of Justice Brennan), Abner Mikva (White House Counsel)

대담자주기: 511필드는 '대담자', 'speaker'라는 표출어로 대담자명에 직명과 소속기관명 등 신분관계를 ( )에 묶어 부기하고, 개인명은 중요정도에 따라 700필드로 부표목한다.

511 8␢$a참여자: 토론자명, 토론자명, 토론자명 ; 사회, 사회자명

518 ␢␢$aLicensed off-the-air recording made from a broadcast by C-SPAN on May 8, 1995

520 8␢$cAnnotation: Several associates of former U.S. Supreme Court Justice William Brennan review his career and life at a ceremony held in the East Conference Room of the U. S. Supreme Court, to mark the inauguration of a center named in his honor at the New York University School of Law

538 ␢␢$VHS format

700 1␢$aBrennan, William J. $q(William Joseph),$d1906-

인명의 완전명: 부표목 되는 인명에 대한 완전명은 700필드에 식별기호 '$q'로 ( )에 묶어 부기한다(A2R.22.18). 그러나 대부분의 경우는 '$q'를 사용치 않고 그대로 완전명을 [ ]로 기술한다.

700 1␢$aBrennan, William J. $q(William Joseph),$d1906-

700 1␢$aBrennan, William [Joseph],$d1906-

710 ␢␢$aC-SPAN (Television network) ← 저작단체명 부출표목

710 ␢␢$aBrennan Center for Justice

830 ␢0$aAmerica & the courts ← 490필드에 다르게 표목되는 총서명 통일표목

6. 비디오 음악자료

.....ngmƀƀ22.....ƀaƀ4500

007 vfƀcbafoq

008 ......s2002ƀƀƀƀulk112ƀeƀƀƀƀƀƀƀƀƀƀavukorƀƀ

028 41$aALA-02-d001$bALA Production

040 ƀƀ

090 ƀƀ$a［　　　］$b

┌─ 으뜸정보원(디스크라벨)의 표제를 본표제로 기술

245 00$a歌客Na Hoon A$h[비디오녹화자료] :$c대한민국 소리꾼 :$bsuper live concert

표제와 책임표시사항: 팝송은 245필드에 음반의 표제를 줄머리잡기로 기술하고 연주자는 511필드에 연주자주기한다. 본표제는 으뜸정보원인 음반의 표제를 기술하고 문자를 달리한 용기의 표제는 246필드로 주기와 부표목하거나 500필드에 정보원과 함께 주기하고 용기의 표제는 740필드로 부표목하였다.

┌─ 제2지시기호 'ƀ'는 정형화되지 않은 표출어를 식별기호 '$i'로 입력하기 위한 지시

246 1ƀ$i용기의 표제:$a歌客羅勳兒$h[비디오녹화자료]

└ 제1지시기호 '1'은 본표제와 상이한 정보원의 표제를 표출어와 함께 기술하여 주기와 부표목되게 지시

┌─ 표제를 달리한 정보원

= 500 ƀƀ$a용기의 표제: 歌客羅勳兒

└ 본표제와 다른 용기의 표제 주기

= 740 ƀƀ$a가객나훈아$h[비디오녹화자료] ← 주기된 용기표제의 부출표목

257 ƀƀ$a한국
260 ƀƀaa[서울] :$b오아시스$c2002$f(ALA Production)
300 ƀƀ$a비디오디스크 (DVD) 2매 (112 분) :$b디지털, 천연색, 스테레오 ;$c12 cm

형태사항: 260필드에 식별기호 '$a'로 기술되는 특정자료종별은 '비디오디스크'에 'DVD'라는 형태적인 명칭을 ( )로 부기하여 보다 쉽게 자료를 식별되게 하였다. 특정자료종별을 협의의 명칭으로 표시할 때는 'DVD'로만 기술한다.

300 ƀƀ$a비디오디스크 2매 (112 분) :$b... ← 광의의 특정자료종별

300 ƀƀ$aDVD 2매 (112 분) :$b... ← 협의의 특정자료종별

300 ƀƀ$a비디오디스크 (DVD) 2매 (112 분) :$b... ← 광의의 특정자료종별에 협의의 명칭을 ( )로 부기

306 ƀƀ$a015200
500 ƀƀ$a본표제는 디스크라벨의 표제임
500 ƀƀ$aDVD video
505 00$n1.$t고향역 --$n2.$t사랑은 눈물의 씨앗 --$n3.$t울긴 왜 울어 + 해변의 여인 --$n4.$t머나먼 고향 --$n5.$t물레방아 도는데 --$n6.$t강촌에 살고 싶네 --$n7.$t님 그리워 --$n8.$t애정이 꽃피던 시절 --$n9.$t너와 나의 고향 -- $n10.$t라구요 --$n11.$t녹슬은 기찻길 --$n12.$t잡초 --$n13.$t내 삶을 눈물로 채워도 --$n14.$t갈무리 --$n15.$t사랑 --$n16.$t테크노 18세 순이 --$n17.$t찔레꽃 --$n18.$t희망가 --$n19.$t누가 울어 --$n20.$t영영 --$n21.$t아담과 이브처럼 --$n22.$tTime tol say good-bye --$n23.$t장녹수 --$n24.$t어매 --$n25.$t청춘을 돌려다오 --$n26.$t태평가 --$n27.$t배신자 --$n28.$t건배

내용주기: 505필드는 식별기호 '$t'로 기재된 내용표제가 제2지시기호 '0'의 지시에 의하여 색인어로 활용되게 한 것이다.

511 8ƀ$a노래: 나훈아 [익명]

연주자주기: 연주자명이 표제로 나타나 있을 때에도 511필드에 연주자주기하고, 본표제와 다른 한국어명을 700필드로 부표목하였다.

700 1ƀ$aNa Hoon A$c[익명]
700 1ƀ$a나훈아$c[익명]

인명부출표목:

┌ 영어명의 'Na Hoon A'는 예명이기 때문에 성과 이름의 구분 없이 기술
700 1ƀ$aNa Hoon A$c[pseud.]
700 1ƀ$a나훈아$c[익명]
└ 예명은 '[익명]'이나 pseudonym의 약자 [pseud.]를 부기(A2R.22.2B3)

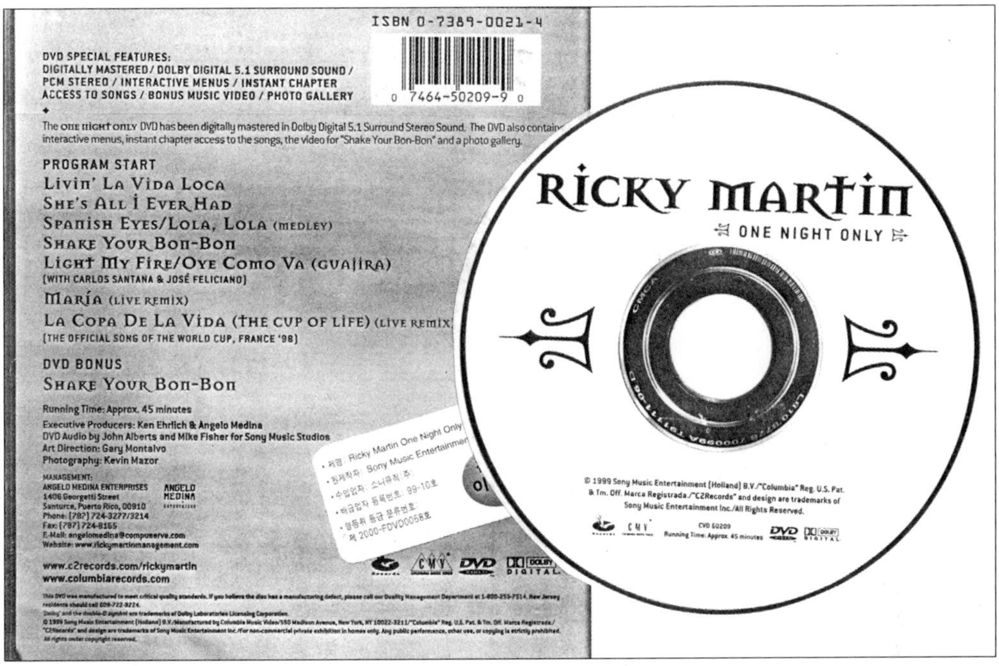

.....ngmƀƀ22.....ƀaƀ4500

007 vfƀcbafoq

008 ......s1999ƀƀƀƀusƀ045ƀeƀƀƀƀƀƀƀƀƀavuengƀƀ

020 ƀƀ$a0738900214

028 41$aCVD50209$bSony Music Entertainment

040 ƀƀ

090 ƀƀ$a▭$b

245 00$aRicky Martin$h[video recording] :$bone night only

표제와 책임표시사항: 이 자료는 팝송이기 때문에 245필드에는 연주자명으로 된 음반표제를 줄머리잡기로 기술하였다.

┌ 확인되지 않은 발행지명은 확인된 상위지명이나 국명을 기술

260 ƀƀ$aHolland :$bSony Music Entertainment$c1999$e(New York :$fColumbia Music Video)

발행사항: 260필드는 자료의 발행사항과 제작사항을 해당 식별기호로 기술하였다.

┌ 확인되지 않은 발행지명은 [S.l.]로 기술하고, 국명을 상위지명으로 기술한 예
│ ┌ 발행처를 위한 식별기호 ┌ 발행년도을 위한 식별기호

260 ƀƀ$a[S.l.], Holland :$bSony Music Entertainment,$c1999$e(New York :$f Columbia Music Video)

│ └ 제작지명
└ 제작처 └ 제작지의 식별기호

300 ƀƀ$a1 videodisc (DVD) (approx. 45:00) :$bdigital, col., stereo ;$c12.5 cm

306 ƀƀ$a004500

500 ƀƀ$aTitle from disc label

500 bb$a"DVD special features: Digitally mastered, dolby digital 5.1 surround sound, PCM stereo, interactive music, instant chapter access to songs, bonus music video, photo gallery"

DVD의 특성사항: 정보원에 나타난 자료의 특성사항을 그대로 500필드에 일반주기할 때는 " "으로 기술한다.

500 bb$aCredits: Executive producers: Ken Ehrlich & Angelo Medina ; DVD audio by John Alberts and Mike Fisher for Sony Music Studios ; art direction: Gary Montalvo ; photography: Kevin Mazor

505 8b$aContents: Livin' La Vida Loca -- She's all I ever had -- Spanish eyes/Lola, lola (medley) -- Shake your bon-bon -- Light my fire/Oye como va (Guafira) -- Maria (live remix) -- La Copa de la Vida (The cup of life) (live remix)

511 8b$aSong: Ricky Martin [pseud.]

연주자주기: 연주자명이 표제로 나타나 있을 때에도 511필드에 연주자로 주기하고, 본 표제의 연주자명이 '이름 성' 순으로 되어 있기 때문에 연주자로 주기된 인명을 '성 이름'의 형식으로 700필드에 부표목하였다.

245 00$aRicky Martin$h[video recording] :$c...
511 8b$aSong: Ricky Martin [pseud.]
700 1b$aMartin, Ricky$c[pseud.]

538 bb$aDVD video
700 1b$aMartin, Ricky$c[pseud.] ← 연주자 부출표목
740 b2$aLivin' La Vida Loca$h[video recording] ← 내용표제 분출표목
740 b2$aShe's all I ever had$h[video recording]
740 b2$aSpanish eyes/Lola, lola (medley)$h[video recording]
740 b2$aShake your bon-bon$h[video recording]
740 b2$aLight my fire/Oye como va (Guafira)$h[video recording]
740 b2$aMaria (live remix)$h[video recording]
740 b2$aLa Copa de la Vida (The cup of life) (live remix)$h[video recording]

┌─ 전자적 위치 및 접속에 관한 필드
│ ┌─ '4'는 'http'를 위한 제1지시기호
│ │ ┌─ '$u'는 'URI'를 위한 식별기호
856 4b$uwww.c2records.com/rickymartin
= 500 bb$aWebsite: www.c2records.com/rickymartin
└ 표출어 └ Website의 주소

웹사이트: 856필드는 정보원에 나타난 Website의 주소를 기술한다. 그러나 500필드에 주기할 때는 'Website' 라는 표출어로 정보원에 나타난 Website의 주소를 기술한다.

.....ngmɓɓ22.....ɓaɓ4500
007 vfɓcbafoq
008 ......s2002ɓɓɓɓulk135ɓeɓɓɓɓɓɓɓɓɓavukorɓɓ
040 ɓɓ
041 1ɓ$akor$heng
090 ɓɓ$a☐$b
245 00$a아바$h[비디오녹화자료] =$xAbba :$cgreat hits and story

표제와 책임표시사항: 245필드는 본표제를 용기의 한국어표제로 기술하고, 영어표제는 대등표제로 기술하였다. 기술된 대등표제는 246필드나 740필드로 부표목한다.

246 31$aAbba$h[비디오녹화자료] ← 대등표제 부출표목
= 740 ɓɓ$aAbba$h[비디오녹화자료] ← 대등표제 부출표목
257 ɓɓ$aUSA

┌ 발행처를 알 수 없기 때문에 공급처의 지명을 기술
┌ 공급처는 [ ]에 '공급'이라 부기
260 ɓɓ$a서울 :$bWinner World Korea[공급],$c2002[제작]$f(DVD프로덕션)
발행년도를 알 수 없어 제작년을 기재할 때는 [ ]로 '제작'을 부기 ┘

발행사항: 정보원에서 발행사항을 확인할 수 없었기 때문에 공급사항을 중심으로 260필드에 발행처를 공급처로 기술하고 [ ]에 '공급'을 부기하였다.

300 ɓɓ$a비디오디스크(DVD) 2매 (135 min.) :$b디지털, 천연색, 스테레오 ;$c12.5 cm
306 ɓɓ$a021500

500 ␢␢$a본표제는 디스크 라벨의 표제임
500 ␢␢$aFull screen 4 : 3

화면의 폭: 화면의 종횡비는 500필드에 자료에 나타난 정보로 기술한다.

500 ␢␢$a설명자막: 한국어, 영어
505 8␢$aContents: disc 1. 01. Waterloo. 02. Ring Ring. 03. Mamma mia. 04. SOS. 05. Bang-a-boomerang. 06. I do, I do, I do, I do, I do. 07. Fernando. 08. Dancing queen. 09. Money, money, money. ... -- disc 2. 01. ...

내용주기: 505필드는 2매의 디스크로 되어 있기 때문에 디스크별로 내용주기하였다.
다음은 내용주기를 제2지시기호 '0'으로 지시하여 해당 식별기호로 기술한 예이다.

┌ 디스크번호와 연번은 '.'로 구분
│ ┌─ 동일 disc내의 연번 간에는 '.'로 구분.
505 80$aContents:$ndisc 1. 01.$tWaterloo.$n02.$tRing Ring.$n03.$tMamma mia. $n04. $tSOS. $n05.$t. .... --$ndisc 2. 01.$t...
│ └ 디스크와 디스크의 구분은 '--'으로 표시
└ 연번은 정보원에 나타난 연번을 그대로 기술

538 ␢␢$aDVD video, Dolby digital surround 5.1
700 1␢$a아바$c[익명] ← 연주자 부출표목
740 ␢2$aWaterloo$h[video recording] ← 내용주기된 표제 분출표목
740 ␢2$aRing Ring$h[video recording]
740 ␢2$aMamma mia$h[video recording]
740 ␢2$aSOS$h[video recording]
740 ␢2$aBang-a-boomerang$h[video recording]
740 ␢2$aI do, I do, I do, I do, I do$h[video recording]
....

제2지시기호 '␢'로 내용주기된 사항은 필요한 부표목을 740필드로 분출표목한다.

.....ngmƀƀ22.....ƀaƀ4500
007 vfƀcbafoq
008 ......s1993ƀƀƀƀulk176ƀeƀƀƀƀƀƀƀƀƀƀavukorƀƀ
028 41$aSLP-201C$bNices
040 ƀƀ
090 ƀƀ$a☐$b
245 00$a아름다운영상가곡.$n1$h[비디오녹화자료] =$xThe best of Korean favorite songs /$d삼성전자 제작기획

표제와 책임표시사항: 245필드는 한국어표제를 줄머리잡기로 기술하고, '$n'으로 연차, '$x'로 영어표제를 대등표제, '$d'로 제작기획자를 기술하였다. 그리고 대등표제와 제작자는 7XX필드로 부표목하였다.

246 31$aBest of Korean favorite songs$h[비디오녹화자료]
= 740 ƀƀ$aBest of Korean favorite songs$h[비디오녹화자료]
257 ƀƀ$a한국
260 ƀƀaa[서울] :$bNices,$c1993$f(벨엘프로그램)
300 ƀƀ$a비디오디스크 2매 (2면) :$b디지털, 유성, 천연색, 스테레오 ;$c30 cm
500 ƀƀ$a본표제는 디스크라벨의 표제임
500 ƀƀ$aLaser disc

┌ 제1집: 식별기호 '$n'으로 기술
│ ┌ 제1집 내의 연번과 표제 간은 '.'로 구분
│ │ ┌ 제1집 내의 연번은 '.'로 구분
│ │ │ ┌ 권차와 표제는 '.'로 구분
505 00$n제1집. 1.$t프롤로그.$n2.$t가고파.$n3.$t목련화.$n4.$t청산에 살리라. $n5.$t사랑.$n

희망의 나라로.$n7.$t그대 있음에.$n8.$t달밤.$n9.$t수선화.$n10.$t동심초.$n11.$t선구자.$n12.$t사공의 노래.$n13.$t이별의 노래.$n14.$t그네.$n15.$t내마음.$n16.$t오!솔레미오 --$n제2집. 1.$t그리운 금강산.$n2.$t뱃노래 ...

내용주기: 2인 이상의 연주자가 내용의 작품을 2개 이상 연주하였기 때문에 505필드는 내용의 표제를 연번을 짝지어 기술하고, 각 곡의 연주자는 511필드에 연주곡의 연번과 짝지어 기술하였다.
제2지시기호 '0'과 식별기호 '$t'로 내용주기된 표제는 색인어로 활용되기 때문에 7XX필드로 분출표목하지 않았다. 그러나 내용표제를 표목할 필요가 있을 때는 7XX필드로 각각 분출표목해야 한다.

연번이 집수별로 구분되어 있지 않고 전체적으로 연결되어 있을 때는 연번으로 구분되기 때문에 연번만을 기재한다.

┌ 독주자 ┌ 연주한 작품의 연번 ┌ 연주자는 ';'으로 구분

511 8b̸$a노래: 엄정행 (제1집.2,3; 제2집.15,16) ; 이규도 (제1집.4,5; 제2집.1,2) ; 박성원 (제1집.6; 제2집.7.8) ; 백남옥 (제1집.7,8; 제2집.13.14) ; 곽신형 (제1집.9,10 ; 제2집.5,6) ; 김성길 (제1집.11,12; 제2집.11,12) ; 이명순 (제1집.13,14; 제2집.9,10) ; 신영조 (제1집.15,16; 제2집.4)

연주곡명의 권차와 연번(내용주기의 곡명 연번과 일치) 제1집의 13번과 14번의 곡, 제2집의 9번과 10번 곡을 연주 ┘

530 b̸b̸$aCLV
700 1b̸$a엄정행 ← 연주자 부출표목
700 1b̸$a이규도
700 1b̸$a박성원
700 1b̸$a백남옥
700 1b̸$a곽신형
700 1b̸$a김성길
700 1b̸$a이명순
700 1b̸$a신영조

7. 오페라(가극)자료

.....ngm\b\b22.....\ba\b4500

007 vd\bcgaizq

008 ......s1999\b\b\b\bgw\b191\bg\b\b\b\b\b\b\b\b\b\bavuita\b\b

028 41$a100017$bBel Air Media

040 \b\b

041 0\b$aita$aeng$ajap$afre$aspa

언어: 오페라의 대사로 사용된 언어와 자막은 008/35-37자리와 041필드, 그리고 500필드를 연계시켜 기술한다.

┌ 언어부호 자리
│ ┌ 부속서3 '**언어구분부호표**'의 Italian: 'ita': 사용된 언어 중 중심되는 언어 표시

008 35-37 ita	008 35-37 kor
041 0\b$akor$aeng$achi	
500 \b\b$aSong in Italian	500 \b\b$a한국어, 영어, 중국어 자막

041필드는 사용된 언어를 모두 언어구분부호표의 해당 언어부호를 3자리로 식별기호 '$a'를 반복하여 함께 기술하고, 500필드로 설명주기한다.

090 \b\b$a☐$b

100 1\b$aMozart, Wolfgang Amadeus

기본표목: 오페라를 녹화한 것이기 때문에 100필드는 작곡자를 기본표목하였다.

240 \b0$a피가로의 결혼

245 10$aLe mazze di Figaro$h[videorecording] =$xThe Marriage of Figaro =$xDie Hochzeit des Figaro =$xLes Noces de Figaro :$copera in four acts /$dWolfgang Amadeus Mozart ;$elibretto, Lorenzo da Ponte ;$edirect,Thomas Langhoff

표제와 책임표시사항: 245필드에는 식별기호 '$a'로 으뜸정보원의 이태리어 표제를 본표제로 기술하고, 그 외의 표제를 '$x'를 반복하여 대등표제로 본표제에 기재하였다(A2R.1.1D2). 또 다른 방법으로는 영어표제를 대등표제로 기술하고, 독일어와 불어표제를 246필드에 주기와 표제부출로 기술하거나, 740필드로 부표목하는 방법이다. 그러나 500필드에 대등표제라는 표출어로 주기(K4.1.1.3.2.2))할 때는 740필드로 부표목해야 한다. 책임표시는 '$d'로 작곡자, '$e'를 반복하여 작사자와 감독자를 기술하고, 부표목하였다.

「**대등표제를 245필드에 모두 기술한 예**」

245 11$aLe mazze di Figaro$h[videorecording] =$xThe Marriage of Figaro =$xDieHochzeit des Figaro =$xLes Noces de Figaro :$copera in four acts /$dWolfgang Amadeus Mozart ;$elibretto, Lorenzo da Ponte ;$edirect, Thomas Langhoff

246 3\b$iParrel title:$aMarriage of Figaro$h[videorecording]

= 740 \b\b$aMarriage of Figaro$h[videorecording]

246 3\b$iParrel title:$aDie Hochzeit des Figro$h[videorecording]

= 740 \b\b$aDie Hochzeit des Figaro$h[videorecording]

246 3\b$iParrel title:$aLes Noces de Figaro$h[videorecording]

= 740 \b\b$aLes Noces de Figaro$h[videorecording]

「**2번째 이하의 대등표제를 245필드에 기술 않고 246필드로 기술한 예**」

245 11$aLe mazze di Figaro$h[videorecording] =$x(The) Marriage of Figaro :$copera in four acts /$dWolfgang Amadeus Mozart ;$elibretto, Lorenzo da Ponte ;$edirect, Thomas Langhoff

246 3ƀ$iParrel title:$aMarriage of Figaro$h[videorecording]
246 1ƀ$iParrel title:$aDie Hochzeit des Figro$h[videorecording]
246 1ƀ$iParrel title:$aLes Noces de Figaro$h[videorecording]

「2번째 이하의 대등표제를 모두 500필드로 주기한 예」

245 11$aLe mazze di Figaro$h[videorecording] =$x(The) Marriage of Figaro :$copera in four acts/$dWolfgang Amadeus Mozart;$elibretto, Lorenzo da Ponte ;$edirect, Thomas Langhoff
500 ƀƀ$aParallel title: Die Hochzeit des Figaro = Les Noces de Figaro
740 ƀƀ$aMarriage of Figaro$h[videorecording]
740 ƀƀ$aDie Hochzeit des Figaro$h[videorecording]
740 ƀƀ$aLes Noces de Figaro$h[videorecording]

246 3ƀ$iParrel title:$aMarriage of Figaro$h[videorecording] ← 대등표제(영어) 부출표목
= 740 ƀƀ$aMarriage of Figaro$h[videorecording]
246 3ƀ$iParrel title:$aDie Hochzeit des Figro$h[videorecording] ← 대등표제(독일어) 부출표목
= 740 ƀƀ$aDie Hochzeit des Figaro$h[videorecording]
246 3ƀ$iParrel title:$aLes Noces de Figaro$h[videorecording] ← 대등표제(불어) 부출표목
= 740 ƀƀ$aLes Noces de Figaro$h[videorecording]
260 ƀƀ$aBerlin :$bBel Air Media,$cl999
300 ƀƀ$a1 videodisc (191 min.) :$bsd., col. ;$c4¾ in.

형태사항: Laser disc는 300필드에 식별기호 '$a'로 '비디오디스크', 'videodics'라는 특정자료종별과 매수, '$b'로 기타형태사항, '$c'로 디스크의 지름을 크기로 기술한다.

306 ƀƀ$a031100

재생시간: 300필드에 식별기호 '$a'는 전체의 재생시간을 분초로 기술하고, 306필드는 '시, 분, 초'를 'hhmmss'의 형식으로 기술한다. 한 단위의 시, 분, 초는 '0'을 앞세워 기술한다.

300 ƀƀ$a...(191분 5초) :$b...
306 ƀƀ$a031105 ← 191분 5초를 시, 분, 초로 환산하여 3시간 11분 5초로 나타낸다.

500 ƀƀ$aTitle from title screen
500 ƀƀ$aLaser disc

주기: LD는 500필드에 'Laser disc'라고 주기한다.

500 ƀƀ$aSong in Italian
500 ƀƀ$aSubtitles in English, Japan, French, and Spanish
500 ƀƀ$aA performance at the Deutsche Staatsoper Berlin
508 ƀƀ$aCredits: Stage design, Herbert Kapplmuller ; costume design, Yoshio Yabara ; direct, Alexandre Tarta ; produce, Francois Duplat
511 8ƀ$aCast: Rene Pape (Figaro) ; Dorothea Roschmann (Susanna) ; Emily Magee (The Countess) ; Roman Trekel (Count Almaviva) ; Patricia Risley (Cherubino) ; Peter Schreier (Don Basilio) ; Mark Hastings (Cembalo/Harpsichord) ; State Opera Choir Berlin ; Staatskapelle Berlin, Daniel Barenboim, cond.

연주자주기: 511필드는 표출어의 생성여부를 제1지시기호로 지시하고, 식별기호 '$a'로 연주자를 배역명과 짝지어 주기한다. 그리고 연주단체와 지휘자는 연주자주기의 뒷부분에 기술한다.

511 8ʙ$aCast: 연주자명 (배역명) ; 연주자명 (배역명) ; ... ; 연주단체, 지휘자
511 1ʙ$a연주자명 (배역명) ; 연주자명 (배역명) ; 연주자명 (배역명) ; ...
<출력>배역: 연주자명 (배역명) ; 연주자명 (배역명) ; 연주자명 (배역명) ; ...

'배역'이라는 한국어 표출어는 제1지시기호 '1'에 의해 자동생성된다.

538 ɃɃ$aDVD format, Picture format 16:9. PCM stereo, Dolby digital 5.1
650 Ƀ0$a가극
700 1Ƀ$aBarenboim, Daniel ← 지휘자 부출표목
700 1Ƀ$aDa Ponte, Lorenzo ← 작사자 부출표목
700 1Ƀ$aLanghoff, Thomas ← 감독자 부출표목
700 1Ƀ$aTarta, Alexandre ← 감독자(공동) 부출표목
700 1Ƀ$aDuplat, Francois ← 제작자 부출표목

.....ngmƀƀ22.....ƀaƀ4500

007 vdƀcgaizq

008 ......s1988ƀƀƀƀukƀ---ƀgƀƀƀƀƀƀƀƀƀavuengƀƀ

028 41$a071804-1(set no. 071502-1)$bDecca

040 ƀƀ

090 ƀƀ$a $b

100 1ƀ$aPuccini, Giacomo,$d1858-1924

기본표목: 100필드는 식별기호 '$a'로 오페라의 작곡자를 기본표목하였다.

240 ƀ0$a토스카

통일표제: 음악자료는 발행자나 언어에 따라 동일 작품이라도 다르게 명명되는 경우가 많기 때문에 240필드는 한글로 된 통일표제를 작성하여 해당 식별기호로 기술하였다. 통일표제는 정보원의 언어나 표제에 상관없이 통일된 형식으로 기술하기 때문에 이미 작성된 동일 작품의 통일표제를 참조해야 한다.

┌ 작곡자 ┌ 감독자명

245 10$aTosca$h[videorecording] /$dGiacomo Puccini ;$edirector, Gianfranco de Bosio ;$eproducer, Kinloch Anderson

└ 제작자명

표제와 책임표시사항: 245필드에는 오페라명을 본표제로, GMD, 작곡자, 작사자, 감독, 제작자 등을 해당 식별기호로 기술하였다(A2R.6.1F;7.1F; K4.6.1.6.0;7.1.6).

245 10$a오페라명$h[GMD] :$c표제관련정보 /$d작곡자 ;$e작사자 ;$e감독자 ;$e제작자

260 ƀƀ$aLondon :$bThe Decca Record Co.,$c1988

300 ƀƀ$a1 videodisc :$bcol., stereo ;$c30 cm
500 ƀƀ$aTitle from dics label
500 ƀƀ$aExtended play CLV
500 ƀƀ$aLaser disc
500 ƀƀ$aOriginally published: UNITEL Film, 1976
500 ƀƀ$aSoundtrack digitally remastered for CD Video
500 ƀƀ$aLaser disc release the 1976 production

발행사항: 이 자료는 1976년 독일 'UNITEL'에서 발행된 것을 1988년 영국 'Decca'에서 Laser Disc로 발행한 것이다. 기술하는 방법은 ① 자료자체의 발행사를 260필드에 기술하고, 최초의 발행자는 500필드에 주기하는 방법, ② 260필드에 해당 식별기호를 반복하여 함께 기술하는 방법이다.

「**초판과 재판을 함께 기술한 예**」

260 ƀƀ$aMunchen :$bUNITEL Film,$c1976 ;$aLondon :$bThe Decca Record Co., $c1988

「**초판사항을 일반주기한 예**」

260 ƀƀ$aLondon :$bThe Decca Record Co.,$c1988
500 ƀƀ$aOriginally published: Munchen : UNITEL Film, 1976

508 ƀƀ$aCredits: Set and costume designer, Giancarlo Pucci ; director of photography, Luigi Verga ; cameraman, Giorgio Aureli ; editing, Alfredo Muschietti ; recording engineers, Eugenio Rondani, Rolf Peter Schroder ; unit managers, Vincenzo Franco Porcelli, Dino di Dionisio ; assistant directors, Peter Ledermann, Cesare Landricina

511 8ƀ$aCast: Raina Kabaivanska (Tosca) ; Placido Domingo (Cavaradossi) ; Sherrill Milnes (Scarpia) ; Alfredo Mariotti (Sagrestano) ; Giancarlo Luccardi (Angelotti) ; Mario Ferrara (Spoletta) ; Bruno Grella (Sciarrone) ; Domenico Medici (Carceriere) ; Placido Domingo Jr. (Pastore) ; Ambrosian Singers ; New Philharmonia Orchestra, Bruno Bartoletti, cond.

제작진주기: 508필드는 '제작진', 'Credits'라는 표출어로 제작자명과 역할어를 짝지어 기술한다. 이때 역할어와 제작자명 간에는 ','로, 제작자 간에는 ';'으로 구분한다(A2R.7.7B6; K4.7.7.3.6).

538 ƀƀ$aCLV
650 ƀ4$a가극
700 1ƀ$aBosio, Gianfranco de ← 감독자 부출표목
700 1ƀ$aBartoletti, Bruno ← 지휘자 부출표목
700 1ƀ$aAnderson, Kinloch ← 제작자 부출표목
776 0ƀ$aPuccini, Giacomo.$tTosca,$z... ← 이용가능한 다른 형태저록

8. 무용극자료

〈한국어를 중심으로〉

.....ngmƀƀ22.....ƀaƀ4500
007 vdƀcgaizq
008 ......s1993ƀƀƀƀjaƀ110ƀgƀƀƀƀƀƀƀƀƀavuƀƀƀƀƀ
028 41$aSJML-0801$bJapan Broadcasting Co.
033 0ƀ$a1990-----$bn-us

촬영일시와 장소: 033필드는 숫자부호, 518필드는 설명적 주기로 연계시켜 기술한다.

033 0ƀ$aYYYYMMDD$b지역명부호
518 ƀƀ$a촬영년월일과 장소를 설명주기

040 ƀƀ
090 ƀƀ$a☐$b
100 1ƀ$aAdam, Adolphe

기본표목: 이 자료는 극장에서 공연한 발레를 녹화한 것이다. 100필드는 발레곡의 작곡자를 기본표목하였다.

245 00$a지젤$h[비디오녹화자료] :$b발레 전2막 :$b볼쇼이발레 =$xGiselle :$bballet in 2 acts /$dAdolphe Adam 작곡 ;$eTheophile Gauthier, $eV. Saint-George 대본 ;$eLucia Chase,$eOliver Smith 제작

표제와 책임표시사항: 245필드는 한국어표제를 본표제, 영어표제를 대등표제로 기술하고, 작곡자, 필름의 제작에

참여한 감독자, 대본자, 제작자 등을 책임표시로 기술하였다(A2R.6.1;7.1; K4.6.1;7.1). 이 때 문자가 다른 표제와 표제관련정보는 문자끼리 짝지어 기술한다.

245 10$a한국어 표제$h[GMD] :$b한국어표제의 관련정보 =$x영어표제 :$c영어표제의 관련 정보 /$d작곡자 ;$e필름감독자 ;$e대본자 ;$e제작자

246 31$aGiselle$h[비디오녹화자료] ← 대등표제(영어) 부출표목
=740 ꝥꝥ$aGiselle$h[비디오녹화자료]
260 ꝥꝥ$a東京 :$bJapan Broadcasting Co.(NHK),$c1993 ;$a서울 :$b中央日報社[공급], $c1993$f(서진통상프로덕션 : 서진미디어)

발행사항: 260필드는 발행사항을 먼저 기술하고 다음에 배포사항, 그리고 마지막에 제작사항을 ( )에 묶어 기술한다. 그러나 발행사항, 배포사항, 그리고 제작사항이 동일할 때는 앞 사항에 기술되는 동일한 사항은 생략한다.

260 ꝥꝥ$a발행지 :$b발행자,$c발행년 ;$a배포지 :$b배포자[배포],$c배포년$e(제작지 :$f제작자,$g제작년)

300 ꝥꝥ$a비디오디스크 1매(2면, 110분) :$b유성, 천연색, 스테레오 ;$c30 cm
306 ꝥꝥ$a015000
500 ꝥꝥ$a으뜸정보원 표제: Giselle
500 ꝥꝥ$a본표제는 표제화면의 표제임

표제의 정보원: 정보원에 따라 표제가 상이할 때는 으뜸정보원의 표제를 본표제로 기술하고, 다른 표제는 정보원과 함께 500필드로 주기하였다(A2R.7.7B4; K4.7.7.3.4). 본 예에서는 용기의 한글표제를 본표제로 기술하고, 500필드에 그 정보원을 주기한다.

500 ꝥꝥ$aLaser dics
500 ꝥꝥ$a색채: Color/NTSC
508 ꝥꝥ$a제작진: 안무, Yury Grigorovich ; 오리지날 안무, Simon Virsaladze ; 필름 감독, Hugo Niebeling, David Blair ; 볼쇼이극장현악단. 합창단, Algis Zhuraitis, 지휘

제작진주기: 508필드에는 '제작진'이라는 표출어로 안무자, 연주단체, 지휘자 등을 기술한다(A2R.7.7B6; K4.7.7.3.6).

511 1ꝥ$aNataliya (Giselle) ; Yury Vasyuchenko (Count Albert) ; Yury Vetrov (Hans) ; Mariya Bylova (Myrta) ; Elena Bobrova (Berta) ; Violetta Voronina (Bathilde) ; Andrei Sitnikov (The Duke) ; Sergei Gromov (Wilfrid) ; Elvira Drozdova, Oksana Tsvetnitskaya (Two wilis) ; Mariya Nudga, Andrei Buravtsev (Pas de deux) ; Elvira Drozdova....[at al](Giselle's friends)
518 ꝥꝥ$a1990년 American Ballet Theatre에서 채록
538 ꝥꝥ$aCLV, digital audio
650 ꝥ0$a발레
700 1ꝥ$aChase, Lucia ← 제작자 부출표목
700 1ꝥ$aSmith, Oliver ← 제작자(공동) 부출표목
700 1ꝥ$aNiebeling, Hugo ← 감독자 부출표목
700 1ꝥ$aBlair, David ← 감독자(공동) 부출표목
700 1ꝥ$aGauthier, Theophile ← 대본자 부출표목
700 1ꝥ$aSaint-George, V. ← 대본자(공동) 부출표목
700 1ꝥ$aZhuraitis, Algis ← 지휘자 부출표목

〈영어를 중심으로〉

100 1ɓ$aAdam, Adolphe

245 00$aGiselle$h[videorecording] :$cballet in 2 acts :$cBolshoi ballet =$x지젤 :$c발레 전2막 /$dmusic by Adolphe Adam ;$elibretto by Theophile Gauthier and V. Saint-George ;$eproduction by Lucia Chase and Oliver Smith ;$edirected by David Blair

GMD: 표제의 표목에 기술되는 영어형식의 GMD는 'videorecording', 한국어형식의 GMD는 '비디오녹화자료'로 기술하였다. 본 예는 246필드나 740필드의 한국어 표제에도 GMD를 통일하기 위하여 영어로 기술하였다.

257 ɓɓ$aJapan

┌ 발행사항　　　　　　　　공급사항은 자료에 나타난 한국어명칭 ┐

260 ɓɓ$aTokyo :$bJapan Broadcasting Co.(NHK),$c1993 ;$a서울 :$b中央日報社[공급],$c1993$f(서진통상프로덕션/서진미디어)

└ 제작사항은 정보원의 한국 기관명으로 기재

발행사항: 260필드는 발행사항을 원명으로, 보급자와 제작자는 한국기관이기 때문에 정보원에 나타난 한국어명으로 기술하였다. 이때 제작지와 제작년은 배포지, 배포년과 동일하기 때문에 기술을 생략하였다.

246 31$a지젤$h[videorecording]

=740 ɓɓ$a지젤$h[videorecording]

300 ɓɓ$a1 videodisc (110 min.) :$bsd., color, stereo ;$c30 cm

306 ɓɓ$a015000

상영시간: 306필드는 008/18-20자리와 300필드의 식별기호 '$a'를 연계시켜 숫자부호로 기술한다.

┌ 008/18-20자리는 상영시간을 3자리로 표시

008 ......s1993ɓɓɓɓja110ɓgɓɓɓɓɓɓɓɓɓavuɓɓɓɓɓ

300 ɓɓ$a1 videodisc (110 min.) :$bsound, color, stereo ;$c30 cm

306 ɓɓ$a015000　　└ 해당 자료의 상영시간을 분. 초단위로 기술

└ 'hhmmss'의 형식으로 상영시간을 숫자적부호로 기술

500 ɓɓ$aTitle from title frame

500 ɓɓ$aLaser dics

500 ɓɓ$aColor/NTSC

508 ɓɓ$aCredits: Choreographer, Yury Grigorovich ; original choreographer, Jean Coralli, Jules Perrot and Marius Petipa ; design, Simon Virsaladze ; film directed by Hugo Niebeling and David Blair ; U.S.S.R. Bolshoi Theatre Orchestra, Algis Zhuraitis, cond.

┌ 제1지시기호 '8'은 정형화되지 않은 해당 표출어 기술을 위한 지시

│　┌ '배역'이란 표출어 이외는 제1지시기호 '8'로 기술.

│　│　　　　역할을 달리한 저작자의 구분부호 ┐

│　│　극중의 배역명을 ( )에 묶어 부기 ┐　　│

511 8ɓ$aCast: Nataliya Bessmertnova (Giselle) ; Yury Vasyuchenko (Count Albert) ; Yury Vetrov (Hans) ; Mariya Bylova (Myrta) ; Elena Bobrova (Berta) ; Violetta Voronina (Bathilde) ; Andrei Sitnikov (The Duke) ; Sergei Gromon (Wilfrid) ; Elvira

Drozdova and Oksana Tsvetnitskaya (Two wills) ; Mariya Nudga and Andrei Buravtsev (Pas de deux) ; Elvira Drozdova, Irina Zibrov, Nataliya Malandina, Aleksandra Peschimskaya, Marinu Zyatikova and Oksana Tsvetitskaya (Giselle's friends)

제작진/배역진주기: 508필드와 511필드는 제작자명과 역할어, 연기자명과 배역명를 모두 자료에 나타난 원명으로 기술하였다.
508필드는 245필드에 식별기호 '$d'나 '$e'로 기술되지 않은 제작자를 역할어와 짝지어 주기한다. 이때 역할이 다른 저작자 간에는 ';'으로 구분하고, 공저작자 간에는 ','로 구분한다.
511필드는 무용수명에 해당 역할을 ( )에 묶어 기술한다. 이때 연주자간의 구분은 ';'으로 한다. 그리고 중요 배역진은 필요한 경우 700필드로 부표목한다.

518 ɓɓ$aFilmed on location in American Ballet Theatre in 1990
538 ɓɓ$aCLV, digital audio
650 ɓ0$a발레

주제명표목: 650필드는 영어형식으로 목록하는 경우이지만 주제명은 한국어로 통일하여 표목하였다.

700 1ɓ$aChase, Lucia ← 제작자 부출표목
700 1ɓ$aSmith, Oliver ← 제작자(공동) 부출표목
700 1ɓ$aNiebeling, Hugo ← 감독자 부출표목
700 1ɓ$aBlair, David ← 감독자(공동) 부출표목
700 1ɓ$aGauthier, Theophile ← 대본자 부출표목
700 1ɓ$aSaint-George, V. ← 대본자(공동) 부출표목
700 1ɓ$aZhuraitis, Algis ← 지휘자 부출표목

〈표 3〉 영상자료의 상용용어

Acting coach : 연기지도
Action title : 실용자막
Adaptation : 각색
Ambient light(sound) : 주변조명(음향)
Art director : 미술감독
Assi. Director : 조감독
Assi. Cameraman : 촬영조수
Assi. Editor : 편집조수
Assi. Producer/Production assistant : 제작조수
Associative Producer : 제작부장
Background music : 배경음악
Back-up Camera : 대응촬영기
Call Man : 조감독
Cameraman : 촬영감독
Camera Operator : 촬영조수
Cast/Casting(Casting Director) : 배역(배역감독)
Cinematographer : 촬영감독
Clapper Loader : 촬영조수
Closed-Captioned : 자막
Co-producer : 공동제작자
Craftman Director : 감독
Designer : 미술감독
Detailman : 조감독
Dialogue Coach/Dialogue Director : 대사감독
Dialogue Writer : 대사작가
Director : 감독
Director of Photography : 촬영감독
Editing Assistant : 편집조수
Executive Producer : 현장감독
Film Cutter/Film Editor : 필름편집자
Film Language : 영화언어
Film Maker : 영화제작자, 영화회사
Film Script : 촬영대본
First Cut : 가편집
First Run : 개봉
Herder : 제2조감독
Incamera Editing(effect) : 카메라편집(효과)
Incidental Music : 반주음악
Intercut : 간격편집
Lighting(Light man) : 조명(조명기사)
Lighting Cameraman : 촬영감독
Line Producer : 보조경비담당
Music Contractor : 음악부장
Music Editor/Music Mixer : 음악편집자
Music Supervisor : 음악감독
Narration Script : 해설대본
Narrative Montage : 서술편집
Narrator : 해설자
Opera Film : 오페라영화
Operating Cameraman Operator : 촬영조수
Orchestrator : 편곡자
Personal Director : 감독
Player : 연기자
Picture Editing : 영상편집
Presenter : 증여자
Production(Producer) : 제작(제작자)
Production Auditor : 제작경리
Production Buyer : 제작구매원
Production Company : 제작사
Production Designer : 제작설계사
Production Editor : 제작편집자
Production Manager : 제작지휘자
Production Personal : 제작진
Projectionist : 영사기사
Recording Supervisor/Recordist : 녹음기사
Scenario : 시나리오, 대본, 영화각본
Scenario Writer : 시나리오작가
Scenarist : 시나리오작가
Screen play : 각본
Screen Writer : 각본자
Second Unit/Second-unit Director : 제2제작진
Set Decorator : 무대장식자
Set Director : 무대감독
Set Dresser : 무대장식가
Shooting Company : 촬영진
Song : 음향
Sound Editor : 음향편집기사
Sound Engineer : 음향기사
Sponsor : 후원자
Stage Designer : 스테이지설계자
Still man : 사진기사
Underscoring : 배경음악
Unit : 제작자
Wrangler : 조련사
Writer : 시나리오작가

제 3 장

전자자료[1)]

1. 제어필드

006 부호화정보필드 – 부가적 자료특성(Fixed-Length Data Elements – Additional Material Characteristics) <A>R

이 필드는 008필드에서 부호화되지 못하는 자료의 특정 정보를 부호화하기 위해 사용된다. 인쇄자료에 딸림자료로 생산된 다른 형태의 자료일 때 008필드는 주된 자료의 유형을 적용하고 부가된 자료는 006필드에 적용한다.

딸림자료가 본 자료와 다른 형태인 전자자료로 리더/06이 'm'(전자자료)이 아닌 경우 006필드에 전자자료의 유형을 적용한다.

006필드는 00-13까지 14자리로 구성된다. 첫 번째 00자리는 형태가 다른 자료나 딸림자료의 자료형태를 표시하고, 01-13자리는 008필드의 18-25, 29-31, 33-34자리의 내용을 표시한다.

자수위치	데이터요소	자수위치	데이터요소
00	m– 전자자료	06-07	미정의(008/23-24)
01-04	미정의(008/18-21)	08	전자자료의 유형(008/25)
05	이용대상자 수준(008/22)	09-13	미정의(008/29-34)

006 mȸȸȸȸeȸȸcȸȸȸȸȸ

007 형태기술필드(Physical Description Fixed Field--General Information)<M>R

전자자료의 007필드는 KORMARC(통합서지용)에서 처음 규정되었고, USMARC(1994)와 MARC21에 규정되어 있는데 MARC21은 USMARC(1994)에 비해 많은 부분이 개정되어 있기 때문에 이를 함께 제시하였다. 이들 MARC는 첫 번째 00자리의 자료범주표시를 'c'로 하고, USMARC(1994)는 01-05자리까지 모두 6자리의 고정길이 필드로 구성되었으며, KORMARC(통합서지용)과

1) *MARC 21 Format for Bibliographic Data* [검색, 2003년 11월 3일] <http://www.loc.gov/marc/; *AACR2R 2002* edition [검색, 2003년 10월 30일] <http://www.을 참조하여 개정하였음

MARC21은 01-13자리까지 모두 14자리의 고정길이 필드로 구성되었다. 본서에서는 MARC21과 KORMARC(통합서지용), K4를 준용하여 컴퓨터파일을 전자자료로 명칭하였다.

자수 위치	자리 수	데이터명	데 이 터 요 소
00	1	**자료범주표시**	c-전자자료(Electronic resource)
01	1	**특정자료종별**	a-테이프 카트리지(Tape cartridge) b-칩 카트리지(Chip cartridge) c-컴퓨터 광디스크 카트리지(Computer optical disc cartridge) f-테이프 카세트(Tape cassette) h-테이프 릴(Tape reel) j-마그네틱(자기)디스크(Magnetic disk) m-광자기 디스크(Magneto-optical disc) o-광 디스크(Optical disc) r-원격(Remote) u-미정(Unspecified) z-기타 (Other) |-부호화하지 않음
02	1	**미정의**	ɓ-미정(Each contains a blank)
03	1	**색채**	a-단색(One color) b-흑백(Black-and-white) c-천연색(Multicolored) g-회조색(그레이 스케일(白에서 黑까지의 명도를 10단계로 나눈 무채색 색표: Grey scale)) m-혼합(Mixed) n-적용불가(Not applicable) u-미상(Nnknown) z-기타(Other) |-부호화하지 않음
04	1	**규격**	a- 3½ in. e- 12 in. g- 4¾ in. or 12 cm. l- 1⅛ x 2⅜ in. j- 3⅞ x 2½ in. n- 적용불가 o- 5¼ in. u- 미상 v- 8 in. z- 기타. |-부호화하지 않음
05	1	**음향**	b-무성(No sound) a-유성(매체자체의 음향(Sound on medium)) u-미상(Unknown) |-부호화하지 않음
06-08	3	**이미지의 비트 깊이**	001-999-정밀 비트의 깊이(Exact bit depth) mmm-복합(Multiple) nnn-적용불가(Not applicable) --- -미상(Unknown) |||-부호화하지 않음
09	1	**파일 형식의 종수**	a-동일 종류의 파일(One) m-여러 종류의 파일(Multiple) u-미상(Unknown) |-부호화하지 않음
10	1	**품질보증지표**	a-없음(Absent) n-적용불가(Not applicable) p-있음(Present) u-미상(Unknown) |-부호화하지 않음
11	1	**원시자료의 정보원**	a-원시자료(원본)로부터 재생산된 파일(File reproduced from origianl) b-마이크로자료로부터 재생산된 파일 (File reproduced from microform) c-전자자료로부터 재생산된 파일(File reproduced from an electronic resource) d-중간매체자료(마이크로자료 제외)로부터 재생산된 파일(File reproduced from an intermediate(not microform) m-혼합(Mixed) n-적용불가(Not applicable) u-미상(Unknown) |-부호화하지 않음
12	1	**압축수준**	a-압축하지 않음(Uncompressed) b-무손실 압축(화상. 음성 데이터의 압축이 손실이 없는: Lossless) d-유손실 압축(Lossy) m-혼합 압축(Mixed) u-미상(Unknown) |-부호화하지 않음
13	1	**재포맷의 품질**	a-접근(Access) n-적용불가(Not applicable) p-보존(Preservation) r-대체물(입력된 자료의 부분을 대체할 수 있는 기능 또는 방법: Replacement) zu-미상(Unknown) |-부호화하지 않음

008 부호화정보필드(Fixed-Length Data Elements) <M> NR

전자자료의 008필드는 40자리의 고정장필드로 00-17, 26-28, 32, 35-39자리는 모든 자료에서 공통으로 적용되고, 18-25, 29-31, 33-34자리는 전자자료에 적용된다.

◎ 전자자료

자수 위치	자리 수	데이터요소 (적용수준)	비　　　　고
00-05	6	**입력일자**(공통)	최초 입력일을 YYMMDD형식으로 기재
06	1	**발행년유형**(공통)	발행년유형에 나타낸 문자부호
07-10	4	**발행년 1**(공통)	발행년유형에 지시된 연도
11-14	4	**발행년 2**(공통)	발행년유형에 지시된 연도
15-17	3	**발행국명**(공통)	부속서1. '**발행국명**'의 3자리 해당부호
18-21	4	미정의 (006/01-04)	ȼȼȼȼ－빈칸　|－부호화하지 않음
22	1	이용대상자 수준 (006/05)	ȼ－일반이용자용　a－취학전 아동　b－초등학생　c－중학생 d－고등학생　e－성인용　f－특수계층(장애자용)　j－아동용 z－미상 또는 세분하지 않은 경우(적용불가)　|－부호화하지 않음
23-24	2	미정의 (006/06-07)	ȼȼ－빈칸　|－부호화하지 않음
25	1	**전자자료의 유형** (006/08)	a－수치정보(통계자료 포함)　b－컴퓨터 프로그램　c－설명자료(그림이나 그래프 정보)　d－문자(document)　e－서지 데이터　f－폰트(font)　g－게임 h－음향　i－양방향 멀티미디어　j－온라인 시스템 또는 서비스　m－조합(예: 컴퓨터프로그램과 문자파일의 조합)　u－미상　z－기타　|－부호화하지 않음
26-27	2	**한국대학부호**(공통)	부속서2. '**한국대학부호**'의 2자리 해당부호
28	1	**수정레코드**(공통)	ȼ－변형없음　b－문자를 빈칸(ȼ)으로 입력　h－한자를 한글로 입력한 경우 r－로마자 이외의 문자를 로마자로 입력한 경우　s－레코드의 단축　x－한자 이외의 문자를 한글로 변형입력한 경우　|－부호화하지 않음
29-31	3	미정의 (006/09-11)	ȼȼȼ－빈칸　|－부호화하지 않음
32	1	**목록전거**(공통)	ȼ－국가서지작성기관(국립중앙도서관)　a－자관　c－협력기관(국립중앙도서관 이외)　d－기타기관　u－미상　|－부호화하지 않음
33-34	2	미정의 (006/12-13)	ȼȼ－빈칸　|－부호화하지 않음
35-37	3	**언어**(공통)	부속서3. '**언어구분부호표**'의 해당 부호 ȼȼȼ－미정의(언어가 사용되지 않은 경우)　mul－복수언어(6개 이상의 다수언어) sgn－기호로 된 언어　und－미상　|－부호화하지 않음
38-39	2	**한국정부기관부호** (공통)	부속서4. '**한국정부기관부호표**'의 해당부호

```
┌ 00-05(입력일자:공통): 991021－ 1999년10월21일
|          ┌ 06(발행년유형:공통): m－ 복수년도
|          | ┌ 07-10(발행년 1:공통): 1970－ 발행년(시작년)
|          | |     ┌ 11-14(발행년 2:공통): 1976－ 발행년(마지막년)
|          | |     |     ┌ 15-17(발행국명:공통): ulk－ 한국 서울
|          | |     |     |            ┌ 26-27(한국대학부호:공통): ƀƀ－ 해당 없음
|          | |     |     |            |     ┌ 28(수정레코드: 공통): h－ 한자를 한글로 입력
|          | |     |     |            |     |    ┌ 32(목록전거:공통): a－ 자관
|          | |     |     |            |     |    |   ┌35-37(언어부호:공통): mul－다수언어
|          | |     |     |            |     |    |   |    ┌ 38-39(한국정부기관부호:
|          | |     |     |            |     |    |   |    |        공통): ƀƀ－ 해당 없음
008 991021m19701976ulkƀƀƀƀe ƀƀgƀƀhƀƀaƀƀmulƀƀ
                          |     || |     |  └ 33-34(미정의): ƀƀ－ 빈칸
                          |     || |     └ 29-31(미정의): ƀƀ－ 빈칸
                          |     || └ 25(전자자료의 유형): g－ 게임
                          |     |└ 23-24(미정의): ƀƀ－ 빈칸
                          |     └ 22(이용대상자 수준): e－ 성인용
                          └18-21(미정의): ƀƀƀƀ－ 빈칸
```

2. 컴퓨터 디스크자료

1) 개인 저작자료

〈리더[2]〉

레코드길이: ..... 레코드상태: n 레코드유형: m 서지수준: m 제어유형: ƀ
문자부호화 체계: ƀ 지시기호자리수: 2 식별기호자리수: 2 데이터기본번지: .....
입력수준: ƀ 목록기술형식: a 연관레코드조건: ƀ 엔트리맵: 4500

008[3] s1995ƀƀƀƀulkƀƀƀƀaƀƀdƀƀƀƀƀƀaƀƀkorƀƀ
010
040 ƀƀ
090 ƀƀ$a $b
100 1ƀ$a이선옥

기본표목: 개인의 저작은 100필드에 제1지시기호 '1'로 지시하고, 식별기호 '$a'로 개인명을 기관에서

2) 리더의 '00-04'(레코드 길이)와 '12-16'(데이터기본번지)는 해당사항이 자동생성되기 때문에 기술하지 않아도 된다.
3) 부호화정보필드 008필드의 00-05(입력일자)자리는 자동생성된다.

정한 표목어로 기본표목한다. 기본표목되는 개인명은 성부터 기술하고 서양인명이나 영어로 표기된 인명은 성 다음에 ','를 찍어 성과 이름을 구분한다.

100 1ƀ$a김동인 (金東仁)

100 1ƀ$aShakespeare, William
= 100 1ƀ$a섹스피어, 윌리엄
(William Shakespeare)

245 10$a한국의 그림$h[전자자료] /$d이선옥 글, 역음

표제와 책임표시사항: 245필드는 식별기호 '$a'로 자료명, '$h'로 '전자자료'라는 GMD, '$d'로 책임표시인 저작자와 역할어를 짝지어 기술한다(A2R.9.1). 한 사람에 대한 2가지 이상의 역할표시는 ','로 구분하여 함께 기술하고(A2R.1.1F1), 기본표목되지 않은 저작자는 부표목한다.

... /$d저작자 역할어, 역할어 ;$e역할을 달리한 저작자 역할어
700 1ƀ$a역할을 달리한 저작자
710 ƀƀ$a단체명

256 ƀƀ$a컴퓨터 데이터
260 ƀƀ$a서울 :$bKBS영상사업단,$c1995$f(서울시스템)
300 ƀƀ$a컴퓨터 광 디스크 1매 :$b삽도, 천연색 ;$c12 cm
500 ƀƀ$a본표제는 디스크의 표제임
500 ƀƀ$aSCDR-10042 -- 디스크 라벨
500 ƀƀ$aCompact disc data storage

일반주기: 전자자료는 본표제의 정보원을 500필드에 주기한다(A2R.9.7B3).

500 ƀƀ$a본표제는 표제화면의 표제임
500 ƀƀ$a본표제는 용기의 표제임
500 ƀƀ$a본표제는 디스크라벨의 표제임
500 ƀƀ$a본표제는 안내서의 표제임
500 ƀƀ$a본표제는 파일에서
500 ƀƀ$a본표제는 TEI 헤더에서
500 ƀƀ$a본표제는 홈페이지에서
500 ƀƀ$a본표제는 타이틀 디스프레이에서
500 ƀƀ$a기술사항: 제43권; 표제는 파일헤더에서

500 ƀƀ$aTitle from title screen
500 ƀƀ$aTitle from case
500 ƀƀ$aTitle from disc label
500 ƀƀ$aTitle from user's guide
500 ƀƀ$aTitle from line of file
500 ƀƀ$aTitle from title display
500 ƀƀ$aTitle from TEI header
500 ƀƀ$aTitle from home page
500 ƀƀ$aDescription based on: Issue 43; title from file header

538 ƀƀ$a시스템조건: 386 SX이상의 IBM PC호환기종; 메인 메모리 4MB이상; CD-ROM드라이브; 사운드카드 및 스피커; 마우스; 한글윈도우 3.1

시스템에 관한 주기: 538필드는 자료를 이용하는데 필요한 코드의 존재유무, 파일의 물리적 특성, 프로그램언어와 컴퓨터사양, 주변장치 등을 ';'으로 구분하여 '시스템요구조건', 'System requirements'라는 표출어로 주기한다(A2R.9.7B1).

538 ƀƀ$a시스템조건: 특정파일의 존재 유무나 파일의 물리적 특성; 소프트웨어의 프로그램 언어와 컴퓨터사양; 주변장치 등

[Disc label:[4]]

POETRY
in
MOTION

COMPACT
DISC
DIGITAL DATA
QT 11
CDRM1176910

by Ron Mann

VOYAGER
ⓒSoftware design. The Voyager Company. 1992, 1994

.....nmmȸȸ22.....ȸaȸ4500
006 aȸȸȸȸȸȸp000ȸȸ

부호화정보 필드 - 부가적 자료 특성: 본 자료와 형태가 다른 딸림자료의 부호화정보를 기술한다. 모체자료는 전자자료로 리더/06에 'm'으로 레코드유형이 표시되어 있고, 딸림자료는 모체자료와 다른 도서형태이기 때문에 006/00에 'a'(도서: 문자자료)로 딸림자료의 부호화정보를 기술하였다.

008 //////s1994ȸȸȸȸusȸȸȸȸȸaȸȸdȸȸȸȸȸȸaȸȸengȸȸ
010
040 ȸȸ
090 ȸȸ$a
100 1ȸ$aMann, Ron
245 10$aPoetry in motion$h[electronic resource] /$dby Ron Mann
256 ȸȸ$aComputer data and program

파일의 특성: 256필드는 컴퓨터파일의 유형에 세부사항인 파일 수, 레코드 수, 명령문 수, 바이트 수 등을 ( )에 묶어 부기한다(A2R.9.3B).

┌ 컴퓨터파일의 유형:
| 컴퓨터 데이터 computer data
| 컴퓨터 프로그램 computer program
| 컴퓨터 데이터와 프로그램 computer data and program 등을 기술

256 ȸȸ$a컴퓨터 데이터 (2 파일 : 866,000, 775,000 레코드)
└파일, 레코드, 명령문, 바이트 수 등을 ( )로 묶어 기술

256 ȸȸ$aComputer program (1 file : 200 statement)

4) Ingrid Hsieh-Yee, *Organizing Audiovisual and Electronic Resources for Access: a cataloging guide* (Englewood, Colorado: Libraries Unlimited, Inc., 2000). p. 156의 예문응용.

260 ƀƀ$aNew York :$bVoyager,$cc1994

300 ƀƀ$a1 computer laser optical disc :$bsd., col. ;$c4¾ in. +$euser's guide (5 p.)

딸림자료: 300필드는 식별기호 '$e'로 딸림자료의 종별과 수량에 딸림자료의 형태사항을 ()에 묶어 부기한다(A2R.9.5E; K31.1.4.4.2). 본표제와 다른 독립된 표제를 가진 딸림자료는 500필드에 '딸림자료' 라는 표출어로 주기하고(A2R.9.7B11; K31.1.6.3.11), 740필드로 딸림자료명을 부출표목한다.

300 ƀƀ$a.... :$b... ;$c.... +$e딸림자료 (형태사항)
500 ƀƀ$a딸림자료: 딸림자료명 ← 딸림자료명이 본표제와 다른 경우
740 ƀƀ$a딸림자료명 ← 주기된 딸림자료명의 부출표목

500 ƀƀ$aTitle from disc label

500 ƀƀ$a"CDRM176910"

520 8ƀ$aSummary: Presents the performances of twenty-four contemporary poets such as Amiri Baraka, William S. Burroughs and Alan Ginsberg. Features original texts and the poems as performed. Includes some interviess

538 ƀƀ$aSystem requirements for Macintosh: Any Macintosh; 2,500K of available RAM(at least 4 MB installed); System 6.0.7 or higher; 13-inch (640 x 480 resolution) or greater color monitor; CD-ROM drive(double-speed recommended)

538 ƀƀ$aSystem requirements for Windows: Windows 3.1, DOS 5.0 or later, MSCDEX; 640 x 480 wt56-color display; MPC-compatible CD-ROM drive; sound card with speakers or headphones

시스템에 관한 주기: 538필드는 자료 이용을 위한 사용환경의 조건, 종류, 특성을 '시스템요구조건', 'System requirements'라는 표출어로 주기한다(A2R.9.7B1). 본 예와 같이 program별에 따른 시스템 요구조건이 다르게 나타나 있을 때는 538필드를 반복하여 주기한다.

┌ 항목 간은 '쌍반점 빈칸'으로 구분 기재
538 ƀƀ$a시스템요구조건: 컴퓨터메이커 및 모델; 기억용량; 운영시스템명; 소프트웨어요구조건

650 ƀ4$aAmerican poetry$y20th century$xHistory and criticism

650 ƀ4$aPoets$y20th century$xInterviews

주제명표목: 650필드는 주제명에 시대세목, 일반세목 등을 해당 식별기호로 표목하였다.

650 ƀ❷$a주제명$y시대세목$x일반세목 <출력>주제명--시대세목--일반세목

710 ƀƀ$aVoyager Company ← 발행처 부출표목

.....nmmƀƀ22.....ƀaƀ4500
006 aƀƀƀƀƀƀp000ƀƀ
008 ......s1977ƀƀƀƀusƀƀƀƀƀaƀƀdƀƀƀƀƀƀaƀƀengƀƀ
010
020 ƀƀ$a0123408229(user manual)
040 ƀƀ
090 ƀƀ$a $b
100 1ƀ$aHenkel, James G.

기본표목: 100필드는 2인 공저자 중 처음 표시된 저작자명을 기본표목한다.

245 10$aMolecular graphics on the IBM PC micro-computer$h[electronic resource] /$dJames G. Henkel,$eFrank H. Clarke

표제와 책임표시사항: 저작자는 245필드에 식별기호 '$d'로 첫 번째 저작자, '$e'를 반복하여 두 번째 이하의 저작자나 역할을 달리한 저작자를 기술한다. 이때 동일 역할의 저작자 사이는 ','나 'and'로, 역할이 다른 저작자는 ';'으로 구분한다(A2R.1.1A1; K31.1.0.6). 식별기호 '$e'로 기재된 두 번째 이하의 저작자는 700필드(인명), 710필드(단체명)로 부표목한다.

100 1ƀ$a저작자A ┌ 동일 역할의 저작자는 ','로 구분
245 10$a본표제$h[GMD] /$d저작자A,$e저작자B ;$e역할을 달리한 저작자
700 1ƀ$a저작자명B └ 역할을 달리한 저작자 ';'으로 구분
700 1ƀ$a역할을 달리한 저작자 ← 역할을 달리한 저작자의 부출표목

250 ƀƀ$aEnhanced version 2.0

판차사항: 250필드는 판의 회차와 저작자와 상이한 개정자를 기술하고(A2R.1.2; K31.1.2), 개정자는 700필드로 부표목한다(K31.1.2).

250 ƀƀ$a판의 회차 /$b개정자
700 1ƀ$a개정자명

256 ƀƀ$aComputer program
260 ƀƀ$aOrlando [Fla.] :$bAcademic Press,$cl988
300 ƀƀ$a1 computer disk :$bcol. ;$c5¼ in. +$e1 manual
500 ƀƀ$aTitle from documentation
538 ƀƀ$aSystem requirements: IBM PC., XT, AT, PC Jr., or compatibles; 192K for DOS 2.0, 2.1, or 3.0; graphics adapter card; color monitor
581 ƀƀ$aCan be adapted for monochrome monitor
700 1ƀ$aClarke, Frank H. ← 공저자명 부출표목

2) 단체 저작자료

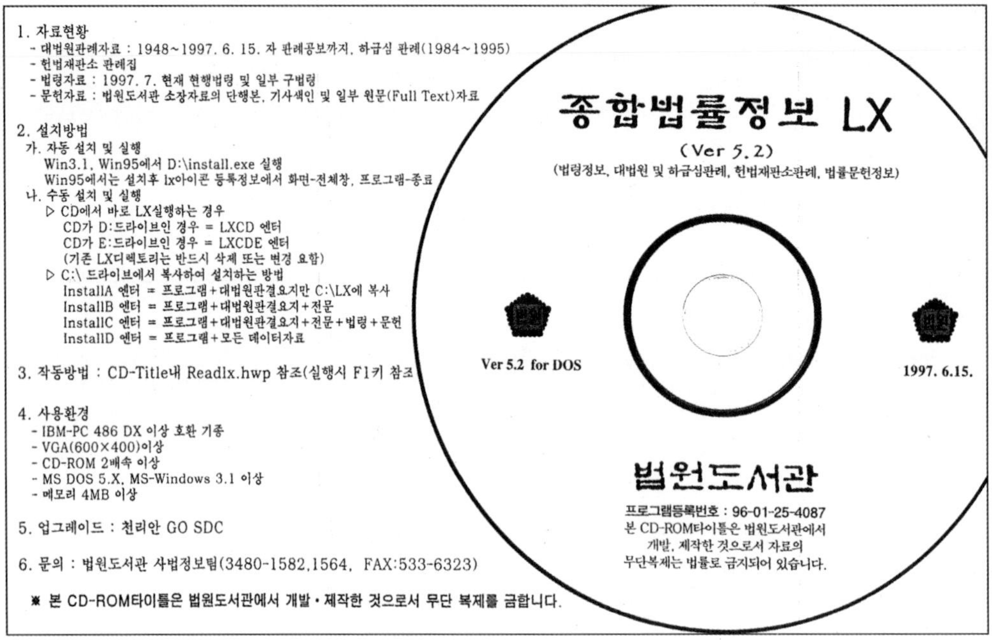

.....nmmƀƀ22.....ƀaƀ4500
008 ......s1997ƀƀƀƀulkƀƀƀƀaƀƀdƀƀƀƀƀƀaƀƀkorƀƀ
010
040 ƀƀ
090 ƀƀ$a　$b
110 ƀƀ$a법원도서관

기본표목: 공공단체의 저작 자료는 단체명을 110필드로 기본표목한다. 표목되는 단체명을 직접표목과 간접표목으로 구분하여 직접표목은 단체명을 그대로 표목하고, 간접표목은 상하위단체명에 저작단체명을 하위단체명으로 기술한다. 하위단체명이 2개 이상으로 구성된 것은 식별기호 '$b'를 반복하여 기재하거나 일부를 생략한다(A2R.24.14).

110 ƀƀ$a단체명	110 ƀƀ$a상위단체명.$b하위단체명.$b하위단체명

245 10$a종합법률정보 LX$h[전자자료] /$d법원도서관
250 ƀƀ$aVer 5.2 for DOS

판사항: 250필드는 판차와 본저자와 상이한 해당판의 개정자를 기술한다. 컴퓨터자료에서 주로 사용되는 판에 관한 용어는 'edition', 'issue', 'version', 'release', 'level', 'update' 등이 있다(A2R.9.2B; K4.8.2.0).

250 ƀƀ$a판차표시	250 ƀƀ$a판차표시 /$b개정자
250 ƀƀ$aNews version	250 ƀƀ$aRelease 12/91.
250 ƀƀ$aElectronic version	250 ƀƀ$aASCII ed.

250 ␢␢$aVersion 32.　　250 ␢␢$aPostScript ed.
250 ␢␢$aVersion 2.9.6　　250 ␢␢$aWorking draft
250 ␢␢$a3rd update　　250 ␢␢$aRev. as of Jan. 1, 1958
250 ␢␢$aSpecial education ed. 250 ␢␢$a2nd ed. /$bprepared by A Winnter

철자법의 수정과 같은 사소한 변경, 내용배열의 변경, 출력형식이나 출력매체의 변경, 레코드의 블록이나 밀도의 변경과 같은 물리적 특성의 변경 등은 판표시로 기술하지 않는다.

256 ␢␢$a컴퓨터 데이터
260 ␢␢$a[서울] :$b동 도서관,$c1997

발행사항: 저작자와 동일한 발행자는 245필드의 식별기호 '$d'로 완전명을 책임표시로 기술하고, 260필드의 식별기호 '$b'로 기술되는 발행자는 식별이 가능한 범위에서 간략히 기재한다.

┌ 책임표시는 완전명을 기술
245　$a....$h.... /$d법원도서관
260 ␢␢$a서울 :$b동 도서관
└─ '동(同)'은 책임표시에 기술된 동일 기관임을 간단히 표시

┌ 한국어 형식은 수량을 특정자료종별 뒷면에 기술
300 ␢␢$a컴퓨터 광 디스크 1매 ;$c12 cm

형태사항: 300필드는 특정자료종별과 수량, 기타형태사항, 크기, 딸림자료를 기술한다(A2R.9.5). 수량의 단위표시는 자료의 형태별에 따라 '권'이나 '매'로 기술한다.

300 ␢␢$a1 computer laser optical disc
└ 영어형식은 수량을 특정자료종별 앞부분에 기술

500 ␢␢$a본표제는 디스크의 표제임
505 00$t법령정보 --$t대법원 및 하급심 판례 --$t헌법재판소 판례 --$t법률문헌정보

내용주기: 505필드는 '내용'이라는 표출어로 식별기호 '$t'를 반복하여 포함된 각각의 내용표제를 주기하여 색인어로 활용할 수 있게 한다.

┌ 제2지시기호 '0'은 '$t'로 기술된 내용표제의 색인어 활용을 지시
505 00$t**내용표제 -- ...**　　<출력>**내용: 내용표제 -- ....**
└ '내용'이라는 표출어는 제1지시기호 '0'에 의해 자동생성

505 80$aContents:$tTitle -- ...　<출력>Contents: Title -- ...
└한국어 이외의 표출어는 제1지시기호 '8'과 식별기호 '$a'로 기술

538 ␢␢$a시스템요구조건: IBM-PC 486 DX이상 호환기종; VGA (600x400)이상; CD-ROM 2배속이상; MS DOS 5.X. MS-Windows 3.1이상; 메모리 4MB이상

.....nmmƀƀ22.....ƀaƀ4500
008 ......s1996ƀƀƀƀulkƀƀƀƀaƀƀdƀƀƀƀƀƀaƀƀkorƀƀ
010
040 ƀƀ
090 ƀƀ$a

┌ 상위단체명표목: 저작기관이 소속해 있는 상위기관명
110 ƀƀ$a고려대학교.$b민족문화연구소
└ 하위단체명표목: 자료를 제작한 기관으로 한 기관에 속한 기관명

기본표목: 영구단체가 편찬, 기획한 자료는 110필드에 단체명을 기본표목한다(A2R.24.14).

단체명표목: 110필드나 710필드로 기술되는 단체명은 식별기호 '$a'로 단체명이나 상위단체명, '$b'로 하위단체명을 기술한다(A2R.24.14).

「단체명 간접표목」

110/710 ƀƀ$a상위단체명.$b하위단체명 ← 상.하위단체명을 '.'로 구분(A2R.24.14)
<출력>상위단체명. 하위단체명

「단체명 직접표목」

100/710 ƀƀ$a하위단체명, 상위단체명 ← 영어형: 상위 단체명을 ','로 부기(A2R.24.14)

100/710 ƀƀ$a하위단체명 (상위단체명) ← 한국어형: 상위단체명을 ( )로 부기

245 10$a한국의 현대시$h[전자자료] :$b전자시집 /$d고려대학교민족문화연구소 기획, 편찬

표제와 책임표시사항: 245필드는 식별기호 '$a'로 표제, '$h'로 GMD, '$b'로 표제관련정보, '$d'로 저작단체명,

'$e'로 두 번째 이하의 저작단체명를 기술한다(A2R.9.1).

┌ 단체명 간접표목은 식별기호 '$a'로 상위단체명, '$b'로 하위단체명을 기재

110 ƀƀ$a고려대학교.$b민족문화연구소

245 10$a한국의 ... /$d고려대학교민족문화연구소

└ 책임표시는 정보원에 나타난 순서와 어법으로 기술

256 ƀƀ$a컴퓨터 데이터

260 ƀƀ$a서울 :$b동 연구소,$c1996$f(대한교과서주식회사)

300 ƀƀ$a컴퓨터 광 디스크 1매 ;$c12 cm

형태사항: 300필드는 컴퓨터디스크와 매수, 기타형태사항, 디스크의 크기(지름), 딸림자료를 기재하고, 기타 형태사항이나 크기가 통일된 규격일 때는 이 부분의 기술을 생략하기도 한다.

컴퓨터 칩 카트리지	computer chip cartridge
컴퓨터 디스크	computer disk
컴퓨터 광 카드	computer optical card
컴퓨터 광 디스크	computer optical disc
컴퓨터 테이프 카트리지	computer tape cartridge
컴퓨터 테이프 카세트	computer tape cassette
컴퓨터 테이프 릴	computer tape reel
CD-ROM	CD-ROM
DVD-ROM	DVD-ROM
플로피 디스크	floppy disk
포토 CD	Photo CD

300 ƀƀ$a컴퓨터 광 디스크 □매 :$b기타형태사항 ;$c디스크의 지름 +$e딸림자료

300 ƀƀ$a컴퓨터 광 디스크 □매 ;$c디스크의 지름 +$e딸림자료

300 ƀƀ$a컴퓨터 광 디스크 □매 +$e딸림자료

300 ƀƀ$a컴퓨터 광 디스크 □매

500 ƀƀ$a본표제는 컴퓨터디스크의 표제임

520 ƀƀ$a육당 최남선에서 오늘의 신예작가에 이르기까지 316명의 작품 11,000여 편의 시를 수록. 시인들의 시 낭송기능, 다양한 검색기능, 강력한 하이퍼 텍스트기능 등으로 한 편의 시를 다각적으로 감상할 수 있는 한국 최초의 멀티미디어 시집

내용요약: 520필드는 제1지시기호로 요약(ƀ), 주제(0), 평론(1), 범위와 내용(2), 초록(3), 해제(4), 등의 정형화된 표출어를 지시하고, 자료의 검색에 필요한 내용정보를 서술주기한다.

520 ƀƀ$a육당 최남선에서 오늘의...

<출력>요약: 육당 최남선에서 오늘의...

└ '요약'은 정형화된 표출어로 제1지시기호 'ƀ'에 의해 자동생성

520 8ƀ$aSummary: ... <출력>Summary: ...

└ 한국어 이외의 표출어는 제1지시기호 '8'과 함께 식별기호 '$a'로 기술

538 ƀƀ$a시스템요구조건: ...

.....nmmƀƀ22.....ƀaƀ4500

008 ......s1994ƀƀƀƀulkƀƀƀƀaƀƀdƀƀƀƀƀƀaƀƀkorƀƀ

010

040 ƀƀ

090 ƀƀ$a

110 ƀƀ$a국립중앙도서관

기본표목: 단체명표목은 직접표목이나 간접표목형식에 따라 110필드에 식별기호 '$a'로 단체명이나 상위단체명, '$b'로 하위단체명을 기술한다(A2R.24.14).

「단체명직접표목」	「단체명간접표목」	
110 ƀƀ$a국립중앙도서관	110 ƀƀ$a한국.$b국립중앙도서관	← 단체명 기본표목
710 ƀƀ$a국립중앙도서관	710 ƀƀ$a한국.$b국립중앙도서관	← 단체명 부출표목

245 10$a한국문헌목록정보.$p단행본$h[전자자료] /$d국립중앙도서관

표제와 책임표시사항: 편차와 편제는 245필드에 식별기호 '$a'로 본표제, '$n'으로 편차, '$p'로 편제, '$h'로 GMD, '$d'로 책임표시를 기술한다. 이때 본표제와 편차 사이는 '.'로, 편차와 편제사이는 ','로, 그리고 본표제와 편제 사이는 '.'로 구분한다(A2R.1.1B9).

「편제가 있는 경우」

110 ƀƀ$a단체명
245 10$a본표제.$p편제$h[GMD] /$d단체명
246 30$a편제$h[GMD] ← 편제의 부표목
<출력>검색을 위한 부분표제: 편제 [GMD]
= 740 ƀƀ$a편제$h[GMD] ← 편제의 부표목

「편차와 편제가 있는 경우」

110 ƀƀ$a단체명

245 10$a본표제.$n편차,$p편제$h[GMD] /$d저작자
246 30$a편제.$n편차$h[GMD] ← 편제의 부표목에는 편차를 함께 부기
= 740 ꝥꝥ$a편제.$n편차$h[GMD]
= <출력>편제. 편차 [GMD]

246 3ꝥ$i편제:$a단행본$h[전자자료]
= 740 ꝥꝥ$a단행본$h[전자자료]
256 ꝥꝥ$a컴퓨터 데이터
260 ꝥꝥ$a서울 :$b동 도서관,$c1994$f(서울시스템 [제작])

발행사항: 저작단체명과 동일한 발행사는 책임표시에는 완전명을, 260필드의 발행사에는 식별이 가능한 간략형으로 기재한다. 제작사항은 발행사항 다음에 ( )에 묶어 기술한다.

「발행과 제작사항이 상이한 경우」
260 ꝥꝥ$a발행지 :$b발행처,$c발행년$e(제작지 :$f제작자,$g제작년)

「발행지와 제작지가 동일한 경우」
260 ꝥꝥ$a발행지 :$b발행처,$c발행년$f(제작자,$g제작년)
발행지와 제작지가 동일한 경우는 제작지를 생략한다.

「발행사항과 제작사항이 동일한 경우」
260 ꝥꝥ$a발행지 :$b발행처,$c발행년$g(제작년)
발행사항과 제작사항이 동일한 부분은 제작사항의 상이한 부분만 기재한다.

300 ꝥꝥ$a컴퓨터 광 디스크 1매 ;$c12 cm
500 ꝥꝥ$a본표제는 디스크의 표제임
500 ꝥꝥ$aCompact disc data storage
538 ꝥꝥ$a시스템요구조건: IBM PC AT 이상의 기종; 640 KB의 메인 메모리; VGA 또는 허큘리스 어댑터; MS-DOS 3.3이상; CD-ROM 드라이브
710 ꝥꝥ$a국립중앙도서관 ← 제작단체명 부출표목

.....nmmbb22.....bab4500

008 ......s1994bbbbulkbbbbabbdbbbbbbabbengbb

010

040 bb

090 bb$a

110 bb$a한국

기본표목: 이 자료는 정부기관에서 제작한 자료이기 때문에 110필드는 국명(관용명)을 기본표목하였다. 국명은 통일된 명칭으로 목록하기 위하여 자료의 언어에 상관없이 한국어명으로 통일하여 기술한다. 그리고 저작단체는 '$d'로 책임표시에 기술하고, 710필드로 부표목한다.

245 11$a(A) Window on Korea$h[computer file] /$dKorean Overseas Information Service, The Republic of Korea

표제와 책임표시사항: 245필드는 작은 문자로 된 관제를 포함한 표제를 식별기호 '$a'로 본표제로 기술하고 문자를 크게 나타낸 'Korea'로도 검색될 수 있도록 246필드나 740필드로 부표목하였다.

245 11$a(A) Window on Korea$h[computer file] /$dKorean ...

┌ 제1지시기호 '3'은 245필드에 기재된 사항일 때 지시

246 3b$iPortion of title:$aKorea$h[computer file]

└ 제2지시기호 'b'는 정형화되지 않은 표출어를 식별기호 '$i'로 기재하기 위한 지시

= 740 bb$aKorea$h[computer file]

246 3b$iPortion of title:$aKorea$h[computer file]

= 740 ᵬᵬ$aKorea$h[computer file]

256 ᵬᵬ$aComputer data

260 ᵬᵬ$aSeoul :$bThe Service,$cc1994$f(Seoul Systems Co.)

└ 저작단체명과 발행처가 동일한 경우는 245필드의 저자표시에 완전명을 기재, 260필드의 발행처는 간략형식으로 기재

300 ᵬᵬ$a1 Computer disc ;$c12 cm

500 ᵬᵬ$aTitle from disc label

500 ᵬᵬ$aCompact disc data storage

500 ᵬᵬ$aSCDR 10022 ← 정보원의 CD-ROM번호는 500필드에 일반주기

538 ᵬᵬ$aSystem requirements for MPC: IBM compatible PC; 386 SX or higher; 4MB RAM; Sound board and spekaer; SVGA display; CD-ROM drive; MS-Windows 3.1

538 ᵬᵬ$aSystem requirements for Macintosh: CPU 68030 or higher; System 7.0 or higher; 4MB RAM; CD-ROM drive

시스템요구조건: 2가지 이상으로 나타나 있는 시스템요구조건은 538필드를 반복하여 기기의 환경에 따른 표출어로 각각 주기한다.

「**시스템요구조건**」

컴퓨터파일:

특정한 코드의 존재유무

파일의 물리적 특성인 기록밀도, 패리티, 블로킹 팩터

소프트웨어:

프로그램 언어

컴퓨터 사양인 제작처, 모델명

기억용량

운영체제

주변장치인 보조기억장치의 종류와 수, 단말기의 수

등에 관한 사항이 기술된다.

710 ᵬᵬ$aKorean Overseas Information Service ← 저작단체명 부출표목

└ 기본표목되지 않은 저작단체명은 710필드로 부출표목

.....nmmƀƀ22.....ƀaƀ4500

008 ......s1995ƀƀƀƀulkƀƀƀƀaƀƀdƀƀƀƀƀƀaƀƀkorƀƀ

010

040 ƀƀ

041 0ƀ$akor$aeng$ajpn

언어표시: 내용이 3개 국어로 되어 있기 때문에 041필드에 국어명을 008/35-37과 연계시켜 부속서3 **'언어구분부호표'**를 참조하여 국어표시를 기술하였다.

┌ 여러 언어 중에서 중심되는 언어를 하나만 표시
008 35-37/kor ┌ 식별기호 '$a'를 반복하여 수록된 언어를 순차로 기재
041 ƀƀ$akor$aeng$ajpn
└ jpn: Japanese의 언어표시
└ eng: English의 언어표시
└ kor: Korean의 언어표시

090 ƀƀ$a

110 ƀƀ$a국립민속박물관

기본표목: 110필드는 자료를 저작한 영구성이 있는 단체명을 기본표목한다.

245 00$a국립민속박물관.$p한국의 민속$h[전자자료] =$xThe National Folk Museum. $pKorean folk life =$x國立民俗博物館.$p韓國の民俗 /$d국립민속박물관

표제와 책임표시사항: 245필드는 표제와 편제를 3개의 언어로 나타내고 있기 때문에 한국어 표제를 본표제로 기술하고 언어가 다른 두 개의 표제는 대등표제로 동일언어의 편제와 짝지어 기술하였다. 그리고 대등표제와 편제는 246필드나 740필드로 각각 부표목하였다.

일본어에 대한 표제와 편제는 대등표제로 245필드에 함께 기술하였으나 일본어를 표목어로 사용하지 않은 자료기관에서는 부표목하지 않는다.

245 00$a국립민속박물관.$p한국의 민속$h[전자자료] =$xThe National Folk Museum. $pKorean folk life /$d국립민속박물관

246 2ㅂ$i대등표제 (일어):$a國立民俗博物館.$p韓國の民俗

표목으로 사용하지 않은 언어의 표제를 246필드로 기술할 때는 제1지시기호 '2'와 제2지시기호 'ㅂ'에 식별기호 '$i'로 표출어와 함께 해당 식별기호로 표제사항을 기술한다.

= 500 00$a대등표제 (일어): 國立民俗博物館. 韓國の民俗

표목으로 사용하지 않은 언어의 표제는 500필드로 일반주기하거나 기술을 생략한다.

246 3ㅂ$i편제:$a한국의 민족$h[전자자료] ← 한국어 표제의 편제(부표목)

246 31$aNational Folk Museum$h[전자자료] ← 대등표제(영어)(부표목)

246 3ㅂ$i대등편제:$aKorean folk life$h[전자자료] ← 대등표제의 편제(부표목)

= 740 ㅂㅂ$a한국의 민족$h[전자자료] ← 한국어 표제의 편제(부표목)

= 740 ㅂㅂ$aNational Folk Museum$h[전자자료] ← 대등표제(영어)(부표목)

= 740 ㅂㅂ$aKorean folk life$h[전자자료] ← 대등표제의 편제(부표목)

256 ㅂㅂ$a컴퓨터 데이터

260 ㅂㅂ$a서울 :$b동 박물관,$cc1995$f(서울시스템주식회사)

300 ㅂㅂ$a컴퓨터 디스크 1 매 :$b삽도, 칼라 ;$c12 cm

500 ㅂㅂ$a본표제는 디스크 표제임

500 ㅂㅂ$aCompact disc data storage

500 ㅂㅂ$aSCDR 10051

500 ㅂㅂ$a본자료의 내용은 한국어, 영어, 일본어 등 3개국어로 되어 있음

538 ㅂㅂ$a시스템요구조건: IBM 호환 PC 386SX 이상(486DX 이상 권장); 기본메모리 4MB 이상; CD-ROM 드라이브; 사운드 카드, 스피커, 마우스; 256색상 이상의 SVGA 보드(32000 색상 권장); 한글/영문 윈도우 3.1

3) 회의자료 · 행사자료

.....nmmƀƀ22.....ƀaƀ4500

008 ......s1995ƀƀƀƀulkƀƀƀƀaƀƀdƀƀƀƀƀƀaƀƀkorƀƀ

010

040 ƀƀ

090 ƀƀ$a

245 00$a남도기행$h[전자자료] =$xA Trip to Namdo :$b95광주비엔날레 /$d광주비엔날레,
$e광주교육연구소 개발

표제와 책임표시사항: 245필드는 본표제($a), 대등표제($x), 표제관련정보($b), 그리고 '$d'와 '$e'로 저작 단체명을 해당 식별기호로 기술하였다(A2R.1.1; K31.1.1). 책임표시에서 동일한 역할의 저작자간에는 ','로, 역할을 달리한 저작자 간에는 ';'으로 구분한다. 기본표목되지 않은 저작자는 700필드나 710필드에, 대등표제나 부표제는 246필드나 740필드에 각각 부표목 기술한다.

「대등표제만 있는 경우」

110 ƀƀ$a단체명A
245 10$a본표제$h[GMD] =$x대등표제 :$c표제관련정보 /$d단체명A,$e단체명B ;$e역할을 달리한 단체명
246 31$a대등표제 = 740 ƀƀ$a대등표제
246 30$a표제관련정보 = 740 ƀƀ$a표제관련정보
710 ƀƀ$a단체명B
710 ƀƀ$a역할을 달리한 단체명

「대등표제가 표제관련정보를 가진 경우」

245 00$a본표제 :$b표제관련정보 =$x대등표제 :$b대등부표제 관련정보 /$d단체명A,$e단체명B ;$e역할을

달리한 단체명.

246 30$a표제관련정보,$n년도나 권차	246 30$a광주비엔날레,$n'95
= 740 ɓɓ$a표제관련정보,$n년도나 권차	= 740 ɓɓ$a광주비엔날레,$n'95

연도나 권차를 포함한 부표제나 표제관련정보가 부표목될 때는 246필드나 740필드에 권차나 연도를 도치하여 식별기호 '$a'로 표제관련정보, '$n'으로 권차나 연도를 기술한다.

┌ 제1지시기호 '3'은 245필드에 기재되어 있는 사항으로 주기하지 않고 표목부출을 지시

246 31$aTrip to Namdo$h[전자자료]

부표목: 740필드에 기재되는 표제나 대등표제, 부표제 등의 관칭(관사)은 이를 제외한 표제로 기술한다.

= 740 ɓɓ$aTrip to Namdo$h[전자자료] <출력(표목)>Trip to Namdo [전자자료]

256 ɓɓ$a컴퓨터 데이터

260 ɓɓ$a서울 :$b수석산업,$c1995

300 ɓɓ$a컴퓨터 광 디스크 1매 ;$c12 cm

440 00$a남도문화역사기행 ;$v제1편

총서주기: 440필드와 490필드에 식별기호 '$v'로 기술되는 권차는 정보원에 나타난 대로 기술하고, 정보원에 따라 다른 경우는 으뜸정보원의 권차를 기술한다.

440 ❶❷$a총서명 ;$v권차 490 ❶❷$a총서명 ;$v권차

500 ɓɓ$a본표제는 디스크의 표제임

500 ɓɓ$aCompact disc data storage

500 ɓɓ$a제품ID: SRRD 1664

538 ɓɓ$a시스템요구조건: 80486이상의 CPU/4MB이상의 메인 메모리(8MB 이상 권장); CD ROM 드라이브(2배속 이상)/한글 윈도우 3.1(한글용 프로그램 동작시);영문윈도우 3.1(영문용 프로그램동작시)/4MB이상의 사용 가능한 하드 디스크 메모리; 윈도우 호환마우스/MPC호환 사운드 카드

710 ɓɓ$a광주비엔날레 ← 개발자 부출표목

710 ɓɓ$a광주교육연구소 ← 공동개발자 부출표목

4) 통일표제 및 통일표목이 필요한 자료

.....nmmƀƀ22.....ƀaƀ4500

008 ......s1994ƀƀƀƀulkƀƀƀƀaƀƀdƀƀƀƀƀƀaƀƀkorƀƀ

090

100 1ƀ$a[허준]

> **기본표목**: 정보원 이외에서 기술한 저작자명은 100필드에 [ ]로 묶어 기본표목한다.

240 ƀ0$a동의보감

> **통일표제**: 240필드는 고전자료로 발행자에 따라 여러 가지 명칭으로 불려지고 있기 때문에 대표적인 명칭을 통일표제로 기술하였다.

245 10$aCD東醫寶鑑$h[전자자료] /$d[허준]

> **표제와 책임표시사항**: 245필드는 정보원의 표제를 본표제로 하고, 정보원 이외에서 기술한 저작자는 [ ]로 묶어 기술하였다.

246 30$a동의보감$h[전자자료]

= 740 ƀƀ$a동의보감$h[전자자료]

250 ƀƀ$aVersion 1.0

256 ƀƀ$a컴퓨터데이터

┌ 발행지와 동일한 제작지는 생략

260 ḇḇ$a서울 :$b驪江出版社,$c1994$f(솔빛조선미디어 : Seoul Records, Inc.)

제작처가 2개인 때는 식별기호 없이 ':'으로 구분 기재 ┘

발행사항: 260필드에 식별기호 '$f'로 기술되는 제작처(사)는 발행사항 다음에 ( )에 묶어 기술한다. 이때 제작처(사)가 2개인 경우는 제작처간을 ':'으로 구분한다.

300 ḇḇ$a컴퓨터디스크 1매 :$b유성, 삽도, 천연색 ;$c13.5 cm.

500 ḇḇ$a본표제는 컴퓨터디스크의 표제임

500 ḇḇ$aCompact disc data storage

538 ḇḇ$a시스템요구조건: 80386이상의 CPU; 4MB이상의 메인 메모리; 3MB이상의 사용가능한 하드디스크 메모리; 256색상을 지원하는 SVGA보드; CD-ROM 드라이브; 마우스; 한글 윈도우 3.1

System Requirements

This program runs on any system that supports MPC 2. Specifically this requires the following:

- SVGA video: 256 colors in 640x480 mode or better (Local bus video strongly recommended)
- 4MB RAM 2/ Virtual Memory set to 4906K or higher
- DOS 4.0 or above
- Windos 3.1 or above
- Sound Card
- Mouse
- Double Speed CD-ROM (capable of 300K/sec through-put)

.....nmmƀƀ22.....ƀaƀ4500

008 ......sƀƀƀƀƀƀƀƀulkƀƀƀƀaƀƀdƀƀƀƀƀƀaƀƀkorƀƀ

010

040 ƀƀ

090

130 ƀ0$aBible$lEnglish

기본표목: 130필드는 종교경전의 기본표목으로 규정된 경전명을 통일표제로 기술하였다. 통일표제의 구성은 종교별에 따라 통일된 경전명, 언어명 등을 해당 식별기호로 기술한다.

┌ 기독교 성경은 '성서'를 통일표제로 기술
│ ┌ 성경을 신약과 구약으로 구분하여 식별기호 '$p'를 반복하여 기술
130 ƀ0$a성서.$p구약.$l한국어
└ 세분하여 식별할 필요가 있을 때 경전의 언어를 표시

130 ƀ0$aBible.$pO.T.$lEnglish

130 ƀ0$a성서.$l한국어 ← 신·구약전서 일 때 이를 포함하는 통일표제로 기술

130 ƀ0$aBible.$lEnglish

130 ƀ0$a성서.$p신약.$p마태복음.$l한국어 ← 식별기호 '$p'를 반복 하위경전명을 기술

130 ƀ0$aBible.$pN.T.$pMatthew.$lEnglish

130 ƀ0$a불전.$p화엄경.$l한국어

130 ƀ0$a동경대전.$l한국어

경전에 관한 해설이나 주석 등은 해설자나 주석자를 기본표목하고 통일표제는 주제명으로 6XX필드에 부표목한다.

245 10$aRead with me Bible$h[electronic resource] /$dillus. by Dennis Jones

표제와 책임표시사항: 245필드는 정보원의 표제를 본표제로 하고, 책임표시는 자료저작에 참여한 저작자명을 역할어와 함께 해당 식별기호로 기술한다. 그리고 저작자는 700필드로 부표목한다.

256 ƀƀ$aComputer data

260 ƀƀ$aMichigan :$bHarperCollins [interactive] :$bZondervan Publishing House [interactive]

발행사항: 260필드에 식별기호 '$c'로 기재되는 발행년이 확인되지 않은 경우는 '발행년불명', 'n.d.'를 [ ]에 기재하거나, 기록 자체를 생략한다. 발행처가 두 곳으로 되어 있기 때문에 식별기호 '$b'를 반복하여 기재하고 해당 발행처의 기능을 [ ]로 묶어 부기한다.

260 ƀƀ$aMichigan :$bHarperCollins [interactive] :$bZondervan Publishing House [interactive]
← 발행년도를 생략한 예
= 260 ƀƀ$aMichigan :$bHarperCollins [interactive] :$bZondervan Publishing House [interactive], $c[n.d.] ← '발행년미상' 또는 'n.d.'로 기재한 예

300 ƀƀ$a1 computer laser optical disc :$billus., col. ;$c13.5 cm

500 ƀƀ$aTitle from disc label

500 ƀƀ$aCD-ROM for windows.

538 ƀƀ$aSystem requirements: SVGA video: 256 colors in 640x480 mode or better (Local bus video strongly recommended); 4MB RAM w/Virtual Memory set to 4906K or higher; DOS 4.0 or above; Windows 3.1 or above; Sound Card; Mouse; Double Speed CD-ROM(capable of 300K/sec throughput)

700 1ƀ$aJones, Dennis ← 삽도자 부출표목

5) 표제를 표목한 자료

「숫자를 포함한 표제」

.....nmmƀƀ22.....ƀaƀ4500

008 ......s1995ƀƀƀƀulkƀƀƀƀaƀƀdƀƀƀƀƀƀaƀƀkorƀƀ

010

040 ƀƀ

090 ƀƀ$a

245 00$a한겨레 21$h[전자자료]

> **표제와 책임표시사항**: 표제에 문자와 숫자가 혼합되어 있는 경우는 숫자를 포함한 표제를 본표제로 기재할 것인가의 여부를 으뜸정보원에 나타난 글자의 크기와 순서로 결정해야 한다(A2R.1.1B1). 숫자로 나타낸 연번, 연차, 권차 등이 본표제의 편차인 경우는 본표제와 함께 기재하고(A2R.1.1B9), 편차별에 따른 내용표제가 있는 경우는 내용주기에 권차로 기재한다. 그러나 숫자를 제외하였을 때 표제가 불완전한 경우는 이를 포함한 표제로 기재한다(A2R.12.1B6). 본 예는 포함된 숫자가 권차가 아니고 표제의 일부분이기 때문에 245필드에 그대로 본표제로 기재하였다.

「숫자를 포함한 표제」	「숫자를 편차로 기재한 표제」
245 0$a숫자를 포함한 표제	245 0$a표제.$n편차

260 ƀƀ$a서울 :$b쌍용정보통신,$c1995

256 ƀƀ$a컴퓨터 데이터

300 ƀƀ$a컴퓨터 광 디스크 1매 ;$c12 cm

> **형태사항**: 300필드는 식별기호 '$a'로 특정자료종별를 세분된 명칭으로, 수량의 단위는 형태에 따라 '권'이나

'매'로, '$b'로 기타형태사항을 유성, 무성, 색채, 사용된 면수, 기록밀도[5], 섹터상태/섹터수, 트랙 등으로, '$c'로 크기를 디스크의 지름을 'cm'나 'inch'로 기재하고, 그리고 '$e'로 딸림자료를 기재한다(A2R.9.5B; K4.8.5.2). 그러나 형태사항이 표준적인 크기인 경우는 이를 생략하기도 한다.

300 ƀƀ$a특정자료종별과 수량 :$b유,무성, 색채, 면수, 기록밀도, 섹터상태/섹터수, 트랙 ;$c디스크의 지름 +$e딸림자료

300 ƀƀ$a컴퓨터 광 디스크 1매 :$b유성, 천연색, 단면, 단밀도, 소프트섹터 ;$c13.5 cm.

300 ƀƀ$a1 computer laser optical disk :$bsd., col., single sided, single density, soft sectored ;$c13.5 cm.

300 ƀƀ$a2 computer reels :$b6,250 bpi

「미확인 사항의 생략」

300 ƀƀ$a특정자료표시와 수량 ;$c디스크의 지름 +$e딸림자료

300 ƀƀ$a특정자료표시와 수량 +$e딸림자료

300 ƀƀ$a특정자료표시와 수량

500 ƀƀ$a본표제는 디스크의 표제임

표제의 정보원: 전자자료는 500필드에 본표제의 정보원을 주기한다(A2R.9.7B3).

┌ 표출어 ┌컴퓨터메이커 및 모델 ┌ 기억용량

538 ƀƀ$a시스템요구조건: 80486SX이상의 CPU; 4MB이상의 주 메모리(8MB이상권장); 2배속이상의 CD-ROM 드라이브; MPC호환사운드 카드; 256칼라 이상의 SVGA카드; 한글윈도우 3.1, 한글윈도우 95; 헤드폰 또는 스피커

└ 소프트웨어 요구조건 주변기기의 종류 및 특성 ┘

운영시스템명 ┘

시스템사항: 538필드는 식별기호 '$a'로 '시스템조건' 또는 '시스템요구조건', 'System requirements'라는 표출어로 사용을 위한 설치환경이나 실행환경 등을 기술한다(A2R.9.7B1; K4.8.7.3.1).

5) 기록밀도: Recording density (e.g., number of bytes per inch (bpi), single double)

「기관명으로 된 표제」

.....nmmƀƀ22.....ƀaƀ4500

008 ......s1994ƀƀƀƀulkƀƀƀƀaƀƀdƀƀƀƀƀƀaƀƀkorƀƀ

010

040 ƀƀ

090 ƀƀ$a $b

100 ƀƀ$a국립경주박물관

245 00$a국립경주박물관$h[전자자료] =$xKyongju National Museum

> **표제와 책임표시사항**: 245필드는 110필드로 기술된 단체명이 그대로 표제로 기술되었기 때문에 표목의 중복을 피하기 위하여 제1지시기호 '0'으로 지시하여 표제가 부표목되지 않게 한다.
> **대등표제**: 대등표제는 245필드에 식별기호 '$x'로 기술하고(A2R.1.1D;9.1D1), 246필드에 제2지시기호 '1'로 부표목하였다. 그러나 500필드에 '대등표제'라는 표출어로 일반주기할 때는(A2R.1.7B5;9.7B5), 740필드로 부표목한다.

「본표제와 함께 기재한 경우」

245 10$a본표제$h[GMD] =$x대등표제
246 31$a대등표제명
= 740 ƀƀ$a대등표제명

「주기로 기재한 경우」

245 10$a본표제$h[GMD]
500 ƀƀ$a대등표제: 대등표제명
740 ƀƀ$a대등표제명

246 31$aKyongju National Museum$h[전자자료]

= 740 ƀƀ$aKyongju National Museum$h[전자자료]

260 ƀƀ$a서울 :$b한국스포다,$c1994

256 ƀƀ$a컴퓨터 데이터

300 ƀƀ$a컴퓨터 광 디스크 1매 :$b삽도, 천연색 ;$c12 cm

490 10$a스포다박물관시리즈 =$xSpoda National Museum Series

총서주기: 총서명은 부출여부에 따라 440필드나 490필드에 해당 지시기호와 식별기호로 주기한다(A2R.9.6). 490필드는 주기로만 출력될 때와 다르게 부표목될 때를 제1지시기호로 구분하여 지시하고, 다르게 출력되는 총서명은 830필드로 부표목한다.

「총서주기된 그대로 부표목」

440 00$a총서명 ;$v총서번호 =$x대등총서명 ;$v총서번호
<출력(주기)>-- (총서명 ; 총서번호 = 대등총서명 ; 총서번호)
<출력(표목)>총서명 ; 총서번호
740 ꞓꞓ$a대등총서명 ;$n총서번호 ← 440필드의 대등총서명은 740필드로 부표목
<출력(표목)>대등총서명 ; 총서번호

「다르게 부표목되는 총서명」

490 10$a총서명 ;$v총서번호 =$x대등총서명 ;$v총서번호
└ 제1지시기호 '1'은 다르게 부출되는 총서명 작성을 지시
<출력(주기)>-- (총서명 ; 총서번호 = 대등총서명 ; 총서번호)
830 ꞓ0$a다르게 부출되는 총서명 ;$v총서번호
830 ꞓ0$a다르게 부출되는 대등총서명 ;$v총서번호

「주기로만 출력되는 총서명」

490 00$a총서명 ;$v총서번호 =$x대등총서명 ;$v총서번호
└ 제1지시기호 '0'은 주기로만 출력되게 하는 지시

500 ꞓꞓ$a본표제는 디스크의 표제임
500 ꞓꞓ$aCompact disc data storage
500 ꞓꞓ$aSRRD-1179 - 디스크 라벨
500 ꞓꞓ$a자료제공: 국립경주박물관; 통천문화사; 국립국악원

일반주기: 자료 제공처나 자료제작에 협조한 기관이나 개인은 500필드에 식별기호 '$a'로 기관명과 개인명을 해당 표출어로 주기하고, 그 중요 정도에 따라 7XX필드로 부표목한다.

500 ꞓꞓ$a자료제공: 000기관; 000기관 500 ꞓꞓ$a기술협력: 000기관
710 ꞓꞓ$a자료제공처나 협력기관명

538 ꞓꞓ$a시스템요구조건: IBM PC 386이상 또는 호환기종(권장사항: 486이상); 한글 윈도우 3.1 또는 영문윈도우 3.1+한메한글 윈도우; 4MB이상의 기억용량(권장사항: 8MB); 32K이상의 SVGA보드; 5MB이상의 하드디스크 공간

830 ꞓ0$a박물관시리즈
830 ꞓ0$aNational Museum Series

「디스크 크기가 상이한 자료」

Screen Saver Plus

WizardWorks
Minneapolis, Minnesota

c1991

11006

.....nmmƀƀ22.....ƀaƀ4500
006 aƀƀƀƀƀƀp000ƀƀ
008[6] s1991ƀƀƀƀusƀƀƀƀƀaƀƀdƀƀƀƀƀƀaƀƀengƀƀ
010
040 ƀƀ
090 ƀƀ$a $b
245 00$aScreen saver plus$h[electronic resource]
256 ƀƀ$aComputer data
260 ƀƀ$aMinneapolis, MN :$bWizardWorks,$c1991

┌ 디스크의 가장 작은 것의 크기를 먼저 기재
│ ┌ 디스크의 가장 큰 것의 크기를 다음에 기재
300 ƀƀ$a2 computer disks ;$c3½-5¼ in. +$e1 instruction manual (4 p.)
두 가지 크기의 ┘ │ 형태사항 ┘
기재는 '-'로 연결 └ 딸림자료명을 기재

형태사항: 크기가 다른 2개 이상의 자료는 300필드에 식별기호 '$c'로 가장 작은 자료의 크기와 가장 큰 자료의 크기를 기재한다. 그리고 '$e'로 기술되는 딸림자료의 형태사항은 ( )에 묶어 부기한다.

「**컴퓨터파일의 크기**(A2R.9.5D1; K4.8.5.3.1)」
디스크(disk): 디스크의 직경을 inch나 cm로
카트리지(cartridge): 카트리지의 길이를 inch나 cm로
카세트(cassette): 카세트의 '길이×높이'를 inch나 cm로
릴(reel): 릴의 지름을 inch나 cm로
카드(card): 카드의 '세로×가로'를 inch나 cm로 기재한다.

딸림자료는 형태의 종별을 나타낸 어구를 기술하고, 필요한 경우는 딸림자료의 기술사항을 ( )로 묶어 부기한다 (A2R.9.5E; K4.8.5.4.2).

---

6) 부호화정보필드 008'의 00-05'(입력일자)는 자동생성된다.

+$e디스크 1매

+$e사용자 안내서 1책 (51 p. : ill. ; 20 cm)

+$e사운드 디스크 1매 (20분 : 디지털, 스테레오 ; 12 cm)

+$e지도 1매

+$e1 user's guide

+$e1 v. (51 p. : ill. ; 20 cm)

+$e1 sound cassette (20 min. : analog, stereo)

+$e1 demonstration disk + 1 code book + 1 map (col. ; 24.3 x 20 cm)

+$eatlas (37 p., 19 leaves of plates ; 19 col. maps ; 37 cm)

500 ƀƀ$aTitle from disk label

┌ 컴퓨터파일의 발행자번호

500 ƀƀ$a"11006"-Disk labels

└ 발행자번호가 수록된 정보원

발행자번호: 컴퓨터파일의 발행자번호는 500필드에 일반주기한다. 028필드는 녹음자료의 발행자번호로만 되어 있기 때문에 전자자료는 적용되지 않는다.

500 ƀƀ$aCompact disc data storage

520 8ƀ$aSummary: Eight screen saver utilities that will protect monitors from phosphor etching and will prevent "ghosting"

538 ƀƀ$aSystem requirements: IBM PS/1, Tandy, or MS-DOS compatible computer; 512K; MS-DOS 2.1 or greater; 2 floppy drivs, 1 hard drive recommended; mouse or keyboard compatible; VGA/EGA (Tandy 16 color), CGA, or Hercules monochrome monitor

710 ƀƀ$aWizardWorks (Firm) ← 발행처 부출표목

「다양한 시스템조건」

.....nmmƀƀ22.....ƀaƀ4500

008 ......m19951998ulkƀƀƀƀaƀƀdƀƀƀƀƀƀaƀƀkorƀƀ

010

040 ƀƀ

090 ƀƀ

245 00$aNew 음악이야기$h[전자자료]

용기의 표제: 디스크표제와 용기의 표제가 다르기 때문에 본표제로 기술되지 않은 디스크라벨의 표제는 500필드로 정보원을 표출어로 주기한다.

> 245 01$aNew 음악이야기$h[전자자료]
> 246 30$a음악이야기$h[전자자료]
> <출력>검색을 위한 부분표제: 음악이야기 [전자자료]
> 500 ƀƀ$a본표제는 용기의 표제임

246 30$a음악이야기$h[전자자료]

= 740 ƀƀ$a음악이야기$h[전자자료]

256 ƀƀ$a컴퓨터데이터

컴퓨터파일 특성: 256필드는 컴퓨터파일의 유형을 기술하고, 파일수, 레코드수, 명령문수, 바이트수 등을 ( )에 묶어 부기한다(A2R.9.3B).

「컴퓨터파일의 유형」

컴퓨터 데이터	Computer data
컴퓨터 프로그램	Computer program
컴퓨터 데이터와 프로그램	Computer data and program

「컴퓨터파일 유형의 세부명칭」

컴퓨터 녹음데이터	Computer sound data
컴퓨터 문헌데이터	Computer text data
컴퓨터 녹화자료	Computer video recording data
컴퓨터 저널	Computer journal
컴퓨터 신문	Computer newspaper
컴퓨터 온라인 서비스	Computer online service

256 ƀƀ$a컴퓨터 데이터 (2 파일 : 866,000, 775,000 레코드)

256 ƀƀ$aComputer program (1 file : 200 statement)

260 ƀƀ$a서울 :$bSolvit Media Inc.$c1995-1998

300 ƀƀ$a컴퓨터 디스크 1매 :$b삽도, 천연색 ;$c13.5 cm

500 ƀƀ$a본표제는 용기의 표제임

500 ƀƀ$aCompact disc data storage

538 ƀƀ$a시스템요구조건(소프트웨어 환경): 한글윈도 3.1/한글윈도 95/한글윈도 98; 윈도용 MCI사운드 드라이버(윈도3.1 사용시); Video for Windows MCI 드라이버(윈도3.1사용시)

538 ƀƀ$a시스템요구조건(하드웨어 환경): 80486DX2이상의 IBM호환 PC(팬티엄 권장); 8MB 이상의 메인메모리(12MB이상 권장); 2배속이상의 CD-ROM드라이버; MPC 호환 사운드 카드(사우드 블래스터 등); 256색상 이상을 지원하는 SVGA보드 (16bit High Color 이상 권장); 마우스

시스템에 관한 주기: 538필드는 '시스템요구조건', 'System requirements'라는 표출어로 자료이용에 필요한 요구조건을 아래와 같은 순서로 ';'으로 구분하여 주기한다(A2R.9.7B1). Program별에 따른 시스템요구조건이 다르게 나타나 있을 때는 538필드를 반복하여 주기한다.

┌ 다양한 시스템요구조건은 해당 환경을 ( )로 묶어 표출어에 부기

538 ƀƀ$a시스템요구조건(환경의 명칭): 컴퓨터메이커 및 모델; 기억용량; 운영시스템명; 소프트웨어요구조건

「약자로 된 저작자」

.....nmcƀƀ22.....ƀaƀ4500

008 ......s1997ƀƀƀƀulkƀƀƀƀaƀƀdƀƀƀƀƀƀaƀƀkorƀƀ

010

040 ƀƀ

090 ƀƀ$a

245 00$aLanguage Korean$h[electronic resource] :$bages 5-adult /$dNDS

표제와 책임표시사항: 이 자료는 한국에서 제작한 영어로 된 자료이기 때문에 양서로 목록하였다. 245필드는 지시기호 '00'으로 으뜸정보원의 표제를 줄머리잡기로 기술하였다. 식별기호 '$d'로 기재되는 저작자는 자료에 나타난 대로 약자로 기재하였다. 약자로 기재되는 기술사항은 약자에 'i.e'나 '실은'으로 [ ]에 완전명을 부기하거나 500필드에 주기한다.

「약자를 [ ]에 기재한 예」

245 00$a... /$dNDS[i.e.: Nong Shim Data System]

「완전명을 주기한 예」

245 00$a... /$dNDS
500 ƀƀ$aNDS: Nong Shim Data System

256 ƀƀ$aComputer data

┌ 한국의 발행사항 ┌ 미국의 발행사항

260 ɓɓ$aSeoul :$bNong Shim Data System Co. ;$aLosangeles :$bNong Shim America, Inc.,$c1997 └ ';'은 발행사항 간의 구분

└ 동시 발행년도

발행사항: 발행사항은 260필드에 한국과 미국의 발행사항을 식별기호 '$a', '$b', '$c'를 반복하여 나란히 기재하였다. 이때 각각의 발행사항 간에는 ';'으로 구분하고, 발행년은 동일하기 때문에 마지막에 한번만 기재하였다.

300 ɓɓ$a3 computer laser optical disc :$bcol. ;$c4¾ in.
500 ɓɓ$aTitle from disc label
500 ɓɓ$aNDS: Nong Shim Data System
500 ɓɓ$aCompact disc digital audio
505 00$aContents:$tPrimary class --$tSecondary class --$tAdvanced class

내용주기: 505필드는 제2지시기호를 '0'으로 지시하여 식별기호 '$t'로 기재된 내용표제가 자동부표목되게 하였다. 이때 자동생성되는 정형화된 이외의 표출어는 식별기호 '$a'로 기술해야 한다.

505 00$t표제 --$t표제 --$t표제
<출력>내용: 표제 -- 표제 -- 표제

505 8ɓ$aContents: Title -- title -- title
<출력>Contents: Title -- title -- title

538 ɓɓ$aSystem requirements: Windows 3.1 or higher; 8MB RAM; 486DX/66MHz; 32,000 colors SVGA graphics; Windows- compatible sound card

┌ 제2지시기호 '4'는 주제명표목표 없이 목록자가 작성한 주제명일 때 지시

650 ɓ4$a한국어

주제명표목: 6XX필드로 기재되는 주제명은 통일된 형식과 문자로 작성해야 한다. 본 예는 영어형식에 의한 목록이지만 650필드는 한국어로 된 주제명을 표목으로 작성하였다.

710 ɓɓ$aNong Shim Data System ← 저작자(완전명) 부출표목

6) 종합표제가 없는 자료

.....nmmbb22.....bab4500
006 abbbbbbbp000bb
008 ......s1984bbbbusbbbbbabbdbbbbbbabbengbb
010
040 bb
090 bb$a
245 00$aLord of the lions.$aCreatures in the cavern$h[electronic resource]

표제와 책임표시사항: 종합표제가 없이 2개 이상의 작품을 수록하고 있을 때는 동일 저작자의 작품일 경우와 각각 다른 저작자의 작품일 경우로 생각할 수 있다. 본 예는 저작자가 없기 때문에 각각 다른 저작자의 작품으로 기술하였다.

「한 사람의 작품」

100 1b$a저작자
245 10$a표제 ;$a표제$h[GMD] /$d저작자

동일인의 경우는 245필드에 식별기호 '$a'를 반복하여 각각의 표제를 본표제로 기술하고, 마지막 표제에 '$h'로 GMD, '$d'로 저작자를 기술한다. 본표제 간에는 ';'으로 구분한다(A2R.1.1A1;1.1G3).

「저작자미상의 2개 이상의 작품」

245 00$a표제A.$a표제B$h[GMD]
246 33$a표제B$h[GMD] = 740 bb$a표제B$h[GMD]
└ 제2지시기호 '3'은 '기타표제'라는 표출어 생성을 지시

「두 사람 이상의 작품」

100 1b$a저작자A
245 10$a표제A /$d저작자A.$a표제B /$d저작자B$h[GMD]
700 b2$a저작자B.$t표제B$h[GMD]

저작자가 다른 두 개 이상의 저작은 245필드에 표제와 저작자를 짝지어 식별기호를 반복하여 '$a'로 본표제를, '$d'로 저작자를 기술하고, GMD는 표제와 책임표시사항의 말미에 기술한다. 작품과 작품 사이는 '.'로 구분한다(A2R.1.1G3). 식별기호 '$a'로 기재된 첫 번째 본표제는 제1지시기호 '1'에 의해 자동 부표목되기 때문에 두 번째 이하의 표제와 저작자를 7XX필드로 분출표목한다. 그 외 기본표목되지 않은 '$d'나 '$e'로 기재된 저작자는 700필드, 710필드로 부표목한다.
245필드나 740필드에 식별기호 '$a'로 기재되는 본표제가 관칭으로 시작할 때는 관칭을 ( )에 묶어 기재하고 제2지시기호 '1'을 지시하여 표목될 때 ( )를 제외한 다음 단어로 검색되게 한다.

245 ●1$a(관칭) 표제A /$d저작자A.$a표제B /$d저작자B$h[GMD]

246 3b$iOther title:$aCreatures in the cavern$h[electronic resources]
= 740 bb$aCreatures in the cavern
256 bb$aComputer program (2 files)
260 bb$aElmhurst, Il. :$bComputerscape,$ccl984
300 bb$a1 computer disk :$bsd., col. ;$c3½ in. +$emanual ([6 p.])

딸림자료: 딸림자료는 300필드에 '+$e'로 딸림자료종별과 수량을 기술하고 딸림자료의 형태사항은 ( )로 묶어 부기한다. 두 개 이상의 딸림자료는 '+'를 반복하여 기술한다(A2R.1.5;9.5E1).

300 bb$a특별종별표시와 수량 :$b형태적세목 ;$c크기 +$e딸림자료 (수량 : 형태적세목 ; 크기)

300 bb$a특별종별표시와 수량 :$b형태적세목 ;$c크기 +$e딸림자료 (수량 : 형태적세목 ; 크기) + 딸림자료 (수량 : 형태적세목 ; 크기).

440 00$aVocabulary learning series

500 bb$aTitle from disk label

521 8b$aAudience: For ages 8-10

이용대상자주기: 자료자체에 이용대상이 표시되어 있을 경우는 521필드에 제1지시기호로 정형화된 표출어를 지시하고, 정형화되지 않은 표출어(영어)는 제1지시기호 '8'과 식별기호 '$a'로 표출어와 함께 주기한다 (A2R.9.7B14; K31.1.6.3.14).

521 bb$a성인용
<출력>이용대상자: 성인용

521 8b$aAudience: Elementary grades

538 bb$aSystem requirements: Commodore 128, disk drive, oystick

540 bb$aProgram and game concept copyright by William Chapman

556 8b$aDocumentation: By mastering new words, players find way through the Jungle of Saturn and get through maze of 28 caverns to final confrontation with the Cavern Crearures. Helps develop vocabulary and spelling skills

다큐멘테이션: 컴퓨터파일의 이용방법과 내용을 설명하는 부호집 등은 556필드에 제1지시기호 'b'로 '다큐멘테이션'이라는 정형화된 표출어를 지시하고, 정형화되지 않은 표출어는 제1지시기호 '8'과 표출어(영어)를 기술하여 주기한다.

556 bb$a다큐멘테이션에 관한 주기사항
<출력>다큐멘테이션: 다큐멘테이션에 관한 주기사항

556 8b$aDocumentation: 다큐멘테이션에 관한 주기사항
<출력>Documentation: 다큐멘테이션에 관한 주기사항

710 bb$aComputerscape (Firm)

7) 전집, 총집명이 있는 자료

.....nmaƀƀ22.....ƀaƀ4500
008 ......s1996ƀƀƀƀulkƀƀƀƀaƀƀdƀƀƀƀƀƀaƀƀkorƀƀ
010
040 ƀƀ
090 ƀƀ$a $b
110 ƀƀ$a국립문화재연구소

기본표목: 영구단체에서 발행한 자료이기 때문에 110필드에 단체명을 기본표목하였다.

245 10$a전국문화유적총람$h[전자자료] /$d국립문화재연구소

표제와 책임표시사항: 총서자료는 총서표제를 본표제로 목록하는 방법과 포함된 각 표제를 본표제로 낱권으로 정리하는 방법으로 생각할 수 있다.
총서표제를 본표제로 목록할 때 245필드는 지시기호 '00'을 지시하고, 식별기호 '$a'로 총서표제를 줄머리잡기로 기술한다. 이때 내용표제는 505필드에 내용주기한다.

245 ❶❷$a총서명$h[GMD] /$d저작자
505 00$n제0집. 상.$t내용표제.$t내용표제.$n하.$t내용표제.$t내용표제 --$n제0집....

내용의 권표시가 편차 내에서 다시 상,하로 나누어진 것은 식별기호 '$n'에 큰 것부터 작은 것 순으로 함께 기술한다.
내용표제를 본표제로 목록할 때 245필드에 식별기호 '$a'(표제)로 내용표제, '$n'으로 편(권)차, '$d'로 저작자를 반복하여 기술하고, '$h'의 GMD는 처음 기재되는 본표제와 연관시켜 기술한다. 이때 총서명은 440필드나 490

필드에 해당 지시기호와 식별기호로 주기한다. 동일한 저작자의 2개 이상으로 된 표제를 본표제로 기술할 때는 ';'으로 구분하고, 저작자가 다른 표제 간에는 '.'로 구분한다(A2R.1.1A1). 편(권)차나 편제를 가진 표제는 본표제로 함께 기술한다(A2R.12.1B5).

「동일저작자의 2개 이상의 표제」

245 ❶❷$a표제 ;$a표제.$n편차$h[GMD] /$d저작자
440 ❶❷/490 ❶❷$a총서명 ;$v총서권호

「저작자가 다른 2개 이상의 표제」

245 ❶❷$a표제 /$d저작자.$a표제 /$d저작자$h[GMD]
440 ❶❷/490 ❶❷$a총서명 ;$v총서권호

256 ƀƀ$a컴퓨터 데이터
260 ƀƀ$a서울 :$b서울시스템주식회사,$c1996$f(서울시스템주식회사)
300 ƀƀ$a컴퓨터 광 디스크 2매 ;$c12 cm
500 ƀƀ$a본표제: 표제화면의 표제임
500 ƀƀ$aSCDR100728 - disc label
500 ƀƀ$aCompact disc data storage
505 00$n제2집.상.$t충청북도.$t충청남도.$n하.$t전라북도.$t전라남도 --$n제3집 ...

내용주기: 각 권의 자료를 각각 목록하면서 총서명을 본표제로 기재할 수도 있다. 이때에는 245필드에 식별기호 '$a'로 총서표제, '$n'으로 해당 권이 속한 권차를 본표제로 기재하고 해당 자료의 표제를 505필드에 내용주기한다(A2R.1.7B18). 본 자료는 제2집이 상.하권으로 각각 표제를 달리하고 있기 때문에 내용주기에 식별기호 '$n'으로 상.하를 권차로 표시하고, '$t'로 해당 표제를 기술하였다.

┌ 총서표제를 본표제로 기재
│ ┌ 정리되는 자료의 권차 ┌── 권차의 저작자
245 00$a총서명.$n권차$h[GMD] /$d저작자
505 00$n상.$t내용표제.$t내용표제 --$n하.$t내용표제.$t내용표제
└ 권차에 속한 연번 └── 연번과 관계된 내용표제

245 10$a전국문화유적총람$h[전자자료] /$d국립문화재연구소
505 00$n제2집.상.$t충청북도.$t충청남도.$n하.$t전라북도.$t전라남도 --$n제3집. ....

245 10$a전국문화유적총람.$n제2집$h[전자자료] /$d국립문화재연구소
505 00$n상.$t충청북도.$t충청남도 --$n하.$t전라북도.$t전라남도

538 ƀƀ$a시스템요구조건: IBM호환 PC 386SX급이상; 메인 메모리 4MB이상; CD-ROM드라이브; MPC호환 사운드 카드 및 스피커; 32000색상이상의 SVGA 보드(1,600만색상권장); 마우스; 한글윈도 3.1이상

「내용표제로 목록」

.....nmmƀƀ22.....ƀaƀ4500
008 ......s1996ƀƀƀƀulkƀƀƀƀaƀƀdƀƀƀƀƀƀaƀƀkorƀƀ
010
040 ƀƀ
090 ƀƀ$a $b
100 1ƀ$a김임구
245 10$a파우스트로 본 독일문화$h[전자자료] /$d김임구
256 ƀƀ$a컴퓨터데이터
260 ƀƀ$a서울 :$b마카넷티비,$c2002
300 ƀƀ$a컴퓨터디스크 1매 :$b유성, 삽도, 천연색 ;$c13.5 cm
440 00$a아카넷TV 지식강좌 라이브러리 ;$v7.$a눈으로 보는 독일문화 ;$v제2강
= 440 00$a눈으로 보는 독일문화;$v제2강
= 490 10$a아카넷TV 지식강좌 라이브러리;$v7
= 830 ƀ0$a지식강좌 라이브러리;$v7
500 ƀƀ$a본표제는 컴퓨터디스크의 표제임
538 ƀƀ$a시스템요구조건: 한글 Windows 98이상; 팬티엄 이상 CPU; 64MB이상 RAM; 8배속이상 CD-ROM드라이브, Windows Media Player 5 이상, MS Explore 5.5이상, 사운드카드, 스피커

「전집명으로 목록」

.....nmcɓɓ22.....ɓaɓ4500

245 00$a눈으로 보는 독일문화$h[전자자료] /$d이진우 기획

표제와 책임표시사항: 이 자료는 전집으로 발간되는 자료를 각권을 중심으로 목록하는 방법과 전집으로 목록하는 방법을 함께 제시하였다.

「단권으로 목록」

100 1ɓ$a해당 자료의 저작자
245 10$a해당 권의 표제 /$d해당 자료의 책임표시
440 00$a전집명 ;$v전집권차

「전집으로 목록」

245 00$a전집명 /$d전집의 기획자나 편집자
505 0ɓ$a권차. 내용표제 / 저작자 -- 권차. 내용표제 / 저작자 ...

256 ɓɓ$a컴퓨터데이터

260 ɓɓ$a서울 :$b아카넷티비,$c2002

300 ɓɓ$a컴퓨터디스크 20매 :$b유성, 삽도, 천연색 ;$c13.5 cm

440 00$a아카넷TV 지식강좌 라이브러리 ;$v7

총서주기: 본 자료는 총서명이 두 개이기 때문에 두 가지 방법의 예를 제시하였다. 첫째는 총서명을 440필드에 상.하위총서명으로 기재하는 방법과 둘째는 이를 분리하여 그대로 표목되는 총서명은 440필드로 주기하고, 다르게 부표목되는 총서명은 490필드에 주기하여, 830필드로 부표목하는 방법이다.

「상.하위총서명주기」

440 ❶❷$a상위총서명 ;$v상위총서번호.$a하위총서명 ;$v하위총서번호

식별기호 '$a'로 기재된 상.하위총서명은 식별기호에 의해 자동부표목된다.

「상.하위총서명 분리주기」

440 ❶❷$a하위총서명 ;$v하위총서번호 ← 그대로 부표목되는 총서명
440 ❶❷$a상위총서명 ;$v상위총서번호 ← 다르게 부표목되는 총서명

「다르게 부표목되는 총서명」

490 1ɓ$a총서명 ;$v총서번호
830 ɓ❷$a다르게 부표목되는 총서명 ;$v총서번호

총서명표목으로 부적절할 때 490필드로 총서명주기하고, 830필드에는 부표목될 총서명을 입력한다.

= 490 10$a아카넷TV 지식강좌 라이브러리 ;$v7
= 830 ɓ0$a지식강좌 라이브러리(아카넷TV) ;$v7

500 00$a본표제는 컴퓨터디스크의 표제임

505 0ɓ$a제1강. 한국인의 눈에 비친 독일문화 / 이진우. -- 제2강. 파우스트로 본 독일문화 / 김임구. -- 제3강. 독일의 생태문학 / 김용민. -- 제4강. 독일의 교육제도와 대학생활 / 정영근. -- 제5강. 독일철학의 흐름: 관념론-유물론-허무주의-실존주의 / 이기상. -- 제6강. 독일의 축제와 민속문화 / 김면. -- 제7강. 독일의 표현주의 미술 : 다리파와 청기사파 / 김정희. -- ...

내용주기: 505필드는 제2지시기호 'ㅂ'에 의해 내용주기사항을 식별기호 없이 주기로만 기재하고 필요한 부표목은 저작자명과 표제를 짝지어 분출표목한다.

538 ㅂㅂ$a시스템요구조건: 한글 Windows 98이상; 팬티엄 이상 CPU; 64MB이상 RAM; 8배속 이상 CD-ROM드라이브; Windows Media Player 5 이상; MS Explore 5.5 이상; 사운드카드; 스피커

┌ 내용주기된 저작자명의 분출표목
│ ┌ 내용주기된 표제 ┌── 수록된 권차

700 12$a이진우.$t한국인의 눈에 비친 독일문화.$n제1강 ← 내용표제 분출표목
700 12$a김임구.$t파우스트로 본 독일문화.$n제2강
700 12$a김용민.$t독일의 생태문학.$n제3강
700 12$a정영근.$t독일의 교육제도와 대학생활.$n제4강
700 12$a이기상.$t독일철학의 흐름.$n제5강
700 12$a김면.$t독일의 축제와 민속문화.$n제6강
700 12$a김정희.$t독일의 표현주의 미술.$n제7강
700 12$a임정택.$t독일의 표현주의 영화예술.$n제8강
700 12$a박미애.$t독일의 시민운동과 시민문화.$n제9강
700 12$a이진우.$t독일의 대학과 대학이념.$n제10강

[Disc label:7)]

Agency for Health Care Policy and Research
Clinical Practice Guidelines

AHCPR
CD-ROM

Additional information about the item:
Container: AHCPR Clinical Practice Guidelines
Guide:
AHCPR Information Resources Center
Executive Office Center, Suite 501
2101 East Jefferson Street
Rockville, MD 20852

.....nmmɓɓ22.....ɓaɓ4500
008 ......s1995ɓɓɓɓusɓɓɓɓɓaɓɓdɓɓɓɓɓɓaɓɓengɓɓ
010
040 ɓɓ
090 ɓɓ$a $b
245 00$aClinical practice guidelines$h[electronic resource] /$dAgency for Health Care Policy and Research
250 ɓɓ$a[1985-1986 ed.]

판차사항: 다른 판과 구별되는 상이점이 있거나 재 발행된 전자자료는 판사항에 기재하고, 원저작자와 개정자가 다를 때는 250필드에 판표시, 개정판의 저작자로 기술한다(A2R.9.2). 정보원 이외에서 기재한 판차는 [ ]에 묶어 기술한다.

256 ɓɓ$aComputer text data

컴퓨터파일 특성: 256필드는 컴퓨터파일의 유형인 '컴퓨터데이터', '컴퓨터프로그램', 그리고 '컴퓨터데이터와 프로그램'으로 표시하고 파일수, 레코드수, 명령문수, 바이트수 등은 ( )에 묶어 기술한다(A2R.9.3B).

256 ɓɓ$a컴퓨터파일의 유형 (파일수 : 레코드수, 명령문수, 바이트수)

256 ɓɓ$a컴퓨터 데이터 (1 파일 : 660, 2400 레코드, 2400 바이트)

256 ɓɓ$aComputer programs (2 files : 4300, 1250 bytes)

컴퓨터파일의 형태, Format, 또는 컴퓨터파일의 원격접근유형과 같은 정보, 복합적인 포맷의 정보는 516필드에 기술한다. 그러나 256필드에서 컴퓨터파일과 데이터유형을 알 수 있는 경우는 516필드를 사용하지 않는다.

516 ɓɓ$a컴퓨터 프로그램
<출력>파일유형: 컴퓨터 프로그램

516 ɓɓ$aType of file: Computer programs
<출력>Type of file: Computer programs

7) *Ibid.* p. 158의 표지 인용

516 ƀƀ$a숫자파일 (간략통계) 516 ƀƀ$aType of file: Numeric (Summary statistics)

260 ƀƀ$aRockville, MD :$bThe Agency,$c[1995]

발행사항: 확인되지 않은 발행사항은 260필드에 '발행지미상', '발행처미상'으로 기술한다(K31.1.3.1.6;1.3.2.7). 영어로는 발행지불명을 'S.l.', 발행처불명을 's.n.'으로 [ ]에 묶어 기재한다(A2R.1.4C6;1.4D7).

260 ƀƀ$a[발행지미상] :$b[발행자미상],$c발행년.

260 ƀƀ$a[S.l.] :$b[s.n.],$c발행년

300 ƀƀ$a1 computer laser optical disc ;$c4¾ in.
490 10$aAHCPR ;$vno. 95-DP10

총서주기: 490필드는 제1지시기호 '1'을 지시하고, 다르게 표목되는 총서명은 830필드로 부표목하였다.

```
┌ 자동부출되지 않는 총서명주기의 Tag
│    ┌── 제1지시기호 '1'은 다르게 부출되는 총서명 지시
│    │┌── 제2지시기호 '0'은 기재된 그대로의 출력표시
490 10$aAHCPR;$vno. 95-DP10
830 ƀ0$aAHCPR pub. ;$vno. 95-DP10
│        │              └── 총서명번호를 위한 식별기호
│        └── 490필드와 다르게 부출되는 총서명
└ 총서명부출표목을 위한 Tag
```

500 ƀƀ$aTitle from disc label
500 ƀƀ$a"AHCPR no. 95-DP10"--Container
505 00$aContents:$n1.$tAcute pain management --$n2.$tUrinary incontinuienece in adults --$n3.$tPrevention of pressure ulcers --$n4.$tCataract in adults --$n5.$tDepression inprimary care --$n6.$tSickle cell desease in infants --$n7.$tEarly HIV infection --$n8.$tBenign prostatic hyperplasia --$n9. $tManagement of cancer pain --$n10.$tUnstable angina --$n11.$tHeart failure --$n12.$tOtitis media with effusion in children --$n13.$tQuality determinants of mammography --$n14.$tAcute low back problems in adults --$n15.$tTreatment of pressure ulcers

┌ 제1지시기호 '8'은 식별기호 '$a'로 'Summary'라는 표출어가 기술되어 있을 때 지시
520 8ƀ$aSummary: Created to enable health care providers to access clinical information on patient assessment and management by the clinical conditions selected. Incldues 15 clinical practice guidelines

내용요약: 70자 이내로 간단히 요약한다.

538 ƀƀ$aSystem requirements: IBM PC,XT,AT, or compatible; 500 KB RAM; minimum of 2 MB free hard disk space, 300 KB of free disk space (necessary for images only); MS DOS e.1 or higher; a CD-ROM with MS-DOS extensions 2.0 or laster capable of reading ISO 9660 format

650 ƀ4$aMedical care$zUnited States

┌ 상위단체명: 국가기관은 국명의 관용명을 상위단체명으로 기재
│ ┌ 하위단체명(해당 단체명)은 식별기호 '$b'로 기재
710 ␢␢$aUnited States.$bAgency for Health Care Policy and Research
│ └ 상위단체명과 하위단체명은 마침표'.'로 구분
└ 단체명의 식별기호

단체명표목: 110필드나 710필드에 기재되는 단체명표목은 기관명자체로 식별이 가능할 때는 식별기호 '$a'로 단체명을 그대로 기재하고, 식별되지 않을 때는 '$a'로 상위단체명, '$b'로 해당 단체명(하위단체명)을 기술한다.

710 ␢␢$aAgency for Health Care Policy and Research

단체명만으로 식별이 가능할 때는 단체명 직접표목으로 기술한다.

830 ␢0$aAHCPR pub. ;$vno. 95-DP10

8) 딸림자료가 있는 자료

.....nmmƀƀ22.....ƀaƀ4500
006 aƀƀƀƀƀƀp000ƀƀ
006 pƀƀƀƀƀƀƀƀƀƀƀƀ
008 ......cƀƀƀƀ1986usƀƀƀƀƀaƀƀdƀƀƀƀƀƀaƀƀengƀƀ
010
040 ƀƀ
090 ƀƀ$a $a
100 1ƀ$aBrett, Ruth
245 10$aFamily finance$h[electronic resource] :$bbudget analysis package /$dby Ruth Brett
250 ƀƀ$aRev. 1986 ed.
256 ƀƀ$aComputer program (5 files)

컴퓨터파일 특성: 256필드는 컴퓨터파일의 유형으로 'Computer program'과 해당 파일의 수를 기술하였다.

컴퓨터파일의 특성 기술 예:

256 ƀƀ$a컴퓨터 데이터 (파일수 : 레코드수 : 명령문수)
256 ƀƀ$aComputer data (파일수 : 레코드수 : 명령문수)
256 ƀƀ$a컴퓨터 프로그램 (파일수 : 레코드수 : 바이트수)
256 ƀƀ$aComputer program (파일수 : 레코드수 : 바이트수)

260 ƀƀ$aAustin, Tex. :$bFalcon Software,$ccl986

발행사항: 260필드에 식별기호 '$a'로 기술되는 발행지명이 그 자체만으로 식별이 불분명할 때는 식별을 위한 상위지명을 영어형식은 ','로, 한국어 형식은 ( )로 부기한다.

「한국어형식」
260 ƀƀ$a광주 (경기도) :$b...
└── 식별을 위한 상위지명
└ 발행지명

「영어형식」
260 ƀƀ$aAustin, Tex. :$b...
└ 식별을 위한 상위지명

300 ƀƀ$a1 computer disk :$bcoll. ;$c5¼ in. +$e1 manual + 1 pad of budget sheets + 1 packet of play money

딸림자료: 컴퓨터자료는 딸림자료의 종류도 많을 뿐 아니라 이들 자료가 독립된 서지형태로 발행되기 때문에 딸림자료의 기술과 검색을 위한 표목작성이 중요시 된다.
딸림자료가 2개 이상인 경우는 300필드에 식별기호 '$e'로 이들 모두를 '+'로 구분하여 수량과 필요한 형태사항을 함께 기술한다(A2R.1.5E1;9.5E). 그리고 딸림자료가 별도의 표제를 가진 경우는 500필드를 반복하여 주기하고, 딸림자료의 표제를 7XX필드로 부표목한다. 딸림자료가 모체자료와 다른 형태일 때는 006필드에 딸림자료의 부호화정보를 기술한다.

006 딸림자료의 부호화정보
300 ƀƀ$a특정자료종별과 수량 :$b기타형태사항 ;$c크기 +$e딸림자료 + 딸림자료
300 ƀƀ$a특정자료종별과 수량 :$b기타형태사항 ;$c크기 +$e딸림자료(A)(형태기술사항) + 딸림자료(B)(형태기술사항)

500 ꜩꜩ$a딸림자료(A)의 표제 / 저작자 ← 본표제와 다른 딸림자료의 표제주기
500 ꜩꜩ$a딸림자료(B)의 표제
700 12$a딸림자료(A)의 저작자.$t딸림자료(A)의 표제 ← 본표제와 다른 딸림자료의 저작자와 표제의 분출표목
740 ꜩꜩ$a딸림자료(B)의 표제 ← 본표제와 다른 딸림자료 표제의 부출표목

500 ꜩꜩ$aTitle from title screen

일반주기: 본표제의 정보원은 으뜸정보원에 상관없이 모두 500필드에 주기한다(A2R.9.7B3).

500 ꜩꜩ$aEdition statement from container label
505 8ꜩ$aContents: Daily expenses -- Monthly expenses -- Savings/investments -- Income -- Monthly budget status

내용주기: 각 디스크에 나타나 있는 개별표제는 505필드에 식별기호 '$a'로 'Contents'라는 표출어와 함께 기술한다(A2R.9.7B18; K31.1.6.3.17). 제1지시기호 '0'은 한국어로 정형화된 '내용'이라는 표출어 자동생성을, '8'은 정형화되지 않은 표출어를 기술할 때 지시하고, 제2지시기호 'ꜩ'는 내용주기되는 개별표제를 식별기호 없이 기술하고 필요한 표목은 7XX로 분출표목한다.

505 0ꜩ$a내용표제 -- 내용표제 -- 내용표제
<출력>내용: 내용표제 -- 내용표제 -- 내용표제
740 ꜩ2$a내용표제$h[GMD]

505 8ꜩ$aContents: Title -- Title -- Title
<출력>Contents: Title -- Title -- Title
740 ꜩ2$aTitle$h[GMD]

538 ꜩꜩ$aSystem requirements: Commodore 65; disk drive; color monitor
556 8ꜩ$aDocumentation: Teaches budgeting decisions. For six players. In 8 scenarios, players decide how to allocate family resources

참조정보원: 해당 자료를 연구하는데 필요한 정보를 556필드에 식별기호 '$a'로 관계된 정보원의 서지사항이나 설명적인 어귀로 주기하였다(A2R.1.7A3).

710 1ꜩ$aFalcon Software ← 발행자 부출표목
740 ꜩ2$aDaily expenses ← 주기된 내용표제 분출표목
740 ꜩ2$aMonthly expenses
740 ꜩ2$aSavings/investments
740 ꜩ2$aIncome
740 ꜩ2$aMonthly budget status

.....nmmbb22.....bab4500
006 abbbbbbbp000bb
008 ......s1988bbbbusbbbbbabbdbbbbbbabbengbb
010
040 bb
090 bb$a $b
245 00$aNew electronic encyclopedia$h[electronic resource]

표제와 책임표시사항: 245필드에 표제줄머리잡기로 기술되는 본표제가 관칭으로 시작될 때는 식별기호 '$a'에 관칭을 제외한 표제로 기술한다.

┌ 제1지시기호 '3'은 500필드에 동일한 내용이 주기되었기 때문에 '주기하지 않고, 표목부출'을 지시
│┌── 제2지시기호 'b'는 식별기호 '$i'로 설명어구가 있으므로 표출어 생성 않음을 지시
││┌── 식별기호 '$i'는 설명어구를 위한 기호
246 3b$iPortion of title:$aElectronic encyclopedia
└─ 본표제와 상이한 표제

= 740 bb$aElectronic encyclopedia ←Disk의 표제 부출표목
256 bb$aComputer data
260 bb$aDanbury, Conn. :$bGrolier Electronic Publlishing,$ccl988
300 bb$a1 computer laser optical disk :$bcol. ;$c4¾ in. +$e1 computer disk (5¼ in.) + 1 users guide (176 p. ; 25 cm) in container 26 x 23 x 4 cm

딸림자료: 300필드에 식별기호 '$e'로 기술되는 딸림자료는 필요한 경우 딸림자료의 형태사항을 ( )에 묶어 부기한다. 2개 이상의 딸림자료는 '+'를 반복하여 기술하고, 용기에 보관된 딸림자료는 용기의 크기를 함께 기술한다. 보관용기의 크기는 용기의 종류에 따라 폴더나 봉투는 '세로 × 가로 cm', 상자는 '세로 × 가로 × 높이 cm'로 기술한다.

┌── 딸림자료의 매수 ──┐
│ ┌── 딸림자료종별 ──┼─┐
... +$e1 computer disk (5¼ in.) + 1 users guide (176 p. ; 25 cm) in container 26 x 23 x 4 cm
└── 딸림자료의 형태사항 ──┘ 용기의 크기──┘

500 bb$aTitle from title screen
500 bb$aDisk title: The electronic encyclopedia
└─ 정보원 └─ 본표제와 다른 표제

500 bb$aUsers guide title: The new Grolier electronic encyclopedia

일반주기: 표제가 정보원에 따라 다르게 나타나 있을 때는 500필드에 정보원을 표출어로 해당 표제를 주기한다(A2R.9.7B4). 기술형식은 ① 500필드를 반복하여 각각의 표제를 독립된 방법으로 주기하거나, ② 500필드에 각각의 표제를 ';'으로 구분하여 정보원의 표출어와 해당 표제명을 짝지어 주기하는 방법으로 생각할 수 있다.

「각각 주기하는 방법」

500 bb$a표출어: 해당 표제명A.
500 bb$a표출어: 해당 표제명B.

「함께 주기하는 방법」

500 bb$a표출어: 해당 표제명A ; 표출어: 해당 표제명B ; 표출어: 해당 표제명C

부표목: 정보원과 함께 일반주기된 표제는 740필드로 부표목한다.

500 ㅂㅂ$a표출어: 해당 표제명
740 ㅂㅂ$a표제명 ← 관사(관제)를 제외한 표제명으로 기술

530 ㅂㅂ$aCD-ROM version of: Academic American encyclopedia. Rev. ed. Grolier, 1985?. 21 v.

이용가능한 다른 형태자료: 530필드는 함께 발행된 다른 형태자료가 있음을 서술주기하고, 필요한 경우 이용가능 정보원, 이용가능 조건, 주문번호, URI 등을 함께 기술한다. 이용가능한 다른 형태자료가 별도로 목록되어 있을 때는 530필드는 이를 연계될 수 있도록 간단히 주기하고, 표제와 제어번호는 776필드(기타형태)에 기술한다(A2R.9.7B16).

530 ㅂㅂ$a이용가능한 다른 형태 자료 ;$b이용가능 정보원 ;$c이용가능 조건 ;$d주문번호$uURI

530 ㅂㅂ$aCD-ROM으로 발행
777 1ㅂ$aAcademic American encyclopedia$h[CD-ROM]

538 ㅂㅂ$aSystem requirements: IBM PC XT/AT, PS/2 or suitable IBM PC XT/ AT compatible; DOS 3.0 or later; 512K RAM

┌ 동시발간 저록을 위한 Tag
│ ┌── 제1지시기호 '1'은 주기로 표시하지 않고 표목으로 부출
│ │┌── 제2지시기호 'ㅂ'는 '동시발간'이라는 표출어 생성을 위한 지시
777 1ㅂ$aAcademic American encyclopedia$h[CD-ROM]
└ 동시발간 저록의 표제 └ 특정자료표시

동시발간저록: 동시발간저록의 기재는 245필드와 동일한 기재형식으로 기술한다.

<출력>동시발간: Academic American encyclopedia [CD-ROM]

9) 연속간행물자료

USA
Counties
1994

Issued
December 1994

CD94-CTY-02

COMPACT
DISC

A Statistical Abstract Supplement

U.S. Department of Commerce
Bureau of the Census
Data User Services Division
Washington, DC 20233-0800
301-457-4100

.....nmbƀƀ22.....ƀaƀ4500

006 aƀƀƀƀƀƀp000ƀƀ

008 ......m1994ƀƀƀƀusƀƀƀƀƀƀƀƀdƀƀƀƀƀƀaƀƀengƀƀ

010

040 ƀƀ

090 ƀƀ$a

245 0 0$aUSA counties$h[electronic resource] /$dU.S. Department of Commerce, Bureau of the Census, Data User Services Division

표제와 책임표시사항: 245필드는 연속간행물명을 줄머리잡기로 목록하였다. 이때 식별기호 '$d'로 기술되는 단체명은 정보원에 표시된 문자와 순서로 기술한다.

256 ƀƀ$aComputer journal

컴퓨터자료의 특성: 256필드는 'computer journal'이나 '전자저널'로 기술한다.

260 ƀƀ$aWashington, DC :$bU.S. Dept. of Commerce, Bureau of the Census, Data User Services Division.$c19 -

발행사항: 260필드에 식별기호 '$b'로 기술되는 발행처는 정보원에 나타난 대로 상위단체명에서 하위단체명으로 ','로 구분하여 기술하였고, '$c'로 기술되는 발행년은 최초의 발행년과 최종 발행년을 기술하는데 발행년이 확인되지 않은 부분이나 계속 간행되는 자료는 최종 발행년을 공란으로 둔다.

300 ɓɓ$a computer laser optical discs ;$c4¾ in. +$euser's guide
310 ɓɓ$aAnnual

간별표시: 연속간행물의 간행빈도를 310필드(현행 간행빈도)와 321필드(이전 간행빈도)에 기술한다.

310 ɓɓ$a년간	310 ɓɓ$aAnnual
310 ɓɓ$a월간	310 ɓɓ$aMonthly
310 ɓɓ$a간행빈도 다양	310 ɓɓ$aFrequency varies

500 ɓɓ$aDescription based on: Dec. 1994; title from disc label
538 ɓɓ$aSystem requirements: IBM PC compatible computer; 520K RAM available; 3 MB available on hard disk; CD-ROM reader installed with MSCDEX.EXE 2.0 or later; color monitor and mouse for use with LandView II mapping software
550 ɓɓ$aPrepared by: Bureau of the Census

발행자주기: 연속간행물의 발행처 주기를 550필드(발행처 주기)로 기술한다.

580 ɓɓ$aSupplement to: Statistical abstract of the United States
580 ɓɓ$aEach issue includes all the data on countries from the last three issues of: State and metropolitan area data book; and the last two issues of: County and city data book
710 ɓɓ$aUnited States.$bBureau of the Census.$bData User Services Division

단체명표목: 단체명부표목은 710필드에 식별기호 '$a'로 상위단체명, '$b'를 반복하여 하위단체명을 '.'로 구분하여 기술한다.

730 ɓɓ$aStatistical abstract of the United States$h[electronic resource] ← 부출표목 - 통일표제
740 ɓɓ$aState and metropolitan area data book$h[electronic resource] ← 580필드에 주기된 연관저록의 부출표목
740 ɓɓ$aCounty and city data book$h[electronic resource]

10) 복합자료

[Title screen]

THE BIBLE
A MULTIMEDIA EXPERIENCE

World Library's
THE BIBLE; A MULTIMEDIA EXPERIENCE

Windows Ver. 4.4
Copyright 1991－1995 World Library, Inc.

[Disc label]
THE

BIBLE:
A MULTIMEDIA EXPERIENCE

WINDOWS 96
COMPATIBLE
WINDOWS 3.1

COMPACT
DISC
DIGITAL DATA

Softkey

©1997 Learning Company Properties Inc., a subsidiary of The Learning Company Inc. ©All rights reserved. Softkey and The Learning Company are registered trademarks of Learning Company Properties Inc. The Bible: A Multimedia Experience is a trademark of World Library Inc.
HYB344FE－CD

이 자료는 문자자료(texts), 비디오녹화자료(videos), 녹음자료(audio), 이미지(images) 등 복합적인 정보를 포함한 'interactive multimedia'이다.

```
.....nmmƀƀ22.....ƀaƀ4500
006 aƀƀƀƀƀƀp000ƀƀ
008 ......m19951997usƀƀƀƀƀaƀƀdƀƀƀƀƀƀaƀƀengƀƀ
020 ƀƀ$a1565349675
040 ƀƀ
090 ƀƀ$a220.5203
```

청구기호: 090필드의 자관 청구기호는 식별기호 '$a'로 DDC의 분류번호를 기술하였다.

```
┌ '기본표목-통일표제'를 위한 Tag
|                  ┌─ 내용의 언어를 위한 식별기호
130 ƀ0$aBible.$lEnglish.$sAuthorized.$f1977
      |              |            └─ 발행년을 위한 식별기호
      |              └─ 판을 위한 식별기호
      └ 통일표제를 위한 식별기호
```

기본표목: 통일표제의 기본표목은 130필드에 식별기호 '$a'로 'Bible', '$l'로 사용언어 'English', '$s'로 판표시 'Authorized', '$f'로 발행년도 '1977'을 기술한다(A2R.25.18). 성경(Bible)은 언어별로 형태를 달리한 많은 종

류가 발행되고 있기 때문에 통일표제를 작성할 때 '언어', '판차', '발행년', '번역자' 등을 함께 부기한다. 통일표제를 기본표목으로 기술하므로 다른 판의 같은 자료를 한곳에 집합시키고, 검색할 수 있게 한다.

245 11$a(The) Bible$h[interactive multimedia] :$ba multimedia experience

표제와 책임표시사항: 245필드는 식별기호 '$a'로 보다 식별을 분명히 한 라벨의 표제를 본표제로 기술하고, 식별기호 '$h'로 혼합자료의 표시인 'interactive multimedia'를 GMD로 기술하였다.

250 ɓɓ$aVer. 4.4
256 ɓɓ$aComputer data and programs
260 ɓɓ$aCambridge, MA. :$bSoftKey,$ccl997

발행사항: 260필드는 자료자체의 발행사항을 기술하고, 원자료에 관한 발행사항은 500필드로 주기 하였다. 그리고 발행처에 대한 필요한 부표목은 710필드로 기술한다.

300 ɓɓ$a1 computer laser optical disc :$bsd., col. ;$c4¾ in. +$e1 insert
500 ɓɓ$aTitle from disc label
500 ɓɓ$aEd. statement from title screen
500 ɓɓ$aHYB344FE-CD
500 ɓɓ$aOriginally created by World Library, Inc.
520 8ɓ$aSummary: Features the complete text of The King James Bible, full-motion video scenes from the four Gospels, audio of popular verses, and colored Biblical illustrations. Data searchable by word, date, or name and Bible indexed by book, chapter, and verse. Supports bookmark, notepad, print and save functions
538 ɓɓ$aSystem requirements: PC 386 or higher; 2 MB RAM; Windoss 3.1 or higher; VGA monitor; CD-ROM drive; mouse recommended but not required
630 04$aBible$xInteractive multimedia

주제명: 130필드로 기술되지 않은 필요한 통일표제는 630필드에 부출표목한다.

```
┌ 주제명부출표목--통일표제를 위한 Tag
│          ┌── 성서에 관한 통일표제(영어)
│          │  ┌── 일반세목을 위한 식별기호
630 04$aBible$xInteractive multimedia
<출력>Bible--Interactive multimedia
            └─ '--'는 식별기호 '$x'에 의해 자동생성
```

710 ɓɓ$aSoftKey International, Inc. ← 발행자 부출표목
710 ɓɓ$aWorld Library, Inc. ← 원본제작자 부출표목

[Title screen]

AMERICAN GOVERNMENT
The Political Game
Stephen E. Frantzich
United States Naval Academy

Based on the textbook by
Stephen E. Frantzich and Stephen Percy

Brown & Benchmark

[Disc label]
3M
CD-ROM

AMERICAN GOVERNMENT CD-ROM
MACINTOSH VERSION
Manufactured in USA by 3M

이 자료는 Frantzich와 Percy가 공저한 저작을 기초로 Frantzich가 이미지, 사진, 비디오 그리고 게임으로 컴퓨터자료화한 것이다.

```
.....nmmɓɓ22.....ɓaɓ4500
006 aɓɓɓɓɓɓp000ɓɓ
008 ......r1994ɓɓɓɓusɓɓɓɓɓaɓɓdɓɓɓɓɓɓaɓɓengɓɓ
020 ɓɓ$a0697234592
040 ɓɓ
          ┌────── 국제적지역(1자리): 사용되지 않은 자리표시 붙임표'-'
043 ɓɓ$an-us---
          │  │  └────── 여백(3자리): 사용하지 않은 자리표시 붙임표'-'
          │  └────── 국가표시(2자리): 'us'(United States)
          └ 대륙·대양(1자리): 'n'(North America)
```

지역부호: 043필드는 기술되는 자료가 특정지역과 관계되는 경우와 지역명이 주제명으로 기술되는 경우 KORMARC의 부속서 6(**외국지역구분부호표**)의 알파벳부호 7자리[8])로 기술한다.

090 ɓɓ$a320.473

100 1ɓ$aFrantzich, Stephen E.

245 10$aAmerican government$h[interactive multimedia] :$cThe political game /$dStephen E. Frantzich

표제와 책임표시사항: 245필드는 표제화면의 표제를 본표제로 기술하고, 컴퓨터자료를 제작한 저자명을 책임표시에 기술하였다.

246 1ɓ$iTitle on disc surface:$aAmerican government CD-ROM

8) 7자리는 대륙·대양 1자리, 국제적지역 1자리, 국가 2자리, 여백 3자리(붙임표)로 구성한다.

정보원에 따라 상이한 표제: 정보원에 따라 표제가 다를 때는 246필드로 기술하거나, 500필드에 정보원을 표출어로 주기하고, 740필드로 부표목한다.

```
  ┌ 제1지시기호 '1'은 주기와 표목을 함께 지시
  | ┌ 제2지시기호 'ƀ'는 정형화되지 않은 표출어를 '$i'로 기재하기 위한 지시
246 1ƀ$iTitle on disc surface:$aAmerican government CD-ROM
          ┌ 정보원              ┌── 해당 정보원의 표제
500 ƀƀ$aTitle on disc surface: American government CD-ROM
740 ƀƀ$aAmerican goverment CD-ROM  |
     └─────────────────────────────┴──── 정보원의 표제부출표목
```

250 ƀƀ$aMacintosh version
256 ƀƀ$aComputer data and programs
260 ƀƀ$aDubuque, Iowa :$bBrown & Benchmark,$ccl994
300 ƀƀ$a1 computer laser optical disc :$bsd., col. ;$c4¾ in. +$e1 user's manual (26 p.) +1 insert
500 ƀƀ$aTitle from title screen
500 ƀƀ$aEd. statement from disc label
500 ƀƀ$a"Based on the textbook by Stephen E. Frantzich and Stephen Percy

원본주기: 원본이 된 자료는 500필드에 'Based on'이라는 표출어로 원작표제와 원작자를 주기하고 7XX필드로 저작자명과 원작표제를 부표목한다. 그러나 본표제와 원작표제가 동일하기 때문에 기본표목되지 않은 저작자는 700필드로 부표목하였다. KORMARC(통합서지용)에서는 원서명을 246필드에 주기와 부표목할 수 있게 하였다.

```
     ┌── 주기를 정보원에 나타난 대로 기술할 때는 " "로 묶어 기술
     |                              ┌── 기본표목된 저작자명은 부출하지 않는다.
500 ƀƀ$a"Based on the textbook by Stephen E. Frantzich and Stephen Percy"
700 1ƀ$aPercy, Stephen                                        |
     └──────────── 공저작자부출표목 ──────────────────────────┘
```

500 ƀƀ$a"Produced by Lunaria"--Container
520 8ƀ$aSummary: Contains the original text of American goverment, the political game, and an expanded archive of primary sources, including texts, videos, graphics, and photos
538 ƀƀ$aSystem requirements: LC III or higher Mac with System 7.1 or later, 8 MB RAM; a monitor with 256-color display that can display at least 640 x 480 pixels; QuickTime version 1.6.1 or later, CD-ROM deive
651 ƀ4$aUnited States$xPolitics and goverment$xInteractive multimedia
700 1ƀ$aPercy, Stephen ← 원본제작자 부출표목
710 ƀƀ$aBrown & Benchmark Publishers ← 발행자 부출표목

3. 컴퓨터 카세트자료

.....nmmƀƀ22.....ƀaƀ4500
006 aƀƀƀƀƀƀp000ƀƀ
008 ......s1981ƀƀƀƀusƀƀƀƀƀaƀƀdƀƀƀƀƀƀaƀƀengƀƀ
010
040 ƀƀ
090 ƀƀ$a $b
245 00$aBusiness and household utilities$h[electronic resource]

표제와 책임표시사항: 245필드는 식별기호 '$a'로 으뜸정보원의 표제를 본표제로, '$h'로 '전자자료'나 'electronic resource'를 GMD로 기술한다(A2R.1.1C1). 저작자를 확인할 수 없는 것은 책임표시를 기술하지 않는다.

256 ƀƀ$a1 computer programs

┌ 정보원 이외에서 기술한 발행사항은 [ ]로 기술

260 ƀƀ$a[Cambridge] :$bSinclair Research,$c1981
300 ƀƀ$a1 computer tape cassette +$e1 information sheet

형태사항: 딸림자료는 식별기호 '+$e'로 자료종별과 수량 그리고 필요한 경우 딸림자료의 형태사항을 기술한다(A2R.9.5).

300 ƀƀ$a특정자료종별과 수량 :$b기타형태사항 ;$c크기 +$e딸림자료
300 ƀƀ$a특정자료종별과 수량 ;$c크기 +$e딸림자료 ← 기타형태사항이 없을 때 기재 예
300 ƀƀ$a특정자료종별과 수량 +$e딸림자료

└ 통일된 기타형태사항이나 규격을 생략하고 딸림자료를 바로 기술한 예

500 ƀƀ$aTitle from title screen
505 8ƀ$aContents: side A. Telephone. Notepad -- side B. Bank account

내용주기: 505필드는 제1지시기호 '8'을 지시하여 식별기호 '$a'로 표출어를 기술하고, 제2지시기호 'ƀ'으로 식별기호를 사용하지 않고 으뜸정보원의 권차, 내용표제를 주기한다. 이때 권차와 권차의 구분은 '--'로, 동일 권내의 표제 간의 구분은 '.'로 하고(A2R.1.7B18), 필요한 내용표제의 표목은 7XX필드로 분출표목한다.

505 8ƀ$aContents: 권차. 내용표제. 내용표제 -- 권차. 내용표제. 내용표제

538 ƀƀ$aSystem requirements: Sinclair ZX 81 or ZX 80 with 8K ROM; 16K
740 ƀ2$aTelephone.$nside A$h[electronic resource] ← 내용주기된 내용표제 분출표목
740 ƀ2$aNotepad.$nside A$h[electronic resource]
740 ƀ2$aBank account.$nside B$h[electronic resource]

.....nmmbb22.....bab4500

007 cfoana

008 ......s198bbbbbbusbbbbbabbdbbbbbbbabbengbb

040 bb

090 bb$a $b

245 00$aInformation skills$h[electronic resource] /$dAkersoft

256 bb$aComputer programs (8 files)

컴퓨터파일 특성: 256필드는 컴퓨터파일의 유형, 파일수, 레코드수, 명령문수, 바이트수 등의 특성을 기술한다.

256 bb$a컴퓨터파일의 유형 (파일수 : 레코드수, 명령문수, 바이트수)

260 bb$aNottingham :$bAkersoft,$c[198]

300 bb$a1 computer tape cassette :$bcol. ; $3\frac{7}{8}$ x $2\frac{1}{2}$ in. +$e1 operating instructions (2 leaves), 14 worksheets, 1 map

500 bb$aTitle from disk label

┌ 정형화되지 않은 표출어는 제1지시기호를 '8'로 지시
|┌ 제2지시기호 'b'는 내용주기되는 사항을 식별기호 없이 주기로만 기술
|| ┌ 한국어 이외의 언어에 대한 표출어는 식별기호 '$a'로 해당 표출어를 기술

505 8b$aContents: Hello -- ABC -- Quiz -- World -- Afari -- News 1 -- News 2 -- Index

내용주기: 505필드는 내용표제를 주기한다(A2R.1.7B18). 그러나 내용표제만으로 식별이 가능하지 않을 때는 면수표시와 연번을 연계시켜 주기한다.

521 8b$aAudience: For use in a school library with casses of up to 32 students

이용대상자: 521필드는 자료 제작시 표시된 이용대상자를 '이용대상자'나 'Audience'라는 표출어로 기술한다(A2R.9.7B14). 이 때 정형화된 한국어 표출어는 제1지시기호로 지시하고, 그 외의 표출어는 제1지시기호 '8'과 해당 표출어로 기술한다.

530 bb$aIssued also on disk

이용가능한 다른 형태자료: 자료가 2가지 이상의 형태로 제작된 것은 530필드에 '이용가능한 다른 형태자료'라는 표출어로 주기하거나 설명형식으로 주기한다(A2R.9.7B16).

530 bb$a이용가능한 다른 형태자료: 디스크로 간행

530 bb$a디스크로도 간행

538 bb$aSystem requirements: BBC B; cassette recorder

710 bb$aAkersoft ← 제작자 부출표목

4. 인터넷자료(internet resources)

1) 개인 저작자료

==

[Title screen]

July, 1994 Common Sense, by Thomas Paine [comsn 10x.xxx][#147]

Common Sense, by Thomas Paine

PROJECT GUTENBERG ETEXT OF_COMMON SENSE_BY THOMAS PAINE

==

인터넷 자료는 데이터베이스에 기술된 내용를 컴퓨터로만 제공되기 때문에 형태를 가진 자료와는 달리 목록의 기술영역에 따라 기술상 상당한 특이성을 가지고 있다.

.....nmmbb22.....babb4500
008 ......s1994bbbbusbbbbbabbmbbbbbbbabbengbb
040 bb
043 bb$an-us---
090 bb
100 1b$aPaine, Thomas,$d1737-1809

기본표목: 100필드는 식별기호 '$a'로 저자명, '$d'로 식별을 위한 생몰년을 기술하였다.

245 10$aCommon sense$h[electronic resource] /$dThomas Paine
256 bb$aComputer text data (1 file : 137,327 bytes)
260 bb$aChampaign, Il. :$bProject Gutenberg,$cl994
500 bb$aTitle from title screen (viewed on April 2, 1999)
└ 본표제의 정보원 └ 검색일자를 ( )로 기재

검색일자: 인터넷자료의 본표제에 대한 정보원주기에는 검색일자를 ( )로 부기한다.

500 bb$a"Project Gutenberg etext of Common sense by Thomas Paine"
500 bb$a"July, 1994...#147"
530 bb$aMay also be issued as ASCII text on diskette, or in print form

이용가능한 다른 형태자료: 530필드는 해당 자료가 다른 형태자료로도 간행되고 있기 때문에 이에 관한 사항을 주기하였다. 다른형태자료가 독립적으로 목록되어 있을 때는 표제와 제어번호를 776필드에 '이용가능한 다른 형태자료'라는 표출어로 주기와 부표목한다.

245 00$aCollege English
530 ꝥꝥ$aAlso available on microfilm from University Microfilms
┌ 530필드와 연계시켜 776필드를 기술하기 때문에 제1지시기호 '1'을 지시
776 1ꝥ$tCollege English$x00010-0994
<출력>이용가능한 다른 형태자료: College English, ISSN 00010-0994
└ 제2지시기호 'ꝥ'에 의해 '이용가능한 다른 형태자료'라는 표출어 자동출력

538 ꝥꝥ$aSystem requirements: Personal computer with modem, or Web browser with support for FTP

538 ꝥꝥ$aMode of access: FTP via the Internet from Project Gutenberg(ftpuiarchive.cso.uiuc.edu); login as anonymous; password is e-mail address. Directory:/pub/etext/gutenberg/etext94. File names: comsn 10.text or comsn10.zip

538필드는 시스템요구조건(System requirements)(A2R.9.7B1b)과 접근모드(Mode of access)(A2R.9.7B1c)를 해당 표출어로 기술한다.

시스템요구조건:
컴퓨터메이커 및 모델(The make and model of the computer(s))
기억용량(The amount of memory required)
운영시스템명(The name of the operating system)
소프트웨어요구조건(프로그래밍 언어 포함)(The software requirements (including the programming language)
주변장치의 종류와 특성(The kind and characteristics of any required or recommended peripherals) 등을 ';'으로 구분하여 기술한다.

538 ꝥꝥ$a시스템요구조건: 80486이상의 CPU/4MB이상의 메인 메모리(8MB이상 권장);CD ROM 드라이브(2배속 이상)/한글 윈도우 3.1(한글용 프로그램 동작시); 영문 윈도우 3.1(영문용 프로그램동작시)/4MB이상의 사용 가능한 하드 디스크 메모리; 윈도우 호환마우스/MPC호환 사운드카드

「시스템요구조건의 기재 예」

538 ꝥꝥ$aSystem requirements: PostScript compatible printer

538 ꝥꝥ$aSystem requirements: PC; telecommunications software; modem

538 ꝥꝥ$aSystem requirements: Adobe Acrobat Reader

538 ꝥꝥ$a접근모드: World Wide Web.

538 ꝥꝥ$aMode of access: World Wide Web

538 ꝥꝥ$aMode of access: Internet

538 ꝥꝥ$aAccess through computer network

538 ꝥꝥ$aElectronic access through Internet

538 ꝥꝥ$aRemote access through Internet

538 ꝥꝥ$aAvailable electronically via Internet

538 ꝥꝥ$aOnline access via AUSINET

538 ꝥꝥ$aDisk characteristics: Disk is single sided, double density, soft sectored

538 ꝥꝥ$aVHS

538 ꝥꝥ$aU-Matic

650 ƀ4$aPolitical science$xHistory$y18th century

651 ƀ4$aUnited States$xPolitics and goverment$y1775-1783

710 ƀƀ$aProject Gutenberg ← 발행자 부출표목

776 0ƀ$tCommon sense:$cASCII text on diskette ← 이용가능한 다른 형태자료의 주기와 부출표목

┌ 접근(검색)을 위한 위치정보 Tag
│ ┌ 접근방법(제1지시기호: '1'(Email))
│ │┌ 식별기호($u: Uniform Resource Locator)

856 1ƀ$uftp://uiarchive.cso.uiuc.edu/pub/etext/gutenberg/etexterg/etext94/co sn10.txt

= 500 ƀƀ$aInternet Address: ftp://uiarchive.cso.uiuc.edu/pub/etext/ gutenberg/ etext94/ comsn10.txt

856 1ƀ$uftp://uiarchive.cso.uiuc.edu/pub/etext/gutenberg/etext94/:/etext94/ comsn10.zip

= 500 ƀƀ$aInternet Address: ftp://uiarchive.cso.uiuc.edu/pub/etext/ gutenberg/ etext94/ consn10.zip

전자적 위치 및 접속: 856필드는 '인터넷주소'나 'Mode of access', 또는 'Internet address' 등을 해당 지시기호와 식별기호로 기술한다(A2R.9.7B1c.[9] MARC21과 KORMARC(통합서지용).[10] 856필드가 있기 이전에는 500필드에 표출어와 함께 주기하였다.

「500필드로 주기」

500 ƀƀ$a인터넷주소: .... 500 ƀƀ$aMode of access: ....

500 ƀƀ$aInternet address: ... 500 ƀƀ$a접근모드: .....

9) Nancy B. Olson, *Cataloging Internet resources.* (Dublin, Ohio : OCLC., 1997). Available: http://www.purl.org/oclc/cataloging-internet. 9.7B1c: Mode of Access[MARC 538(R)].

10) Library of Congress, *Field 856 electronic location and access.* Available: http://lcweb.loc.gov/marc/856guide.html. OCLC, *856 Electronic location and access(R): input standards.* Available: http://www.oclc.org/oclc/bib/856.htm.

.....nmmƀƀ22.....ƀaƀ4500

008 ......s2001ƀƀƀƀulkƀƀƀƀaƀƀdƀƀƀƀƀƀaƀƀkorƀƀ

부호화정보필드: 008/15-17자리는 발행국명에 서울의 약자 'ulk'(KORMARC 부속서 1)로 하고, 008/35-37자리의 언어부호는 'kor'(korean: KORMARC 부속서 3 참조)로 한다.

040 ƀƀ

090 ƀƀ$a810.906

100 1ƀ$a김용범

기본표목: 100필드는 식별기호 '$a'로 첫번째 저작자명을 기본표목하였다.

245 10$a북한 문예론$h[전자자료] /$d김용범, $e신동호 공저

표제와 책임표시사항: 245필드는 식별기호 '$a'로 본표제, '$h'로 '전자자료', '$d'로 첫 번째 저작자, '$e'로 두 번째 이하의 저작자를 기술하였다. 기본표목되지 않은 공저자는 700필드로 부표목하였다.

256 ƀƀ$a컴퓨터 문헌데이터

260 ƀƀ$a[서울] :$b톨스토이,$c2001

500 ƀƀ$a본표제는 home page의 표제임 (2003. 2. 23. 검색)

530 ƀƀ$a단행본자료로 간행

이용 가능한 다른 형태자료: 530필드는 이용 가능한 다른 형태자료가 있을 때 이를 서술적으로 주기하고, 776필드는 별도로 목록된 이용 가능한 다른 형태자료의 표제와 제어번호를 기술한다.

530 ƀƀ$a단행본자료로 간행
776 1ƀ$a김용범.$t분한 문예론,$zISBN ,$w

제1지시기호 '1'은 530필드에 주기되었으므로 주기하지 않고 부표목되게 한 것이다.

538 ƀƀ$a접근모드: World wide web

650 ƀ4$a한국문학사

650 ƀ4$a한국문학$z북한

700 1ƀ$a신동호 ← 공저작자 부출표목

710 ƀƀ$a톨스토이 ← 발행자 부출표목

└ 톨스토이는 출판사명칭이므로 단체명으로 부표목하였다.

776 12$a김용범.$t북한 문예론 ← 이용가능한 다른 형태자료 부출표목

이용 가능한 다른 형태자료가 도서일 때: 기재형식은 기입체의 형식을 준용한다.

856 1ƀ$uhttp://www.tolstoe.com/newebook/mall/ebook

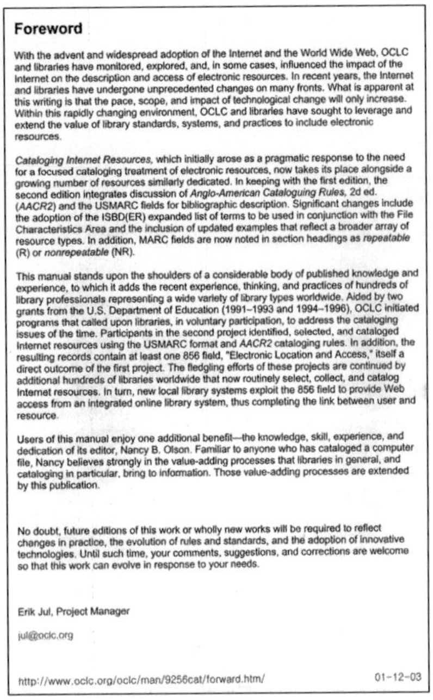
Foreword

With the advent and widespread adoption of the Internet and the World Wide Web, OCLC and libraries have monitored, explored, and, in some cases, influenced the impact of the Internet on the description and access of electronic resources. In recent years, the Internet and libraries have undergone unprecedented changes on many fronts. What is apparent at this writing is that the pace, scope, and impact of technological change will only increase. Within this rapidly changing environment, OCLC and libraries have sought to leverage and extend the value of library standards, systems, and practices to include electronic resources.

Cataloging Internet Resources, which initially arose as a pragmatic response to the need for a focused cataloging treatment of electronic resources, now takes its place alongside a growing number of resources similarly dedicated. In keeping with the first edition, the second edition integrates discussion of *Anglo-American Cataloguing Rules*, 2d ed. (*AACR2*) and the USMARC fields for bibliographic description. Significant changes include the adoption of the ISBD(ER) expanded list of terms to be used in conjunction with the File Characteristics Area and the inclusion of updated examples that reflect a broader array of resource types. In addition, MARC fields are now noted in section headings as *repeatable* (R) or *nonrepeatable* (NR).

This manual stands upon the shoulders of a considerable body of published knowledge and experience, to which it adds the recent experience, thinking, and practices of hundreds of library professionals representing a wide variety of library types worldwide. Aided by two grants from the U.S. Department of Education (1991–1993 and 1994–1996), OCLC initiated programs that called upon libraries, in voluntary participation, to address the cataloging issues of the time. Participants in the second project identified, selected, and cataloged Internet resources using the USMARC format and *AACR2* cataloging rules. In addition, the resulting records contain at least one 856 field, "Electronic Location and Access," itself a direct outcome of the first project. The fledgling efforts of these projects are continued by additional hundreds of libraries worldwide that now routinely select, collect, and catalog Internet resources. In turn, new local library systems exploit the 856 field to provide Web access from an integrated online library system, thus completing the link between user and resource.

Users of this manual enjoy one additional benefit—the knowledge, skill, experience, and dedication of its editor, Nancy B. Olson. Familiar to anyone who has cataloged a computer file, Nancy believes strongly in the value-adding processes that libraries in general, and cataloging in particular, bring to information. Those value-adding processes are extended by this publication.

No doubt, future editions of this work or wholly new works will be required to reflect changes in practice, the evolution of rules and standards, and the adoption of innovative technologies. Until such time, your comments, suggestions, and corrections are welcome so that this work can evolve in response to your needs.

Erik Jul, Project Manager

jul@oclc.org

http://www.oclc.org/oclc/man/9256cat/forward.htm/ 01-12-03

.....nmmɓɓ22.....ɓaɓ4500

007 crranb

008 ......s1997ɓɓɓɓusɓɓɓɓɓaɓɓdɓɓɓɓɓɓaɓɓengɓɓ

040 ɓɓ

090 ɓɓ$a025.3

100 1ɓ$aOlson, Nancy B.

245 1ɓ$aCataloging internet resources$h[computer file] :$bA manual and practical guide

256 ɓɓ$aComputer text data (1 file)

컴퓨터파일 특성: 문헌자료에 대한 컴퓨터파일은 256필드에 '컴퓨터 문헌자료', 'Computer text data'라는 컴퓨터파일의 유형을 기술한다.

260 ɓɓ$a[Dublin, Ohio]. :$bOCLC.,$cl997

형태사항: 인터넷자료는 형태사항이 일정한 형식을 갖추고 있지 않기 때문에 300필드를 사용하지 않고,[11] 필요한 형태사항은 500필드로 주기한다.[12]

500 ɓɓ$aTitle from home page (viewed on June 2000)

정보원[13]: 인터넷자료의 정보원은 터미널의 표제화면(title screen) 또는 동일성격의 화면으로 하고, 표제화면이 없는 것은 Home page, Web page, 혹은 파일자체의 정보원으로 한다. 본 예는 표제화면이 없으므로 자료자체와 관계된 정보원의 기술사항을 기술하였다.

500 ɓɓ$a"The knowledge, skill, experience, and dedication of its editor, Nancy B. Olson" ← 일반주기되는 사항이 정보원에 있는 그대로 주기할 때는 " "로 묶어 기술

500 ɓɓ$aProject manager: Erik Jul ← Project manager는 제작자로 일반주기

536 ɓɓ$a"Funded in part by the U.S. Department of Education, Office of Library Programs, under the College Library Technology and Cooperation Grants Program"

538 ɓɓ$aMode of access: World wide web

650 ɓ4$aLibrary catalogs

650 ɓ4$aCataloging

700 1ɓ$aJul, Erik ← Project manager의 부출표목

710 ɓɓ$aUnited States.$bDepartment of Education ← 후원단체명 부출표목

710 ɓɓ$aCollage Library Technology and Cooperation grant Program. $bOffice of Library Programs ← 후원단체명 부출표목

856 1ɓ$uhttp://www.oclc.org/oclc/man/9256cat/ forwardc.htm

856 1ɓ$uhttp://www.purl.org/oclc/cataloging-internet-internet

---

11) Olson, p. 216.

12) Melissa Beck, *CONSER Cataloging manual Module 31: Remote access computer file serials.* (Library of Congress : 2000). 31.13.

13) Olson, 9.0B1: Chief source of information.

THE END OF AN ERA

BY

JOHN S. WISE

BOSTON AND NEW YORK
HOUGHTON, MIFFLIN AND COMPANY
The Riverside Press, Cambridge
1899

THE END OF AN ERA

BY

JOHN S. WISE

BOSTON AND NEW YORK
HOUGHTON, MIFFLIN AND COMPANY
The Riverside Press, Cambridge
1899

Verso

COPYRIGHT, 1899, BY JOHN S. WISE.
ALL RIGHTS RESERVED

PREFACE

http://docsouth.unc.edu/wise/wise.html 01-12-01

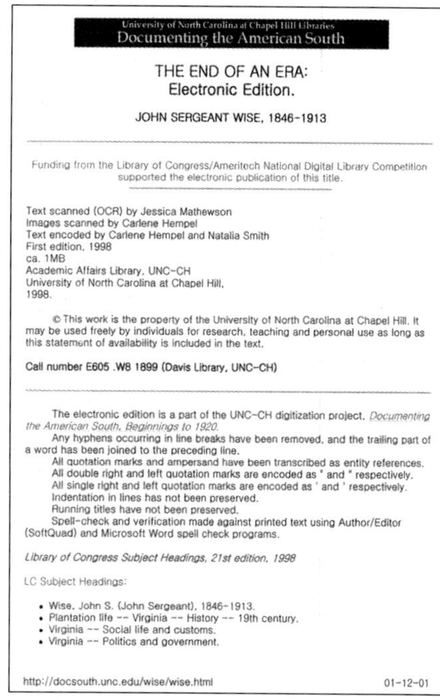
University of North Carolina at Chapel Hill Libraries
Documenting the American South

THE END OF AN ERA:
Electronic Edition.

JOHN SERGEANT WISE, 1846-1913

Funding from the Library of Congress/Ameritech National Digital Library Competition supported the electronic publication of this title.

Text scanned (OCR) by Jessica Mathewson
Images scanned by Carlene Hempel
Text encoded by Carlene Hempel and Natalia Smith
First edition, 1998
ca. 1MB
Academic Affairs Library, UNC-CH
University of North Carolina at Chapel Hill,
1998.

© This work is the property of the University of North Carolina at Chapel Hill. It may be used freely by individuals for research, teaching and personal use as long as this statement of availability is included in the text.

Call number E605 .W8 1899 (Davis Library, UNC-CH)

The electronic edition is a part of the UNC-CH digitization project, *Documenting the American South, Beginnings to 1920.*
Any hyphens occurring in line breaks have been removed, and the trailing part of a word has been joined to the preceding line.
All quotation marks and ampersand have been transcribed as entity references.
All double right and left quotation marks are encoded as " and " respectively.
All single right and left quotation marks are encoded as ' and ' respectively.
Indentation in lines has not been preserved.
Running titles have not been preserved.
Spell-check and verification made against printed text using Author/Editor (SoftQuad) and Microsoft Word spell check programs.

Library of Congress Subject Headings, 21st edition, 1998

LC Subject Headings:

- Wise, John S. (John Sergeant), 1846-1913.
- Plantation life -- Virginia -- History -- 19th century.
- Virginia -- Social life and customs.
- Virginia -- Politics and government.

http://docsouth.unc.edu/wise/wise.html 01-12-01

.....nmmƀƀ22.....ƀaƀ4500
008 ......s1998ƀƀƀƀusƀƀƀƀƀaƀƀdƀƀƀƀƀƀaƀƀengƀƀ
010
040 ƀƀ
043 ƀƀ$an-us---
090 ƀƀ$a973.782
100 1ƀ$aWise, John Sergeant,$d1846-1913
245 11$a(The) End of an era$h[electronic resource] /$dJohn Sergeant Wise

표제와 책임표시사항: 245필드는 식별기호 '$a'로 표제화면의 표제, '$d'로 저작자를 기술하였다. 그러나 저작자명이 표제화면이 아닌 하위 정보원에서 기술하였을 때는 500필드로 주기한다.14)

100 1ƀ$aHilton, Nelson
245 10$aBlake digital text Project$h[electronic resource]
500 ƀƀ$aSite maintained and comments welcomed by Nelson Hilton

예문은 표제화면에 저작자명이 나타나 있지 않기 때문에 기본표목과는 상관없이 245필드에 식별기호 '$d'로 책임표시에 기술하지 않고 500필드로 주기하였다.

250 ƀƀ$aElectronic ed
256 ƀƀ$aComputer text data (1 file : 930K)
260 ƀƀ$a[Chapel Hill, N.C.] :$bAcademic Affairs Library, University of North Carolina at Chapel Hill,$cl998

14) Ingrid Hsieh-Yee, p. 211.

발행사항: 260필드에 식별기호 '$b'로 기술되는 발행처가 상.하위단체명으로 구성되어 있을 때는 '하위단체명, 상위단체명'으로 기술하고, 610필드나 710필드로 부표목할 때는 식별기호 '$a'로 상위단체명. '$b'로 하위단체명으로 기술한다.

260 ƀƀ$a... :$bAcademic Affairs Library, University of North Carolina at Chapel Hill, $c...
710 ƀƀ$aUniversity of North Carolina at Chapel Hill.$bAcademic Affairs Library

500 ƀƀ$aTitle from title screen (viewed on April 2, 1999)

┌ 역할어 ┌ 제작자명 역할을 달리한 저작자 간의 구분부호 ┐

500 ƀƀ$aText scanned (OCR) by Jessica Mathewson. Images scanned by Carlene Hempel. Text encoded by Carlene Hempel and Natalia Smith

└ 역할어 동일한 역할의 저작자간의 연결 ┘

제작진주기: 제작자는 500필드에 역할어와 함께 제작자명을 주기하고, 필요한 경우 제작자명을 700필드로 부표목한다. 이때 역할을 달리한 제작자 간에는 ';'이나 '.'로, 공제작자 간에는 ','나 'and'로 구분한다.

500 ƀƀ$aDigitized version of: The end of an era / by John S. Wise
500 ƀƀ$aPart of the UNC-CH digitization project, Documenting the American South, Beginnings to 1920
504 ƀƀ$aIncludes bibliographical references and index
516 ƀƀ$aText in HTML and SGML formats
536 ƀƀ$aFunding from the Library of Congress/Ameritech National Digital Library Competition supported the electronic publication of this title

기금정보주기: 536필드는 자료제작에 기여한 기금정보를 주기하고, 주기된 인명이나 단체명은 필요에 따라 700필드나 710필드로 부표목한다.

538 ƀƀ$aSystem requirements: Panorama viewer for SGML files
538 ƀƀ$aMode of access: World Wide Web

접근방법: 500필드나 538필드에 '접근방법', 'Mode of access', '인터넷주소', 'Internet address', 'Available' 등의 표출어로 간단히 주기하거나, 856필드로 해당 지시기호와 식별기호로 기술한다.

651 ƀ4$aVirginia$xHistory$yCivil War, 1861-1865
710 ƀƀ$aUniversity of North Carolina at Chapel Hill.$bAcademic Affairs Library ← 발행자 부출표목
710 ƀƀ$aUnited States.$bLibrry of Congressl ← 후원자 부출표목
710 ƀƀ$aAmeritech National Digital Librry Competition ← 후원자 부출표목
856 1ƀ$uhttp://metalab.unc.edu/docsouth/wise/wise.sgml
856 1ƀ$uhttp://metalab.unc.edu/docsouth/wise/wise.html

2) 단체 저작자료

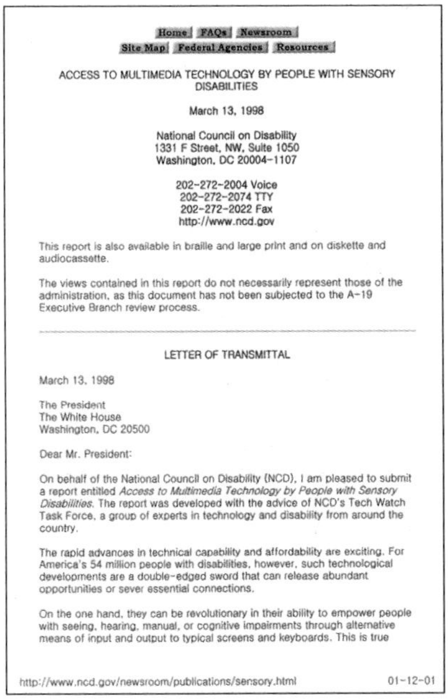
Home | FAQs | Newsroom
Site Map | Federal Agencies | Resources

ACCESS TO MULTIMEDIA TECHNOLOGY BY PEOPLE WITH SENSORY DISABILITIES

March 13, 1998

National Council on Disability
1331 F Street, NW, Suite 1050
Washington, DC 20004-1107

202-272-2004 Voice
202-272-2074 TTY
202-272-2022 Fax
http://www.ncd.gov

This report is also available in braille and large print and on diskette and audiocassette.

The views contained in this report do not necessarily represent those of the administration, as this document has not been subjected to the A-19 Executive Branch review process.

LETTER OF TRANSMITTAL

March 13, 1998

The President
The White House
Washington, DC 20500

Dear Mr. President:

On behalf of the National Council on Disability (NCD), I am pleased to submit a report entitled *Access to Multimedia Technology by People with Sensory Disabilities*. The report was developed with the advice of NCD's Tech Watch Task Force, a group of experts in technology and disability from around the country.

The rapid advances in technical capability and affordability are exciting. For America's 54 million people with disabilities, however, such technological developments are a double-edged sword that can release abundant opportunities or sever essential connections.

On the one hand, they can be revolutionary in their ability to empower people with seeing, hearing, manual, or cognitive impairments through alternative means of input and output to typical screens and keyboards. This is true

http://www.ncd.gov/newsroom/publications/sensory.html 01-12-01

.....nmmɓɓ22.....ɓaɓ4500
008 ......s1998ɓɓɓɓusɓɓɓɓɓaɓɓdɓɓɓɓɓɓaɓɓengɓɓ
010
040 ɓɓ
090 ɓɓ$a362.4
110 ɓɓ$aNational Council on Disability (U.S.)

기본표목: 110필드로 기본표목되는 단체명이 식별을 필요로 할 때는 상위지명이나 상위행정단위명을 연계시켜 기술한다. 단체명 기본표목은 상위지명이나 상위단체명을 상위표목으로 기술하는 방법인 간접표목과 식별을 위해 단체명표목에 부기하는 방법인 직접표목으로 생각할 수 있다.

110 ɓɓ$a단체명 (상위단체명이나 상위지명) ← 단체명 직접표목은 식별을 위한 상위지명이나 상위단체명 부기
110 ɓɓ$a상위단체명이나 상위지명.$b단체명 ← 단체명 간접표목은 상위단체명/상위지명을 상위표목으로 기술

245 10$aAccess to multimedia technology by people with sensory disabilities$h [electronic resource] /$dNational Council on Disability

256 ɓɓ$aComputer text data
260 ɓɓ$aWashington, DC :$bThe Council,$cl998
└ 저작표시에 기재된 사항과 동일한 발행처명은 간략형식으로 기재

┌── 본표제의 정보원 ┌── 검색 일시
500 ɓɓ$aTitle from title screen (viewed on April 2, 1998)
500 ɓɓ$a"March 13, 1998."
└ 자료의 공개일시는 500필드로 일반주기한다. 자료에 나타난 그대로 기재할 때는 " "으로 기재

┌─ 이용가능한 다른형태자료 주기: 동일한 내용의 자료가 본자료와 다른형태로 발간된 자료의 주기
530 ɓɓ$aAlso available in braille and large print and on diskette and audiocassette
└ 점자자료 └ 큰활자 인쇄자료 └ diskette자료 └ 카세트녹음자료

538 ɓɓ$aMode of access: World Wide Web
650 ɓ4$aComputers and the handicapped$zUnited States
856 1ɓ$upurl.access.gpo.gov/GPO/LPS764
= 500 ɓɓ$aInternet Address: purl.access.gpo.gov/GPO/LPS764
856 1ɓ$uhttp://www.ncd.gov
= 500 ɓɓ$aInternet Address: http://www.ncd.gov

3) 회의의 결과에 의한 자료

.....nmmȸȸ22.....ȸaȸ4500
008 ......s1996ȸȸȸȸusȸȸȸȸȸaȸȸdȸȸȸȸȸȸaȸȸengȸȸ
010
040 ȸȸ
090 ȸȸ$a025.04

┌─ 회의명을 위한 식별기호 ┌─ 표제관련정보를 위한 식별기호
│ ┌─ 회의명 │ ┌─ 개최일자를 위한 식별기호
111 ȸȸ$aNetwork Advisory Committee.$gMeeting$d(1994 June 12-14 :$cWashington, D.C.)
└─ 개최일자 └─ 개최지명

기본표목: 회의자료는 111필드에 식별기호 '$a'로 회의명, '$n'으로 회차, '$d'로 회기, '$c'로 개최지를 기본표목하였다. 이때 회차, 회기, 개최지는 ( )에 묶어 기술하고, 회차가 없는 것은 식별기호 '$d'로 회기를 연월일로 기술한다.

245 10$aCommunity connections$h[electronic resource] :$bthe national infrastructure and civic networks :$bproceedings of the Library of Congress Network Advisory Committee, June 12-14, 1994

표제와 책임표시사항: 245필드는 식별기호 '$a'로 회의자료명, '$b'로 부표제, '$c'로 일정과 진행 등 회의에 관한 기타정보를 기술하고, '$d'와 '$e'로 회의의 주최나 후원 단체명 그리고 자료의 편집자 등을 기술한다.

245 ❶❷$a회의자료명$h[GMD] :$b부표제 :$b잡정보 /$d편집자 ;$e주최기관명 ;$e후원단체명

256 ȸȸ$aComputer data
260 ȸȸ$aWashington, D.C. :$bNetwork Development and MARC Standards Office, Library of Congress,$c1996
490 10$aNetwork planning paper ;$vno. 27

총서주기: 490필드는 총서표제와 총서번호를 주기하였다. 다르게 표목되는 총서표제는 제1지시기호 '1'를 지시하고 830필드로 다르게 부표목되는 총서명을 기술하였다.

┌─ 표목되지 않은 총서명주기의 Tag
│ ┌─ '1': 다르게 부표목되는 총서명일 때 지시
│ │┌─ '0': 주기로만 출력될 때 ┌─ 총서번호를 위한 식별기호
490 10$aNetwork planning paper ;$vno. 27
830 ȸ0$aNetwork planning paper (online) ;$vno. 27
└ 다르게 부표목되는 총서명

500 ȸȸ$aTitle from home page (viewed on May 27, 2001)

검색일자: 500필드에 주기되는 본표제의 정보원에 ( )로 부기하는 방법과 독립된 Tag로 주기하는 방법이 있다.

500 ȸȸ$aTitle from home page (viewed on May 27, 2001)

500 ȸȸ$aTitle from home page
500 ȸȸ$aViewed on May 27, 2001

500 ȸȸ$a"2/16/96"

┌── '8': 정형화되지 않은 표출어를 기술하기 위한 제1지시기호
│┌── 'ȸ': 기본형으로 내용주기되는 각 사항을 식별기호 없이 기술할 때 지시
││┌── '$a': 표출어를 위한 식별기호 저자명 ┐
│││┌── 정형화되지 않은 표출어 ┌ 내용표제 저작자 구분기호┐ │

505 8ȸ$aPartial contents: Introduction to community connections / Jane Williams -- Administrative connections / David Lytel -- Legislative connections / Robert Gillespie -- Cyberspace for everyone? / Ronald Doctor -- An overview of civic networking / Christinger Tomer -- CapAccess / Richard Civille, Janice Snyder Anderson -- Blackwburg Electronic / Joseph Wiencko -- Three Rivers Free-Net / Robert Croneberger -- Selfin Free-Net / Elizabeth Curry -- Discussion with community networks panel -- Review of Civic networks in the United States / Peter R. Young

내용주기: 505필드는 식별기호 '$a'로 'Contents'라는 표출어로 내용표제, 책임표시를 기술한다. 본 자료는 부분내용을 주기하였지만 정형화되지 않은 표출어를 기술하기 위해 제1지시기호 '8'로 지시하고, 주기된 내용표제나 저작자를 부출하지 않고 주기로만 출력되게 하기 때문에 제2지시기호 'ȸ'로 지시하였다. 내용주기되는 각각의 표제 사이는 '--'으로 구분하였다. 내용표제와 책임표시사항에 대한 부표목은 7XX필드로 분출표목한다.

530 ȸȸ$aAvailable also in print form
538 ȸȸ$aMode of access: World Wide Web or gopher
650 ȸ4$aLibrary information networks$zUnited States
651 ȸ4$aWide area networks (Computer networks)$xAccess
700 12$aWilliams, Jane.$tIntroduction to community connections ← 내용주기된 내용표제 분출표목
700 12$aLytel, David.$tAdministrative connections
700 12$aGillespie, Robert.$tLegislative connections
700 12$aDoctor, Ronald.$tCyberspace for everyone?
....
710 ȸȸ$aLibrary of Congress.$bNetwork Development and MARC Standards Office ← 발행자 부출표목
740 ȸ2$aDiscussion with community networks panel ← 내용표제 분출표목
830 ȸ0$aNetwork planning paper (online);$vno. 27 ← 총서명 부출표목
856 7b$uhttp://www.loc.gov.nac/nac27 2 http
856 7b$ugopher://marvel.loc.gov/11/services/libinforg/nac/nac27 2 gopher

4) 표제를 표목한 자료

.....nmmȸȸ22.....ȸaȸ4500
007 crrnnb
008 ......s2001ȸȸȸȸulkȸȸȸȸaȸȸdȸȸȸȸȸȸaȸȸkorȸȸ
040 ȸȸ
090 ȸȸ$a030

본표제 ┐ 별표제를 위한 구분표시 'or' 또는 '일명' ┐ ┌ 본표제와 동일언어로 된 두 번째 표제

245 00$a기네스월드2000, [일명], 한국기네스 월드레코드$h[전자자료] =$xGuinness world records 2000

└ GMD └ 문자를 달리한 대등표제

표제와 책임표시사항: 별표제가 있는 자료는 245필드에 식별기호 '$a'로 본표제와 별표제를 함께 줄머리잡기로 기술하고, '$x'로 대등표제를 기술하였다. 이때 본표제와 별표제는 '일명'으로 구분하고, 별표제와 대등표제는 740필드로 부표목하였다.

┌─ 제1지시기호 '3'은 주기하지 않고 표제부출을 지시
│┌─ 제2지시기호 'ȸ'는 표출어를 생성하지 않을 때 지시
││ ┌── 식별기호 '$i'는 표출어라는 설명어구를 표시

246 3ȸ$i별표제:$a한국기네스월드레코드 ← 별표제 부출표목
246 31$aGuinness world records 2000 ← 대등표제 부출표목

└ 제2지시기호 '1'은 '대등표제'라는 표출어 생성을 지시

대등표제: 245필드에 기재된 대등표제의 부출은 246필드로 하거나 740필드로 부출할 수 있다.

= 740 ȸȸ$a한국기네스월드레코드
= 740 ȸȸ$aGuinness world records 2000

256 ȸȸ$a컴퓨터 문헌데이터
260 ȸȸ$a[서울] :$b드림북,$c200l
500 ȸȸ$a본표제는 home page의 표제임 (2001년 11월 29일 검색)
500 ȸȸ$ae-mail: dreambook@dreambook.co.kr
530 ȸȸ$a단행본자료로 간행
538 ȸȸ$a접근모드: world wide web
710 ȸȸ$a드림북 ← 원본제작자 부출표목
776 1ȸ$t기네스북.$d한국기네스협회,$x8995127503,$wK0566254 ← 이용 가능한 다른 형태자료 저록
856 7b$uhttp://dreambook.dreamwiz.com/
856 7b$uwww.dreambook.co.kr

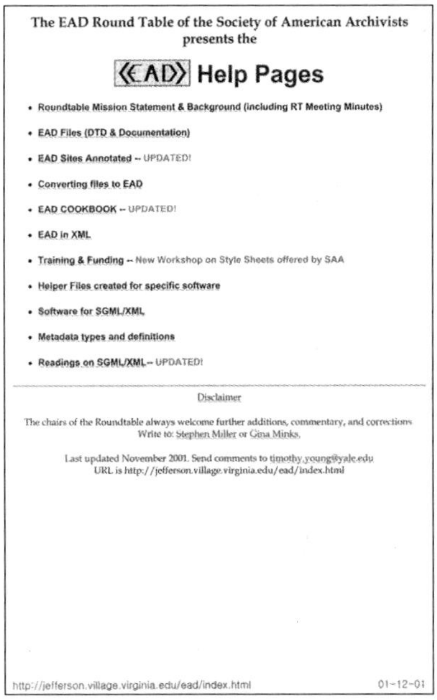
The EAD Round Table of the Society of American Archivists
presents the

《EAD》 Help Pages

- Roundtable Mission Statement & Background (including RT Meeting Minutes)
- EAD Files (DTD & Documentation)
- EAD Sites Annotated -- UPDATED!
- Converting files to EAD
- EAD COOKBOOK -- UPDATED!
- EAD in XML
- Training & Funding -- New Workshop on Style Sheets offered by SAA
- Helper Files created for specific software
- Software for SGML/XML
- Metadata types and definitions
- Readings on SGML/XML -- UPDATED!

Disclaimer

The chairs of the Roundtable always welcome further additions, commentary, and corrections
Write to: Stephen Miller or Gina Minks.

Last updated November 2001. Send comments to timothy.young@yale.edu
URL is http://jefferson.village.virginia.edu/ead/index.html

http://jefferson.village.virginia.edu/ead/index.html 01-12-01

.....nmmbb22.....bab4500

┌ /06(1자리)의 'm'은 발행년 유형의 복수년도를 나타낸
| 문자 표시

008 ......m1999bbbbusbbbbbabbdbbbbbbbabbengbb

| └ /11-14(4자리)의 'bbbb'는 종간이 확정되지 않았
| 을 때 표시
└ /07-10'(4자리)의 '1999'는 처음 발행년 표시

부호화정보필드: 연속간행물이나 전집류는 008/06자리(발행년 유형)를 'm'(복수년도)으로 하고, 008/07-10자리는 창간년, 008/11-14자리는 종간년도를 기술한다. 계속간행되고 있는 자료는 008/11-14자리는 'bbbb'로 기술한다.

010
040 bb
090 bb$a025.324
245 00$aEAD roundtable of the Society of American Archivists presents EAD help pages$h[electronic resource]

표제와 책임표시사항: 245필드로 본표제를 줄머리잡기로 목록할 때는 제1지시기호를 '0'으로 지시하여 본표제가 중복으로 부표목되지 않게 한다. 그리고 본표제가 관칭으로 시작하는 경우는 관칭을 제외한 표제로 기술하거나 관칭을 포함할 때는 ( )에 묶어 기술하고 제2지시기호 '1'을 지시하여 표목될 때 관칭을 제외한 표제로 검색되게 한다.

245 01$a(The) EAD roundtable of the Society of American Archivists presents ...

245 00$aEAD roundtable of the Society of American Archivists presents ...

246 3b$iPortion of title:$aEAD help pages$h[electronic resource] ← 본표제 일부의 검색을 위한 부출표목
= 740 bb$aEAD help pages$h[electronic resource]
256 bb$aComputer text data and programs
260 bb$a[Chicago] :$bSociety of American Archivists,$cl999-

발행사항: 260필드에 식별기호 '$c'로 기술되는 발행년도는 008/06, /07-10, /11-14 자리와 연계시켜 최초발행연도(창간호)와 종간년도를 함께 기술한다. 계속간행되는 자료는 창간년도를 기술하고 종간년도는 공란으로 한다.

┌ 창간년 ┌ 종간년: 현재 간행되고 있는 자료일 때
008/16 m, /07-10 1999, /11-14 bbbb ┌ 최초발행연도(창간연도)
260 bb$a[Chicago] :$bSociety of American Archivists,$cl999-
└ 발행처 └ 미확인 종간년도

500 ␢␢$aTitle from title screen (viewed on April 2, 1999)
500 ␢␢$aEAD help pages
500 ␢␢$aEncoded archival description help pages
500 ␢␢$a"Last updated March 1999"
500 ␢␢$aEAD: Encoded Archival Description
500 ␢␢$a"Send comments to timonty.young@yale.edu"
505 8␢$aContents: Mission Statement 7 background -- EAD source files -- Readings on SGMIL/XML -- EAD Sites by location (LC list) -- EAD sites annotaties (Delivery Motheds, Encoding Schemes, Contact Information, RLG Participation) -- Training 7 funding. -- Tools 7 helper files -- Indexing and metadata -- Conversion -- I need help!!!

내용주기: 505필드는 식별기호 '$a'로 'Contents'라는 표출어로 내용표제를 기술하였다. 내용주기를 주기로만 기술할 때는 제2지시기호 '␢'를 지시하고 내용주기의 각 사항에 주어지는 해당 식별기호를 생략한다.

505 8␢$aContents: Mission Statement 7 background -- EAD source files --

내용주기를 분출표목하지 않고 주기로만 출력되게 할 때는 각각의 표제를 위한 식별기호 없이 제2지시기호를 '␢'로 기술한다.

538 ␢␢$aMode of access: World Wide Web
650 ␢4$aEncoded Archival Description
710 ␢␢$aSociety of American Archivists.$bEAD Roundtable ← 발행단체명 부출표목
856 7b$uhttp://jefferson.village.virginia.edu/ead/index.html
= 500 ␢␢$aInternet Address: http://jefferson.village.virginia.edu/ead/index. html

전자적 위치 및 접속: 856필드로 다양한 형식의 접근 주소를 식별기호로 구분하여 기술한다. 그리고 주기로 기술할 때는 538필드에 접근양식을 간략히 기술하고, 500필드는 접근에 필요한 정확한 주소를 주기하였다.

5) 연속간행물자료

.....nmsЬЬ22.....ЬaЬ4500

리더: '/05'자리의 레코드상태를 'n', '/07'자리의 서지수준을 's'(연속간행물)로 한다.

008 ......m2001ЬЬЬЬulkЬЬЬЬaЬЬdЬЬЬЬЬЬaЬЬkorЬЬ

부호화정보필드: 008/06자리를 'm'(복수년도), 008/07-10자리를 '2001'(창간년도나 자료기관에 입수된 최초자료의 년도), 008/11-14자리를 'ЬЬЬЬ'(미정)으로 기술하였다.

022 ЬЬ$a1228-3436 <출력>ISSN 1228-3436

국제표준연속간행물번호(ISSN): 022필드는 식별기호 '$a'로 국제표준연속간행물번호(ISSN)를 'ISSN'이라는 표시없이 숫자만 기술하고, 출력시 표출어 'ISSN'이 자동출력되게 하였다.

010
040 ЬЬ
090 ЬЬ$a
245 00$a新東亞$h[전자자료] :$b시사월간지

표제와 책임표시사항: 245필드는 식별기호 '$a'로 연속간행물명을 줄머리잡기로 기술하였다.

256 ЬЬ$a컴퓨터문헌자료
260 ЬЬ$a[서울].:$b東亞日報社,$c200l-
310 ЬЬ$a월간

간행빈도[15]: 연속간행물의 간별은 310필드(현재 간행빈도), 321필드(이전 간행빈도)로 기술한다. 변경된 간행빈도는 식별기호 '$b'로 해당 권·연차사항을 함께 기술한다.

310 ЬЬ$a현재 간행빈도,$b시행 권.연차
321 ЬЬ$a이전 간행빈도,$b시행 권.연차

┌ 간행의 특성을 나타내는 필드
│ ┌ e-저널로 발행된 최초의 권호
362 0Ь$a제44권, 7호(2001년 7월)-
│ └ 해당 연차 └ 확인되지 않은 종간을 위한 공란
└ 확인할 수 없는 창간호는 자료기관에 입수된 최초의 '권수'를 기술

15) Kristin H. Gerhard, "Cataloging internet resources: practical issues and concerns," *Serials Cataloging* (The Haworth Press, Inc.), Vol. 32, no. 1/2 (1997): pp. 123-137.

권·연차사항[16]: 362필드는 연속간행물의 권·연차사항으로 창간호의 권·연차와 종간호의 권·연차를 기술한다. 계속간행되고 있는 연속간행물은 종간되었을 때 기술할 수 있도록 종간년을 공란으로 둔다.

500 ƀƀ$a본표제는 제44권, 7호(2001년 7월)의 home page의 표제임 (2001. 8. 2. 검색)

530 ƀƀ$a이용가능한 다른형태자료: 新東亞, ISSN 1228-3436

이용가능한 다른형태자료: 530필드는 동일한 내용의 자료로 이용이 가능한 다른형태로 발간된 자료가 있을 때 이에 관한 사항을 서술주기한다. 그러나 이용이 가능한 다른형태자료가 별도로 목록이 작성되어 있을 때는 776 필드에 기술한다.

```
530 ƀƀ$a新東亞, ISSN 1228-3436으로도 이용가능
          └ 이용가능한 다른 형태자료가 있음을 서술형식으로 간단히 주기
┌─ 이용가능한 다른 형태자료가 별도의 제어번호를 가지고 있을 때 기술하는 필드
|          ┌─ 이용가능한 다른 형태자료의 표제와 ISSN은 해당 식별기호로 기술
776 0ƀ$t新東亞,$x1228-3436
<출력>이용가능한 다른 형태자료: 新東亞, ISSN 1228-3436
       |                                   └ 'ISSN'은 출력시 자동생성
       └ '이용가능한 다른 형태자료'라는 표출어는 제2지시기호 'ƀ'에 의해 자동생성
```

538 ƀƀ$a접근모드: World wide web

710 ƀƀ$a동아일보사 ← 발행처 부출표목

776 0ƀ$t新東亞,$x1228-3436 ← 이용가능한 다른 형태자료의 주기와 부출표목

856 7b$uhttp://dreambook.dreamwiz.com/

856 7b$uhttp://shindonga.donga.com

= 500 ƀƀ$a인터넷 주소: http://dreambook.dreamwiz.com/

= 500 ƀƀ$a인터넷 주소: http://shindonga.donga.com

16) Olson, 12.3: Numeric and/or alphabetic, chronological, or other designation [MARC 362(R)].

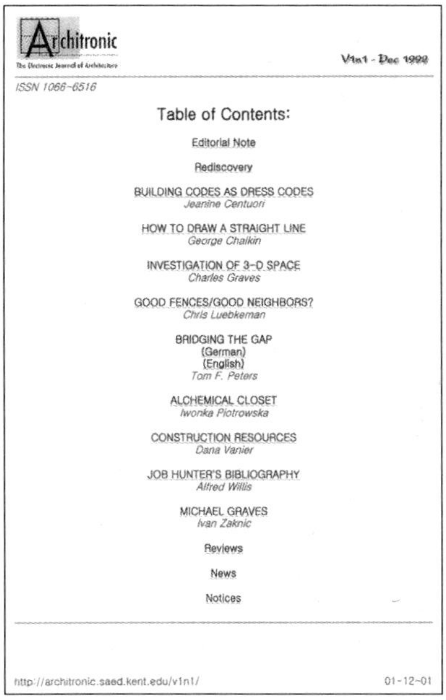

.....nmmƀƀ22.....ƀaƀ4500
008 ......m1992ƀƀƀƀusƀƀƀƀƀaƀƀdƀƀƀƀƀƀaƀƀengƀƀ
010
022 ƀƀ$a1066-6516
035 ƀƀ$a(OcoLC)27022742

┌─ 입수처 또는 재고번호/주문번호 부여기관을 위한 식별기호
│ ┌─ 기관명
037 ƀƀ$bKent State University, School of Architecture and environmental Design, POB 5190, Kent, OH 44242-0001$cFree └ 주소
가격을 위한 식별기호 ┘ └ 가격: 비매품

입수처: 037필드는 주문이나 복제를 위한 정보인 재고번호, 주문번호, 입수처 또는 번호부여기관, 가격, 발행형태 등의 정보를 기술한다.

040 ƀƀ$a222003$c222003$d011001$eAACR2R

목록작성기관: 040필드는 최초목록작성기관, 데이터의 기술기관, 또는 기존레코드를 수정한 기관 등의 기관부호를 식별기호로 구분하여 기술한다. 기존레코드의 수정은 식별기호 '$d'를 반복하여 기술하고, 동일기관에 의해 연속적으로 수정한 것은 한번만 기술한다.

리더/05 c /18 i ┌─ '$e': 적용된 기술규칙을 위한 식별기호
008/32 b │ ┌─ 적용된 기술규칙명[17]
040 ƀƀ$a222003$c222003$d011001$eAACR2R
│ │ │ └─ '$d': 수정기관을 위한 식별기호
│ │ └─ '$c': 기술기관을 위한 식별기호
│ └─ '222003'은 계명대학교 동산도서관부호
└─ '$a': 최초목록작성기관을 위한 식별기호(부속서7: **한국도서관부호표** 참조)

049 0ƀ$lAV0001234$v1992$lAV0001235$v1993$fDM

소장사항: 049필드는 소장도서관부호, 소장자료의 등록번호, 권책기호, 복본기호, 별치기호 등을 기술한다.

┌ 해당 자료 전체가 동일한 장소에 별치되지 않은 경우의 지시기호
│ ┌ 권책기호를 위한 식별기호: 권책기호가 연도일 때는 연도를 기술
049 1ƀ$lAV0001234$v1992$lAV0001235$v1993$fDM
│ └ 등록번호를 위한 식별표시 │ └ 디지털자료에 대한 별치기호
└─ 소장사항을 위한 Tag └─ 별치기호를 위한 식별기호

245 00$aArchitronic$h[electronic resource] :$bthe electronic journal of architecture

표제와 책임표시사항: 245필드는 식별기호 '$a'로 연속간행물명을 줄머리잡기로 기술한다. 이때 발행단체가 공공기관이나 학회와 같은 비영리단체 일 경우는 식별기호 '$d'로 발행단체명을 기술하고, 상업출판사의 경우는 발행처로 260필드에 식별기호 '$b'로 기술한다.

17) 식별기호 '$e'로 적용된 기술규칙은 리더/18자리에서 언급되지 않은 목록기술규칙명을 기술한다.

┌ 'ƀ'은 정형화되지 않은 표출어를 '$i'로 기술할 때 지시

246 1ƀ$iPortion of title:$aArcitron   <출력>Portion of title: Arcitron

└ 제1지시기호 '1': 기재된 사항의 주기와 식별기호 '$a'로 기재된 표제의 부출표목을 지시

여러형태의 표제[18]: 한 자료가 여러형태의 표제를 가지고 있을 때는 246필드에 정보원별 제2지시기호와 식별기호로 기술한다.

256 ƀƀ$aComputer journal

컴퓨터파일특성: 전자저널의 특성은 256필드에 식별기호 '$a'로 'Computer journal', 'computer newspaper', 또는 'computer online service' 등을 기술한다.

260 ƀƀ$a[Kent, Ohio] :$bSchool of Architecture and Environmental Design, Kent State University,$c1992-

310 ƀƀ$aThree no. a year

362 0ƀ$aVol. 1, no. 1 (Dec. 1992)-

500 ƀƀ$aDescription based on: Vol. 1, no. 1 (Dec. 1992); title from contents screen

500 ƀƀ$aContains WAIS-search engine

515 ƀƀ$aVol. 1 complete in one issue

516 ƀƀ$aElectronic serial in ASCII and HTML formats

538 ƀƀ$aMode of access: World Wide Web, Electronic mail, FTP and gopher gopher://arcrs4.saed.kent.edu:70/11/Architronic. for email subscription, send to: listserv@kentvm.kent.edu, the message:SUBSCRIBE ARCITRON[first name last name].

650 ƀ4$aArchitecture$xPeriodicals

710 ƀƀ$aKent State University.$bSchool of Architecture and Environmental Design ← 발행처 부출표목

856 7b$uhttp://arcrs4.saed.kent.edu/architronic

= 500 ƀƀ$aInternet Address: http://arcrs4.saed.kent.edu/architronic

18) Olson, 9.1: Varying form of title [MARC 246(R)].

5. 컴퓨터 카트리지자료

.....nmmƀƀ22.....ƀaƀ4500
007 cboczb
008 ......s1982ƀƀƀƀusƀƀƀƀƀaƀƀdƀƀƀƀƀƀƀaƀƀengƀƀ
010
040 ƀƀ
090 ƀƀ$a $b
100 1ƀ$aMiller, Alan
245 10$aStarmaster$h[electronic resource] /$dconceived and designed by Alan Miller

표제와 책임표시사항: 245필드에 식별기호 '$d'로 기술되는 영어형식의 역할어는 저작자명 앞에, 한국어형식의 역할어는 저작자명 뒤에 기술한다. 2가지 이상의 역할어를 함께 부기할 때는 영어형식은 'and'로 구분하고, 한국어 형식은 ','로 구분하여 기술한다.

「한국어 형식」
.... /$d역할어 및 역할어, 저작자 ;$e... ... /$d저작자 역할어, 역할어

「영어 형식」
.... /$d역할어 and 역할어, 저작자 ;$e...
.... /$d역할어, 역할어 and 역할어, 저작자 ;$e...

256 ƀƀ$aComputer programs (4 files)
260 ƀƀ$aSanta Clara, CA :$bActivision,$ccl982
300 ƀƀ$a1 computer chip cartridge :$bcol. ;$c3¼ in. +$e1 basic game manual ([6] p. : col. ill. ; 18 cm.) + a advanced game manual ([7] p. : col. ill. ; 18 cm.)

형태사항: 300필드는 식별기호 '$a'로 'computer chip cartridge'라는 세분된 특정자료종별과 수량을, '$b'로 유·무성, 칼라 등 기타형태사항을, '$c'로 컴퓨터카트리지의 직경을 인치 단위로 기술한다.

300 ƀƀ$a컴퓨터칩카트리지 1매 :$b유성, 천연색 ;$c3¼ in.

500 ƀƀ$aTitle from cartridge label
500 ƀƀ$a"AX-016"
538 ƀƀ$aSystem requirements: Atari 2600 or Sears Tele-Games Video Arcade; left joystick controller; col. television monitor

6. 컴퓨터 릴자료

```
.....nmmɓɓ22.....ɓaɓ4500
007 choaub
008 ......nɓɓɓɓɓɓɓɓɓukɓɓɓɓɓaɓɓdɓɓɓɓɓɓɓaɓɓengɓɓ
010
040 ɓɓ
090 ɓɓ$a024.4
245 00$aUniversal decimal classification$h[electronic resource] =$xClassification
      decimale universelle =$xDezimal klassifikation /$dBritish Standards Institution
```

표제와 책임표시사항: 이 자료는 상・하위총서명, 그리고 편차와 편제로 구성되어 있다. 총서명을 본표제로 기술하는 방법과 개별표제를 본표제로 기술하는 방법으로 생각할 수 있다. 본 예는 하위총서명을 본표제로, 상위총서명을 총서주기로, 편차와 편제를 내용주기로 기술하였다.

```
245 00$a하위총서명$h[GMD] /$d저작자
440 00$a상위총서명 ;$v총서번호
505 0ɓ$a편차. 편제 -- 편차. 편제 ...
740 ɓɓ$a편제.$n편차
740 ɓɓ$a편제.$n편차
```

① 총서명으로 정리할 때는 245필드에 식별기호 '$a'로 총서명을 줄머리잡기로 기술하고, 내용표제는 505필드에 식별기호 '$n'으로 부(part)의 연번, '$t'로 부별표제, '$g'로 파일의 유형, 발행년, 수량 등을 ( )에 내용표제의 관련정보로 기술한다.

```
245 00$a총서명$h[GMD]
505 0ɓ$aPart 연번. 표제 (파일의 유형. 발행년. 수량) -- pt. 연번. 표제....
```

② 부(Part)의 개별표제로 정리할 때는 245필드에 식별기호 '$a'로 부의 개별표제를 본표제로 기술하고, 총서명은 440필드나 490필드에 식별기호 '$a'로 주기한다.

```
245 10$a부의 개별표제$h[GMD] /$d저작자
440 00$a상위총서명 ;$v총서번호
440 00$a하위총서명 ;$v총서번호
```

대등표제: 언어를 달리한 표제는 245필드에 식별기호 '$a'로 본표제, '$x'를 반복하여 각각의 대등표제를 '='을 앞세워 표제에 함께 기술하거나(A2R.9.1D), 246필드에 제2지시기호 '1'로 기술한다. 그리고 500필드로 일반주기할 때는 '대등표제'라는 표출어로 주기하고 740필드로 부표목한다.

「표제, 책임표시」

```
245 ɓɓ$a표제$h[GMD] =$x대등표제A =$x대등표제B /$d저작자
246 31$a대등표제A
246 31$a대등표제B
=740 ɓɓ$a대등표제A
=740 ɓɓ$a대등표제B

245 00$a표제$h[GMD] /$d저작자
246 11$a대등표제A
246 11$a대등표제B
```

245필드에 기재되지 않은 대등표제는 246필드에서 제1지시기호 '1'을 지시하여 주기와 표목되게 하고, 제2지시기호 '1'을 지시하여 '대등표제'라는 정형화된 표출어가 자동생성되게 한다.

「대등표제 주기」

500 ᑲᑲ$a대등표제: 대등표제A
500 ᑲᑲ$a대등표제: 대등표제B
740 ᑲᑲ$a대등표제A
740 ᑲᑲ$a대등표제B

246 3ᑲ$iPortion of title:$aClassification decimale universelle$h[electronic resource]
246 3ᑲ$iPortion of title:$aDezimal klassifikation$h[electronic resource]
= 740 ᑲᑲ$aClassification decimale universelle$h[electronic resource]
= 740 ᑲᑲ$aDezimal klassifikation$h[electronic resource]
250 ᑲᑲ$aInternational medium ed. English text
256 ᑲᑲ$aComputer data

컴퓨터파일 특성: 256필드는 식별기호 '$a'로 컴퓨터파일의 유형을 기술하고, 파일수, 레코드수, 명령문수, 바이트수를 ( )에 묶어 함께 부기한다.

┌ 컴퓨터파일의 유형
│ ┌ 파일수
256 ᑲᑲ$a컴퓨터 데이터(2 파일 : 800, 1250 레코드) 및 프로그램(3 파일 : 7260, 3490, 5076 바이트)
└ 레코드수 └ 컴퓨터파일의 유형 └ 바이트수

260 ᑲᑲ$aLondon :$bBSI
300 ᑲᑲ$a2 computer reels
440 00$aFID publication ;$vno. 571
490 00$aBX 1000 M

총서주기: 독립된 2개 이상의 총서명은 주기된 총서명의 부출 여부에 따라 440필드나 490필드로 각각 기술한다(A2R.1.6).

「자동 표목되는 총서명」	「주기로만 출력되는 총서명」
440 00$a총서명A ;$v총서번호	490 00$a총서명A ;$v총서번호
440 00$a총서명B ;$v총서번호	490 00$a총서명B ;$v총서번호

500 ᑲᑲ$a9 track; odd parity; 1600 bpi; phase-encoded; EBCDIC character set; fixed block size of 1024 characters
500 ᑲᑲ$aDistributed by Hutton and Rostron Data Processing Ltd.

┌ 표출어의 ┌ 편차나 권차, 연번을 위한 식별기호
│ 식별기호 │ ┌ 내용표제 ┌ 표제관련정보
505 8ᑲ$aContents: Part 1. Systematic tables (Computer data (7 files). - 1985. 1 computer reel)
컴퓨터파일의 수 ┘ │
└ 내용표제의 형태사항(수량과 종별표시) 내용표제의 발행사항(발행년도) ┘

내용주기: 505필드는 식별기호 '$a'로 권차, 내용표제, 내용표제의 관련정보를 기술한다. 그러나 표제관련잡정보는 간략히 ( )에 묶어 기술하거나 필요한 경우 이외는 기술을 생략한다.

「잡정보를 생략한 내용주기」

505 8ƀ$aContents: Part 1. Systematic tables

530 ƀƀ$aAvailable in other formats, on tape or disk, to customer's precise requirement, and in hard copy

710 ƀƀ$aBritish Standards Institution ← 저작자 부출표목

제 4 장

지도자료

1. 제어필드

006 부호화정보필드 – 부가적 자료특성(Fixed-Length Data Elements – Additional Material Characteristics) <A>R

이 필드는 008필드에서 부호화되지 못하는 자료의 특정 정보를 부호화하기 위해 사용된다. 인쇄자료에 딸림자료로 생산된 다른 형태의 자료일 때 008필드는 주된 자료의 유형을 적용하고 부가된 자료는 006필드에 적용한다.

딸림자료가 본 자료와 다른 형태인 인쇄지도 리더/06 'e', 필사지도 리더/06 'f'가 아닌 경우 006필드에 해당 자료의 유형을 적용한다.

006필드는 00-13까지 14자리로 구성된다. 첫 번째 00자리는 다른 형태자료나 딸림자료의 형태를 표시하고, 01-13자리는 008필드의 18-19, 20, 22, 23, 24-25, 30-31자리의 내용을 표시한다.

자수위치	데이터요소	자수위치	데이터요소
00	e– 인쇄지도 f– 필사지도	07	미정의
		08	지도자료의 유형(008/25)
01-04	모형도(008/18-21)	09-10	미정의
05-06	도법(008/22-23)	12-13	형태상의 특징(008/33-34)

006 eƀƀƀƀƀƀƀaƀƀƀƀ

007 형태기술필드(Physical Description Fixed Field--General Information)<O>R

지도자료와 구체의 007필드는 지도자료와 구체로 구분하여 지도자료는 첫 번째 00자리를 자료범주표시 'a'로 하고, 01-07자리까지 8자리, 구체는 첫 번째 00자리를 자료범주표시 'd'로 하고, 01-05자리까지 6자리의 고정길이 필드로 구성된다.

「지도자료」

자수위치	자리수	데이터명(적용수준)	데 이 터 요 소
00	1	**자료범주표시**	a-지도자료(구체를 제외한 모든 지도자료)
01	1	**특정자료종별**	d-지도집(Atlas) g-도표(Diagram) j-지도(Map) k-측면도(Profile) q-모형(Model) r-원경탐사도(Remote-sensing image) s-단면도(Section) u-자료를 특정화하지 않음 y-조감도(View) z-기타 |-부호화하지 않음
02	1	**미정의**	␢-빈칸
03	1	**색채**	a-단색 c-천연색 |-부호화하지 않음
04	1	**물리적 매체(재질)**	a-종이 b-목재 c-석재 d-금속 e-합성수지(플라스틱, 비닐) f-가죽 g-섬유 j-유리 p-석고 q-유연성 염기 양화 사진 r-유연성 염기 음화 사진 s-비유연석 염기 양화 사진 t-비유연성 염기 음화 사진 u-미상 y-기타 사진매체 z-기타 |-부호화하지 않음
05	1	**복제유형**	f-복제물 n-적용불가(복제물이 아닌 경우) u-미상 z-기타 |-부호화하지 않음
06	1	**제작/복제내용**	a-청사진 복사 b-사진복사 c-교정용 제판 d-필름복사 u-미상 z-기타 |-부호화하지 않음
07	1	**감광상태**	a-양화 b-음화 m-음화, 양화 혼합 n-적용불가(복사나 필름이 아닌 경우) |-부호화하지 않음

┌ 00(**자료범주표시**): a-지도(구체나 지도책을 제외한 모든 지도자료)
|┌ 01(**특정자료종별**: SMD): j-지도(Map)
||┌ 02(**미정의**): ␢-빈칸
||| ┌ 03(**색채**): c-천연색
||| | ┌ 04(**물리적 매체(재질)**): a-종이
007 aj␢cazba
| | └ 07(**감광상태**): a-양화
| └ 06(**제작/복제내용**[1]): b-사진복사
└ 05(**복제유형**): z-기타

「구체」

자수위치	자리수	데이터명(적용수준)	데 이 터 요 소
00	1	**자료범주표시**	d-구체
01	1	**특정자료종별**	a-천구의 b-지구와 달 이외 행성의 위성 모델 c-지구의 e-월구의 u-자료를 특정화하지 않음 z-기타 |-부호화하지 않음
02	1	**미정의**	␢-빈칸
03	1	**색채**	a-단색 c-천연색 |-부호화하지 않음
04	1	**물리적 매체**	a-종이 b-목재 c-석재 d-금속재 e-합성수지(플라스틱, 비닐) f-가죽 g-섬유 p-석고 u-미상 z-기타 |-부호화하지 않음
05	1	**복제유형**	f-복제물 n-적용불가(복제물이 아닌 경우) u-미상 z-기타 |-부호화하지 않음

1) 지도제작에 사용된 사진술을 표시한다.

┌ 00(자료범주표시): d－구체
│┌ 01(특정자료종별: SMD): c－지구의
││┌ 02(미정의): ƀ－빈칸
007 dcƀcef
││└ 05(복제유형): f－복제물
│└ 04(물리적매체): e－합성수지(플라스틱, 비닐)
└ 03(색채): c－천연색

008 부호화정보필드(Fixed-Length Data Elements)(필수)

지도자료의 부호화정보 008필드는 40자리의 고정장필드로 자수위치 00-17, 26-28, 32, 35-39자리는 모든 자료에 공통으로 적용되고, 18-25, 29-31, 33-34자리는 지도자료에만 적용된다.

「지도자료」

자수위치	자리수	데이터명(적용수준)	데 이 터 요 소
00-05	6	**입력일자**(공통)	최초입력일을 YYMMDD형식으로 입력
06	1	**발행년유형**(공통)	발행년유형에 제시된 문자부호
07-10	4	**발행년 1**(공통)	발행년유형에 지시된 연도
11-14	4	**발행년 2**(공통)	발행년유형에 지시된 연도
15-17	3	**발행국명**(공통)	부속자료1. '**발행국부호**'의 해당부호
18-21	4	**모형도** (006/01-04)	ƀ－모형도 아님. a－등고선지도. b－음영도. c－경사도. d－고저도. e－수심도. f－지형선도. g－표고도. i－그림으로 그린 모형도. j－지형도. k－해심도/등심선 m－암각화 z－기타 |－부호화하지 않음
22-23	2	**도법** (006/05-06)	ƀƀ－특별한 도법이 아님 ***방위도법***: aa－아이토프 도법 ab－노믹 도법 ac－람베르트 방위각등적 도법 ad－정사영 도법 ae－등거리방위 도법 af－입체 도법 ag－일반수직측면 도법 am－변형평사 도법 an－체임벌린 삼각투영 도법 ap－극평사 도법 au－방위투영법 및 특정한 형식이 없는 방위도법 az－기타 방위 투영식 도법 ***원통도법***: ba－갈 도법 bb－구디 단열 도법 bc－람베르트 원통등적 도법 bd－메르카토르 도법 be－밀러 도법 bf－몰바이데 도법 bg－정현곡선 도법 bh－횡축 메르카토르 도법 bi－가우스-크로거 도법 bj－정거(正距)원통 도법 bo－경사 메르카토르 도법 br－로빈슨 투영 도법 bs－공간경사 메르카토르 도법 bu－특정한 형식이 없는 원통 도법 bz－기타 원통 도법 ***원추형도법***: ca－알버 등적 도법 cb－본 도법 cc－람베르트 등각원추형 도법 ce－등거(等距)원추형 도법 cp－다원추형 도법 cu－특정한 형식이 없는 원추형 도법 cz－기타 원추형 도법 ***기타도법***: da－아르마딜로 도법 db－버터플라이 도법 dc－엑케르트 도법 dd－구디 상동투영 도법 de－밀러 양극사각등각원추형 도법 df－그린텐 도법 dg－다이막시온 도법 dh－심장형 도법 dl－람베르트 상사 원추 도법 zz－기타도법 |－부호화하지 않음
24	1	**미정의**	ƀ－빈칸 |－부호화하지 않음
25	1	**지도자료의 유형** (006/08)	a－단매지도 b－지도모음(제작처, 발행기관이 물리적으로나 서지적으로 독립된 수매의 관련지도의 모음) c－연속발행되는 지도 d－구체 e－지도집 f－다른 자료의 별도부록으로 발행된 지도 g－다른 자료에 함께 제본되어 있는 지도 u－미상 z－기타 |－부호화하지 않음

자수 위치	자리 수	데이터명 (적용수준)	데 이 터 요 소
26-27	2	한국대학부호(공통)	부속서 2. '**한국대학부호표**'(고서는 미정의)의 해당부호
28	1	**수정레코드**(공통)	ƀ-변형없음 b-문자를 빈칸으로 입력한 경우 h-한자를 한글로 입력한 경우 r-로마자 이외의 문자를 로마자로 입력한 경우 s-레코드의 단축 x-한자 이외의 문자를 한글로 변형입력한 경우 |-부호화하지 않음
29	1	**자료의 형태**	ƀ-기타 a-마이크로필름 b-마이크로피시 c-마이크로오패크 d-큰활자 인쇄자료 f-점자자료 r-복제자료 s-전자자료 |-부호화하지 않음
30	1	**미정의** (006/09-10)	ƀ-빈칸 |-부호화하지 않음
31	1	**색인**(006/11)	0-색인이 없음 1-색인이 있음 |-부호화하지 않음
32	1	**목록전거**(공통)	ƀ-국가서지작성기관 a-자관 c-협력기관(국중도 이외) d-기타기관 u-미상 |-부호화하지 않음
33-34	2	**형태상의 특징** (006/12-13)	ƀ-형태상의 특성이 없는 자료 e-수작업 지도 j-엽서 지도 k-달력 지도 l-퍼즐용 지도 n-게임용 지도 o-벽지도 p-놀이카드용 지도 r-가제식 지도 z-기타 |-부호화하지 않음
35-37	3	**언어**(공통)	부속서3. '**언어구분부호표**'의 해당부호 ƀƀƀ-미정의(언어가 사용되지 않은 경우) mul-복수언어 sgn-기호로 된 언어 und-미상 |-부호화하지 않음
38-39	2	한국정부기관부호 (공통)	부속서4. '**한국정부기관부호**'의 해당부호

```
┌ 00-05(입력일자: 공통): 991021- 1999년10월21일
│       ┌ 06(발행년유형: 공통): m- 복수년도
│       │ ┌ 07-10(발행년 1: 공통): 1970- 발행년(시작년)
│       │ │    ┌ 11-14(발행년 2: 공통): 1976- 발행년(마지막년)
│       │ │    │   ┌ 15-17(발행국명: 공통): ulk- 한국 서울
│       │ │    │   │          ┌ 26-27(한국대학부호: 공통): ƀƀ- 해당 없음
│       │ │    │   │          │ ┌ 28(수정레코드: 공통): ƀ- 변형 없음
│       │ │    │   │          │ │  ┌ 32(목록전거: 공통): a- 자관
│       │ │    │   │          │ │  │ ┌ 35-37(언어: 공통): und- 미상
│       │ │    │   │          │ │  │ │ ┌ 38-39(한국정부기관부호:
│       │ │    │   │          │ │  │ │ │      공통): ƀƀƀ- 해당 없음
008 991021m19791976ulkjgƀƀƀƀƀaƀƀƀƀƀ1azƀundƀƀ
                        │   │ │   │││ └ 33-34(형태상의 특성): zƀ- 기타
                        │   │ │   ││└ 31(색인): 1- 색인 있음
                        │   │ │   │└ 30(미정의): ƀ- 빈칸
                        │   │ │   └ 29(자료의 형태): ƀ- 기타
                        │   │ └ 25(지도자료의 유형): a- 단매지도
                        │   └ 24(미정의): ƀ- 빈칸
                        └ 22-23(도법): ƀƀ- 특별도법이 아닌 경우
                        └ 18-21(모형도): jgƀƀ- 지형도, 표고도
```

2. 낱장지도자료

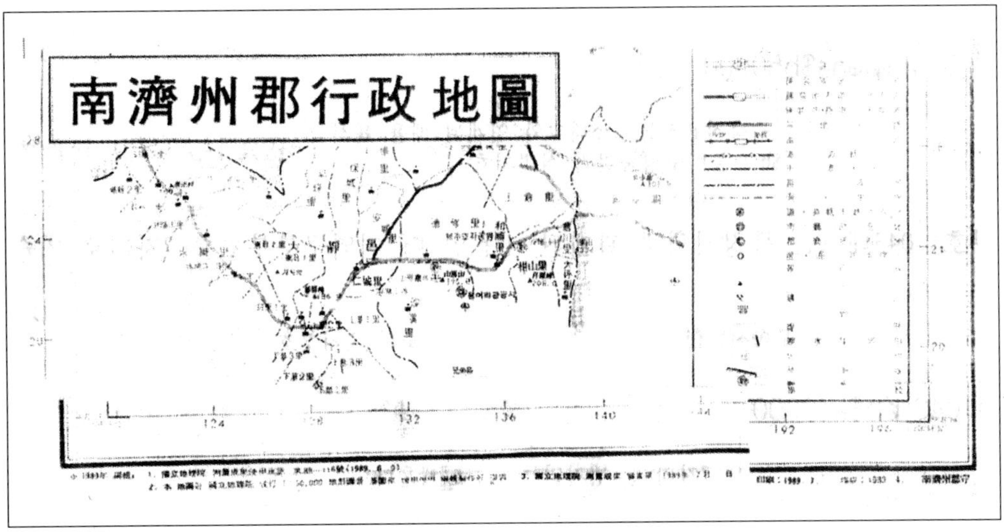

〈리더[2]〉

레코드길이:	레코드상태: n	레코드 유형: e	서지수준: m	제어유형: ƀ
문자부호화체계: ƀ	지시기호 자리수: 2	식별기호 자리수: 2	데이터기본번지:	
입력수준: ƀ	목록기술형식: a	연관레코드조건: ƀ	엔트리맵: 4500	

007 ajƀcanun

008[3] s1989ƀƀƀƀjjkƀƀƀƀƀƀƀaƀƀƀƀƀ1aƀƀkorƀƀ

┌ 제1지시기호 '1'은 단일축척
│ ┌ 'a': 선형축척

034 1ƀaab50000

│ └ 축척표시는 255필드와 연계된 배율표시
└ '$b': 등비수평축척의 식별기호

지도제작의 수치데이터: 034필드는 축척, 도법, 경위도 등 지도제작상의 수치데이터를 255필드와 연계하여 해당 지시기호와 식별기호로 기술한다(A2R.3.3; K4.3.3).

040

┌ 부속서5. **'한국지역구분부호표'** 제주도의 숫자부호

043 ƀƀ$a49000--

└ 7자리 중 빈자리는 '-'로 표시한다.

---

2) 리더의 00-04자리(길이필드)와 12-16자리(데이터기본번지)는 자동생성된다.

3) 부호화정보필드 008필드의 00-05자리(입력일자)는 자동생성된다.

지역부호: 043필드는 특정지역과 관계된 내용일 때 지역구분부호를 7자리로 기술한다.

090 ƀƀ$a

┌ 지방공공단체명에 대한 도단위 행정구역명을 상위단체명으로 기재
110 ƀƀ$a제주도.$b남제주군
└ 해당 공공단체명은 하위단체명으로 기재

기본표목: 지방공공단체에서 제작한 자료는 110필드에 식별기호 '$a'로 도단위의 행정기관명을 상위표목, '$b'로 하위 행정구역명이나 공공단체명을 하위표목으로 기본표목한다.

245 10$a南濟州郡行政地圖$h[지도자료] /$d南濟州郡

표제와 책임표시사항: 지도자료는 245필드에 식별기호 '$a'로 지도명, '$h'로 GMD, '$d'로 저작자를 기술한다.

255 ƀƀ$a축척 1:50,000.

260 ƀƀ$a[제주도] :$b南濟州,$c1989

발행사항: 260필드는 식별기호 '$a'로 발행지(제주), '$b'로 발행자(남제주군), '$c'로 발행년을 기술한다(A2R.3.4; K4.3.4). 그리고 발행지명이 발행자명에 포함된 것은 발행지명을 생략하고 발행자명만 기술하기도 한다.

300 ƀƀ$a지도 1매 :$b천연색 ;$c34 × 47 cm, 접어서 20 × 27 cm

형태사항: 300필드는 식별기호 '$a'로 특정자료종별과 수량, '$b'로 기타형태사항, '$c'로 크기, '$e'로 딸림자료를 기술한다.

「**특정자료표시(A2R.3.5B1; K4.3.5.1.1)**」

지도책	atlas	지형모형	relief model
도표	diagram	원격탐사도	remote-sensing image
지구의	globe	전망도	view
지도	map	천구의	celestial globe
단면도	map section	천체도	celestial map
측면도	profile		

「**형태적세목(A2R.3.5C1; K4.3.5.2.2)**」

지도책의 지도수	number of maps in an atlas
색채	color
종이 이외의 재질	material
대지(또는 받침대)	mounting

「**크기(A2R.3.5D1; K4.3.5.3.2)**」

평면지도
;$c세로×가로 cm.
평면상의 원형지도
;$c원형지도의 직경 cm. 예: 직경 45 cm
45 cm in diam
크기가 다른 2개지도
;$c세로×가로 cm와(and) 세로×가로 cm
크기가 다른 3개이상 지도
;$c세로×가로 cm 혹은 그 미만 (or smaller)
접어서 표지가 나오는 지도
;$c세로×가로 cm, 접으면(folded to) 세로×가로 cm
지도책(정형자료)
;$c세로 cm

지도책(비정형자료)

;$c세로×가로 cm

지형모형

;$c세로×가로×높이 cm

지구의

;$c지구의의 지름　예: 직경 35 cm

35 cm in diam

용기에 보관된 지도

;$c세로×가로 cm, 접으면 세로×가로 cm, 케이스 세로×가로×높이 cm

500 ɓɓ$a國立地理院測量成果審査畢 (1989.7)

지도자료의 정확성을 나타내기 위한 심사에 관한 사항은 500필드에 일반주기한다. 이때 심사 일정은 ( )에 묶어 부기한다.

501 ɓɓ$a합철: 邑面別重要現況

이면자료: 이면의 지도명은 501필드에 '합철', 'With' 등의 표출어로 합철주기하고(A2R.3.7B21; K4.1.7.3.20), 주기된 지도명은 740필드로 부표목한다.

┌ 내용에 관한 지명을 도(道) 단위나 특별시 단위로 주제명을 작성
│ ┌ 일반세목으로 주제명의 세목을 기술
651 ɓ4$a제주도$×지도　<출력> 제주도--지도
└ 제2지시기호 '4'는 특정주제명표목표를 사용하지 않고 목록자가 작성한 주제명 지시

주제명표목: 지도 내용이 특정지역에 관한 것일 때는 651필드에 지명을 주제명부출표목한다.

007 ajƀcanun
008[4] s2007ƀƀƀƀgnkƀƀƀƀƀƀƀaƀƀƀƀƀ
0aƀƀkorƀƀ
034 0ƀ$aa
043 ƀƀ$a48840--
090 ƀƀ$a
110 ƀƀ$a경상남도.$b남해군

기본표목: 지방공공단체에서 제작한 자료는 110필드에 식별기호 '$a'로 도단위의 행정기관명을 상위표목, '$b'로 하위 행정구역명이나 공공단체명을 하위표목으로 기본표목한다.

245 10$a남해$h[지도자료] =$×Treasure island Namhae County /$d남해군

표제와 책임표시사항: 지도자료는 245필드에 식별기호 '$a'로 지도명, '$h'로 GMD, '$d'로 저작자를 기술한다.

255 ƀƀ$a[축척불명]
260 ƀƀ$a남해군 :$b남해군청 문화관광과,$c2007

발행사항: 260필드는 식별기호 '$a'로 발행지(남해군), '$b'로 발행자, '$c'로 발행년을 기술한다(A2R.3.4; K4.3.4). 그리고 발행지명이 발행자명에 포함된 것은 발행지명을 생략하고 발행자명만 기술하기도 한다.

300 ƀƀ$a지도 1매 :$b천연색 ;$c52 × 77 cm, 접어서 18 ×10 cm
500 ƀƀ$a부록: 남해군특산물, 한려수도관광의 명소, 해수욕장/바다, 산/사철, 레저/스포츠, 문화유적, 등
651 ƀ4$a경상남도.$z남해군$× 지도

651 ƀ4$a남해군$× 지도 <출력>남해군--지도

└ 제2지시기호 '4'는 특정주제명표목표를 사용하지 않고 목록자가 작성한 주제명 지시

주제명표목: 지도 내용이 특정지역에 관한 것일 때는 651필드에 지명을 주제명부출표목한다.

---

4) 부호화정보필드 008필드의 00-05자리(입력일자)는 자동생성된다.

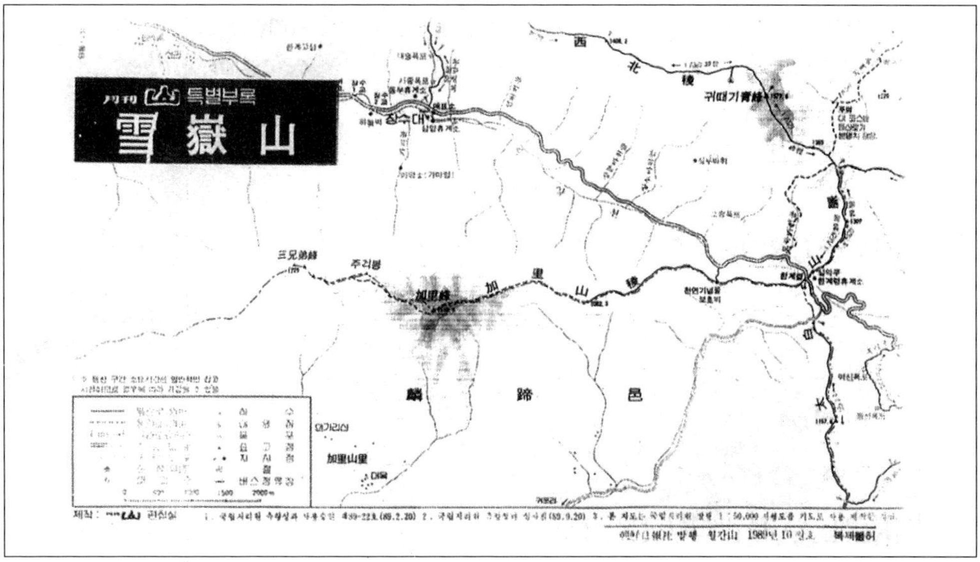

......nemƀƀ22.....ƀaƀ4500
007 ajƀcanun
008 .....s1989ƀƀƀƀulkƀƀƀƀƀƀƀaƀƀƀƀƀ1aƀƀkorƀƀ
034 1ƀaab50000
040
043 ƀƀ$a43000--

지역부호: 043필드는 설악산이 위치한 강원도의 지역부호를 기술하였다.

090
245 00$a雪嶽山$h[지도자료] /$d山편집실 제작
255 ƀƀ$a축척 1:50,000
260 ƀƀ$a서울 :$b朝鮮日報社,$c1989
300 ƀƀ$a지도 1매 :$b천연색 ;$c35 × 47 cm, 접어서 15 × 25 cm

형태사항: 300필드는 식별기호 '$c'로 지도의 크기를 '세로×가로 cm'로, 접은 크기를 '접어서'라는 용어와 함께 '세로×가로 cm'로 함께 기술한다(A2R.3.5D1; K4.3.5.3.2).

500 ƀƀ$a모체본: 山(잡지), 특별부록

모체자료주기: 부록으로 발행된 지도자료는 500필드에 모체자료명과의 관계를 표시한다.

500 ƀƀ$a國立地理院測量成果審査畢(1989.9.20)

주기: 지도자료의 인정사항은 500필드에 인정기관명과 인정일자 등을 주기한다.

651 ƀ4$a강원도$z설악산

주제명표목: 651필드는 도 단위의 지방자치단체명과 세목으로 설악산을 기술하였다.

710 ƀƀ$a산편집실 ← 저작자 부출표목
740 ƀƀ$a산(잡지) ← 모체자료명 부출표목
└ 자료명만으로 식별되지 않을 때 식별표시를 ( )로 부기

......nemƀƀ22.....ƀaƀ4500
007 ajƀcanun
008 ......s1984ƀƀƀƀulkƀƀƀƀƀƀƀaƀƀƀƀƀ1aƀƀkorƀƀ
034 1ƀaab60000
040
043 ƀƀ$ako-----
090

┌ 지도자료명　　　　　　　　　　┌ 목록자가 작성한 식별을 위한 표제관련정보
245 00$a바캉스여행지도$h[지도자료] :$b[南韓全圖]

표제: 지도명으로 내용의 식별이 불분명한 것은 245필드에 식별기호 '$a'로 지도명, '$c'로 식별을 위한 용어를 편목자가 작성하여 [ ]로 묶어 표제관련정보로 기술한다(A2R.3.1E2; K4.3.1.4.2).

250 ƀƀ$a1984년판

판차사항: 판차가 연도로 표시된 것은 250필드에 식별기호 '$a'로 정보원의 연도로 된 판표시를 기술한다. 저작자가 개정한 경우는 판차에 개정자를 기술하지 않는다(A2R.3.2; K4.3.7.3.7).

「저작자가 개정한 자료」	「저작자와 상이한 개정자」
250 ƀƀ$a판차	250 ƀƀ$a판차/$b개정자

255 ƀƀ$a축척 1:600,000
260 ƀƀ$a서울 :$b여원사,$c1984
300 ƀƀ$a지도 1매 :$b천연색 ;$c90 × 60 cm, 접어서 24 × 16 cm
500 ƀƀ$a모체본: 女苑(잡지), 1984년 7월호 특별부록

모체자료주기: 모체자료명은 500필드에 식별기호 '$a'로 모체지명과 관계된 정보를 기술하고(A2R.3.7B7; K4.), 모체지명은 740필드로 부표목한다.

┌─ 모체자료주기를 위한 표출어
│　　　┌ 모체자료명 ┌ 본자료와의 관계표시
500 ƀƀ$a모체명: 女苑(잡지), 1984년 7월호 특별부록
740 ƀƀ$a여원(잡지)
│　└ 지명의 식별을 위한 GMD
└─ 모체자료명 부출표목

651 ƀ4$a한국$×지도
740 ƀƀ$a여원(잡지) ← 모체자료명 부출표목

......nemƀƀ22.....ƀaƀ4500
007 ajƀcanun
008 ......s1973ƀƀƀƀusƀƀƀƀƀƀƀƀaƀƀƀƀƀ1aƀƀengƀƀ
034 1ƀ$aa
040
043 ƀƀ$acn-----
090
245 00$aTour map, metro Saint John, New Brunswick, Canada$h[map] /$dproduced by the Saint John Department of Promotion

표제와 책임표시사항: 정보원에 따라 지도명이 상이할 때는 245필드에 으뜸정보원의 지도명을 본표제로 기술하고, 상이한 지도명은 246필드에 해당 제2지시기호로 기술하거나 500필드에 해당 표출어로 주기한다(A2R.3.7B4; K4.3.7.3.4). 주기된 지도명은 740필드로 부표목한다.

246 1ƀ$iCover title:$aSaint John, New Brunswick, tour map

┌─ 정보원 ┌ 정보원의 지도명
500 ƀƀ$cCover title: Saint John, New Brunswick, tour map
740 ƀƀ$aSaint John, New Brunswick, tour map$h[map]

246 1ƀ$iCover title:$aSaint John, New Brunswick, tour map$h[map] ← 표지표제의 주기와 부출표목
=500 ƀƀ$aCover title: Saint John, New Brunswick, tour map : Canada's loyalist city ← 표지표제의 주기
=740 ƀƀ$aSaint John, New Brunswick, tour map$h[map] ← 표지표제 부출표목
255 ƀƀ$a[Not drawn to scale]
260 ƀƀ$aSaint John, N.B. :$bThe Dept.,$c1973

발행사항: 저작자와 발행자가 동일한 경우 245필드의 책임표시에는 저작자의 완전명을 기술하고, 260필드에는 식별기호 '$b'로 발행사를 간략히 기술한다.

300 ƀƀ$a1 map :$bcol. ;$c41 × 46 cm, folded to 23 × 11 cm
501 ƀƀ$aOn verso: Points of interest in Saint John
651 ƀ4$aCanada$zNew Brunswick
710 ƀƀ$aSaint John (N.B.).$b Dept. of Promotion ← 제작 단체명 부출표목

단체명표목: 단체명은 직·간접표목의 기술형식에 따라 상.하위단체명의 해당 식별기호와 구분부호로 기술한다(A2R.24.14).

「단체명 직접표목」	「단체명 간접표목」
110 ƀƀ$a단체명	110 ƀƀ$a상위단체명.$b하위단체명
710 ƀƀ$a단체명 (상위단체명)	610 ƀ $a상위단체명.$b하위단체명
710 ƀƀ$a단체명, 상위단체명	710 ƀƀ$a상위단체명.$b하위단체명

740 ƀƀ$aPoints of interest in Saint John$h[map] ← 합철주기된 지도명 부출표목

......nem𝔟𝔟22.....𝔟a𝔟4500
007 aj𝔟canun
008 ......s1975𝔟𝔟𝔟𝔟us𝔟𝔟𝔟𝔟𝔟𝔟𝔟𝔟a𝔟𝔟𝔟𝔟𝔟1a𝔟𝔟eng𝔟𝔟
034 1𝔟aab1000000$b3000000
040
043 𝔟𝔟$an-us---
090
245 00$aClimatology maps of Arizona$h[map] /$dprepared under the direction of the State Climatologist, the Laboratory of Climatology, Arizona State University

표제와 책임표시사항: 245필드는 지도를 제작한 단체명을 식별기호 '$d'로 자료에 나타난 순서와 문자로 기술하고, 단체명부표목은 710필드에 식별기호 '$a'로 상위단체명 또는 단체명, '$b'로 하위단체명을 기술한다(A2R.24.14).

245 BK$a표제$h[GMD] /$d하위단체명 상위단체명
710 𝔟𝔟$a상위단체명.$b하위단체명

255 𝔟𝔟$aScale 1:1,000,000 and ca. 1:3,000,000 ;$bLambert conformal conic proj.

축척주기: 255필드는 '축척', 'Scale'이라는 용어와 함께 식별기호 '$a'로 축척표시, '$b'로 도법표시, '$c'로 경도·위도표시, '$d'로 적위, '$e'로 분점을 주기한다(A2R.3.3). 2가지 이상의 축척은 식별기호를 반복하여 기술하고, 도법은 축척표시 다음에 ';'으로 구분하여 기술한다(A2R.3.3B4; KCR4.3.3.0.1). 부정확한 축적은 '약', 'ca'(circa)를 붙여 기술한다(A2R.3.3B1).

255 𝔟𝔟$a축척표시 ;$b도법표시.$c(경·위도표시 ;$c적위 ;$d분점)

축척의 보충사항은 500필드에 일반주기한다(A2R.3.7B8).

500 𝔟𝔟$s축척: 축척에 관한 보충적주기

260 𝔟𝔟$aPhoenix, Arizona :$bARIS.,$c1975
300 𝔟𝔟$a16 maps on 5 sheets :$bcol. ;$c81×64 cm. and 23×20 cm

형태사항: 크기가 다른 2매 이상의 지도는 300필드에 식별기호 '$c'로 '작은 것'과 '큰 것'의 크기를 함께 기술하고, 크기의 종류가 많을 때는 '제일 큰 것'의 크기에 '그 미만', 'or smaller'이라는 용어를 부기한다(A2R.3.5D1; K4.3.5.3.2).

... ;$c지도의 세로×가로 cm와 지도의 세로×가로 cm

... ;$c제일 큰 지도의 세로×가로 cm, or smaller

300 𝔟𝔟$a... :$b... ;$c제일 작은 지도의 세로×가로 cm-제일 큰 지도의 세로×가로 cm

300 𝔟𝔟$a... ;$b... ;$c제일 큰 지도의 세로×가로 cm, 그 미만

440 00$aArizona Resources Information System cooperative publication ;$vno. 5
500 𝔟𝔟$aLegend in English

언어: 사용언어는 500필드에 식별기호 '$a'로 '사용언어'라는 표출어나 설명적 어귀로 주기한다(A2R.3.7B2).

500 𝔟𝔟$aARIS: Arizona Resources Information System

약어: 완전명은 기술사항의 해당 약어에 'i.e.'로 완전명을 부기하거나 500필드로 주기한다.

「i.e.로 부기」
260 𝔟𝔟$a... :$bARIS[i.e.: Arizona Resources Inforamtion System],$c1975

「주기」

500 ƀƀ$aARIS: Arizona Resources Inforamtion System

505 8ƀ$aContents: [1]. National Weather Service Stations as of March 1975 -- [2]. Evaporation and evaportranspiration -- [3]. Arizona precipitation -- [4]. Solar energy -- [5]. Arizona temperatures

내용주기: 505필드는 식별기호 '$a'로 'Contents'라는 표출어, '$n'으로 권차나 연번, '$t'로 내용표제를 기술하고, 제2지시기호 'ƀ'을 지시하여 주기로만 출력되게 하였다(A2R.3.7B18; KCR4.3.7.3.18). 그리고 정보원에 없는 내용주기에 필요한 연번은 목록자가 작성하여 [ ]로 기재한다.

> **505 00$t내용표제 --$t내용표제 --$t내용표제**
> <출력>**내용: 내용표제 -- 내용표제 -- 내용표제**
>
> 505 8ƀ$aContents: Title -- Title -- Title
> <출력>Contents: Title -- Title -- Title

650 ƀ0$aClimatology$zArizona ← 일반 주제명부출표목--지리세목

651 ƀ4$aUnited States.$zArizona ← 지명의 주제명부출표목--지리세목

710 ƀƀ$aArizona State University.$bState Climatologist ← 제작자 부출표목

710 ƀƀ$aArizona Resources Information System ← 발행자 부출표목

740 ƀ2$aNational Weather Service Stations as of March 1975$h[map] ← 내용주기된 내용표제 분출표목

740 ƀ2$aEvaporation and evaportranspiration$h[map]

740 ƀ2$aArizona precipitation$h[map]

740 ƀ2$aSolar energy$h[map]

740 ƀ2$aArizona temperatures$h[map]

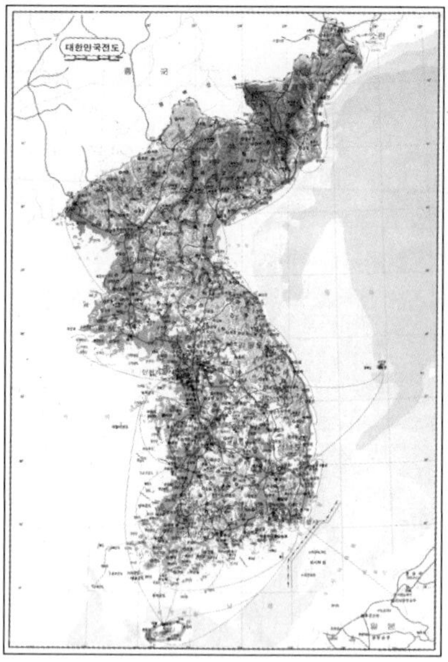

......nemƀƀ22.....ƀaƀ4500
007 ajƀcanun
008 ......s1972ƀƀƀƀulkƀƀƀƀƀƀƀaƀƀƀƀƀ1aƀƀkorƀƀ
034 1ƀaab2200000
040
043 ƀƀ$ako-----
090 ƀƀ$a
110 ƀƀ$a한국.$b교육과학기술부

기본표목: 중앙관서는 110필드에 식별기호 '$a'로 국명을 상위표목, '$b'로 최신 관서명을 하위표목으로 기술한다(A2R.24.17;18). 그러나 한국의 중앙관서명일 때는 중앙관서명을 상위표목으로 기술하기도 한다.

245 00$a大韓民國全圖$h[지도자료] /$d문교부

표제와 책임표시사항: 245필드는 식별기호 '$d'로 정보원의 제작단체명을 그대로 기술하고, 기본표목되지 않은 단체명은 710필드로 부표목한다(A2R.24.17).

┌ 국명 ┌ 중앙관서명의 최신 단체명
110 ƀƀ$a한국.$b교육과학기술부
245 00$a大韓民國全圖$h[지도자료] /$d문교부
710 ƀƀ$a한국.$b문교부 ← 정보원에 나타난 저작자의 기술과 부출표목
└ 자료에 나타난 자료 제작 당시의 단체명으로도 검색할 수 있게 부표목

255 ƀƀ$a축척 1:2,200,000
260 ƀƀ$a서울 :$b문교부,$c1972
└ 발행처는 자료에 나타난 발행처를 그대로 기재

300 ƀƀ$a지도 1매 :$b칼라 ;$c90 × 270 cm
501 ƀƀ$a합철(뒷면): 서울특별시, 부산시, 경주시 시가도

합철주기: 함께 수록된 지도는 501필드에 KORMARC(통합서지용)에서 정한 사항별 식별기호를 사용하지 않고 식별기호 $a로 '합철(전면)', '합철(이면) 또는 '합철(뒷면)'이라는 표출어로 함께 수록된 지도명을 수록된 순서에 따라 주기하고(A2R.3.7B21; K4.1.7.3.21), 740필드로 합철주기된 지도명을 부표목한다.

501 ƀƀ$a합철(이면): 도시명(A). 도시명(B). 도시명(C)
740 ƀƀ$a도시명(A)$h[GMD]
740 ƀƀ$a도시명(B)$h[GMD]
740 ƀƀ$a도시명(C)$h[GMD]

651 ƀ0$a한국$x지도
710 ƀƀ$a한국.$b문교부 ← 정보원의 제작자 간접표목
740 ƀƀ$a서울특별시 시가도$h[지도] ← 합철주기된 지도명 부출표목
740 ƀƀ$a부산시 시가도$h[지도]
740 ƀƀ$a경주시 시가도$h[지도]

......nemƀƀ22.....ƀaƀ4500
007 ajƀcanun
008 ......s1973ƀƀƀƀjaƀƀƀƀƀƀƀƀaƀƀƀƀƀ1aƀƀjpnƀƀ
034 1ƀaab50000
040
043 ƀƀaabja-----
090
110 ƀƀ$a일본.$b국토지리원

기본표목: 110필드는 식별기호 '$a'로 단체명 또는 상위단체명, '$b'로 하위단체명을 기술한다(A2R.24.14). 단체명의 기본표목은 단체명 자체를 그대로 기술하거나 단체명만으로 식별되지 않을 때는 직·간접단체명표목 형식에 따라 상위단체명과 연계시켜 기술한다(A2R.24.14).

「단체명 간접표목」
110 ƀƀ$a단체명
110 ƀƀ$a상위단체명.$b중위단체명.$b하위단체명

「단체명 직접표목」
110 ƀƀ$a단체명, 상위단체명
110 ƀƀ$a단체명 (상위단체명)

245 10$a立山國土地理院 5萬分 1 集成圖$h[지도자료] :$c[日本全圖] /$d國土地理院
255 ƀƀ$a縮尺 1:50,000
260 ƀƀ$a東京 :$c昭和 43[1968]
300 ƀƀ$a地圖 1枚 ;$c56×76 cm
501 ƀƀ$a합철(裏面地圖): 地域概念圖. -- 縮尺 1:200,000

합철주기: 이면의 지도명은 501필드에 각 사항별에 따른 식별기호를 사용하지 않고 식별기호 '$a'로 '합철', 'With'라는 표출어로 합철주기하고(A2R.3.7B1; K4.1.7.3.20), 740필드로 합철주기된 지도명을 부표목하였다.

501 ƀƀ$aWith: 이면의 지도명. -- 축척
<출력>With: 이면의 지도명. -- 축척
740 ƀƀ$a이면의 지도명$h[GMD]

501 ƀƀ$a합철:$c이면의 지도명. --$g축척
<출력>합철: 이면의 지도명. -- 축척

651 ƀ0$a일본$x지도
710 ƀƀ$a국토지리원 (일본) ← 제작자 부출표목
740 ƀƀ$a지역개념도 ← 합철주기된 이면지도명 부출표목

......nemƀƀ22.....ƀaƀ4500

006 aƀƀƀƀƀƀƀp000ƀƀ

부호화정보 필드 - 부가적 자료 특성: 본 자료와 형태가 다른 딸림자료의 부호화정보를 기술한다. 모체자료는 지도자료로 리더/06에 'e'로 레코드유형이 표시되어 있고, 딸림자료는 모체자료와 다른 도서형태이기 때문에 006/00에 'a'(도서: 문자자료)로 딸림자료의 부호화정보를 기술하였다.

007 ajƀcanun

008 ......s1973ƀƀƀƀusƀƀƀƀƀƀƀƀƀaƀƀƀƀƀƀ1aƀƀengƀƀ

027 ƀƀ$aGM 202-NW (map)

027 ƀƀ$aMRS 202-NW (pamphlet)

보고서번호: 생산기관이나 공인기관에서 부여한 표준기술보고서번호는 027필드에 식별기호 '$a'로 표준기술보고서번호(STRN), '$z'로 사용하지 않은 기술보고서번호를 기술한다(A2R.3.7B19). 'STRN'이란 용어는 자동생성되어 기술된 보고서번호와 함께 출력된다.

027 ƀƀ$a표준기술보고서번호 <출력>STRN 표준기술보고서번호

034 1ƀaab24000

043 ƀƀ$an-us---

090

100 1ƀ$aLemmon, Robert E.

245 10$aGeologic map of the Fruitland quadrangle, North Carolina$h[map] /$dprepared in cooperation with Tennessee Valley Authority by Robert E. Lemmon and David E. Dunn

표제와 책임표시사항: 3인까지의 공저작자는 245필드에 식별기호 '$d'와 '$e'로 기술하고, 기본표목되지 않은 저작자명은 700필드(개인명), 710필드(단체명)로 부표목한다.

「KORMARC」

100 ❶ƀ$a저작자명
245 10$a본표제$h[GMD] /$d저작자명,$e공저작자명
700 ❶ƀ$a공저작자명

「USMARC」

100 ❶ƀ$aAuthor(A)
245 10$aTitle$h[GMD] /$cAuthor(A) and Author(B)
700 ❶ƀ$aAuthor(B)

MARC21은 KORMARC와는 달리 식별기호 '$c'로 책임표시사항을 모두 기재하고, 저작자명을 740필드로 부표목하였다.

255 ƀƀ$aScale 1:24,000

260 ƀƀ$aRaleigh :$bState of North Carolina, Dept. of Natural and Economic Resources, Office of Earth Resources,$cl973

300 ƀƀ$a1 map :$bcol. ;$c58×48 cm +$epamphlet

딸림자료: 딸림자료가 별도의 표제와 저작자가 있는 것은 500필드에 '딸림자료'라는 표출어로 주기하고 (A2R.3.7B11; K4.3.7.3.11), 딸림자료명과 저작자명은 7XX필드로 분출표목한다. 딸림자료가 모체자료와 형태가 다르기 때문에 006필드에 딸림자료의 부호화정보를 기술한다.

006 딸림자료의 부호화정보
300 ƀƀ$a.... :$b.... ;$c.... +딸림자료 (형태기술사항)

500 bb$a딸림자료: 딸림자료표제 [지도명] / 딸림자료의 저작자명
700 12$a딸림자료의 저작자명.$t딸림자료표제 [지도명]

500 bb$aIn envelope bearing title: Geologic map and mineral resources summary of the Fruitland quadrangle, North Carolina

정보원에 따라 상이한 표제: 용기의 표제가 본표제와 다른 경우는 500필드에 용기명을 표출어로 용기의 표제를 주기한다(A2R.3.7B4; K4.3.7.3.4). 이때 주기된 사항의 부출 여부와 부출방법은 해당 지시기호와 식별기호로 기술한다.

500 bb$aAccompanied by pamphlet: Mineral resources summary of the Fruitland quadrangle, North Carolina / by Robert E. Lemmon

504 bb$aIncludes insets listing mineral resources and linear features of the quadrangle

651 b4$aUnited States$zNorth Carolina

주제명표목: 지명에 대한 주제명표목은 651필드에 식별기호 '$a'로 지명, '$z'로 지리세목, '$x'로 일반세목을 부표목한다.

651 b4$a지명$z지리세목$x일반세목 <출력>지명--지리세목--일반세목
651 b4$aUnited States$zNorth Carolina <출력>United States--North Carolina

700 1b$aDunn, David E. ← 두 번째 저작자 부출표목

710 bb$aTennessee Valley Authority ← 저작단체명 부출표목

710 bb$aNorth Carolina. Office of Earth Resources ← 발행단체명 부출표목

740 bb$aGeologic map and mineral resources summary of the Fruitland quadrangle, North Carolina ← 봉투자료명 부출표목

740 bb$aMineral resources summary of the Fruitland quadrangle, North Carolina ← 딸림자료명 부출표목

「한 장의 용지에 포함된 지도자료의 단일카드 형식」

......nembb22.....bab4500
007 ajbcanun
008 ......s1969bbbbusbbbbbbbbbabbbbbb1abbengbb
034 1baab3104640
043 bb$an-us---
090
245 00$aWestern United States ;$aCentral United States$h[map] /$dRand McNally & Co.

표제와 책임표시사항: 종합표제가 없는 자료는 245필드에 식별기호 '$a'를 반복하여 각각의 지도명을 본표제로 기술한다. 이때 동일저작자의 경우는 지도명을 ';'으로 구분하고, 저작자가 다른 지도명 사이는 '.'로 구분한다(A2R.3.1A1; KCR4.3.1.0.1).

「종합표제가 없는 한 사람의 작품」
100 ❶b$a저작자명
245 10$a본표제 ;$a본표제$h[GMD] /$d저작자명

「종합표제가 없는 두 사람 이상의 작품」

245 00$a본표제.$a본표제.$a본표제$h[GMD] ← 저작자를 알 수 없을 때

100 ❶ƀ$a저작자명A ← 저작자가 있는 작품은 처음 작품의 저작자를 기본표목으로 기술
245 10$a본표제 /$d저작자명A.$a본표제 /$d저작자명B$h[GMD]

종합표제가 없는 2사람 이상의 작품은 100필드에 식별기호 '$a'로 처음 작품의 저작자를 기술하고, 245필드는 식별기호 '$a'를 반복하여 처음 지도명과 두 번째 지도명, '$d'를 반복하여 해당 저작자명을 짝지어 기술한다(A2R.3.1B; K4.3.1.0.1). 그러나 두 번째 이하의 지도명을 501필드로 합철주기(A2R.3.7B21)할 때는 합철주기된 각각의 지도명과 저작자는 7XX필드로 분출표목한다.

245 10$a자료명A$h[GMD] /$d저작자A
501 ƀƀ$a자료명B / 저작자B. 자료명C / 저작자C
700 ❶2$a저작자B.$t저작자B$h[GMD]
700 ❶2$a저작자C.$t저작자C$h[GMD]

255 ƀƀ$aScale ca. 1:3,104,640
260 ƀƀ$aChicago :$bAmerican Oil Co.,$cc1969
300 ƀƀ$a1 map :$bcol. ;$c92×65 cm, folded to 23×10 cm
500 ƀƀ$aIncludes 15 insets
651 ƀ4$aUnited States.$xmap ← 주제명부출표목--지명
710 ƀƀ$aRand McNally & Co. ← 저작자 부출표목
710 ƀƀ$aAmerican Oil Company ← 발행자 부출표목

「각각의 지도명으로 정리한 개별카드 형식」

......nemƀƀ22.....ƀaƀ4500
007 ajƀcanun
008 ......s1969ƀƀƀƀusƀƀƀƀƀƀƀƀaƀƀƀƀƀ1aƀƀengƀƀ
034 1ƀaab3104640
043 ƀƀ$an-us---
090
245 00$aWestern United States$h[map] /$dRand McNally & Co.
255 ƀƀ$aScale ca. 1:3,104,640
260 ƀƀ$aChicago :$bAmerican Oil Co.,$cc1969
300 ƀƀ$aOn side 1 of 1 map :$bcol. ;$c92×65 cm, folded to 23×10 cm

형태사항: 300필드는 식별기호 '$a'로 특정자료종별과 전체자료 중 해당 자료의 수량을 표시하고, '$b'로 색채, '$c'로 지도의 크기와 용기의 크기를 기술한다(A2R.3.5).

500 ƀƀ$aIncludes 7 insets
501 ƀƀ$aWith (on verso): Central United States
651 ƀ4$aUnited States$xmap
710 ƀƀ$aRand McNally & Co. ← 저작자 부출표목
710 ƀƀ$aAmerican Oil Company ← 발행자 부출표목
740 ƀƀ$aCentral Unitred States ← 합철주기된 이면지도명 부출표목

......nemƀƀ22.....ƀaƀ4500
007 ajƀcanun
008 ......sƀƀƀƀƀƀƀƀgwƀƀƀƀƀƀƀƀaƀƀƀƀƀ0aƀƀengƀƀ
034 1ƀaab18000
040
043 ƀƀ$ae-gx---
090
245 00$aCity map Frankfurt$h[map]

표제와 책임표시사항: 저작자를 확인할 수 없는 것은 책임표시사항을 기재하지 않는다.

255 ƀƀ$aScale ca. 1:18.000
260 ƀƀ$aFrankfurt :$bMPM Marketing GmbH,$c[n.d.]
300 ƀƀ$a1 map :$bcol. ;$c42×61 cm, folded to 21×11 cm
500 ƀƀ$aIncludes important addresses: Museum, Sights, Theater and entertainment, Other important addresses.
651 ƀ4$aGerman.$zFrankfurt$xmap ← 국명. 지방자치단체명--일반형식세목
| └ 지방자치단체명은 식별기호 '$z'로 하위지명으로 기재
└ 지방자치단체명은 국명을 상위표제로 기재

651 ƀ4$aFrankfurt$xmap ← 지방자치단체명--일반형식세목
| └ 일반형식세목을 '$x'로 기재
└ 지방자치단체명을 상위표목으로 한 직접표목

주제명표목: 지방자치단체명으로 잘 알려진 경우는 직접표목으로 지방자치단체명을 상위표목으로 기재한다.

......nemƀƀ22.....ƀaƀ4500
007 ajƀcanun
008 ......sƀƀƀƀƀƀƀƀukƀƀƀƀƀƀƀƀaƀƀƀƀƀ
0aƀƀengƀƀ
034 0ƀ$aa
040
043 ƀƀ$ae-uk---
090
245 00$aLondon:$bCity of centre$h[map]
표제와 책임표시사항: 지명자체가 표제일 때는 자료의 지명을 표제로 기재한다.

255 ƀƀ$a[Not drawn to scale]
260 ƀƀ$a[S.l.] :$b[n.p.],$c[n.d.]
발행사항: 발행에 대한 정보가 없을 때는 해당식별기호에 각 사항의 미상임을 [ ]에 묶어 기재한다.

300 ƀƀ$a1 map :$bcol. ;$c36×50 cm, folded to 18×13 cm
651 ƀ4$aGreat Bratain.$zLondon$xmap ← 주제명부출표목--지명
└─ 간접표목 형식일 때는 국명을 상위표목으로 기재

651 ƀ4$aLondon$xmap
└─ 표제가 완전한 지명으로 주제명과 일치할 때는 중복을 피해 주제명을 생략할 수 도 있다.

3. 지도책자료

......nem␢␢22.....␢a␢4500
007 aj␢canun
008 ......s1994␢␢␢␢ulk␢␢␢␢␢␢␢␢a␢␢␢␢␢0a␢␢kor␢␢
034 1␢$aa
040
043 ␢␢$ako-----
090
245 00$a한국도로지도$h[지도자료] =$xKorea road atlas /$d한국이동통신
246 31$aKorea road atlas$h[지도자료]
= 740 ␢␢$aKorea road atlas$h[지도자료]
250 ␢␢$a8版修正
255 ␢␢$a[축척복잡]

축척주기: 축척사항이 다양할 때는 255필드에 [축척복잡]이라 기술하고, 축척에 관한 상세한 사항은 500필드로 일반주기한다.

260 ␢␢$a서울 :$b中央地圖文化社,$c1994
300 ␢␢$a지도책 1권(134 p.) :$b천연색 ;$c29 cm

형태사항: 300필드는 식별기호 '$a'로 책수나 면수를 표시한다. 책수를 표시할 때는 면수를 ( )에 묶어 부기한다. '$c'로 기술되는 지도책의 크기가 정형적인 것이 아닌 것은 '세로×가로 cm'로 기술한다(A2R.3.5A1; K4.3.5.0.1).

300 ƀƀ$a책수 또는 면수 :$b기타형태사항 ;$c세로×가로 cm

500 ƀƀ$a제작: 編輯, 金明澤 ; 道路編輯, 張乙龍, 金涎 ; 製圖, 朴大龍...外 ; 現地調査, 金致元, 金銀洙

제작진주기: 저작자는 245필드에 식별기호 '$d'로 책임표시에 기술한다. 그러나 본 자료는 저작자가 다양하기 때문에 책임표시에는 '한국이동통신'이라는 단체명을 기술하고, 제작진은 500필드에 '제작'이라는 표출어로 역할어와 짝지어 주기하였다(A2R.3.7B6; K4.3.7.3.6). 그리고 4인 이상의 저작자는 처음 저작자만 기재하고 '...외', '... 등'으로 두 번째 이하의 저작자는 생략한다.

500 ƀƀ$a附錄: 航空路線圖. 航路圖. 高速道路里程表. 鐵道路線圖. 地下鐵路線圖. 各地方別味(土俗)飲食店案內. 全國民俗장날(主産物)案內. 交通安全標識

부록: 독립된 형태의 부록자료는 500필드에 해당 표출어로 주기하고, 자료에 포함된 부록자료는 501필드에 합철주기한다(K3.1.1.6.3.16). 본 예는 본자료에 포함된 부록이기 때문에 500필드에 식별기호 '$a'로 '부록', '附'라는 표출어로 각각의 부록명을 '.'로 구분하여 주기하고, 740필드로 부표목하였다.

500 ƀƀ$a國立地理院 測量成果使用承認 第94-53號(1994年3月11日) ; 國立地理院 測量成果審査畢(1994年3月24日)

공인: 수록된 자료의 공신력을 인정받은 심사에 관한 사항은 500필드에 주기한다.

500 ƀƀ$a本地圖는 國立地理院 發行 1:5,000地形圖, 1:25,000. 1:50,000基本圖, 1:250,000地勢圖를 基圖로 使用하여 1:10,000. 1:12,000. 1:25,000. 1:30,000. 1:35,000. 1:40,000. 1:50,000. 1:90.000 및 1:250,000으로 編輯. 製作한 것임

505 0ƀ$a本圖 -- 市街圖

내용주기: 505필드는 제2지시기호 'ƀ'을 지시하여 주기로만 기술되게 하였다. 이 자료의 내용사항은 표제지와 내용목차에 기술된 것이 다르기 때문에 내용목차의 정보원을 중심으로 작성하였다.

650 ƀ4$a도로$x지도
650 ƀ4$a한국$x지도
710 ƀƀ$a한국이동통신 ← 저작자 부출표목
740 ƀƀ$a항공노선도$h[지도] ← 부록자료명 부출표목
740 ƀƀ$a항공로$h[지도]
740 ƀƀ$a고속도로이정표$h[지도]
740 ƀƀ$a철도노선도$h[지도]
740 ƀƀ$a지하철노선도$h[지도]
740 ƀƀ$a지방별미(토속)음식점안내
740 ƀƀ$a전국민속장날(주산물)안내
740 ƀƀ$a교통안전표식

......nemƀƀ22.....ƀaƀ4500
007 adƀcanun
008 ......s1983ƀƀƀƀjaƀƀƀƀƀƀƀƀaƀƀƀƀƀ0aƀƀjpnƀƀ
034 1ƀ$aa
043 ƀƀ$aa-ja---
090
245 00$a東京区分地圖$h[지도자료]:$bポケツト区分地圖
250 ƀƀ$aD·Xポケット版
255 ƀƀ$a縮率 1:250,000
260 ƀƀ$a東京 :$b昭文社,$c昭和57[1983] ;$b弘濟出版社[總發賣元]
300 ƀƀ$a지도책 1권(55 p.+[9] p.) :$b천연색 ;$c21×34cm, 접어서 21×12cm

| └ 면수표시가 없는 부분은 목록자가 확인하여 [ ]로 기재
└ 자료에 면수표시가 있는 마지막 면수를 기재

400 00$aエアリアマツフ゜
500 ƀƀ$a都下全26市
500 ƀƀ$a附錄: 町名索引. 官公署. 大學一覽.おもな博物館等一覽
505 0ƀ$a23區分圖 -- 多摩都市圖 -- 近郊圖市圖 -- その他

651 ƀ4$a일본.$z동경$ x 지도

| └ 해당 지명은 하위표목으로 기재
└ 지명에 대한 주지명은 국명의 관용명을 상위표목으로 기재

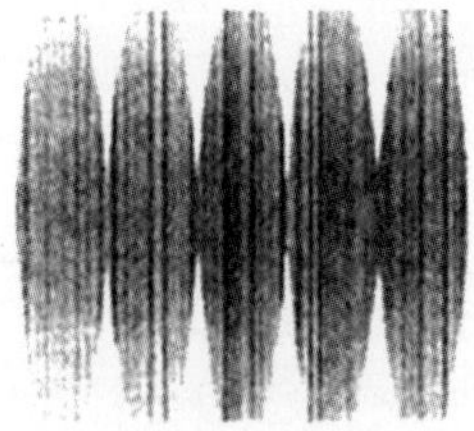

RAND McNALLY
GOODE'S WORLD ATLAS
16th Edition

EDWARD B. ESPENSHADE, JR., *Editor*
Professor Emeritus of Geography
Northwestern University

JOEL L. MORRISON, *Senior Consultant*
Professor of Geography
University of Wisconsin

RAND McNALLY & COMPANY / Chicago • New York • San Francisco

Photo credits:
Figures 22, 23—United States Geological Survey;
Figures 1, 2, 18, 19, 20—National Aeronautics & Space Administration.

Identification of cover photos (left to right): Southern Peru; Northern Baja California; Lethbridge, Alberta; Miami, Florida; Canyonlands, Southeastern Utah

Sixth printing, Revised 1984
Copyright © 1982
by Rand McNally & Company

Copyright ©
1922, 1923, 1932, 1933,
1937, 1939, 1943, 1946,
1949, 1954, 1957, 1960,
1964, 1970, 1974, 1978
by Rand McNally & Company

Formerly Goode's School Atlas

Made in U.S.A.

Library of Congress Catalog Card Number: 81-51412

This publication, or parts thereof, may not be reproduced in any form by photographic, electrostatic, mechanical, or any other method, for any use, including information storage and retrieval, without written permission from the publisher.

......nemƀƀ22.....ƀaƀ4500
007 ajƀcanun
008 ......s1984ƀƀƀƀusƀƀƀƀƀƀƀƀaƀƀƀƀƀ0aƀƀengƀƀ
034 1ƀ$aa
040
043 ƀƀ$az-------
090

┌ 으뜸정보원(표제지)의 지도명

245 00$aRand McNally Goode's world atlas$h[map] /$ded. [by] Edward B. Espenshade ;$bconsultant [by] Joell Morrison

표제와 책임표시사항: 245필드는 표제지의 지도명을 줄머리잡기로 기술하고, 책임표시는 개정이 내용의 대다수이기 때문에 개정자를 판차에 기술하지 않고 책임표시에 기술한다.

246 1ƀ$iCover title:$aGoode's world atlas$h[map] ←표지의 지도명 주기와 부출표목

= 500 ƀƀ$aCover title: Goode's world atlas ←표지의 지도명 주기
　　　　　　└── 다르게 나타낸 표지의 지도명
└─ 지도명을 다르게 나타낸 정보원(표지표제)

= 740 ƀƀ$aGoode's world atlas$h[map] ←표지의 지도명 부출표목

본표제와 다른 정보원의 표제: 정보원에 따라 지도명이 다른 경우는 500필드에 식별기호 '$c'로 정보원과 함께 그 지도명을 주기하고(A2R.3.7B4; K4.3.7.3.4), 740필드로 부표목한다.

┌─ 정형화되지 않은 표출어
246 3ƀ$iPortion of title:$aWorld atlas$h[map] ← 검색을 위한 부분표제의 부출표목
= 740 ƀƀ$aWorld atlas$h[map]

검색을 위한 부분표제: 본표제로 기재된 내용 중 부분적인 내용을 표목할 필요가 있을 때는 제2지시기호 '0'으로 지시 정형화된 표출어 '검색을 위한 부분표제'를 자동생성되게 하고, 정형화되지 않은 표출어는 제2지시기호 'ƀ'와 식별기호 '$i'로 입력한다.

250 ƀƀ$a16th ed.

개정판의 저작자: 16판의 개정자가 책임표시에 기재되었기 때문에 판차사항에는 기재하지 않는다.

255 ƀƀ$a[Scales varies]

축척: 수록자료에 따라 축척이 다른 경우는 255필드에 '축척복잡', 'Scale varies'로 기술한다(A2R.3.3B5).

260 ƀƀ$aChicago ;$aNew York :$bRand McNally & Co., 1984

발행사항: 2개 이상의 발행지명은 260필드에 식별기호 '$a'를 반복하고 ';'으로 구분하여 기술한다(A2R.3.4D1).

260 ƀƀ$a발행지 ;$a발행지 :$b발행자　　　260 ƀƀ$aChicago ;$aNew York :$b...

┌─ 책수　┌─ 면수(서문면수, 본문면수)　┌─ 크기(세로×가로)
300 ƀƀ$a1 atlas (xvi, 368 p.) :$bcol. ;$c29 × 23 cm

형태사항: 300필드에 식별기호 '$a'로 수량을 책 수로 표시할 때는 책 수에 면수를 ()에 묶어 부기한다(A2R.1.5B3;3.5C2; K4.3.5.0.1).

500 ƀƀ$aFormerly Goode's school atlas was published by J. Paul Goode

일반주기: 초판에 관한 사항은 500필드에 주기하고, 초판의 저작자는 700필드로 부표목한다.

505 8ƀ$aContents: World thematic maps -- Major cities maps -- Regional section -- Ocean floor maps -- Geographical tables and indexes

내용주기: 내용표제는 505필드에 제1지시기호 'ƀ'와 식별기호 '$a'로 표출어 'Contents'로 사항별 식별기호 없이 주기한다.

┌─ 제작진주기의 표출어 ┌─ 지도자료의 연번　┌── 제작단체명
508 ƀƀ$aPhoto credits: Figure 22, 23--United States Geological Survey; figure 1,2,18,19,20--National Aeronautics & Space Administration

제작자주기: 508필드는 식별기호 '$a'로 표출어와 지도별 제작단체명을 주기하였다.

700 1ƀ$aEspenshade, Edward B. ← 편저자 부출표목
700 1ƀ$aMorrison, Joell ← 컨설턴트 부출표목
700 1ƀ$aGoode, J. Paul ← 초판 발행자 부출표목
710 ƀƀ$aRand McNally & Co. ← 발행단체명 부출표목

740 ƀ2$aWorld thematic maps$h[map] ← 주기된 내용표제 분출표목
740 ƀ2$aMajor cities maps$h[map]
740 ƀ2$aRegional section$h[map]
740 ƀ2$aOcean floor maps$h[map]
740 ƀ2$aGeographical tables and indexes$h[map]

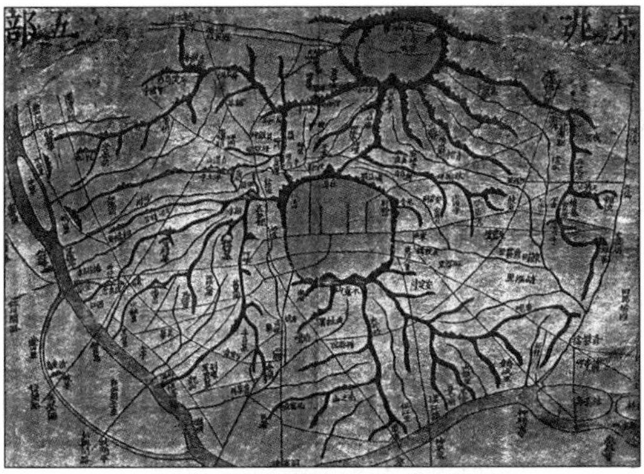

金正浩 大東輿地圖 (寶物 第850號)

......nfmbb22.....bab4500
007 ajbcanun
008 ......s1861bbbbulkbbbbbbba
bbbbbb1abbkorbb
034 1b$aa
043 bb$ako -----
090

100 1b$a김정호

기본표목: 개인이 저작한 지도자료는 100필드에 개인명을 기본표목한다.

245 00$a大東輿地圖$h[지도자료] /$d金正浩 著

표제와 책임표시사항: 정보원의 문자로 본표제와 저작자를 해당 식별기호로 기술하였다.

246 1b$i表紙書名:$a靑丘全圖$h[지도자료]
= 500 bb$a表紙書名: 靑丘全圖
= 740 bb$a청구전도$h[지도자료]
250 bb$a木版本 →고지도자료의 판차는 판본을 기술
255 bb$a[축척미상]

┌ 미확인 발행지는 [S.l.], 또는 [발행지불명] 또는 [발행지미상] 등을 기술
┌ 자료에서 확인된 기원명과 연도를 기술
260 bb$a[S.l.] :$b古山子校刊,$c當宁12年[1861]
└ 기년에 해당하는 서기년도를 [ ]로 기술

발행사항: 확인되지 않은 발행사항은 '[미상]' 또는 '[불명]'으로 기술하고, 발행년은 자료에 나타난 기년을 기재하고, 해당 서기년도를 [ ]로 부기한다(A2R.3.4A1; K4.3.4.0.1).

┌ 지도자료가 수매의 낱장으로 구성되어 있을 때 매수의 단위를 '장'으로 기술
300 bb$a지도 23張 :$b色圖 ;$c30.5 × 21 cm
└ 고지도는 '세로×가로 cm'로 'mm'단위까지 기술

500 bb$a이 자료는 古地圖資料임

4. 축지도자료

```
......nemb̸b̸22.....b̸ab̸4500
007 ajb̸canun
008 ......s1935b̸b̸b̸b̸jab̸b̸b̸b̸b̸b̸b̸b̸ab̸b̸b̸b̸b̸lab̸b̸jpnb̸b̸
010
034 1b̸$aa$b100000
040
043 b̸b̸$acc------
090
110 b̸b̸$a일본.$b대일본제국육지측량부
```

기본표목: 110필드에 기재되는 단체명 간접표목은 국명을 상위표목($a), 저작단체명을 하위표목($b)으로 기재하였다. 이때 사용되는 언어는 표목어인 한글로 기재하였다.
기본표목을 단체명 직접표목할 때는 저작단체명을 식별기호 '$a'로 기재하고, 필요한 경우 상위표목을 부기한다.

```
110 b̸b̸$a대일본제국육지측량부
```

```
245 10$a滿洲國地圖$h[지도자료] /$d大日本帝國陸地測量部
250 b̸b̸$a改正版
```

판차사항: 250필드는 식별기호 '$a'로 판차, '$b'로 원저작자와 다른 해당 판의 개정자를 해당 식별기호로 기술한다(A2R.3.2).

```
250 b̸b̸$a판차표시 /$b개정자
```

```
255 b̸b̸$a縮尺 1 mm = 1 km
260 b̸b̸$a東京 :$b同 測量部,$c昭和 10[1935]
```

발행사항: 260필드는 식별기호 '$b'로 기술되는 발행사가 245필드의 식별기호 '$d'로 기술되는 저작자와 동일할 때는 발행사를 간략히 기술하고, '$c'로 기술되는 발행년이 서기년 이외의 기년은 자료의 기년을 기술하고 서기년도를 [ ]에 묶어 부기한다(A2R.1.4F1; K4.3.4.0.1).

```
                                    ┌─ 저작자의 완전명
245 00$a滿洲國地圖$h[지도자료] /$d大日本帝國陸地測量部
260 b̸b̸$a東京:$b同 測量部,$c昭和 10[1935]
                |        |        └─ 서기년도
                |        └─ 정보원의 기년과 발행년
                └─ 저작자와 동일한 발행자의 간략형
```

```
300 b̸b̸$a地圖 1枚;$c20 × 150 cm, 軸
```

형태사항: 축자료는 300필드에 식별기호 '$c'로 크기에 '축'이라는 용어를 함께 기술한다(A2R.3.5D).

```
651 b̸4$a중국$z만주
710 b̸b̸$a대일본제국육지측량부 (일본) ← 저작자 직접표목은 필요한 경우 상위지명 부기
```

5. 벽지도자료

<표지>

유

럽

서울
서지문화사

유럽전도

1997발행　　축척 1:4,600,000;$b람베르트정적도법.$c(투영중심 20° E/52° 30′ N)

```
......nemƀƀ22.....ƀaƀ4500
007 ajƀcanun
008 ......s1979ƀƀƀƀulkƀƀƀƀƀƀƀaƀƀƀlaƀƀkorƀƀ
034 1ƀ$aa$b4600000
040
043 ƀƀ$a-------
090
245 00$a유럽전도$h[지도자료]
```

표제와 책임표시사항: 벽걸이 지도자료는 저작자가 있을 경우라도 대부분이 편집에 의한 것이기 때문에 245필드에 지도명을 줄머리잡기로 기술한다.

246 14$a유럽$h[지도자료]　　　　<출력>표지표제: 유럽 [지도자료]

← 245필드에 기재되지 않은 표지표제의 주기와 부출표목

= 500 ƀƀ$a표지표제: 유럽　← 표지표제의 주기

= 740 ƀƀ$a유럽$h[지도자료]　← 주기된 표제표제의 부출표목

본표제와 다른 정보원의 표제: 정보원에 따라 지도명이 다른 경우는 246필드에 해당 표출어를 제2지시기호로 지시하여 기재하거나 500필드에 정보원과 함께 지도명을 주기하고 부표목한다.

┌─ 경위도는 ( )로 묶어 표시

255 ƀƀ$a축척 1:4,600,000 ;$b람베르트정적도법.$c(투영중심 20°E/52°30′N)

└─ 자료에 나타난 도법을 식별기호 '$b'로 기술

└─ '축척'이라는 용어와 함께 정보원에 나타난 축척을 표시

축척: 255필드는 식별기호 '$a'로 축척표시, '$b'로 도법표시, '$c'로 ( )에 경도·위도표시를 기술한다. 이 자료는 경도·위도표시를 자료에 기재되어 있는 대로 기재하였지만 목록기관에서는 한 가지로 통일하여 기술하는 것이 좋다.

260 ɓɓ$a서울 :$b성지문화사,$c1979

┌─ 크기는 벽지도의 '세로×가로 cm'로 기재

300 ɓɓ$a벽지도 1매 :$b천연색 ;$c120 × 148 cm

└─ 벽지도자체의 형태적 세목을 기재

└─ 특정자료종별은 '벽지도'로 하고 수량은 '매'라는 단위표시와 함께 기재

......nemƀƀ22.....ƀaƀ4500
007 ajƀcanun
008 ......nƀƀƀƀƀƀƀƀusƀƀƀƀƀƀƀƀaƀƀƀƀƀlaoƀengƀƀ
034 1ƀ$aa
040
043 ƀƀ$a-------
049 0ƀ$fLA
090
245 00$aWeather map$h[map]
260 ƀƀ$a[S.l.] :$bHubbard Media and Materials,$c196?

발행사항: 발행사항을 알 수 없는 부분은 260필드에 식별기호 '$a'로 '발행지불명'이나 'S.l.', '$b'로 '발행처불명'이나 's.n', '$c'로 '발행년불명'을 [ ]로 묶어 기술하고(A2R.3.4C2;3,4D2;3.4G2), 발행년이 불분명한 것은 확인된 부분만 표시하고 마지막에 공란을 두거나 '?'을 부기한다.

260 ƀƀ$a[발행지불명] :$b[발행처불명],$c19 .

300 ƀƀ$a1 wall map :$bcol. ;$c44 × 50 in., mounted with metal rods and hangers

형태사항: 벽걸이 지도는 300필드에 식별기호 '$c'로 대지에 관한 사항을 크기와 함께 기술한다(A2R.3.5D).

300 ƀƀ$a벽지도 매 :$b색채 ;$c지도의 세로×가로 cm, 대지에 관한 사항

500 ƀƀ$aChalk markable: designed for plotting weather

제작진주기: 책임표시에 기재되지 않은 제작진은 500필드에 '제작진'이라는 표출어로 주기한다(A2R.3.7B6).

504 ƀƀ$aWith study guide

서지주기: 해당 자료에 대한 참고자료나 인용자료가 수록되어 있는 경우는 504필드에 주기한다(A2R.3.7B7).

504 ƀƀ$a참고자료의 수록과 소재표시

650 04$aWeather forecasting

6. 지구의자료

......nem␢␢22.....␢a␢4500
007 dc␢cen
008 //////n␢␢␢␢␢␢␢␢us␢␢␢␢␢␢␢␢d␢␢␢␢␢1a␢␢kor␢␢
034 1␢aab57980000
040
043 ␢␢$az-------
090
245 00$aWorld globe$h[map] :$b[지구의]

표제와 책임표시사항: 245필드는 식별기호 '$a'로 정보원의 영어지도명을 줄머리잡기로 기술하고, 본지도명의 식별을 위한 표제관련정보를 식별기호 '$b'로 목록자가 작성 [ ]로 부기하였다. 본지도명이 관칭으로 시작하기 때문에 관칭을 ( )에 묶어 본지도명으로 기술하고 제2지시기호 '1'을 지시하여 표목될 때 ( )를 제외한 다음 단어로 검색되게 한다. 그러나 표제줄머리잡기에서는 대부분의 경우 관칭을 제외한 표제로 기재한다.

┌ 제2지시기호 '1'은 관제(관칭)를 ( )로 기재한 경우 표목에서 관칭 삭제를 지시
245 01$a(The) World globe$h[map] :$b[지구의]

┌ 제2지시기호 '0'은 관제(관칭)를 삭제한 본표제명을 기재한 경우 지시
245 00$aWorld globe$h[map] :$b[지구의]

255 ␢␢$a축척 1:57,980,000

축척주기: 255필드는 식별기호 '$a'로 지구의에 나타나 있는 축척사항을 주기한다. 축척사항이 나타나 있지 않을 때는 '축척미상'으로 기술한다.

260 ␢␢$a[서울] :$b유림물산

발행사항: 260필드는 식별기호 '$a'로 자료 이외에서 확인된 발행지를 [ ]에 묶어 기술하고, '$b'로 발행처를 기술하였다. 그리고 확인되지 않은 발행년을 생략하였다.

┌ 특정자료종별과 수량 ┌ 지구의의 재료 ┌ 크기
300 ␢␢$a지구의 1기 :$b천연색, 플라스틱, 플라스틱/목재 받침대 ;$c22 cm 구경.
└── 칼라 └── 받침대의 재료

형태사항: 300필드는 식별기호 '$a'로 '지구의'라는 특정자료종별과 수량으로 '기'를 단위로 기술하고, '$b'로 칼라, 재료, 받침대의 재료, '$c'로 지구의의 구경을 'cm'나 'inch'로 기술한다. 필요한 경우는 '구경'이라는 용어를 부기한다.

650 ␢4$a세계$x지도 <출력>세계--지도

주제명표목: 650필드는 사용된 주제명표목표를 제2지시기호로 지시하고, 식별기호 '$a'로 일반주제명, '$x'로 일반세목을 기술하였다.

Replogle 12 in diameter globe

World Ocean
SERIES

CITY POPULATION
Capitals shown by stars
◉★ more than 500,000 ○☆ from 100,000 to 500,000
□◇ less than 100,000

Natural Scale 1:41,849,60

ⓒReplogle Globes, Inc.
made in U.S.A.
LeRoy M. Tolman, Cartographer

지구의의 으뜸정보원은 지구의 자체에 나타나 있는 정보에 의하고, 다음으로 용기나 해설자료 등에 나타난 정보에 의한다.

......nembb22.....bab4500
007 dcbcen
008 ......nbbbbbbbbbusbbbbbbbbbdbb1abbengbb
010
034 1baab4184960
040
043 bb$az------
090
245 00$aWorld ocean series$h[map] /$dcartographer, Leroy M. Tolman

표제와 책임표시사항: 지구의는 표제를 245필드에 식별기호 '$a'로 표제줄머리잡기로 기술하고(A2R.3.1A1; K4.3.1.0.1), '$d'나 '$e'로 기술된 저작자는 700필드로 부표목한다.

┌─ 표제줄머리잡기는 제1지시기호를 '0'으로 지시
245 00$aWorld ocean series$h[map] /$dcartographer, Leroy M. Tolman
700 1b$aTolman, Leroy M. └ '$d'로 기술된 저자명은 700필드로 부표목
└ 기본표목되지 않은 인명 부표목을 위한 Tag

255 bb$aNatural Scale 1:41,849,60

┌── 정보원 이외에서 기술한 지명
260 bb$a[Chicago] :$bReplogle Globes, Inc.
└ 발행년은 미상으로 생략하고 발행처만 기술

발행사항: 260필드는 식별기호 '$a'로 발행지, '$b'로 발행자, '$c'로 발행년을 기술한다(A2R.3.4A1; K4.3.4.0.1). 정보원 이외에서 확인된 기술사항은 [ ]에 묶어 기술하고, 확인되지 않은 발행년은 기술을 생략한다.

300 bb$a1 globe :$bcol., plastic, mounted on plastic stand ;$c12 in. in diam.

형태사항: 300필드는 식별기호 '$a'로 '지구의', 'globe'라는 특정자료종별과 수량(단위는 기(器))을 기술하

고, '$b'로 기술되는 기타형태사항에는 칼라, 재료, 받침대의 재료, '$c'로 기술되는 크기는 지구의의 지름을 'cm'로 기술한다(A2R.3.5A1; K4.3.5.0.1).

500 ɓɓ$a"Replogle 12 in diameter globe"

주기: 정보원에 타나난 사실을 그대로 500필드에 주기할 때는 " "으로 기술한다.

500 ɓɓ$a"City population, capitals shown by stars, ◉★ more than 500,000, ○☆ from 100,000 to 500,000, □◇ less than 100,000"

┌── 제2지시기호 '4'는 주제명표목표를 사용하지 않고 목록자가 작성한 주제명
│ ┌── '$a'는 주제명을 위한 식별기호

650 ɓ4$aWorld$xmap　　　　　<출력>World--map

└─ '$x'는 일반세목을 위한 식별기호

주제명표목: 650필드는 식별기호 '$a'로 일반주제명, '$x'로 일반세목를 기술하였다. 주제명표목은 자료에 사용된 언어에 관계없이 하나의 언어로 통일해야 한다.

650 ɓ4$a세계지도

700 1ɓ$aTolman, Leroy M. ← 저작자 부출표목

제 5 장

도면자료

1. 제어필드

006 부호화정보필드 – 부가적 자료특성(Fixed-Length Data Elements – Additional Material Characteristics) <A>R →제3장 영화자료 참조

007 형태기술필드(Physical Description Fixed Field--General Information)<O>R

도면자료는 평면비영사자료에 속하기 때문에 007필드는 첫 번째 00자리를 자료범주표시 'k'로 하고, 01-05자리까지 모두 6자리의 고정길이 필드로 구성된다.

자수 위치	자리 수	데이터명 (적용수준)	데 이 터 요 소
00	1	**자료범주표시**	k-평면비영사자료(영사기 없이 볼 수 있는 평면자료)
01	1	**특정자료종별**	c-콜라주 d-도면 e-회화 f-사진복제품(예술품 재생, 엽서, 포스터,스타디프린트) g-음화사진 h-사진인쇄 i-그림 j-탁인(拓印)예술품 l-기술도면 n-차트 o-플래시카드 u-자료를 특정화하지 않음 z-기타 |-부호화하지 않음
02	1	**미정의**	ȸ-빈칸
03	1	**색채**	a-단색 b-흑백 c-천연색 h-수작업에 의한 색 m-혼합(단색, 흑백, 천연색 등) u-미상 z-기타 |-부호화하지 않음
04	1	**기본재료**	a-캔버스 b-고급판지 c-판지/도화지 d-유리 e-합성수지(플라스틱, 비닐 등) f-가죽 g-섬유 h-금속 m-혼합 o-종이(캔버스, 고급판지, 도화지, 골판지 제외) p-석고 q-골판지 r-자기류(磁器類) s-석재(돌) . t-목재 u-미상 z-기타 |-부호화하지 않음
05	1	**틀의 재질**	b-틀이 없음 a-캔버스 b-고급판지 c-판지/도화지 d-유리 e-합성수지(플라스틱, 비닐 등) f-가죽 g-섬유 h-금속 m-혼합 o-종이(캔버스, 고급판지5, 도화지, 골판지 제외) p-석고 q-골판지 r-자기류(磁器類) s-석재(돌) t-목재 u-미상 z-기타 |-부호화하지 않음

┌— 007(Tag)
│　　┌— 00(자료범주표시): k-평면비영사자료(영사기 없이 볼 수 있는 평면자료)
│　　│┌— 01(특정자료종별: SMD): d-도면
│　　││┌— 02(미정의): ɓ-빈칸
007 kdɓbob
　　　　││└— 05(틀의 재질): b-고급판지
　　　　│└— 04(기본재료): o-종이(캔버스, 고급판지, 도화지, 골판지 제외)
　　　　└— 03(색채): b-흑백

008 부호화정보필드(Fixed-Length Data Elements)<M>NR ←제3장 008 필드 참조(시청각 자료에 포함)

2. 기술도면자료

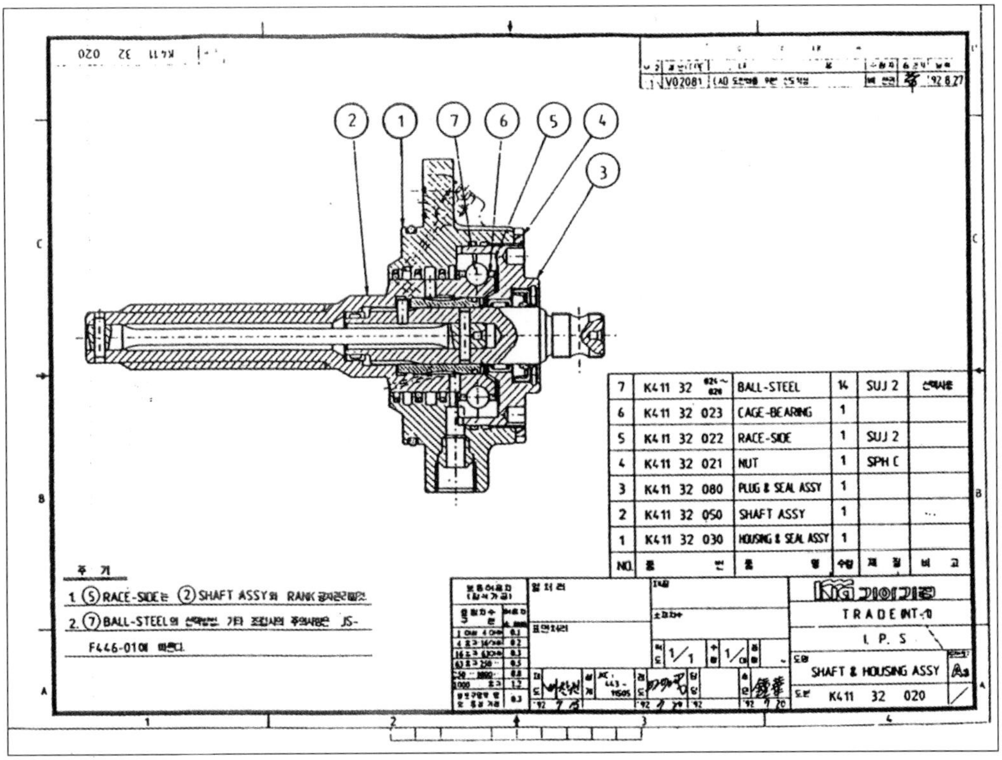

〈리더[1]〉

레코드길이: ...... 　레코드상태: n 　레코드 유형: k 　서지수준: m 　제어유형: ƀ
문자부호화체계: ƀ 　지시기호 자리수: 2 　식별기호 자리수: 2 　데이터기본번지: .....
입력수준: ƀ 　목록기술형식: a 　연관레코드조건: ƀ 　엔트리맵: 4500

007 kloaoo
008[2] s1992ƀƀƀƀulknnnƀƀƀƀƀƀƀƀƀƀƀalnkorƀƀ
017 ƀƀ$aK411-32-020$b기아기공

┌ 저작권등록번호
│ 　　　┌── 번호부여기관을 위한 식별기호와 기관명
017 ƀƀ$aK411-32-020$b기아기공
└ 저작권등록번호를 위한 식별기호

설계번호: 설계자료가 자체의 관리를 위한 설계번호가 있는 것은 017필드에 식별기호 '$a'로 저작

1) 리더의 00-04(길이필드)와 12-16(데이터기본번지)는 자동생성된다.
2) 부호화정보필드 008의 00-05(입력일자)는 자동생성된다.

권 등록번호, '$b'로 번호부여 기관명을 기술한다(A2R.1.7B19).

090 ƀƀ$a

100 1ƀ$a배찬권

기본표목: 100필드는 설계에 책임이 있는 개인명을 기술하였다.

245 10$aShaft & housing assy$h[기술도면] /$d배찬권 설계

표제와 책임표시사항: 245필드는 식별기호 '$a'로 설계도명을 본표제로, '$d'로 설계자명과 역할어를 책임표시로 기술하였다.

주기: 참여자의 역할이 경미한 경우는 일반주기로 기술하거나 생략한다. 참여자명을 주기로 기술할 때는 500필드에 '참여자'라는 표출어로 주기한다.

「참여자의 책임표시」

245 10$a본표제$h[GMD] /$d설계자 ;$e참여자명

「참여자의 주기」

500 ƀƀ$a참여자: 참여자명, 역할어

GMD: 설계도면의 GMD는 245필드에 식별기호 '$h'로 '건축도면', 'plan' 이나 '기술도면', 'technical drawing' 등을 [ ]에 묶어 부기한다(A2R.1.1C1).

260 ƀƀ$a서울 :$b기아기공,$c1992

발행사항: 미확인된 발행사항은 260필드에 식별기호 '$a'로 '발행지불명' 또는 '발행지미상', '$b'로 '발행자불명' 또는 '발행자미상', '$c로' '발행년불명' 또는 '발행년미상' 등으로 기술하거나 확인된 부분만 기술하기도 한다.

260 ƀƀ$c발행년

260 ƀƀ$a발행지 :$c발행년

260 ƀƀ$a[발행지불명] :$b[발행처불명],$c[발행년불명]

300 ƀƀ$a기계도면 1매 ;$c28 × 38 cm, 접어서 28 × 19 cm

형태사항: 300필드는 식별기호 '$a'로 '기계도면'이라는 특정자료종별과 수량, '$b'로 기타형태사항, '$c'로 설계도면의 전체 크기를 '세로×가로 cm'로, 접은 자료일 때는 '접어서'라는 용어로 접은 상태의 크기를 '세로×가로 cm', '$e'로 딸림자료를 기술한다(A2R.3.5).

300 ƀƀ$a기계도면 매 :$b형태적세목 ;$c도면의 세로 × 가로 cm, 접어서 세로 × 가로 cm +$e딸림자료

507 ƀƀ$a축척 1:1

축척주기: 그래픽자료의 축척은 507필드에 식별기호 '$a'로 '축적', 'Scale'이라는 용어를 앞세워 기술하고, 기타축척은 '$b'로 기술한다(A2R.8.3)[3].

「그래픽자료의 축척」

507 ƀƀ$a축척 축척율 ;$b기타 축척

「지도자료의 축척」

255 ƀƀ$a축척 축척율

3) 지도자료의 축척은 기술본체의 판사항 다음에 자료의 특성사항으로 기술하는 것(A2R. 3.3)이 그래프자료와 다른 점이다. KORMARC은 지도자료의 축척을 255(지도제작의 수치데이터)로 기술한다.

.....nkmꝈꝈ22.....ꝈaꝈ4500
007 kloaoo
008 ......s1948ꝈꝈꝈꝈukꝈnnnꝈꝈꝈꝈꝈꝈꝈꝈꝈꝈꝈalnengꝈꝈ
010
090 ꝈꝈ$a
100 1Ꝉ$aDavies, Harry

기본표목: 100필드에 기술되는 서양인명은 성부터 기술하고 도치되는 성 다음에 반드시 ','로 이름과 구분되게 하지만 한국인명은 성과 이름 사이에 ','를 사용하지 않는다.

100 1Ꝉ$aKennedy, John F. ← 영어형 인명표목은 성 다음에 ','를 찍어 성과 이름을 구분
100 1Ꝉ$a홍길동 ← 한국인명은 성 다음에 ','를 찍지 않고 그대로 쓰거나 띄어쓰기로 구분

245 10$aScrew jack$h[technical drawing] /$dHarry Davies

GMD: 기계도면의 GMD는 '기계도면' 및 'technical drawing'으로 하였지만 도서관에 따라서는 '도면자료' 및 'plan'이라는 광의의 명칭으로 사용하기도 한다(A2R.1.1C1).

245 ❶❷$a본표제$h[기계도면]　　　245 ❶❷$a본표제$h[technical drawing]

260 ꝈꝈ$aLondon :$bBirmingham,$c1948
300 ꝈꝈ$a1 technical drawing ;$c43 × 30 cm

형태사항: 300필드는 특정자료종별과 수량, 기타형태사항, 도면의 크기(세로 × 가로 cm)와 접은 자료는 접은 크기를 함께 기술한다(A2R.8.5D6). GMD를 광의의 명칭으로 사용할 때에도 형태사항의 특정자료종별은 보다 세분된 명칭인 '건축도면', '기계도면', 'technical drawing' 등으로 표시한다. 식별기호 '$a'로 기술되는 수량은 영어형식은 특정자료종별 앞에 한국어형식은 특정자료종별 뒤에 기술한다.

300 ꝈꝈ$a기계도면 매 :$b기타형태사항 ;$c도면의 세로×가로 cm, 접은 크기 세로×가로 cm.
300 ꝈꝈ$atechnical drawing :$b...

507 ꝈꝈ$aScale 1 : 1

3. 건축도면자료

.....nkmɓɓ22.....ɓaɓ4500
007 kdoaoo
008 ......nɓɓɓɓɓɓɓɓukɓnnnɓɓɓɓɓɓɓɓɓɓɓɓaznengɓɓ
090 ɓɓ$a
110 ɓɓ$aDoundurn Castle

기본표목: 110필드는 자료저작에 책임이 있는 단체명을 기술하였다. 단체명을 기본표목으로 기술할 때는 단체명을 그대로 기술하는 직접표목이나 상위단체명을 연계시켜 기술하는 간접표목 방법으로 기술한다(A2R.24.14). 직접표목에 식별을 위해 부기하는 상위단체명은 ','나 ( )로 단체명 뒤에 기술하고, 상위표목으로 기술할 때는 해당 단체명은 하위표목으로 기술한다.

110 ɓɓ$a단체명 ← 단체명 자체를 기본표목으로 기술하는 직접표목
110 ɓɓ$a상위단체명.$b중위단체명.$b하위단체명 ← 단체명을 하위표목으로 기술하는 간접표목
110 ɓɓ$a단체명, 상위단체명 ← 직접표목의 식별을 위한 상위단체명의 부기(영어형식)
110 ɓɓ$a단체명 (상위단체명) ← 직접표목의 식별을 위한 상위단체명의 부기(한국어형식)

245 10$aChateau Dundurn$h[plan] =$xDundurn Castle, Hamilton, Ontario /$dDoundurn Castle

표제와 책임표시사항: 문자를 달리한 표제는 245필드에 식별기호 '$x'로 '='를 앞세워 대등표제로 기술하고, 단체저작자는 '$d'로 책임표시에 기술한다. 그리고 대등표제의 표목은 246필드로 기술하고, 대등표제를 주기할 때는 500필드에 '대등표제'라는 표출어로 주기하고, 740필드로 부표목한다.

「표제와 함께 기재한 대등표제」
245 ❶❷$a본표제$h[GMD] =$x대등표제 /$d책임표시
246 31$a본표제와 다른 언어의 표제

「대등표제를 주기한 예」
245 ❶❷$a본표제$h[GMD] /$d책임표시
500 ɓɓ$a대등표제: 본표제와 다른 언어의 표제
740 ɓɓ$a본 표제와 다른 언어의 표제

246 3ɓ$iParrel title:$aDundurn Castle, Hamilton, Ontario ← 대등표제의 부출표목
= 740 ɓɓ$aDundurn Castle, Hamilton, Ontario ← 대등표제의 부출표목
260 ɓɓ$aHamilton :$bThe Castle,$c[197]

발행사항: 260필드는 식별기호 '$b'로 기술되는 발행자가 책임표시에 기술된 저작자와 동일하기 때문에 간략형식으로 기술하였다.

┌ 단체명의 완전명
245 $a...$h... /$dDundurn Castle　　245 $a...$h... /$d한국도서관협회
260 ɓɓ$a... :$bThe Castle　　260 ɓɓ$a... :$b동 협회
└ 단체명의 간략한 약식명

300 ɓɓ$a3 plans on a sheet ;$c28 × 21 cm, folded to 10 × 22 cm

형태사항: 300필드에 식별기호 '$a'는 특정자료종별과 도면 수를, '$c'는 용지의 크기와 보관용기인 폴더의 크기를 함께 기술한다(A2R.8.5D6).

300 bb$a특정자료종별과 도면수 :$b기타형태사항 ;$c도면의 크기, 폴더의 크기

500 bb$aIncludes text in English and French

일반주기: 도면에 사용된 언어가 2가지 이상인 경우는 500필드에 사용된 언어명을 일반주기한다.

501 bb$aWith(on verso): Brief biography of Allan Napier McNab, the builder, a list of castle facilities and 2 ill., one a port

합철주기: 뒷면에 수록된 다른 자료는 501필드에 '합철', 'With'라는 표출어에 '이면'이나 'on verso' 등의 관계된 면수를 ( )에 부기하여 표제와 저작자를 합철주기하고(A2R.1.7B21), 필요한 경우 합철된 도면명과 저작자를 700필드로 분출표목한다. 합철주기의 기술형식은 ISBD의 표제와 책임표시사항의 기술형식에 준한다.

501 bb$a합철(뒷면): 합철자료표제 / 저작자.
700 12$a저작자.$t합철자료표제 ← 합철주기된 자료의 저자명과 자료명의 분출표목

507 bb$aScale ca. 1 : 400

축척주기: 507필드는 식별기호 '$a'로 기술도면자료의 축척을 '축척', 'scale'이라는 용어와 함께 정보원에 나타난 축척사항을 주기한다.

507 bb$a축척 1:000,000　　　　507 bb$aScale 1:000,000

700 1b$aMcNab, Allen Napier ← 합철된 내용의 피전기자명 부출표목
740 bb$aBrief biography of Allan Napier McNab ← 합철된 표제 부출표목

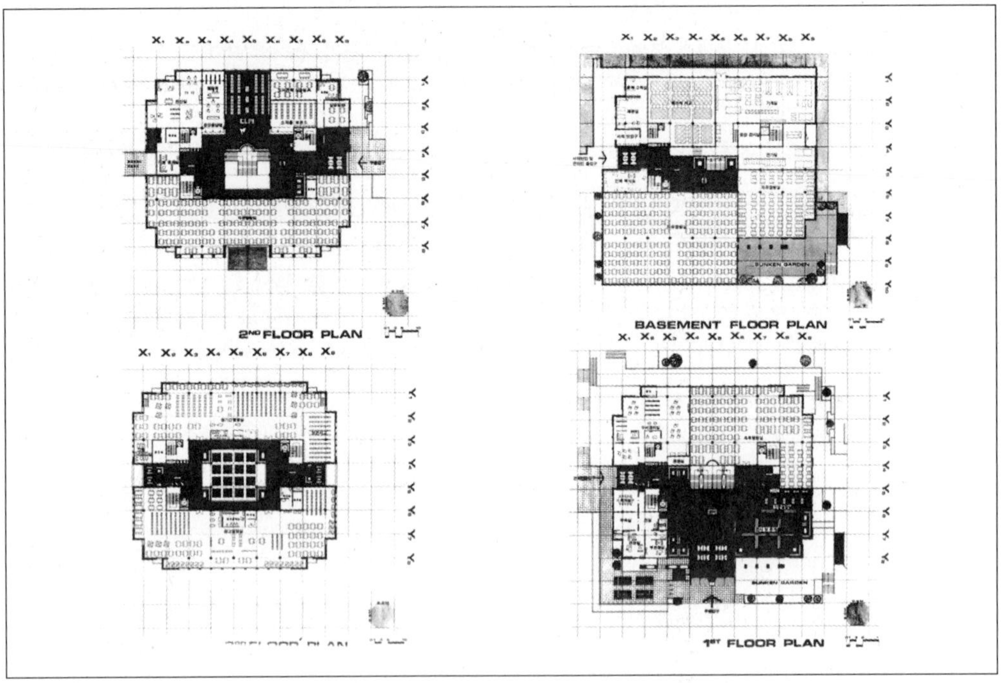

.....nkmƀƀ22.....ƀaƀ4500

007 kdoaoo

008 ......s1978ƀƀƀƀulknnnƀƀƀƀƀƀƀƀƀƀƀaznkorƀƀ

008

090 ƀƀ$a

110 ƀƀ$a정주건축 (서울)

> **기본표목**: 110필드는 설계자인 설계단체명을 기술하였다. 설계단체명 직접표목이 식별이 필요하기 때문에 단체명에 소재지명을 ( )에 묶어 부기하였다.

245 00$a[계명대학교] 중앙도서관 설계도$h[건축도면] /$d정주건축

> **표제와 책임표시사항**: 245필드는 식별기호 '$a'로 종합도면명을 본표제로 기술하고, '$d'로 설계자를 책임표시로 기술하였다. 도면명이 불완전하여 식별이 필요한 경우는 식별을 위한 기관명이나 건축명을 [ ]에 묶어 부기한 본표제를 기술한다.
>
> 「**자료자체의 본표제**」
>
> 245 00$a중앙도서관 설계도$h[건축도면] /$d...
>
> 「**기관명을 부기한 본표제**」
>
> 245 00$a[계명대학교] 중앙도서관 설계도$h[건축도면] /$d...
>
> '중앙도서관 설계도'만으로는 쉽게 식별되지 않기 때문에 기관명을 [ ]에 묶어 함께 기재하였다.

260 ƀƀ$a서울 :$b정주건축,$c1978

300 ƀƀ$a설계도 81, 40, 13 p. :$b청사진 ;$c20 × 77 cm

> **형태사항**: 도면자료가 표현 방법에 따라 여러 종류가 하나의 세트로 되어 있을 때는 300필드에 식별기호

'$a'로 특정자료종별과 각각의 면수를 기술하고, 복사방법은 식별기호 '$b'의 기타형태사항으로 '청사진,' 'blueprint', 'photocopy' 등을 기술한다(A2R.8.5C15).

「**종별표시 없이 수량을 기술한 예**」

300 ꝥꝥ$a설계도 81, 40, 13 p. :$b청사진, ...

「**종별과 수량을 짝지어 기술한 예**」

300 ꝥꝥ$a건축도면 1책, 전기도면 1책, 설비도면 1책 :$b청사진, ...

300 ꝥꝥ$a건축도면 1책(면수), 전기도면 1책(면수), 설비도면 1책(면수) :$b청사진, ...

507 ꝥꝥ$a축척 1 : 200

505 0ꝥ$a건축설계 -- 구조설계 -- 설비설계 -- 전기설계

내용주기: 505필드는 설계도면에 포함되어 있는 내용도면명을 기술하고, 내용도면명의 부출표목은 7XX필드로 분출한다.

「**내용도면명의 분출**」

505 00$t내용도면명 --$t내용도면명 --$t내용도면명

내용도면명을 '0'(확장형)으로 주기할 때는 제2지시기호 '0'를 지시하고 각 사항별 식별기호로 기재하여 검색어로 활용되게 한다.

「**내용도면명을 분출 않는 경우**」

505 0ꝥ$a내용도면명 --내용도면명 --내용도면명

내용도면명을 기본형으로 주기할 때는 제2지시기호를 'ꝥ'로 지시하고 각 사항별 식별기호 없이 기재한다.

710 ꝥꝥ$a정주건축

단체명표목: 단체명의 표목은 다음과 같이 표목형식에 따라 상위단체명과 하위단체명으로 연계시켜 기술한다(A2R.24.14). 단체명의 간접표목형식은 식별이 가능한 상위단체명을 먼저 기술하고 다음에 해당 단체명을 기술한다. 직접표목형식은 해당 단체명을 먼저 기술하고 다음에 식별을 위한 상위단체명을 ( )에 묶어 부기하거나 ','로 기술한다.

「**단체명 간접표목형식**」

110 ꝥꝥ/610 ꝥ❷ /710 ꝥꝥ$a대구.$b현대건축사사무소

110 ꝥꝥ/610 ꝥ❷ /710 ꝥꝥ$aOntario.$bBrooks Engineering Corporation.

「**단체명 직접표목형식**」

110 ꝥꝥ/610 ꝥ❷ /710 ꝥꝥ$a현대건축사사무소(대구)

110 ꝥꝥ/610 ꝥ❷ /710 ꝥꝥ$aBrooks Engineering Corporation, Ontario

.....nkmɓɓ22.....ɓaɓ4500
007
008
090 ɓɓ$a
110 ɓɓ$aTriangle Manufacturing Company

기본표목: 두 개 이상의 단체가 저작한 자료는 책임단체명이나 처음 표시된 단체명을 110필드에 식별기호 '$a'로 처음표시된 단체명을 기본표목한다.

245 10$aEmerald Lake, Ontario$h[plan] /$dby Triangle Manufacturing Company ;$e[prime consultants], Brooks Engineering Corporation

표제와 책임표시사항: 245필드는 식별기호 '$d'로 첫 번째 단체명, '$e'를 반복하여 두 번째 이하의 단체명이나 역할을 달리한 단체명을 기술한다. 식별기호 '$d'나 '$e'로 기술되는 저작자의 역할어를 정보원 이외에서 목록자가 기술하였을 때는 이를 [ ]에 묶어 부기한다. 동일 역할의 공저작자가 3인까지인 경우는 모두 기술하고, 4인 이상은 처음 저작자만 기술하고 '... 외저', '.... et. al' 또는 '... and others'을 부기한다. 기본표목되지 않은 두 번째 이하의 단체명은 710필드(단체명)로 부표목한다.

┌─ 단체명 직접표목은 해당 단체명을 식별기호 '$a'로 기술
│ ┌── 식별을 위한 상위단체명은 식별기호 없이 ','로 부기
│ │ ┌── 처음 저작자를 위한 식별기호
245 10$aEmerald Lake, Ontario$h[plan] /$dby Triangle Manufacturing Company ;$e[prime consultants], Brooks Engineering Corporation
└ 저작 단체명 두 번째나 역할을 달리한 저작자를 위한 식별기호 ┘
정보원 이외에서 목록자가 기재한 역할어 ┘

710 ɓɓ$aBrooks Engineering Corporation

250 ɓɓ$aRevision 4, as built drawings
260 ɓɓ$aOntario :$bThe Corporation,$c1987

발행사항: 260필드에 식별기호 '$b'로 기술되는 발행처가 245필드에 식별기호 '$d'나 '$e'로 기술된 저작자와 동일한 경우는 식별이 가능한 범위에서 이를 약식으로 기술한다.

245 10$a...$h[plan] /$dby ... ;$e[prime consultants], Brooks Engineering Corporation
260 ɓɓ$aOntario :$bThe Corporation,$c1987

특정자료종별
수량표시
300 ɓɓ$a3 architectural drawings, 3 mechanical drawings, 2 electrical drawings, 1 process drawing :$bmylar ;$c30 × 105 cm-87 × 113 cm
기타형태사항 ┘ 가장 큰 것의 크기 ┘
└ 가장 작은 것의 크기

형태사항: 한 자료에 수록된 수 개의 도면이 각각 면수와 크기가 상이할 때는 300필드에 식별기호 '$a'로 특정자료종별과 수량을 ','로 구분하여 각각 기술하고, 크기는 '$c'로 가장 작은 것의 '세로 × 가로 cm'-가장 큰 것의 '세로 × 가로 cm'로 기술한다(A2R.8.5D6).

507 ɓɓ$aScales vary from 1 : 40 to 1 : 150

축척주기: 자료의 축척이 자료마다 다르게 나타나 있는 경우는 507필드에 식별기호 '$a'로 축척이라는 용어와 함께 가장 작은 축척과 가장 큰 축척을 'from... to...', '작은 것 축척-큰 것 축척'으로 기술한다.

507 ɓɓ$a축척 1 : 250,000 ;$b1 cm = 2.5 km

507 ɓɓ$a축척 1 : 40--축척 1 : 150

507 ꝥꝥ$aScale 1 : 10 of the original

507 ꝥꝥ$aFrom Scale 1 : 40 to scale 1 : 150

```
┌─ 사용된 주제명표목표에 대한 지시기호
│   ┌ 주제명                         ┌ 지리세목 ┌ 일반세목    ┌ 일반세목
650 04$aCookware industry$zOntario$xBuildings$xDesigns and plans
   └─ 주제명을 위한 식별기호 │        │          └ 일반세목을 위한 식별기호
                            │        └ 일반세목을 위한 식별기호
                            └─ 지리세목을 위한 식별기호
```

651 ꝥ4$aCanada$zOntario

주제명표목: 6XX필드로 기술되는 주제명표목은 주제명과 세목으로 구성되는데 이들 주제명은 성격에 따라 각각의 식별기호로 기술한다.

710 ꝥꝥ$aBrooks Engineering Corporation ← 저작자(컨설턴트) 부출표목

〈표 4〉 언어구분부호표(발췌)

(List of Languages and Language Codes)

Language	Code
Arabic	ara
Austronesian	map
Burmese	bur
Cambodian	cam
Chinese	chi
Danish	dan
Dutch	dut
Dutch, Middle (ca, 1050-1350)	dum
Egyptian	egy
English	eng
English, Middle (ca, 1100-1500)	enm
Eskimo	esk
Esperanto	esp
Estonian	est
Ethiopic	eth
Finnish	fin
french	fre
French, Middle (ca, 1400-1600)	frm
French, Old (ca, 842-1500)	fro
German	ger
German, Middle High (ca, 1050-1500)	gmh
German, Old High (ca, 750-1050)	goh
Greek, Ancient (to 1453)	grc
Greek, Modern (1453-)	gre
Hawaiian	haw
Hebrew	heb
Hungarian	hun
Indonesian	ind
Iranian (Other)	ira
Irish	iri
Italian	ita
Japanese	jpn
Kongo	kon
Korean	kor
Lao	lao
Latin	lat
Lithuanian	lit
Luganda	lug
Macedonian	mac
Malay	may
Maori	mao
Miscellaneous	mis
Mongo	lol
Mongol	mon
Nepalia	nep
Norwegian	nor
Persian, Modern	per
Persian, Old (ca, 600BC-400BC)	peo
Polish	pol
Portuguese	por
Provencal (to 1500)	pro
Romance	roa
Romanian	rum
Russian	urs
Samoan	sao
Sanskrit	san
Slovenian	slv
Spanish	spa
Sumerian	sux
Swedish	swe
Syriac	syr
Thai	tha
Tibetan	tib
Turkish	tur
Turkmen	tuk
Ukrainian	ukr
Vitnamese	vie

* 부속서3: **언어구분부호표**를 발췌한 것으로 보다 상세한 것은 본표를 참조하시기 바람

제 6 장

마이크로형태자료

1. 제어필드

006 부호화정보필드 – 부가적 자료특성(Fixed-Length Data Elements – Additional Material Characteristics) <A>R →제2장 영상자료 참조

007 형태기술필드(Physical Description Fixed Field--General Information)<O>R

마이크로형태자료의 형태기술필드 007필드는 첫 번째 00자리를 'h'로 자료범주표시를 하고, 01-12자리까지 모두 13자리의 고정길이 필드로 구성된다.

자수위치	자리수	데이터명	데 이 터 요 소
00	1	**자료범주표시**	h–마이크로형태자료
01	1	**특정자료종별** (SMD)	a–아파추어 카드 b–마이크로필름 카트리지 c–마이크로필름 카세트 d–마이크로필름 릴 e–마이크로피시 f–마이크로피시 카세트 g–마이크로오패크 u–자료를 특정화하지 않음 z–기타 |–부호화하지 않음
02	1	**미정의**	ȣ–빈칸
03	1	**감광상태**	a–양화 b–음화 m–혼합(양화, 음화 혼합) u–미상 |–부호화하지 않음
04	1	**규격**	u–미상 z–기타 |–부호화하지 않음 **마이크로필름**: a–8 mm d–16 mm f–35 mm g–70 mm h–105 mm **마이크로피시, 마이크로오패크**: l–3×5 in 혹은 8×13 cm m–4 × 6 in 혹은 11×15 cm o–6×9 in 혹은 16×23 cm **애퍼츄어카드**: p–3¼ × 7⅜ in 혹은 9 × 19 cm
05	1	**축소비율의 범위**	a–저축소율(16:1이하) b–정상 축소율(16:1-30:1까지) c–고밀도 축소율(31:1-60:1까지) d–최고밀도 축소율(61:1-90:1) e–초고밀도 축소율(90:1이상) u–미상 v–다양한 축소율(한자료가 둘이상의 축소율일 때) |–부호화하지 않음
06-08	3	**출소비율**	축소비율을 알수 없는 경우 세자리 '---'

자수위치	자리수	데이터명	데 이 터 요 소
09	1	**색채**	b－흑백 c－천연색 m－혼합(흑백과 천연색) u－미상 z－기타 |－부호화하지 않음
10	1	**감광유제**	a－Silver halide b－Diazo c－Vesicular m－혼합 n－적용불가 u－미상 z－기타 |－부호화하지 않음
11	1	**복제단계**	a－제1세대(마스터) b－복제용 마스터 c－이용제공용 m－혼합 u－미상 |－부호화하지 않음
12	1	**필름의 기본재료**	a－미확인 안전체 c－아세테이트 미확인 안전체 d－디아세테이트안전체 l－질산염체 m－질산안전 혼합체 n－적용불가 p－폴리에스트 안전체 r－혼합 안전체 t－트리아세테이트 안전체 u－미상 z－기타 |－부호화하지 않음

```
      ┌ 표시기호
      |   ┌ 00(자료범주표시): h－ 마이크로형태자료
      |   |┌ 01(특정자료종별): e－ 마이크로 피시
      |   ||┌ 02(미정의):  － 원본
      |   ||| ┌ 03(감광상태): a－ 빈칸
      |   ||| |┌ 04(규격): f－ 35 mm 필름
  007 hebafa072bmaa
             ||   | | | └ 12(필름의 기본재료): a－ 미확인 안전체
             ||   | | └11(복제단계): a－ 제1세대(마스터)
             ||   | └10(감광유제): m－ 혼합
             ||   └ 09(색채): b－ 흑백
             |└ 06-08(축소비율1)): 072－ 축소율
             └ 05(축소비율 범위): a－ 저축소율
```

008 부호화정보필드(Fixed-Sength Data Elements)<M>NR

마이크로필름자료의 부호화 정보필드 008필드는 40자리의 고정장필드로 자수위치 00-17, 26-28, 32, 35-39자리는 모든 자료에 공통으로 적용되는 사항이고, 18-25, 29-31, 33-34자리는 마이크로필름자료에 적용되는 사항이다.(KORMARC 단행본 008필드 적용)

1) 마이크로형태자료 한면이 원본의 몇배 축소인가를 3자리로 표시한다. 한면이 30분의 1은 '030', 72분의 1은 '072'로 기술하고, 좌측빈자리는 '0'으로 채운다. 축소율을 알 수 없는 경우는 세자리를 붙임표 '-'로 채운다.

「마이크로형태자료」

자수위치	자리수	데이터명 (적용수준)	데 이 터 요 소
00-05	6	**입력일자**(공통)	최초입력일 YYMMDD형식으로 기재
06	1	**발행년유형**(공통)	발행년유형에 제시된 문자부호
07-10	4	**발행년 1**(공통)	발행년유형에 제시된 연도
11-14	4	**발행년 2**(공통)	발행년유형에 제시된 연도
15-17	3	**발행국명**(공통)	부속서 1. '**발행국부호**'의 해당부호 입력
18-21	4	**삽화표시** (006/01-04)	ɓ-삽도표시 없음 a-삽도 b-지도 c-초상화(또는 인물사진) d-표(챠트) e-설계도 f-도판(특수매수에 한함) g-악보 h-영인물(Facsimile) i-문장(가문의 紋章) j-연대표, 연보, 가계도 k-서식 및 양식 l-견본(실물견본) m-녹음자료 o-사진 p-채색장식 |-부호화하지 않음
22	1	**이용대상자수준**	ɓ-일반이용자용 a-취학전 아동 b-초등학생 c-중학생 d-고등학생 e-성인용 f-특수계층 j-아동용 z-미상 또는 세분하지 않는 경우 |-부호화하지 않음
23	1	**GMD**	ɓ-기타(해당없음) a-마이크로필름 b-마이크로피시 c-마이크로오패크 d-큰활자인쇄자료 f-점자자료 r-인쇄물 형태의 복제자료 s-전자자료 |-부호화하지 않음
24-25	2	**내용형식**	ɓ-해당 없음 a-초록 b-서지 c-목록 d-사전 e-백과사전 f-편람 g-법률논문 i-색인 j-족보 k-음반목록 l-법령집 m-학위논문 n-조사보고 o-평론 p-프로그램화된 텍스트 q-영화작품목록 r-명감 s-통계자료 t-기술보고서 u-표준/표준해설자료 v-판례집 및 판례요약집 w-판결보도 및 판결평석 z-조약, 협정문 |-부호화하지 않음
26-27	2	**한국대학부호**	26-27(2): 부속서 2 '**한국대학부호**'의 대학부호 입력
28	1	**수정레코드**(공통)	ɓ-변형없음 b-문자를 빈칸(ɓ)으로 입력한 경우 h-한자를 한글로 입력한 경우 r-로마자 이외의 문자를 로마자로 입력한 경우 s-레코드의 단축 x-한자 이외의 문자를 한글로 변형입력한 경우 |-부호화하지 않음
29	1	**회의간행물**(006/09)	0-회의간행물 아님 1-회의간행물임 |-부호화하지 않음
30	1	**기념논문집**(006/10)	0-기념논문집 아님 1-기념논문집임 |-부호화하지 않음
31	1	**색인**(006/11)	0-색인 없음 1-색인 있음 |-부호화하지 않음
32	1	**목록전거**(공통)	ɓ-국가서지작성기관 a-자관 c-협력기관 d-기타기관 u-미상 |-부호화하지 않음
33	1	**문학형식**	ɓ-해당없음 c-만화 d-희곡 및 시나리오 e-수필 f-소설 h-풍자문학(만화는 제외) i-서간문학(자서전성격의 저작은 008/34의 전기를 적용) j-단편소설(꽁트 포함) k-추리소설 l-논픽션(르뽀, 다큐멘터리 소설 포함) m-기행문, 일기문, 수기 등 p-시 s-연설문, 웅변관계 저작 포함 t-논설문 u-평론 v-문집 w-향가, 시조, 가사, 구비문학 |-부호화하지 않음
34	1	**전기**	ɓ-해당 없음 a-자서전 b-개인전기서 c-전기물의 합저서 d-전기적 정보가 포함된 자료 |-부호화하지 않음
35-37	3	**언어**(공통)	부속서 3. '**언어구분부호**'의 해당 부호 ɓɓɓ-미정의(언어가 사용되지 않은 경우) mul-복수언어 sgn-기호로 된 언어 und-미상 |-부호화하지 않음
38-39	2	**한국정부기관부호**(공통)	부속서 4. '**한국정부기관부호**'의 해당부호

```
┌ 00-05(입력일자: 공통): 991021- 1999년10월21일
|        ┌ 06(발행년유형: 공통): m- 복수년도
|        | ┌ 07-10(발행년 1: 공통): 1970- 발행년(시작년)
|        | |    ┌ 11-14(발행년 2: 공통): 1976- 발행년(마지막년)
|        | |    |     ┌ 15-17(발행국명: 공통): ulk- 한국 서울
|        | |    |     |           ┌ 26-27(한국대학부호: 공통): ƀƀ- 해당 없음
|        | |    |     |           | ┌ 28(수정레코드: 공통): h- 한자를 한글로 입력
|        | |    |     |           | |    ┌ 32(목록전거: 공통): a- 자관
|        | |    |     |           | |    | ┌ 35-37(언어: 공통): mul- 다수언어
|        | |    |     |           | |    | |  ┌ 38-39(한국정부기관부호:
|        | |    |     |           | |    | |  |        공통): ƀƀ- 해당 없음
|        | |    |     |           | |    | |  |
008 991021m19791976ulkabcgƀafsƀƀh001aƀƀmulƀƀ
                      |     |||       ||| ||
                      |     |||       ||| |└ 34(전기): ƀ- 해당 없음
                      |     |||       ||| └ 33(문학형식): ƀ- 해당 없음
                      |     |||       ||└ 31(색인): 1- 색인이 있음
                      |     |||       |└ 30(기념논문집): 0- 기념논문집이 안임
                      |     |||       └ 29(회의간행물): 0- 회의간행물이 안임
                      |     ||└ 24-25(내용형식): fs- 편람, 통계
                      |     |└ 23(GMD): a- 마이크로 필름
                      |     └ 22(이용대상자수준): ƀ- 일반이용자용
                      └18-21(삽도표시): abcg- 삽도, 지도, 초상화, 악보
```

2. 마이크로 필름 릴자료

1) 개인 저작자료

레코드길이:	레코드상태: n	레코드 유형: a	서지수준: m
제어유형: ƀ	문자부호화체계: ƀ	지시기호 자리수: 2	식별기호 자리수: 2
데이터기본번지:	입력수준: ƀ	목록기술형식: a	연관레코드조건: ƀ
엔트리맵: 4500			

007 hdobfu---buuu

008 //////r19761922usƀnnnƀƀƀƀƀƀƀƀƀƀƀaznengƀƀ

010

090

100 1ƀ$aTuttle, John B.

기본기입: 개인 저작은 단행본의 기술규칙에 준해 저작자를 100필드에 해당 지시기호와 식별기호로 기본표목한다.

245 11$a(The) Analysis of rubber$h[microform] /$dby John B. Tuttle

표제와 책임표시사항: 245필드는 본표제가 관칭(The, An, A)으로 시작하기 때문에 제2지시기호 '1'(원괄호를 제외하고 인쇄)을 지시하고, 식별기호 '$a'로 본표제를 기술할 때 관칭을 ( )에 묶어 기술하여 본표제가 표목될 때 ( )를 제외한 표목으로 출력되게 하였다.

260 ƀƀ$aAnn Arbor, Mich. :$bUniversity Microfilms,$c1976

발행사항: 260필드는 마이크로 필름을 제작한 개인이나 기관명을 중심으로 해당 식별기호로 기술하고, 원본이 된 자료에 대한 발행사항은 534필드로 주기한다.

260 ƀƀ$a필름자료의 발행지 :$b필름자료의 발행자,$c필름자료의 발행년

300 ƀƀ$a1 microfilm reel ;$c35 mm

형태사항: 300필드는 필름자체의 형태사항을 해당 식별기호로 기술한다A2R.11.5).

300 ƀƀ$a특정자료종별과 수량 :$b필름의 기타형태사항 ;$c필름의 폭

534 ƀƀ$pReproduction of original:$cNew York Book Dept., Chemical Catalog Co., 1922.$f(Monograph series / American Chemical Society)

원자료주기: 534필드는 마이크로형태자료와 원자료의 서지사항이 상이할 때 식별기호 '$p'(원본과 관련한 표출어), '$a'(원본의 기본표목), '$t'(원본표제), '$c'(원본의 발행사항), '$e'(원본의 형태사항) 등으로 구분하여 '원본'이라는 표출어로 주기한다(A2R.1.7A3; K4.1.7.3.9).

534 ƀƀ$p원본:$a원본기본표목.$t원본표제.$c발행지 : 발행자, 발행년.$e면수 : 기타형태사항 ; 크기.$f(총서주기)

534 ƀƀ$p원본발행사항:$c발행지 : 발행자, 발행년.

Frame 1	73 28868 Microfilmed 1973

Frame 2	Information to users (about quality of microfilming) Xerox University Microfilms, 300 N. Zeeb Road, Ann Arbor, Mich. 48106

	73−28,868 MacLeod, Anne Scott, 1930− A moral tale: children's faction and Ameircan culture, 1820−1860 University of Maryland, Ph.D., 1973 History, modern University Microfilms, a Xerox Company Ann Arbor, Michigan. Copyright by Anne Scott MacLeod 1973

Frame 4	A moral tale: children's fiction and American culture, 1820−1860 by Anne Scott MacLeod

.....nambb22.....bab4500

007

008

010

090

100 1b$aMacLeod, Anne Scott,$d1930-

기본표목: 100필드는 식별기호 '$a'로 학위논문의 작성자를 기본표목한다.

245 11$a(A) Moral tale$h[microform] :$bchildren's fiction and American culture, 1820-1860 /$dby Anne Scott MacLeod

표제와 책임표시사항: 245필드는 식별기호 '$a'로 학위논문명, '$d'로 논문작성자를 기재한다.

제2지시기호 '1': ( )의 관칭을 제외한 표목출력 지시

245 11$a(관칭) 학위논문명$h[GMD] :$b잡정보 /$d논문작성자

<출력(표목)>**학위논문명 [GMD]**

260 bb$aAnn Arbor, Michigan :$bUniversity Microfilms,$c1973

300 bb$a1 microfilm reel :$bnegative ;$c35 mm

500 bb$aComic mode

화상배열주기: 마이크로자료의 화상 배열사항이 정보원에 나타나 있을 때는 500필드에 '화상배열'이라는 표

출어로 주기한다.

500 ƀƀ$a화상배열: 시네방식

500 ƀƀ$aLow reduction

축률주기: 축률주기는 500필드에 '축률', 'Scale'이라는 용어로 자료에 나타난 마이크로자료의 축률을 주기한다(A2R.11.7B10). 축률이 표시되어 있지 않은 때는 [축률미상]으로 기재하거나 생략한다.

500 ƀƀ$a축률 1: 축률; 기타축률　　　　　500 ƀƀ$a[축률미상]

502 0ƀ$aThesis (Ph.D.)--$bUniversity of Maryland :$cHistory,$d1973

학위논문주기: 502필드는 제1지시기호 '0'(석사학위논문)나 '1'(박사학위논문)로 구분하여 식별기호 '$a'로 학위명, '$b'로 수여기관명, '$c'로 학과 및 전공명, '$d'로 수여년도를 주기한다(A2R.11.7B13; K4.1.7.3.13). 다음은 규칙에 나타난 주기형식을 제시하였다.

「KORMARC」

┌ 제1지시기호 '0'은 석사학위 논문일 때

502 0ƀ$a학위논문(석사)$b수여기관명 :$c학과 및 전공,$d학위년도
<출력>학위논문(석사)--수여기관명 : 학과 및 전공, 학위년도

502 1ƀ$a학위논문(박사)$b수여기관명 :$c학과 및 전공,$d학위년도
└ 제1지시기호 '1'은 박사학위 논문일 때

「MARC21」

502 ##$a학위논문(석사)--수여기관명, 소재지명, 학위년도
<출력>학위논문(석사)--수여기관명, 소재지명, 학위년도

「KCR4」

학위논문(박사)--수여기관명, 학과 및 전공, 학위년도

2) 단체 저작자료

.....nab฿฿22.....฿a฿4500
007
008
010
022 ฿฿$a0002-7969
090
110 ฿฿$aAmerican Library Association
245 10$aAmerican libraries$h[microform] /$dAmerican Library Association

표제와 책임표시사항: 245필드는 식별기호 '$a'로 연속간행물명, '$h'로 GMD를 '마이크로필름', 'microform', '$d'로 발행 단체명을 책임표시로 하여 표제줄머리잡기로 기술하였다. (A2R.12.1B; K31.1.1.0.7.2).

260 ฿฿$aAnn Arbor, Mich. :$bUniversity Microfilms,$c1971-

발행사항: 연속간행물의 발행년은 260필드에 식별기호 '$c'로 '창간호 발행년-종간호 발행년'으로 기술한다. 그러나 계속 간행되는 자료는 종간 되었을 때 기재할 수 있도록 종간 발행년을 공란을 둔다.

300 ฿฿$a microfilm reels :$bill. ;$c16 mm

형태사항: 300필드는 식별기호 '$a'로 특정자료종별과 수량을 기재한다. 종간되지 않는 자료는 종간되었을 때 기재할 수 있도록 수량에 공란을 둔다.

300 ฿฿$a마이크로 필름 릴 권:　　　　300 ฿฿$a microfilm reels :

362 0฿$aVol. 1, no. 1 (Jan. 1970)-

권·연차사항: 연속간행물은 362필드에 식별기호 '$a'로 창간호의 권·연차사항과 종간호의 권·연차사항을 기술한다. 계속 간행되는 자료는 종간권·연차를 공란으로 둔다(A2R.12.3C4).

440 00$aCurrent periodical series
500 ฿฿$aPublication no.: 5731-5
500 ฿฿$aIssued every month except bimonthly July-Aug.

간별표시: 간별은 연속간행물의 format에 의한 310필드(현재 간행빈도)와 321필드(이전 간행빈도)에 식별기호 '$a'로 기재할 수 있으나(A2R.12.7B1) 본 자료는 인쇄본 자료를 마이크로자료화한 것이기 때문에 500필드에 일반주기로 기술하였다.

「연속간행물」	「마이크로 필름 자료」
310 ฿฿$a현재간행빈도 321 ฿฿$a이전간행빈도	500 ฿฿$a간별

504 ฿฿$aIncludes index

서지주기: 504필드는 해당 자료에 참고자료나 인용자료가 수록되어 있을 때 식별기호 '$a'로 주기한다.

504 ฿฿$a색인이 있음　　　　504 ฿฿$aIncludes index

534 ฿฿$pReproduction of original:$cChicago : American Library Association

원본주기: 534필드는 식별기호 '$p'로 해당 표출어에 마이크로화한 서지사항과 상이한 원본사항을 해당 식별기호로 주기한다.

534 ␢␢$p표출어:$c원본발행지 : 발행자, 발행년.$e면수 : 삽도 ; 크기

580 ␢␢$aContinues: ALA bulletin
650 ␢4$aLibrary science$xperiodicals
780 10$tALA bulletin

표제변경: 연속간행물명의 변경은 선행표제는 780필드에 해당 지시기호와 식별기호로 주기하고, 후속표제는 785필드에 해당 지시기호와 식별기호로 주기한다(A2R.12.7B7). 780필드와 785필드는 580필드의 주기와 연계시켜 기술할 수 있도록 하고 있기 때문에 포맷의 지시에 따라야 한다.

「개제된 연속간행물의 목록」
245 00$a개제된 연속간행물명
580 ␢␢$a000을 개제
780 00$a선행연속간행물명

「선행연속간행물의 목록」
245 00$a선행연속간행물명
580 ␢␢$a000으로 개제
785 00$a후속 연속간행물명

「선행표제와 후속표제를 가진 연속간행물의 목록」
245 00$a연속간행물명
780 00$a선행연속간행물명
785 00$a후속 연속간행물명

3) 종합표제가 없는 자료

〈리더[2]〉

.....namʙʙ22.....ʙaʙ4500
007 hdobfu---buuu
008[3] //////s1990ʙʙʙʙtgknnnʙʙʙʙʙʙʙʙʙʙʙʙaznkorʙʙ
010
090
245 00$a가루다지기타령.$a秋月傳,$n卷之初.$a寇來公,$n卷之五.$a九雲夢,$n卷之二,卷之五.$a閨中七友爭友論.$a金上添苑$h[마이크로자료]

표제와 책임표시사항: 종합표제가 없이 2개 이상의 자료를 함께 수록하고 있는 경우는 수록된 자료의 수에 따라 정리방법을 몇 가지로 생각할 수 있다. ① 자료의 수가 많지 않을 때는 245필드에 식별기호 '$a'를 반복하여 수록된 자료명을 모두 본표제로 기술하는 방법, ② 자료의 수가 많을 때는 245필드에 식별기호 '$a'로 처음 작품명을 본표제로 기술하고 2번째 이하의 작품명은 505필드에 내용주기하는 방법, ③ 목록자가 종합표제를 작성하여 245필드에 식별기호 '$a'로 [ ]에 묶어 본표제로 기술하고, 수록된 각각의 자료명은 505필드에 내용주기하는 방법 등으로 생각할 수 있다.
본 예는 수록된 자료명을 245필드에 제1지시기호 '0'(표제 부출 않음)으로 지시하고, 식별기호 '$a'를 반복하여 각각의 표제를 줄머리잡기로 기술하였다. 그리고 자료의 일부가 수록된 것은 식별기호 '$n'으로 권차를 해당 표제에 부기하고, GMD는 마지막 작품명에 식별기호 '$h'로 기술하였다.
다음은 종합표제가 없는 한 사람의 작품과 2인 이상의 작품을 예로 제시하였다.

「동일저자의 2개 이상의 작품명을 본표제로 기재하는 방법」
100 1ʙ$a저자명
245 10$a자료명A;$a자료명B;$a자료명C$h[GMD] /$d저자명

「2인 이상의 작품명을 본표제로 기재하는 방법」
245 00$a자료명A.$a자료명B.$a자료명C$h[GMD] ← 저자를 확인할 수 없을 때
245 00$a자료명A /$d저자명A.$a자료명B /$d저자명B$h[GMD]

「두 번째 이하의 작품명을 내용주기하는 방법」
100 1ʙ$a첫번째 자료의 저자명
245 10$a첫번째 자료명$h[GMD] /$d첫번째 자료의 저자명
505 00$t두번째 자료명 /$d저자명 --$t세번째 자료명 /$d저자명 --...

「목록자가 작성한 종합표제를 본표제로 기재하는 방법」
245 00$a[종합표제]$h[GMD] ← 두 사람 이상의 저작일 때
505 01$t첫번째 자료명 /$d저자명. --$t두번째 자료명 /$d저자명 --$t세번째 자료명 /$d저자명 --...

100 1ʙ$a저자명 ← 종합표제의 저자명
245 10$a[종합표제]$h[GMD] /$d저자명
505 00$t첫번째 자료명 --$t두번째 자료명 --$t세번째 자료명

2) 리더의 '00-04'(레코드 길이)와 '12-16'(데이터기본번지)는 해당사항이 자동생성되기 때문에 기술하지 않아도 된다.
3) 부호화정보필드 008의 '00-05'(입력일자)는 자동생성된다.

┌─ 제작기관이 속한 지명
260 ␢␢$a[대구] :$b[계명대 중앙도서관],$c[1990]
└─ 제작기관명　　　　　└─ 제작년도

발행사항: 자체기관에서 제작한 자료는 260필드에 '$a'로 발행지, '$b'로 기관명을 발행처로, '$c'로 제작년도를 발행년으로 기술한다(A2R.11.4). 이때 각각의 사항은 [ ]로 묶어 기재한다.

300 ␢␢$a마이크로 필름 릴 1권 :$b흑백 ;$c9 cm, 35 mm

형태사항: 300필드는 식별기호 '$a'로 '마이크로 필름'이라는 특정자료종별과 수량, '$b'로 '음화', '흑백' 등 기타형태사항, '$c'로 필름의 폭을 'mm'단위로 기술한다(A2R.11.5; K4.10.5.1.2).

300 ␢␢$a마이크로필름과 수량 :$b음화, 흑백 ;$c필름의 폭

┌─ 표출어는 '제작진', 'Credits'로 통일해서 사용
│　　　　　┌─제작자는 정보원의 개인이나 단체명을 역할어와 함께 기재
508 ␢␢$a제작진: 촬영, 계명대학교중앙도서관
│　　　　└─ 제작자가 참여한 역할관계의 용어를 기재
└─ 제작진 주기를 위한 필드로 시청각자료에만 사용

제작진주기: 자작한 경우는 촬영이나 제작에 참여한 개인명이나 단체명을 508필드에 식별기호 '$a'로 역할어와 짝지어 주기한다.

710 ␢␢$a계명대학교.$b중앙도서관

4) 연속간행물자료

.....ngmƀƀ22.....ƀaƀ4500
007
008
010
090
245 00$a朝鮮日報$h[마이크로자료] /$d조선일보사 조사부

표제와 책임표시사항: 연속간행물은 245필드에 식별기호 '$a'로 연속간행물명을 줄머리잡기로 기술하고, '$h'로 GMD, '$d'로 저작자단체명을 기술한다.

260 ƀƀ$a서울 :$b동 조사부,$c1990

발행사항: 260필드는 정리되는 마이크로자료의 발행사항을 식별기호 '$a'로 발행지, '$b'로 발행사, '$c'로 창간년-종간년을 기재한다.

260 ƀƀ$a발행지 :$b발행사,$c창간년-종간년
260 ƀƀ$a발행지 :$b발행사,$c창간년- ← 계속간행으로 종간년이 미정일 때
260 ƀƀ$a발행지 :$b발행사,$c -종간년 ← 창간년을 확인할 수 없을 때

본 자료는 저작자와 발행자가 동일하기 때문에 발행사명은 식별이 가능한 범위에서 간략히 기술하였다.

245 00$a...$h... /$d조선일보사 조사부
260 ƀƀ$a... :$b동 조사부,$c...

300 ƀƀ$a마이크로 필름 릴 100권 :$b네가, 삽도 ;$c9 cm, 35 mm.

형태사항: 300필드는 식별기호 '$a'로 '마이크로 필름 릴'이라는 특정자료종별과 수량, '$b'로 기타형태사항,

'$c'로 릴의 크기(cm 단위)와 필름의 폭(mm 단위)을 기술한다.

300 ɓɓ$a마이크로 필름 릴 권 :$b네가, 삽도 ;$c릴의 크기, 필름의 폭

362 0ɓ$a第31號 (1920.3.5)-第8447號 (1950.12.30)

권·연차사항: 연속간행물자료를 마이크로화한 것은 연속간행물의 format에 의한 362필드에 식별기호 '$a'로 창간 권호와 연차, 종간 권호와 연차를 기술한다(A2R.12.7B8).

362 0ɓ$a제1권 제1호 (1970년 1월)-제30권 제12호 (2000년 12월)
└ 창간권차 └ 창간년월 └ 종간권차 └ 종간년월

이 자료는 계속 간행되고 있는 연속간행물이지만 마이크로화한 자료는 1920년 3월 5일부터 1950년 12월 30일까지이기 때문에 자료에 나타난 대로 이를 창간권차와 종간권차로 기술하였다. 만일 이 자료가 마이크로필름으로 계속 간행된다면 계속목록형식으로 창간권·연차만 기재하고 종간권·연차는 공란으로 두어야 한다. 그리고 일간지의 경우는 통권호수를 권·연차표시로 기술한다.

534 ɓɓ$p원본발행사항:$c서울 : 朝鮮日報社, 1920-1950

원자료주기: 마이크로자료의 기술사항과 원본의 기술사항이 상이한 경우는 534필드에 식별기호 '$p'로 상이한 원본의 기술사항에 대한 표출어로 주기한다(A2R.11.7B7; K4.1.7.3.7.2)).

534 ɓɓ$p원본:$a원본기본표목.$t원본표제.$c원본발행지 : 발행자, 발행년.$e원본면수 : 기타형태사항 ; 크기.

534 ɓɓ$p원본발행사항:$c발행지 : 발행자, 발행년.

534 ɓɓ$p원본형태사항:$e면수 : 기타형태사항 ; 크기

710 ɓɓ$a조선일보사

단체명표목: 245필드에 식별기호 '$d'로 기술된 단체명은 710필드로 부표목한다. 단체명이 2개 이상의 상·하위단체명과 연계되어 있을 때는 식별이 가능한 범위에서 하위단체명이나 중간 단체명을 생략하기도 한다.

「상·하위 단체명 기재」
710 ɓɓ$a조선일보사.$b조사부

「하위단체명 생략」
710 ɓɓ$a조선일보사

.....nabƀƀ22.....ƀaƀ4500
007
008
022 ƀƀ$a0024-2527

ISSN: 국제표준연속간행물번호(ISSN)가 있는 것은 022필드에 기재한다(A2R.12.8; K4.1.8.1.2).

022 ƀƀ$a0024-2527 <출력> ISSN 0024-2527

번호만을 기술하면 출력시 'ISSN'이라는 용어가 번호와 함께 출력된다.

030 ƀƀ$aLRTSAH

CODEN: 030필드에 CODEN부호만을 기술하면 출력시 'CODEN'이라는 표출어가 함께 출력된다.

030 ƀƀ$aLRTSAH <출력>CODEN: LRTSAH

090
245 00$aLibrary resources & technical services$h[microform] /$dAmerican Library Association

연속간행물: 마이크로필름으로 간행되는 연속간행물은 연속간행물목록규칙에 따라 목록하고, 마이크로필름의 GMD와 특정자료종별을 해당 시별기호로 기술한다.

260 ƀƀ$aNew York :$bUniversity Mcrofilm Inc.,$c1957-1990
300 ƀƀ$a6 microfilm reels :$bill. ;$c35 mm.
362 0ƀ$aVol. 1, no. 1 (Winter 1957)-vol. 34, no. 4 (Dec. 1990)

권·연차사항: 362필드는 연속간행물의 format에 의한 것으로 창간호의 권호와 해당연차, 종간호의 권호와 해당연차를 기술한다(A2R.12.3C4).

「계간지」
362 0ƀ$a제0권 제0호(년도 계절)-제00권 제0호(년도 계절)

「월간지」
362 0ƀ$a제0권 제0호(년 월)-제00권 제0호(년 월)

「연간지」
362 0ƀ$a제0권 제0호(년도)-제00권 제0호(년도)

500 ƀƀ$aQuarterly
534 ƀƀ$pOriginal published:$cChicago : American Library Association, 1957-1990
710 ƀƀ$aAmerican Library Association

3. 마이크로 필름 카트리지자료

.....namȸȸ22.....ȸaȸ4500
007 hboauu---buuu
008 //////r19861986usȸnnnȸȸȸȸȸȸȸȸȸȸȸaznengȸȸ
010
090
100 1ȸ$aRaulk, Betty Douglas
245 11$a(The) Facilitation of direct searching of online services by the end user in academic libraries$h[microform]
260 ȸȸ$a[S.l.] :$bUniversity Microfilms,$c1986
300 ȸȸ$a1 microfilm cartridge

형태사항: 마이크로필름 카트리지는 300필드에 식별기호 '$a'로 '마이크로필름 카트리지', 'microfilm cartridge'라는 특정자료종별과 수량, '$b'로 기타형태사항, '$c'로 필름의 폭을 크기로 기술한다. 그러나 기타형태사항이나 크기가 통일된 형식의 것일 때는 기재를 생략하고, 특정자료종별과 수량만 기재하기도 한다.

581 ȸȸ$aEquipment needed: Information Design reader

이용요건주기: 기기나 용기의 이용에 관한 사항은 581필드(참고정보원주기)에 식별기호 '$a'로 '이용요건'이라는 표출어로 주기한다.

581 ȸȸ$a이용요건: 이용을 위한 용기명

534 ȸȸ$pReproduction of original:$mThesis (Ph. D.)--Florida State University, 1986

원자료주기: 복제본에 대한 원본주기는 기입체에 기재된 사항과 상이한 사항을 관계된 표출어로 534필드에 해당 식별기호로 기술한다(A2R.11.7B7; K4.1.7.3.7.2)).

534 ȸȸ$p원본:$t원본명.$c발행지 : 발행자, 발행년.$e면수 : 형태적 세목 ; 크기
534 ȸȸ$p원본발행사항:$c발행지 : 발행자, 발행년.
534 ȸȸ$p원본판차사항:$b원본판차

650 ȸ4$aReference services (Libraries)$xAutomation
650 ȸ4$aAcademic libraries

4. 마이크로피시자료

1) 개인 저작자료

.....namƀƀ22.....ƀaƀ4500
007 heoalu---buuu
008 //////r19701909usƀnnnƀƀƀƀƀƀƀƀƀƀƀaznengƀƀ
010
090
100 1ƀ$aDraper, Andrew S.

기본표목: 저작자가 3인까지는 저자명기본기입원칙에 따라 100필드에 식별기호 '$a'로 처음 저자명이나 대표 저작자명을 기본표목한다.

245 10$aAmerican education$h[microform] /$dby Andrew S. Draper ;$ewith an introduction by Nicholas Murray Butler

표제와 책임표시사항: 245필드는 식별기호 '$a'로 본표제, '$d'로 저작자명, '$e'로 역할을 달리한 저작자명을 기재하고, 기본표목되지 않은 저작자명은 700필드로 부표목한다.

100 1ƀ$a저자명
245 10$a본표제$h[GMD] /$d저자명 ;$e역할을 달리한 저자명
700 1ƀ$a역할을 달리한 저자명

260 ƀƀ$aChicago :$bLibrary Resources,$c1970
300 ƀƀ$a1 microfiche (399 fr.) ;$c8 × 13 cm

형태사항: 300필드는 식별기호 '$a'로 '마이크로피시와 매수'를 기술하고, 필요한 프레임(frame)수는 ( )에 묶어 부기한다. 그리고 '$b'로 삽도, '$c'로 피시의 크기(세로 × 가로 cm)를 기술한다(A2R.11.5D). 그러나 표준적인 크기는 생략하기도 한다.

300 ƀƀ$a마이크로피시 O매(OO 프레임) :$b형태적세목 ;$c피시의 세로×가로 cm.
300 ƀƀ$aO microfiche (OO fr.) :$b형태적세목 ← 표준적인 크기의 생략 예

490 10$aMicrobook library series.$aLibrary of American civilization ;$vLAC 10589

총서주기: 490필드는 총서명을 주기로만 표시하거나 다르게 부표목되는 총서명에 관한 사항을 해당 지시기호와 식별기호로 기술한다. 이때 다르게 표목되는 총서명은 830필드에 해당 지시기호와 식별기호로 부표목한다.

「총서명을 주기로만 기술할 때」
490 00$a총서명 ;$v총서번호
└ 주기로만 기술할 때는 제1지시기호를 '0'으로 지시

「총서명을 다르게 부출표목할 때」
┌ 830필드에 다르게 부출되는 총서명은 제1지시기호 '1'을 지시
490 10$a총서명 ;$v총서번호
830 ƀ0$a다르게 부출되는 총서명 ;$v총서번호

440필드는 주기된 총서명을 그대로 부표목하는 총서명주기이다(A2R.11.6B; K4.1.5.4.2).

440 01$a(관칭)총서명 ;$v총서번호

총서명이 상위총서명과 하위총서명으로 구성되어 있을 때는 440필드나 490필드에 식별기호 '$a'를 반복하여 상위총서명을 먼저 기재하고 다음에 하위총서명을 '.'로 구분하여 기술한다.

440 00$a총서명 ;$v총서번호.$a하위총서명 ;$v총서번호
490 ●0$a총서명 ;$v총서번호.$a하위총서명 ;$v총서번호

500 ƀƀ$aReducation ratio: Very high reduction

축률주기: 축률은 500필드에 '축률', 'Reduction ratio'라는 표출어로 주기한다.

「KCR4.10.7.3.8.1)」	「MARC21.007/05(Microform)」
저축소율 (16 : 1 미만)	Low reduction (Less than 16:1 ratio)
고밀도 축소율 (31-60 : 1)	Normal reduction (Between 61:1 and 30:1)
최고밀도 축소율 (61-90 : 1)	High reduction (Between 31:1 and 60:1)
초고밀도 축소율 (90 : 1 이상)	Very high reduction (Between 61:1 and 90:1)
축소비율 다양	Ultra high reduction (Over 90:1)
	Reduction ratio varies

500 ƀƀ$a축률: 자료에 나타난 축률

500 ƀƀ$a축률: 16× 미만

500 ƀƀ$aReduction ratio: Low reduction

534 ƀƀ$pReproduction of:$cBoston : Houghton Mifflin, 1909.$ex, 383 p. ; 26 cm

원자료주기: 마이크로자료와 상이한 원자료에 관한 사항을 기입체의 기재순서에 따라 '원본', 'Originally published', '원본발행사항', 'Originally published in English' 등 해당 표출어로 534필드에 해당 식별기호로 기술한다(A2R.11.7B7; K4.1.7.3.7.2)).

534 ƀƀ$p원본발행사항:$c발행지 : 발행자, 발행년

700 1ƀ$aButler, Nicholas Murray
830 ƀ0$aMicrobook library series
830 ƀ0$aLibrary of American civilization ;$vLAC 10589

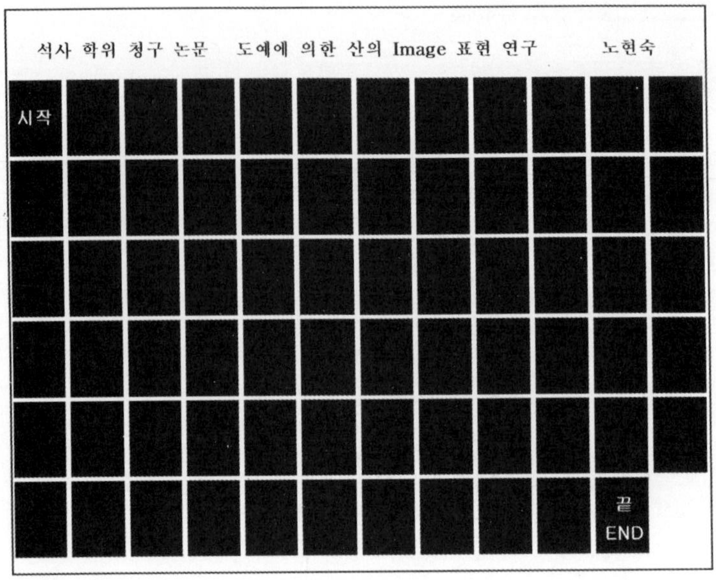

.....namƀƀ22.....ƀaƀ4500

007 heoalu---buuu

008 //////r19861986ulknnnƀƀƀƀƀƀƀƀƀƀƀƀaznkorƀƀ

090

100 1ƀ$a노현숙

기본표목: 100필드는 식별기호 '$a'로 논문작성자를 기본표목하였다.

245 10$a도예에 의한 산의 Image표현연구$h[마이크로자료] /$d盧賢淑

표제와 책임표시사항: 245필드는 식별기호 '$a'에 학위논문명를 본표제로, '$d'에 논문작성자를 책임표시로 기술한다.

260 ƀƀ$a[서울] :$c1986

발행사항: 개인이 발행한 자료는 발행처에 개인명을 기재하고, 사가에서 발행한 자료는 발행처에 사가의 주소를 기재한다. 그러나 학위논문인 경우는 미공개자료이기 때문에 발행사를 생략하거나 발행한 인명을 기술한다. 260필드는 식별기호 '$a'로 발행지, '$c'로 수여년도를 기술한다.

260 ƀƀ$a발행지 :$b제작자,$c수여년

260 ƀƀ$a발행지 :$c수여년

260 ƀƀ$c수여년

300 ƀƀ$a마이크로 피시 1매 :$b삽도 ;$c11×14 cm

502 0ƀ$a학위논문(석사)$b이화여자대학교,$d1986

2) 단체 저작자료

.....nambb22.....bab4500
008
010
020 bb$a0844401560

ISBN: 국제표준도서번호는 020필드에 번호만(구분부호 하이픈 없이)을 기술하면(A2R.1.8B; K4.1.8.1.2), 출력시에 ISBN이라는 선행어와 구분기호로 기술된 번호가 출력된다.

020 bb$a0844401560 <출력>ISBN 0-844401560

090

┌── 상위단체명 표목을 위한 식별기호
│ ┌── 상위표목 ┌── 하위단체명 표목을 위한 식별기호
110 bb$aLibrary of Congress.$bSubject Cataloging Division.$bProcessing Department
│ └── 하위표목(중간단체명) └── 하위표목(하위단체명)
└──── 상·하위표목 간의 구분기호 '.'

기본표목: 단체명의 간접표목은 110필드에 식별기호 '$a'로 상위단체명, '$b'로 하위단체명을 기본표목한다. 하위단체명이 2개 이상인 경우는 표목을 간략히 하기 위하여 식별이 가능한 범위에서 중간 단체명이나 하위단체명을 생략하기도 한다.

245 10$aLibrary of Congress subject headings$h[microform] /$dSubject Cataloguing Division, Processing Department
250 bb$a8th ed. in microfiche
260 bb$aWashington, D.C. :$bThe Library,$c1975
300 bb$a22 microfiches :$bnegative ;$c10.5 × 14.8 cm

형태사항: 300필드는 식별기호 '$a'로 피시와 매수, '$b'로 기타형태사항, '$c'로 피시의 크기를 기술한다(A2R.11.5). 피시의 크기가 정확한 규격을 필요로 할 때는 'mm'단위까지 기재한다(A2R.11.5D4). 그러나 피시의 규격이 표준적인 것일 때는 크기의 기재를 생략하기도 한다.

300 bb$a마이크로피시와 매수 :$b음.양화, 삽도, 색채, 지도 ;$c피시의 세로×가로 cm +$e딸림자료 (딸림자료의 형태사항)

3) 회의의 결과에 의한 자료

.....naab̸b̸22.....b̸ab̸4500
007
008
090

┌ 회의명　　┌ 회차　　┌ 개최지(지명이나 기관명 기재)
111 b̸b̸$aLibrary History Seminar$n(4th :$d1971 :$cFlorida State University)
└── 회의명기본표목을 위한 필드　　└── 회기(회의기간을 년으로 표시)

기본표목: 회의자료는 111필드(기본기입-회의명)에 식별기호 '$a'로 회의명을 기본표목하고, '$n'으로 회차, '$d'로 회기, '$c'로 장소를 ( )에 묶어 부기한다(A2R.24.7).

245 10$aLibrary History Seminar.$nno. 4 $h[microform] :$cproceedings, 1971 /$dedited by Harold Goldstein [and] John M. Goudeau

표제와 책임표시사항: 245필드는 식별기호 '$a'로 회의자료명, '$n'으로 회차, '$h'로 GMD, '$d'로 편자를 기술하였다. 책임표시에 기재되는 역할어는 영어형식은 '역할어 저자명', 한국어형식은 '저자명 역할어'순으로 정보원에 나타난 순서와 문자로 기술한다.

245 10$a표제.$n회차$h[GMD] :$b잡정보 /$d편자

260 b̸b̸$aTallahassee, Fla. :$bJournal of Library History,$ccl972

발행사항: 260필드는 식별기호 '$b'(발행처)로 발행기관명으로 나타낸 연속간행물명을 기술하고, 710필드(단체명부표목)으로 부표목하였다.

300 b̸b̸$a4 microfiches :$bnegative
700 1b̸$aGoldstein, Harold
700 1b̸$aGoudeau, John M.
710 b̸b̸$aJournal of Library history

부표목: 100필드로 기본표목되지 않은 공저작자명은 700필드에 인명, 710필드에 단체명을 부표목한다.

245 10$a본표제 /$d역할어 이름 성,$e역할어 이름 성 ;$e역할이 다른 이름 성
700 1b̸$a성, 이름
710 b̸b̸$a단체명

.....naa▯▯22.....▯a▯4500

007

008

090

111 ▯▯$aInternational Visual Literacy Association. Conference$n(13th :$d1962 :$cIndiana Univ.)

245 10$aTelevision and visual literacy$h[microform] :$breadings from the 13th annual conference of the International Visual Literacy Association /$d [edited by Roberts A. Braden and Alice D. Walker]

표제와 책임표시사항: 245필드는 식별기호 '$a'로 표제, '$d'로 원본의 저작자명, '$e'를 반복하여 두 번째 이하의 저자명이나 역할을 달리한 저작자를 기술한다. 공저작자로 책임표시에 기재되는 인명은 영어형식은 'and'로(A2R.1.1F6), 한국어형식은 ','로(KCR31.1.1.5.9) 구분하여 정보원에 나타난 대로 기재하되, 저작에 대한 역할어는 영어형식은 저자명 앞에, 한국어형식은 저자명 뒤에 부기한다.

「영어형식」

/$d역할어 저자명 and $e공저자명

/$d역할어 저자명,$e공저자명 and $e공저자명

/$d역할어 저자명 ;$e역할어 역할을 달리한 저자명

/$d역할어 저자명,$e공저자명 ;$e역할어 역할을 달리한 저자명

「한국어형식」

/$d저자명,$e공저자명 역할어

/$d저자명,$e공저자명,$e공저자명 역할어 ;$e역할을 달리한 저자명 역할어

영어형식과 한국어형식의 기술에 차이는 한국어형식에 의한 인명은 책임표시나 부표목의 인명배열이 '성 이름' 순 이지만, 영어형식은 책임표시는 정보원에 나타난 대로 '이름 성' 순이고, 부표목의 인명은 '성 이름' 순으로 기술한다.

260 ▯▯$a[S.l.] :$bERIC.,$c1983

300 ▯▯$a3 microfiches (274 fr.) :$bnegative, ill.

534 ▯▯$pReproduction of original:$cBloomington, Ind. : Indiana University, 1982.$e286 p. : ill. ; 28 cm.$nIncludes bibliographies

650 ▯4$aVisual literacy

700 1▯$aBraden, Roberts A.

700 1▯$aWalker, Alice

4) 연속간행물자료

.....naab̸b̸22.....b̸ab̸4500
007
008
090
110 b̸b̸$aLibrary of Congress

기본표목: 연속간행물은 간행물명을 기본표목으로 기재하는 것이 일반적이나 본 예와 같이 영구단체에서 발행하는 자료는 110필드에 식별기호 '$a'로 영구단체명을 기본표목으로 한다(A2R.24.14).

245 10$aLibrary of Congress subject headings$h[microform] /$dLibrary of Congress

┌ [ ]: 자체정보원 이외에서 기재한 사항
│ ┌ 계속간행으로 종간년을 알 수 없을 때 공란
362 0b̸$a[198?]-
└ ?: 불확실할 때

권·연차사항: 연속간행물의 권·연차사항은 연속간행물 포맷의 362필드에 의해 식별기호 '$a'로 창간권호와 연월차 그리고 종간권호와 연월차로 기술한다(A2R.12.3C4).

260 b̸b̸$aWashington, D.C. :$bThe Library,$c[198?]-
300 b̸b̸$a microfiches :$bnegative

형태사항: 특정자료종별과 수량은 300필드에 식별기호 '$a'로 영어형식은 '수량'을 앞에, 한국어형식은 '수량'을 뒤에 기술한다(A2R. 12.5B). 수량은 전체권수를 표시하기 때문에 계속간행되는 자료는 종간되었을 때 기재할 수 있도록 공란을 둔다.

300 b̸b̸$a마이크로피시 권 :$b기타형태사항 ;$c크기

300 b̸b̸$a microfiches :$bother physical details ;$bdimensions

310 b̸b̸$aQuarterly
500 b̸b̸$aDescription based on: June 1988

표제의 정보원: 기술사항을 으뜸정보원인 창간호 이외에서 기재한 것은 그 정보원을 500필드에 식별기호 '$a'로 '정보원', 'Description based on'이라는 표출어로 일반주기한다(A2R.12.7B3).

500 b̸b̸$a정보원: 제0권 제0호(0000년 00월)

.....naab̸b̸22.....b̸ab̸4500
007
008
022 b̸b̸$a0024-2519
030 b̸b̸$aLIBQAS
090
245 00$aLibrary Quarterly$h[microform]
362 0b̸Vol. 27, no. 1 (Jan. 1977)-

권·연차사항: 책자형 연속간행물을 마이크로화한 것은 362필드에 식별기호 '$a'로 간행물 자체의 '창간권, 호(해당 연월)-종간권,호(해당 연월)'를 기술한다. 그러나 본 자료는 마이크로화된 자료를 중심으로 마이크로자료의 최초권·연차를 창간 권·연차로 기술하고, 계속간행 되는 자료이기 때문에 종간권·연차는 공란으로 두었다(A2R.12.3C4).

260 b̸b̸$aNew York :$bUniversity Microfilm Inc.,$cc1990-

발행사항: 260필드는 식별기호 '$c'로 마이크로화된 자료의 발행년도를 기술하고, 원자료의 발행년도는 534필드에 원자료의 발행사항을 해당 표출어로 주기한다.

300 b̸b̸$a microfiches :$bill. ;$c10 × 15 cm
500 b̸b̸$aQuarterly
534 b̸b̸$pOriginal published:$cNew York : University of Chicago Press, l977-

원자료주기: 원본자료와 마이크로화된 자료와의 관계를 상호 주기한다. 마이크로화된 자료의 목록에는 534필드에 원본의 저록에 관한 사항을 주기하고, 원자료의 목록에는 533필드에 복제물의 저록에 관한 사항을 주기한다(A2R.11.7B7; KCR4.1.7.3.7.21). 이때 주기되는 사항은 기술본체에 기술된 상이한 사항을 해당 표출어로 기술한다.

「원자료주기」

245 ❶❷$a마이크로화된 자료명$h[마이크로 자료] /$d저자명
534 b̸b̸$p원본관련표제:$a원본기본기입.$t원본표제.$b원본판차.$e원본 형태사항.$z원본ISBN

「본제본주기」

245 ❶❷$a원본표제 /$d저자명
533 b̸b̸$a복제형식.$b복제장소.$c복제기간.$d복제일자.$e복제형태사항.$m복제한 원본의 기간

710 b̸b̸$aUniversity of Chicago

5. 마이크로 오패크자료

.....namƀƀ22.....ƀaƀ4500
007 hgoaou---buuu
008 ......r19651594usƀnnnƀƀƀƀƀƀƀƀƀƀƀaznengƀƀ
090
100 1ƀ$aGreene, Robert
245 11$a(The) Honourable historie of Frier Bacon and Frier Bongay $h[microform] :$bas it was plaid by Her Majesties servans/$dRobert Greene

표제와 책임표시사항: 245필드는 식별기호 '$a'로 기술되는 본표제가 관사로 시작하기 때문에 관사를 ( )에 묶어 기재하고, 제2지시기호 '1'을 지시하여 부표목될 때 다음 단어로 검색되게 하였다.

246 1ƀ$iTitle of container:$aFriar Bacon & Friar Bongay$h[microform]
=740 ƀƀ$aFriar Bacon & Friar Bongay$h[microform]

여러형태의 표제: 으뜸정보원의 표제와 용기의 표제가 다를 때는 으뜸정보원의 표제를 본표제로 기재하고, 용기의 표제는 246필드에 주기와 부출표목한다. 그러나 500필드에 기재할 때는 정보원과 함께 주기하고 740필드로 부표목한다(A2R.1.7B4; KCR4.1.7.3.3).

245 11$a(The) Honourable historie of Frier Bacon and Frier Bongay
246 1ƀ$iTitle of container:$aFriar Bacon & Friar Bongay$h[microform] ← 246필드에 제1지시기호 '1'로 정보원과 함께 주기와 부표목을 지시
= 500 ƀƀ$aTitle at head of opaque: Friar Bacon & Friar Bongay ← 본표제와 다른 정보원의 표제와 정보원 주기
= 740 ƀƀ$aFriar Bacon & Friar Bongay ← 500필드로 주기된 표제의 부출표목

260 ƀƀ$aNew York :$bReader Microprint,$c1965
300 ƀƀ$a1 microopaque (64 fr.) ;$c23 ×16 cm

형태사항: 300필드는 식별기호 '$a'로 '마이크로오패크', 'microopaque'라는 특정자료종별과 수량을 기술하고, 전체의 화면(frame)수는 ( )에 묶어 부기한다. 그리고 '$b'로 기타형태사항, '$c'로 용기의 크기를 기술한다.

300 ƀƀ$a특정자료종별과 수량(frame 매수) :$b흑백, 삽도 ;$c오패크의 세로 × 가로 cm.

440 00$aThree centuries of drama. English, 1500-1641
500 ƀƀ$aTitle at head of opaque: Friar Bacon & Friar Bongay
534 ƀƀ$pReproduction of:$cLondon : Printed for Edward White, 1594.$e63 p.

Frame 1 **Ur-58**
RL 22
Micro Card

Frame 2 **Twenty-five years of Pulitzer Prize novels, 1918-1943:**
A content analysis by
A thesis submitted to the Faculty of
the University of North Carolina in
partial fulfillment of the requirements
for the degree of Master of Science in
the School of Library Science
Chapel Hill 1956

.....nambb22.....bab4500
007
008
028 01$aUR-58 RL 22:$bMicrocard
090
100 1b$aGeorgi, Charlotte,$d1920-

기본표목: 학위논문은 논문작성자를 100필드에 식별기호 '$a'로 기본표목하고, 필요에 따라 '$d'로 생몰년을 부기한다. 생존자인 경우는 출생년도만 기재하고 사망년도는 공란을 둔다.

245 10$aTwenty-five years of Pulitzer Prize novels, 1918-1943 $h[microform] :$ba content analysis /$dby Charlotte Georgi

표제와 책임표시사항: 학위논문이 출판사에 의해 공개된 자료는 일반도서로 목록하는 원칙에 따라 245필드에 식별기호 '$a'로 자료명, '$d'로 논문작성자를 책임표시에 기술한다.

260 bb$aRochester, N. Y. :$bUniversity of Rochester Press for Association of College and Research Libraries,$c1958

발행사항: 공간된 자료는 자료자체의 발행사항을 260필드에 해당 식별기호로 기술한다.

260 bb$a공간자료의 발행지 :$b공간자료의 발행자,$c공간자료의 발행년

300 bb$a4 microopaques ;$c8 × 13 cm
440 00$aACRL microcard series ;$vno. 96
502 0b$aThesis (M.S.L.S.)$bUniversity of North Carolina,$d1956

학위논문주기: 학위논문을 그대로 공개한 단행본은 해당 자료가 학위논문임을 502필드로 주기한다.

6. 아파추어 카드자료

.....nambb22.....bab4500
007 haoapu---buuu
008 //////nbbbbbbbbbusbnnnbbbbbbbbbbbbaznengbb
010
090
245 00$aWire-cable suspension bridge$h[microform]

표제와 책임표시사항: 이 자료는 기술도면을 아파추어카드로 제작한 것이다. 아파추어카드는 카드자체에 나타나 있는 자료의 정보원에 의해 일반도서와 같이 목록한다.
기술도면의 기본표목은 아파추어카드에 수록된 도면의 저작자로 기재한다. 그러나 본 예는 저작자를 확인할 수 없기 때문에 도면명을 245필드에 제1지시기호 '0', 제2지시기호 '0'으로 지시하고, 해당 식별기호로 표제 줄머리잡기로 기술하였다.

「저작자명 기본기입」
1XX $a저작자
245 10$a본표제$h[GMD] /$d저작자

「서명줄머리잡기」
245 00$a본표제$h[GMD]

260 bb$a[S.l.] :$bReproductions Inc.,$c[19]

발행사항: 260필드는 확인된 발행사항을 기술하고, 미확인된 부분은 해당 식별기호에 발행지불명은 'sine loco'의 약자 [S.l.], 발행처불명은 'sine nomine'의 약자 [s.n.]으로 기술한다(A2R.1.4C6;1.4D6). 일부가 미확인된 것은 공란을 둔다.

300 bb$a3 aperture cards :$bnegative, all ill. ;$c8 ×13 cm

형태사항: 300필드는 식별기호 '$a'로 '아파추어카드', 'aperture card'라는 특정자료종별과 카드매수, '$b'로 기타형태사항인 음화/양화, 삽도, 흑백/칼라, '$c'로 카드의 크기(세로×가로 cm)를 기술한다.

300 bb$a아파추어카드와 매수 :$b음.양화, 삽도, 칼라 ;$c카드의 세로×가로 cm

500 bb$aTechnical drawing

일반주기: 설계도면은 500필드에 '기계설계', 'Technical drawing'이라는 용어로 주기한다.

650 b4$aBridges, Suspension$xdesign and construction

제 7 장

슬라이드자료

1. 제어필드

006 부호화정보필드 – 부가적 자료특성(Fixed-Length Data Elements – Additional Material Characteristics) <A>R →제2장 영상자료 참조

007 형태기술필드(Physical Description Fixed Field--General Information) <O>R

슬라이드자료는 007 필드는 첫 번째 00자리를 자료범주표시 'g'로 하고, 01-08자리까지 모두 9자리의 고정길이 필드로 구성된다.

자수위치	데 이 터 명	데 이 터 요 소
00	**자료범주표시**	g-평면영상자료(영사기를 사용하여 볼수 있는 평면자료, 단 영화는 제외)
01	**특정자료표시**(SMD)	c-필름스트립 카트리지 d-필름슬립 f-기타 필름스트립 유형 o-필름스트립 롤 s-슬라이드 t-트렌스페어런시(엑스레이 포함) u-자료를 특정화하지 않음 z-기타 |-부호화하지 않음
02	**미정의**	b̸-빈칸
03	**색채**	a-단색 b-흑백 c-천연색 h-수작업에 의한 색 m-혼합(단색, 흑백, 천연색 등) n-적용불가(상이 없음) u-미상 z-기타 |-부호화하지 않음
04	**감광유제**	d-유리 e-합성수지(플라스틱, 비닐) j-안전 필름 k-안전 필름을 제외한 필름 m-혼합 o-종이 u-미상 z-기타 |-부호화하지 않음
05	**음향유무**	b̸-무성 a-매체에 음향 수록 b-매체와 별도로 음향 수록 u-미상 |-부호화하지 않음
06	**음향수록 매체**	b̸-무성 a-영화필름상의 광학녹음트랙 b-영화필름상의 마그네틱녹음트랙 c-카트리지상의 마그네틱 음향테이프 d-음반 e-릴상의 마그네틱음향테이프 f-카세트상의 마그네틱음향테이프 g-영화필름상의 광학 및 마그네틱녹음트랙 h-비디오테이프 i-비디오디스크 u-미상 z-기타 |-부호화하지 않음
07	**필름의 폭/크기**	u-미상 z-기타 |-부호화하지 않음 **필름스트립**: a-표준 8 mm b-수퍼 8 mm/싱글 8 mm c-9.5 mm d-16 mm e-28 mm f-35 mm g-70 mm **슬라이드**: j-2 × 2 in 혹은 5 × 5 cm k-2¼ × 2¼ in 혹은 6 × 6 cm **트랜스페어런시**: s-4 × 5 in 혹은 10 × 13 cm t-5 × 7 in 혹은 13 × 18 cm v-9 × 10 in 혹은 21 × 26 cm w-9 × 9 in 혹은 23 × 23 cm x-10 × 10 in 혹은 26 × 26 cm y-7 × 7 in 혹은 18 × 18 cm
08	**틀의 재질**	b̸-틀 없음 c-마분지 d-유리 e-합성수지(플라스틱, 비닐 등) h-금속 j-금속과 유리 k-합성수지와 유리 m-혼합 u-미상 z-기타 |-부호화하지 않음

```
        ┌ 00(자료범주표시): g- 평면영상자료(영화 이외 영사기로 볼 수 있는 평면자료)
        | ┌ 01(특정자료종별: SMD): s- 슬라이드
        | | ┌ 02(미정의): ƀ- 빈칸
        | | | ┌ 03(색채): c- 천연색
        | | | | ┌ 04(감광유제): j- 안전필름
        | | | | | ┌ 05(음향유무): ƀ- 무성
007 gsƀcjƀƀac
             | | └ 08(틀의 재질): c- 마분지
             | └ 07(필름의 폭/크기): a- 표준 8 mm
             └ 06(음향수록 매체): ƀ- 무성
```

008 부호화정보필드(Fixed-Length Data Elements)<M>R

슬라이드자료의 부호화정보 008필드는 시청각자료의 부호화 정보필드로 작성되기 때문에 제3장의 영화 및 비디오녹화자료를 참조하기 바란다.

2. 단매슬라이드자료

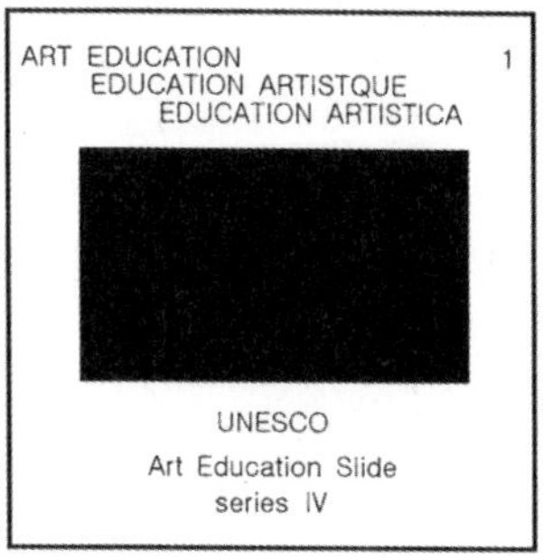

「리더[1]」

레코드길이:	레코드상태: n	레코드 유형: g	서지수준: m
제어유형: ƀ	문자부호화체계: ƀ	지시기호 자리수: 2	식별기호 자리수: 2
데이터기본번지:	입력수준: ƀ	목록기술형식: k	연관레코드조건: ƀ
엔트리맵: 4500			

007 gsƀcebb
008[2]//////s1965ƀƀƀƀfrƀ---ƀƀrƀƀƀƀƀƀƀƀasuengƀƀ
090
245 00$aArt education$h[slide] =$xEducation artistique =$xEducation artistica /$dUNESCO

기본표목: 슬라이드자료는 내용물을 제작한 개인명이나 단체명을 기본표목하나 저작자가 확인되지 않은 슬라이드명은 표제줄머리잡기로 가술한다.

표제와 책임표시사항: 정보원의 표제가 수 개의 언어로 되어 있을 때는 나타난 순서와 중요도에 따라 245필드에 식별기호 '$a'로 본표제를 선정 기술하고, '$x'를 반복하여 그 외의 언어표제를 대등표제로 기술하여(A2R.1.1), 246필드나 700필드로 부표목한다.

1) 리더의 00-04자리(길이필드)와 12-16자리(데이터기본번지)는 자동생성된다.
2) 부호화정보필드 008 필드의 00-05자리(입력일자)는 자동생성된다.

대등표제: 245필드에 식별기호 '$x'로 첫 번째 대등표제를 기술하고(A2R.1.1), 두 번째 이하의 대등표제는 246필드에 주기와 부표목될 수 있게 기술하거나, 500필드에 '대등표제'라는 표출어로 주기(K4.1.1.3.2.2)하고, 740필드로 부표목한다.

245 ❶❷$a본표제$h[GMD] =$x대등표제A =$x대등표제B /$d저작자
246 31$a대등표제A <출력>대등표제: 대등표제A
246 31$a대등표제B <출력>대등표제: 대등표제B

245 ❶❷$a본표제$h[GMD] =$x대등표제A /$d저작자
246 31$a대등표제A <출력>대등표제: 대등표제A
246 11$a대등표제B <출력>대등표제: 대등표제B <표목>대등표제B

245 ❶❷$a본표제$h[GMD] =$x대등표제A /$d저작자
740 31$a대등표제A 740 11$a대등표제B
= 500 ␢␢$a대등표제: 대등표제B
= 740 ␢␢$a대등표제A = 740 ␢␢$a대등표제B

245 ❶❷$a본표제$h[GMD] /$d저자명
500 ␢␢$c대등표제: 대등표제A 740 ␢␢$a대등표제A
500 ␢␢$c대등표제: 대등표제B 740 ␢␢$a대등표제B

GMD: 슬라이드자료의 GMD는 본표제에 [ ]로 묶어 '슬라이드'나 'slide'로 기술한다(A2R.1.1C4).

246 3␢$iParrel title:$aEducation artistique$h[slide] ← 첫 번째 대등표제 부출표목
= 740 ␢␢$aEducation artistique$h[slide]
246 3␢$iParrel title:$aEducation artistica$h[slide] ← 두 번째 대등표제 부출표목
= 740 ␢␢$aEducation artistica$h[slide]
260 ␢␢$aParis :$bUNESCO,$c1965
300 ␢␢$a30 slides (double fr.) :$bcol. ;$c2 × 2 in. +$emanual

딸림자료: 딸림자료는 300필드에 식별기호 '$e'로 딸림자료의 명칭만 기술하고, 딸림자료의 표제는 500필드에 '딸림자료'라는 표출어로 주기한다. 이때 딸림자료의 형태사항을 함께 기술하고(A2R.1.7B11:2.7B11), 딸림자료명은 740필드로 부표목한다. 부표목되는 딸림자료가 책자형일 때는 GMD를 부기하지 않는다.

500 ␢␢$a딸림자료명: 딸림자료의 표제. 딸림자료의 형태기술사항
740 ␢␢$a딸림자료의 표제

440 00$aArt education slide series ;$v4
500 ␢␢$aSet includes booklet: The art of the child in Japan. 16 p. ; 17 cm
500 ␢␢$aUNESCO: United Nations Educational, Scientific, and Cultural Organization]

약자: 약자로 잘 알려져 있는 일반화된 것는 약자를 그대로 기술한다.

「완전명을 부기한 예」
.... /$dUNESCO[i.e.: United Nations Educational, Scientific, and Cultural Organization]

「완전명을 주기한 예」
.... /$dUNESCO
500 ␢␢$aUNESCO: United Nations Educational, Scientific, and Cultural Organization

740 ␢␢$aArt of the child in Japan ← 딸린자료명 부출표목

.....ngmbb22.....bab4500
007
008
090
245 00$a토끼 기르는 법$h[슬라이드] /$d이화여자대학교 생물학과 학생회
260 bb$a서울 :$b동 학생회,$c1963

발행사항: 260필드에 식별기호 '$b'로 기술되는 발행사가 245필드의 '$d'로 기술된 저작단체명과 동일한 경우는 책임표시에 완전명을 기술하고, 발행자에는 식별이 가능한 범위에서 간략히 기술한다.

245 00$a...$h... /$d이화여자대학교 생물학과 학생회
260 bb$a... :$b동 학생회,$c...

300 bb$a슬라이드 23매 :$b천연색 ;$c5 × 5 cm

형태사항: 단매슬라이드는 300필드에 식별기호 '$a'로 '슬라이드'라는 특정자료종별과 매수, '$b'로 유·무성, 칼라 등의 기타형태사항, '$c'로 대지의 크기, 그리고 '$e'로 딸림자료를 기술한다(A2R.8.5). 식별기호 '$c'로 기술되는 대지의 크기가 통일된 규격인 것은 일반적으로 기술을 생략한다.

300 bb$a슬라이드 매 :$b유·무성, 색채 ;$c대지의 세로×가로 cm +$e딸림자료
300 bb$a슬라이드 매 :$b유·무성, 색채 +$e딸림자료

520 bb$a토끼의 사육에 대한 지침서
710 bb$a이화여자대학교.$b생물학과

단체명표목: 단체명표목은 단체명을 그대로 기술하거나 단체명의 구성요건에 따라 상위단체명과 하위단체명으로 기술한다. 단체명의 기본표목은 110필드에, 단체명부출표목은 710필드에 식별기호 '$a'(단체명이나 상위단체명), '$b'(하위단체명)로 기술한다(A2R.24.14). 단체명이 상.하위기관명으로 구성되어 있을 때는 식별이 가능한 범위에서 중간기관명이나 최하위기관명을 생략하기도 한다.

710 bb$a이화여자대학교.$b생물학과.$b학생회
710 bb$a이화여자대학교.$b생물학과

710 bb$a계명대학교.$b동산의료원 ← 계명대학교 동산의료원 총무과 입퇴원계

.....ngm𝔟𝔟22.....𝔟a𝔟4500
007
008
090
245 00$aAncient architecture$h[slide]
260 𝔟𝔟$a[S.l.] :$bSandak,$c1968

발행사항: 260필드에 기술되는 발행사항을 확인할 수 없을 때는 '발행자미상'이나 'S.l.', '발행년미상'이나 's.d.' 등을 [ ]에 묶어 해당 식별기호로 기술한다.

300 𝔟𝔟$a5 slides :$bcol. ;$c2 × 2 in.

형태사항: 300필드에 '$c'로 기술되는 크기는 슬라이드의 대지를 '세로×가로 cm'로 기술한다. 그러나 대지의 크기가 통일된 형태일 때는 크기를 생략하기도 한다.

505 80$aContents:$n1.$tTemple of Luxor, Egypt --$n2.$tSphinx, Egypt --$n3.$tStep pyramid, Egypt --$n4.$tAncient ruins of Babylon --$n5.$tPersepolis, ruins

내용주기: 내용주기가 필요한 자료는 505필드(내용주기)에 제2지시기호 '𝔟'(기본형)나 '0'(확장형)으로 지시한다. '0'(확장형)일 때는 '식별기호를 반복하여 '$n'은 연번, '$t'는 내용제명, '$d'는 저작자, '$g'는 각 제명에 대한 프레임 수를 ( )에 묶어 기술한다. 식별기호 '$t'와 '$d'로 기술된 내용의 표제나 저작자는 주기와 동시에 색인어로 활용될 수 있기 때문에 서양인명은 표목형식으로 기술해야 한다. 해당 표제에 프레임(frame)수가 2개 이상일 때는 프레임매수와 폭을 ( )에 묶어 함께 기술한다(A2R.8.7B18).

┌ 제1지시기호 '0'은 정형화된 '내용'이라는 표출어 생성을 지시
505 00$t**제명** --$t**제명** --$t**제명**
<출력>**내용: 제명 -- 제명 -- 제명**

┌ 제1지시기호 '8'은 정형화되지 않은 'Contents:'라는 표출어를 입력할 때 지시
505 8𝔟$aContents: 1. Title (00 double fr.) -- 2. Title (00 double fr.)
└ '𝔟'(기본형)일 때는 내용의 각 사항을 식별기호 없이 기재

┌ '0'(확장형)일 때는 내용의 각 사항을 식별기호로 기재
505 80$aContents:$n1.$tTitle$g(00 double fr.) --$n2.$tTitle$g(00 double fr.)
<출력>Contents: 1. Title (00 double fr.) -- 2. Title (00 double fr.)

650 04$aArchitecture, Ancient

주제명표제: 일반주제명에 대한 부출표목은 650필드에 제2지시기호로 주제명 작성에 사용된 주제명표목표의 지시번호와 해당 식별기호로 기술한다.

650 04$a**일반주제명**$x**일반세목**
└ 제2지시기호 '4'는 주제명표목표가 없이 목록자가 작성한 주제명일 때 지시

.....ngmƀƀ22.....ƀaƀ4500
007
008
090
245 00$aTreasures of Turankhamun$h[slide] :$bexhibited at National Gallery of Art, Washington, D.C.

표제와 책임표시사항: 전시물을 슬라이드로 만든 것은 245필드에 식별기호 '$a'로 슬라이드명을 본표제, '$b'로 전시장소, 일시, 기타사항을 표제관련정보, '$d'로 전시에 책임이 있는 개인, 단체, 후원회를 책임표시로 기술한다.

245 01$a(관사) 표제$h[GMD] :$b전시장소 /$d제작자 ;$e후원회

245 01$a(The) Treasures of Turankhamun$h[slide] :$b...

245필드는 제2지시기호 '1'(원괄호를 제외 인쇄)을 지시하여, 식별기호 '$a'에 ( )에 묶어 기술한 본표제 앞의 관사를 출력시 ( )를 제외한 표제로 검색되게 한다. 그러나 표제줄머리잡기로 기재할 때는 꼭 필요한 경우 이외는 본표제의 관사(칭)를 제외한 표제로 기재한다.

260 ƀƀ$aNew York :$bMetropolitan Museum of Art,$c1978
300 ƀƀ$a41 slides :$bsome col. ;$c2 × 2 in. +$e1 sound cassette
440 00$aSound/Slide Library of the Metropolitan Museum of Art

총서주기: 총서사항은 440필드(총서사항 부출표목)에 제1지시기호 '0'으로 지시하여 기술된 총서명이 자동부표목되게 한다.

508 ƀƀ$a"Narration by Philippe de Montebello."
710 ƀƀ$aWashington, D.C.$bNational Gallery of Art
710 ƀƀ$aMetropolitan Museum Art.$bSound / Slide Library

단체명표목: 단체명이 245필드에 식별기호 '$d'로 책임표시에 기술될 때는 자료에 나타난 순서로 기술한다. 그러나 110필드, 610필드, 그리고 710필드로 단체명이 표목될 때는 상·하위단체명을 연관시켜 간접표목은 상위단체명과 하위단체명으로 구분하여 식별기호 '$a'로 상위단체명 및 단체명, '$b'로 하위단체명을 기술하고, 직접표목은 식별기호 '$a'로 단체명을 기술하고, 상위단체명은 ','로 구분하여 부기하거나(A2R.24.14), ( )에 묶어 부기한다.

245 ❶❷$a...$h... /$d하위단체명, 상위단체명

단체명을 책임표시에 기술 할 때는 정보원에 나타난 순서와 문자로 한다.

110/610/710 ❶❷$a상위단체명.$b하위단체명

단체명의 간접표목은 해당 단체명을 식별기호 '$b'로 맨 뒤에 기술한다.

110/610/710 ❶❷$a단체명, 상위단체명

110/610/710 ❶❷$a단체명(상위단체명)

단체명의 직접표목은 상위단체명을 ','나 ( )로 부기한다.

.....ngmƀƀ22.....ƀaƀ4500
007
008
090
245 00$a산림보호$h[슬라이드]

언어: 본 예는 외국에서 제작한 자료이지만 정보원에는 한국어로 나타나 있기 때문에 자료에 나타난 한국어로 목록하였다.

표제와 책임표시사항: 245필드는 확인된 표제만을 기술하였다. 그러나 필요에 따라서는 책임표시에 미확인 여부를 해당 식별기호로 [ ]에 묶어 부기할 수 있다.

245 00$a본표제$h[GMD]
245 00$a본표제$h[GMD] /$d[저작자미상]

260 ƀƀ$a펜실바니아 :$b미드우일키이스톤사,$c1969
300 ƀƀ$a슬라이드 23매 :$b흑백 ;$c5 × 5 cm

형태사항: 기타형태사항은 300필드에 식별기호 '$b'로 천연색, 착색, 부분착색 등을 기술하고, '$c'로 슬라이드의 크기를 '세로×가로 cm'로 기술한다(A2R.8.5C2). 슬라이드의 크기가 통일된 규격인 경우는 크기를 생략하기도 한다.

300 ƀƀ$a슬라이드 23매 :$b흑백

505 0ƀ$a소실한 산림 -- 나무심기

내용주기: 내용표제는 505필드에 제1지시기호 '0'(완전한 내용주기), '1'(불완전한 내용주기), '2'(부분 내용주기)와, 제2지시기호로 표목부출 지원 여부를 'ƀ'(기본형)이나 '0'(확장형)으로 지시하고, 내용사항을 기술한다(A2R.8.7B18). 이때 한국어의 정형화된 표출어는 제1지시기호에 의해 자동출력되지만 정형화되지 않은 영어로 된 'Contents'는 제1지시기호 '8'과 식별기호 '$a'로 기술해야 한다.

505 00$t표제 --$t표제 --
<출력>**내용: 표제 -- 표제 --**

505 80$aContents:$tTitle --$tTitle --
<출력>Contents: Title -- Title --

650 04$a나무
650 04$a식목

부표목: 한 자료에 대한 주제명은 자료가 담고 있는 내용에 따라 2개 이상으로 작성되기도 한다. 주제명표목이 2개 이상인 경우는 해당 필드를 반복하여 부표목한다.

3. 줄슬라이드자료

.....ngmƀƀ22.....ƀaƀ4500

007 goƀcebb

008 010609s1976ƀƀƀƀusƀ---ƀƀrƀƀƀƀƀƀƀƀafuengƀƀ

090

245 00$aLaura$h[filmstrip] :$blittle house, big prairie /$dproduced by Media Systems Consultants

GMD: 줄슬라이드는 245필드에 식별기호 '$a'로 표제, '$h'로 GMD를 [ ]에 묶어 부기 한다. GMD를 광의로 표시할 때는 '슬라이드', 'slide'로 하고, 협의로 표시할 때는 '단매슬라이드', '줄슬라이드', 'filmstrip' 등으로 표시한다(A2R.1.1C1).

260 ƀƀ$aLogan, Iowa :$bPerfection Form Co.,$c1976

발행사항: 260필드에 식별기호 '$a'로 기술되는 발행지명만으로 식별되지 않을 때는 상위지명을 연관시켜 기술한다(K31.1.3.1.4).

260 ƀƀ$a지명, 상위지명	260 ƀƀ$aLogan, Iowa
260 ƀƀ$a지명 (상위지명)	260 ƀƀ$a장성읍 (강원도)

300 ƀƀ$a1 filmstrip (127 fr.) :$bcol. ;$c35 mm +$e1 script (32 p.)

형태사항: 줄슬라이드는 300필드에 식별기호 '$a'로 특정자료종별과 권수를 기술하고, 해당 권에 수록된 화면(frame)수와 화면의 넓이는 'single', 'double'로 ( )에 묶어 부기한다(A2R.8.5B1;8.5B2).

300 ƀƀ$a자료종별과 수량 (화면의 넓이와 프레임 수) :$b기타형태사항

300 ƀƀ$a1 filmstrip (24 fr., double) :$bcol., ...

440 00$aAmerican pageant sound filmstrip ;$v95267

500 ƀƀ$aTitle from container

표제의 정보원: 245필드의 본표제가 으뜸정보원 이외에서 기술된 것은 500필드에 식별기호 '$a'로 정보원을 주기한다.

500 ƀƀ$a본표제: 용기의 표제임	500 ƀƀ$aTitle from container

500 ƀƀ$aIn container (18 × 14 × 5 cm)

용기에 대한 주기: 용기에 보관된 자료는 용기에 관한 사항을 500필드에 주기한다. 이때 필요한 경우는 용기의 크기를 ( )에 묶어 함께 부기한다.

500 ƀƀ$a용기 (18 × 14 × 5 cm)에 보관되어 있음

500 ƀƀ$aIn container (18 × 14 × 5 cm)

508 ƀƀ$aCredits: Script, Wayne de Mouth ; graphics, Perry Struse ; sound supervision, Robert Dow

제작진주기: 508필드에 '제작진,' 'Credits'라는 표출어로 역할어와 제작자명을 짝지어 기술하고, 역할이 다른 저작자 간에는 ';'으로 구분한다(A2R.8.7B6).

508 ꝥꝥ$a제작진: 역할어, 제작자 ; 역할어, 제작자

520 8ꝥ$aSummary: Laura Ingalls Wilder's life in early twentieth century South Dakota

내용요약: 520필드는 제1지기호에 의해 요약, 초록, 해설 등으로 표출어를 지시하고, 자료 선정에 필요한 사항을 간단히 주기한다. 이때 정형화된 표출어는 제1지시기호에 의해 자동생성되지만 정형화되지 않은 한국어 이외의 표출어는 제1지시기호 '8'를 지시하고 직접 기술해야 한다.

520 ꝥꝥ$a내용요약사항...
<출력>요약: 내용요약사항...

520 8ꝥ$aSummary: ...
<출력>Summary: ...

524 ꝥꝥ$aBased on Laura Ingalls Wilder's Little house books

인용자료에 관한 주기: 슬라이드자료의 제작에 인용된 자료는 524필드에 식별기호 '$a'로 '인용', 'Cite as'라는 표출어로 인용된 자료에 관한 사항을 주기하고(A2R.8.7B7), 인용자료명과 저작자는 7XX필드로 부표목한다. 이때 정형화된 표출어 '인용'은 제1지시기호 'ꝥ'에 의해 자동생성되지만 정형화되지 않은 언어의 표출어는 제1지시기호 '8'을 지시하고 기술해야 한다.

524 ꝥꝥ$a인용자료명 / 저작자
<출력>인용: 인용자료명 / 저작자
700 12$a저작자.$t인용자료명

524 8ꝥ$aCite as: ...
<출력>Cite as: ...

600 14$aWilder, Laura Ingalls ← 피전기자 주제명 부출표목
710 ꝥꝥ$aMedia Systems Consultants ← 제작단체명 부출표목

.....ngmƀƀ22.....ƀaƀ4500

007 goƀcebb

008 ......s1969ƀƀƀƀjaƀ---ƀƀrƀƀƀƀƀƀƀƀafujpnƀƀ

090

245 00$a圖書の歷史$h[줄슬라이드] /$d全國學校圖書館協議會 編集 :$e富士天然色寫眞株式會社 製作

표제와 책임표시사항: 245필드는 식별기호 '$d'로 편집단체명, '$e'로 제작단체명을 기술하였다. 책임표시는 책임의 중요도나 정보원에 표시된 순서에 따라 기술의 우선순위를 정한다. 동일한 역할의 공저작자 사이는 ','로, 역할이 다른 저작자는 ';'으로 구분한다(A2R.8.1F1). 필요한 경우 책임표시에 기술된 저작자를 7XX필드로 부표목한다.

245 00$a본표제 /$d수집단체명 ;$e역할을 달리한 단체명
710 ƀƀ$a수집단체명
710 ƀƀ$a역할을 달리한 단체명

260 ƀƀ$a東京 :$b同 協議會,$c昭和 44 [1969]

300 ƀƀ$a줄슬라이드 1권 (27 double fr.) :$b天然色 ;$c35 mm + $e解說書

형태사항: 300필드에 식별기호 '$a'로 기술되는 특정자료종별과 수량은 ( )에 본화면과 표제화면의 수량, 그리고 화면의 넓이가 2배(double)인 것은 넓이를 짝지어 기술한다(A2R.8.5B2).

```
             ┌─ 수량       ┌본화면의 매수 ┌──── 표제화면의 매수
300 ƀƀ$a1 filmstrip (41 double fr., 4 title fr.) :$b....
             │                    └──── 화면의 넓이
             └ 특정자료종별표시
```

딸림자료: 딸림자료에 대한 형태사항은 딸림자료에 함께 기술하는 방법과 주기하는 방법으로 생각할 수 있다. 딸림자료를 형태사항에 기술할 때는 300필드에 식별기호 '$e'로 기술하고(A2R.8.5E1), 일반주기로 기술할 때는 500필드에 주기한다(A2R.8.7B11).

440 00$aColor slide 圖書館教育 series

500 ƀƀ$a解說書 (28 p. : 挿圖 ; 22 cm)

520 ƀƀ$a言語, 記錄, 文學의 發達, 종이와 印刷의 發明과 그 變遷 등 圖書의 歷史를 系統的으로 說明하고 있다

710 ƀƀ$a전국학교도서관협의회 (일본) ← 제작단체명 부출표목

710 ƀƀ$a부사천연색사진주식회사 (일본) ← 공제작단체명 부출표목

.....ngmƀƀ22.....ƀaƀ4500
007
008
090
245 00$aMedia programs for individual schools$h[filmstrip] /$dproduced by the American Library Association and the National Education Association
260 ƀƀ$aWashington :$bNEA,$ccl969
300 ƀƀ$a1 filmstrip (75 fr.) :$bcol. ;$c35 mm +$e1 sound tape reel (10 min. : 3¾ ips., 1 track, mono. ; 5 in) + 1 guide + 1 script

딸림자료: 본 예에서는 딸림자료를 300필드에 식별기호 '$e'로 딸림자료와 형태사항을 모두 함께 기술하였다. 딸림자료는 형태사항의 크기 다음에 '+'를 앞세워 자료명칭을 기술하고, 딸림자료의 형태사항은 딸림자료 명칭에 ( )로 묶어 부기한다(A2R.1.5E1). 딸림자료의 형태사항은 딸림자료의 형태별에 따른 기술규칙에 준한다. 딸림자료가 2종류 이상일 경우는 각각의 딸림자료 마다 '+'를 앞세워 함께 기술한다(A2R.1.5E1;8.5E1).

300 ƀƀ$a특정자료종별과 수량 :$b기타형태사항 ;$c크기 +$e딸림자료 (딸림자료의 특정자료표시와 수량 : 기타형태사항 ; 크기).

300 ƀƀ$a특정자료종별과 수량 :$b기타형태사항 ;$c크기 +$e딸림자료 + 딸림자료 + 딸림자료

520 8ƀ$aSummary: Stresses the usefulness and importance of school media programs. Suggests standards
524 8ƀ$aCite as: Standards for school media programs / by American Library Association and National Education Association

인용주기: 524필드는 식별기호 '$a'로 인용자료의 표제와 책임표시를 '인용', 'Cite as'라는 표출어로 주기하고, 인용자료명과 저작자명은 짝지어 700필드로 분출표목한다. 이때 표출어 '인용'은 제1지시기호 'ƀ'에 의해 자동생성되지만 정형화되지 않은 표출어는 제1지시기호 '8'과 함께 직접 기술해야 한다.

524 8ƀ$a표출어: 인용자료명 / 저작자명
700 12$a인용자료의 저작자명.$t인용자료명

710 ƀƀ$aAmerican Library Association ← 제작단체명 부출표목
710 ƀƀ$aNational Education Association of the United States ← 공제작단체명 부출표목
740 ƀƀ$aStandards for school media programs ← 인용자료명 부출표목

.....ngmƀƀ22.....ƀaƀ4500
007
008
010
090
245 00$a습지에 사는 식물과 동물$h[줄슬라이드]
260 ƀƀ$a[발행지미상] :$b[발행자미상],$c[발행년미상]

발행사항: 미확인된 발행사항은 260필드에 식별기호 '$a'로 발행지, '$b'로 발행자, '$c'로 발행년으로 구분하여 각 사항을 미확인 여부까지 상세히 [ ]에 묶어 기술하거나 확인된 사항만 기술한다(A2R.1.4C6;1.4D7).

「확인된 사항만 기술할 때」
260 ƀƀ$c발행년

「미확인 사항을 기술할 때」
260 ƀƀ$a[발행지불명] :$b[발행처불명],$c발행년

300 ƀƀ$a줄슬라이드 1권 :$b천연색 ;$c35 mm +$e안내서

딸림자료: 슬라이드자료와 딸림자료가 함께 보관되어 있지 않을 때는 딸림자료의 보관위치를 500필드에 주기한다. 딸림자료가 슬라이드 자료와 다른 표제를 가진 것은 이를 단일카드로 목록하거나 슬라이드자료의 목록에 '안내서'라는 표출어로 안내서의 표제를 주기하고 부표목 한다. 주기되는 딸림자료는 500필드에 관계된 표출어로 주기하고(A2R.8.7B11), 필요에 따라 표제를 740필드로 부표목한다. 그러나 안내서의 저작자명과 표제가 함께한 경우는 700필드로 분출표목한다.

500 ƀƀ$a안내서: 안내서표제 /저작자
700 1ƀ$a안내서저작자명.$t안내서표제

440 00$a동식물 시리이즈 ;$vA462-3

총서명주기: 440필드는 식별기호 '$a'로 총서명, '$v'로 총서번호를 주기한다. 총서번호는 정보원에 나타난 문자나 숫자 및 부호로 기술한다.

500 ƀƀ$a안내서는 버티칼파일에 보관
650 04$a식물
650 04$a동물

〈표 5〉 외국지역구분부호표(발췌)
(Geographic area Codes)

Area	Code
Africa	f
Amazon River	sa
Arab Countries	ma
Argentina	s-ag
Asia	a
Asia, Central	ac
Asia, South	az
Asia, Southeastern	as
Atlantic Ocean	l
Australia	u-at
Austria	e-au
Bangladesh	a-bg
Belgium	e-be
Bhutan	a-bt
Brazil	s-bl
Burma	a-br
Cambodia	a-cb
Canada	n-cn
Central America	nc
Central Europ	ec
Chile	s-cl
China	a-cc
Columbia	s-ck
Congo (Brazzaville)	f-cf
Costa Rica	nccr
Cuba	nwcu
Czechoslovakia	e-cs
Denmark	e-dk
East Asia	ae
East China Sea	an
Egypt	f-ua
Ethiopia	f-et
Europe	e
Finland	e-fi
France	e-fr
Germany	e-gx
Great Britain	e-uk
Greece	e-gr
Guam	pogu
Himalaya Mountains	ah
Hong Kong	a-hk
Hungary	e-hu
India	a-ii
Indian Ocean	i
Indochina	ai
Indonesia	a-io
Iran	a-ir
Iraq	a-iq
Israel	a-is
Italy	e-it
Japan	a-ja
Korea	a-kr
Korea (North)	a-kn
Korea (South)	a-ko
Kuwait	a-ku
Laos	a-ls
Latin America	cl
Libya	f-ly
Macao	a-mh
Madagascar	f-mg
Malaysia	a-my
Mexico	n-mx
Middle East	aw
Mongolia	a-mp
Nepal	a-np
Netherlands	e-ne
New Zealand	u-nz
Nile River	fl
North America	n
Norway	e-no
Pacific Ocean	p
Pakistan	a-pk
Peru	s-pe
Philippines	a-ph
Poland	e-pl
Portugal	e-po
Puerto Rico	nwpr
Rhine River	er
Rocky Mountains	nr
Sahara	fd
Saint Helena	lsxj
Saudi Arabia	a-su
Singapore	a-si
South Africa	f-sa
South America	s
South China Sea	ao
Soviet Union	e-ur
Spain	e-sp
Suez Canal (Egypt)	fu
Sweden	e-sw
Switzerland	e-sz
Taiwan	a-ch
Thailand	a-th
Turkey	a-tu
United States	n-us
Vatican City	e-vc
Vietnam	a-vt
Yugoslavia	e-yu

* 부속서6: **외국지역구분부호표**를 발췌한 것으로 상세한 것은 본표를 참조하시기 바람.

제 8 장

예술작품 · 사진자료

1. 제어필드

006 부호화정보필드 – 부가적 자료특성(Fixed-Length Data Elements – Additional Material Characteristics) <A>R →제2장 영상자료 참조

007 형태기술필드(Physical Description Fixed Field--General Information) <O>R

그림자료나 사진자료의 형태기술 007필드는 평면비영사자료에 적용되는 필드로 전기한 제7장의 007필드를 적용한다.

008 부호화정보필드(Fixed-Length Data Elements)<M>NR

그림자료나 사진자료의 부호화 정보필드 008은 시청각자료에 적용되는 필드이기 때문에 제3장의 008필드를 적용한다.

2. 예술작품자료

1) 그림(회화)자료

이원희 / 靑杞에서 Oil on canvas 72.7×53.0cm

레코드길이: ...... 레코드상태: n 레코드 유형: k 서지수준: m
제어유형: ɓ 문자부호화체계: ɓ 지시기호 자리수: 2 식별기호 자리수: 2
데이터기본번지: ..... 입력수준: ɓ 목록기술형식: a 연관레코드조건: ɓ
엔트리맵: 4500

007 keɓcou
008 ......s1998ɓɓɓɓtgknnnɓɓɓɓɓɓɓɓɓɓɓainkorɓɓ
049 0ɓ$fPA
090 ɓɓ$a759.1$b0l66ㅊ
100 1ɓ$a이원희
245 10$a靑杞에서$h[그림자료] /$d이원희 [그림]

표제와 책임표시사항: 245필드는 식별기호 '$a'로 작품명을 본표제로, '$d'로 화가명을 역할어 '畵'나 '그림'과 함께 기술하였다.

260 ɓɓ$a1998

발행사항: 260필드는 식별기호 '$a'로 발행지, '$b'로 발행처, '$c'로 발행년을 기술한다. 원화는 발행처가 없기 때문에 확인된 발표년이나 제작년을 기술한다. 그러나 복사자료일 때는 발행사항에 복사기관명을 발행처로, 복사년을 발행년으로 기술하고 원본에 관한 사항은 534필드에 식별기호 '$p'로 '원본 발행사항'

이라는 표출어와 '$c'로 원본의 '발행지 ; 발행처, 발행년'의 형식으로 주기한다.

300 ЬЬ$a그림 1매 :$bOil on canvas ;$c72.7 × 53.0 cm

형태사항: 300필드는 식별기호 '$b'로 화구의 종류와 대지에 관한 사항을 기타형태사항으로 기술하고, '$c'로 화면의 크기를 'mm'단위까지 정확히 기술한다.

535 1Ь$a계명대학교소장

650 04$a한국$×현대화

.....nkmƀƀ22.....ƀaƀ4500

007 keƀcou

008 ......r19671888usƀnnnƀƀƀƀƀƀƀƀƀƀƀainkorƀƀ

010

049 0ƀ$fPA

090 ƀƀ$a758$bGogo

100 1ƀ$aVan Gogh, Vincent,$d1853-1980

기본표목: 100필드는 식별기호 '$a'로 화가명을 기술하고, '$d'로 생몰년를 기술한다. 복제된 자료일 경우는 원자료의 화가명를 100필드에 기본표목으로 기술한다.

245 10$a빈센트의 집$h[그림자료] /$dVincent van Gogh

표제와 책임표시사항: 245필드는 식별기호 '$a'로 으뜸정보원의 한국어 그림명, '$h'로 '그림자료'로 GMD, '$d'로 화가명을 책임표시로 기술하였다(A2R.8.1).

260 ƀƀ$a서울 :$b한국일보사,$c1972

발행사항: 260필드는 복제본의 발행사항을 기술하고, 원본의 발행사항은 원본주기한다.

260 ƀƀ$a복제화의 발행지 :$b복제화의 발행자,$c복제화의 발행년

300 ƀƀ$a그림 1매 :$b칼라 ;$c27 × 58 cm, 대지첨부

형태사항: 300필드는 식별기호 '$c'로 복제그림 자체의 크기 '세로×가로 cm'와 대지의 크기를 '대지'라는 용어와 함께 '세로×가로 cm'로 기술한다(A2R.8.5D4).

534 ƀƀ$p원화:$tLa maison de Vincent a Arles.$c1888.$e캔버스 유채 ; 72 × 92 cm

원본주기: 복제자료인 경우는 원자료명을 534필드에 식별기호 '$p'(원본관련 표출어), 식별기호

'$a'(원본의 기본표목), '$t'(원본의 표제)로 주기하고, 필요한 경우는 7XX필드로 원작자명과 원표제를 부표목한다(A2R.8.7B8). 534필드는 245필드에 기술된 표제와 책임표시사항과 상이한 사항만을 해당 식별기호로 기술한다.

535 1ƀ$a암스테르담 반 고호재단

소장주기: 535필드는 식별기호 '$a'로 소장자나 소장기관명을 주기한다. 소장주기에 대한 표출어는 제1지시기호의 지시에 의해 자동생성된다.

535 1ƀ$a암스테르담 반 고호재단
<출력>원본 소장기관: 암스테르담 반 고호재단

제1지시기호 '1'에 의해 '원본 소장기관'이라는 표출어가 자동생성된다.

535 2ƀ$a계명대학교 박물관
<출력>복제본 소장기관: 계명대학교 박물관

제1지시기호 '2'에 의해 '복제본 소장기관'이라는 표출어가 자동생성된다.

650 04$a인상파
740 ƀƀ$aLa maison de Vincent a Arles ← 원화명 부출표목
=
100 1ƀ$a반 고호, 빈센트
245 10$a빈센트의 집$h[그림자료] /$d빈센트 반 고호
534 ƀƀ$p원화:$aVincent van Gogh.$tLa maison de Vincent a Arles.$c1988.$e캔버스 유채 ; 72 × 92 cm
700 1ƀ$aVan Gogh, Vincent ← 화가의 영어명 부출표목
740 ƀƀ$aLa maison de Vincent a Arles ← 원화명 부출표목
=
100 1ƀ$aVan Gogh, Vincent
245 10$aLa maison de Vincent a Arles$h[그림자료] /$d빈센트 반 고호
534 ƀƀ$p원화 :$c1988.$e캔버스 유채 ; 72 × 92 cm
700 1ƀ$a반 고호, 빈센트 ← 화가의 한국어명 부출표목

.....nkmƀƀ22.....ƀaƀ4500

007

008

049 0ƀ$fPA

090 ƀƀ$a759.1$b이76ㅅ

100 1ƀ$a이중섭

기본표목: 복제화는 100필드에 식별기호 '$a'로 원자료의 화가명을 기술하였다.

245 10$a발광하는 소$h[그림자료] /$d이중섭 [화]

표제와 책임표시사항: 245필드는 식별기호 '$a'로 으뜸정보원에 나타난 그림명을 본표제로, '$h'에 '그림자료'를 GMD로, '$d'에 원작자를 책임표시로 기술하였다.

260 ƀƀ$a서울 :$b미예사,$c1978

300 ƀƀ$a그림 1매 :$b칼라 ;$c30 × 37 cm, 봉투

형태사항: 크기는 300필드에 식별기호 '$c'로 자료자체의 크기를 '세로 × 가로 cm'와 필요한 경우 보관용기의 크기를 기술한다.

534 ƀƀ$p원화:$c1953-4.$e종이에 유화 ; 24.8 × 34.3 cm

원본주기: 534필드는 식별기호 '$p'로 '원본'이라는 표출어, '$c'로 원본 발행사항, '$e'로 원본의 형태 기술사항을 기술한다.

535 1ƀ$a尹在根(서울) 소장

원본소장처주기: 535필드에 식별기호 '$a'로 기술되는 소장처가 개인인 경우는 개인명을 적고 식별이 가능한 정보를 부기한다.

650 04$a한국$x현대화

.....nkmɓɓ22.....ɓaɓ4500

007

008

010

090 ɓɓ$a

100 1ɓ$aBrueghel, Pieter,$d1520?-1569

기본표목: 100필드는 식별기호 '$a'로 그림자료의 화가명을, '$d'로 생몰년을 기술하였다. 생몰년은 표목되는 인명의 식별을 위해 부기한다.

240 ɓ0$a동정녀의 죽음

통일표제: 하나의 그림이 발행사에 따라 각각 다르게 명명되고 있을 때는 240필드에 식별기호 '$a'로 통일표제를 기술하여 동일한 자료가 한 곳에서 검색되게 한다. 통일표제는 언어를 하나로 통일하여 한국어로 작성하였다.

245 10$aDeath of the Virgin$h[art original] /$dPieter Brueghel

표제와 책임표시사항: 245필드에 식별기호 '$a'로 기술되는 본표제는 으뜸정보원의 표제를 기술하고, '$d'로 저작자를 기술한다.

100 1ɓ$a화가명,$d생몰년
240 ɓ0$a통일표제.$h[GMD]
245 10$a표제$h[GMD] /$d저작자

원본주기: 원본자료는 534필드에 해당 사항을 식별기호로 구분하여 기술한다. 원자료의 GMD와 특정자료종별은 '원화', 'art original'로 기술한다(A2R.8.7B8).

260 ɓɓ$a1564

발행사항: 260필드는 목록되는 대상 자료의 발행사항을 중심으로 기술한다. 원작으로서 발행지나 발행처가 불명인 경우는 확인된 사항만 기술한다. 대부분의 경우는 작품의 제작연도를 발행년으로 기술한다.

260 ɓɓ$a발행지 :$b발행자,$c발행년
260 ɓɓ$a발행지 :$c발행년
260 ɓɓ$c발행년 또는 제작년

300 ɓɓ$a1 art original :$btempera on wood ;$c26 × 55 cm

형태사항: 300필드는 식별기호 '$b'로 작품의 대지에 대한 재질을 기타형태사항으로 기술한다.

.....nkmƀƀ22.....ƀaƀ4500
007 keƀcou
008 ......r19871574ƀƀƀnnnƀƀƀƀƀƀƀƀƀƀƀainengƀƀ
008
090 ƀƀ$a
100 1ƀ$aGalle, Phillipe

기본표목: 다른 화가의 그림을 인용한 자료는 100필드에 식별기호 '$a'로 자료자체의 화가명을 기본표목하고, 인용된 자료는 524필드에 '인용'이라는 표출어와 함께 주기한다.

240 ƀ0$a동정녀의 죽음
245 11$a(The) Death of the Virgin$h[picture] /$dPhillipe Galle

표제와 책임표시사항: 245필드는 식별기호 '$a'로 그림자체의 명칭을, '$d'로 화가명을 으뜸정보원에 나타난 순서와 문자로 기술하였다. 본표제로 기술되는 작품명이 관사로 시작하는 것은 관사를 ( )에 묶어 기술하고 제2지시기호 '1'을 지시하여 표목될 때 관사 다음 단어로 검색되게 하였다.

245 11$a(관칭) 표제$h[GMD] /$d그림자체의 화가명

260 ƀƀ$c1987

발행사항: 260필드는 확인된 사항만을 해당 식별기호로 기술하였다.

300 ƀƀ$a1 art print :$bb&w engraving ;$c31×42 cm
500 ƀƀ$aOriginally painting: 1574
524 ƀƀ$aBased on the tempera painting by Pieter Brueghel the elder

인용주기: 인용된 자료명과 화가명은 524필드에 '인용', 'Cite as'라는 표출어와 함께 주기하고(A2R.1.7A3), 7XX필드로 부표목한다. 이때 정형화된 '인용'이라는 표출어는 제1지시기호 'ƀ'로 자동생성되지만 그 외의 표출어는 제1지시기호 '8'로 지시하고 해당 표출어를 기술해야 한다.

100 1ƀ$a화가명,$d생몰년
245 10$a그림명$h[GMD] /$d화가명
524 ƀƀ$a인용한 자료명 / 인용자료의 화가명.
<출력>인용: 인용한 자료명 / 인용자료의 화가명
700 12$a인용자료의 화가명.$t인용한 자료명 ← 본표제와 원화명이 다를 때는 화가명과 원화명을 분출표목

524 8ƀ$aCite as: 인용한 자료명 / 인용자료의 화가명.
<출력>Cite as: 인용한 자료명 / 인용자료의 화가명

700 1ƀ$aBrueghel, Pieter,$d1520?-1569 ← 원작자 부출표목

2) 인물화자료

○ 宋時烈 肖像

.....nkmƀƀ22.....ƀaƀ4500

007

008

090 ƀƀ$a----

245 00$a宋時烈肖像$h[그림자료] /$d[작자미상]

기본표목: 초상화에 대한 목록은 100필드에 화가명을 기본표목으로 기술하고, 600필드에 초상의 대상이 된 인명을 주제명부표목한다. 그러나 본 자료는 화가명을 알 수 없기 때문에 그림명을 245필드에 식별기호 '$a'로 표제 줄머리잡기로 기술하였다.

표제와 책임표시사항: 245필드는 식별기호 '$a'로 초상화명, 필요한 경우 목록자가 작성한 설명적 어귀를 표제관련정보[1)]로 '$b'에 기술하고, '$d'는 '화가미상'이나 '작자미상'을 기술한다. 그러나 목록을 간단히 할 때는 생략한다.

260 ƀƀ$a1980

발행사항: 260필드는 정리되는 자료의 발행년을 기술하고 원본의 발행년은 원본주기로 534필드에 주기한다.

300 ƀƀ$a그림 1매 :$b천연색 ;$c23 × 18 cm

534 ƀƀ$p원화:$c1951.$e絹本彩色 ; 89.7 × 67.3 cm

535 1ƀ$a國立中央博物館 所藏 (國寶 239號)

650 04$a초상화

주제명표목: 초상화의 대상이 된 인명은 600필드로 주제부출한다. 본 예에서는 본표제로 기술된 자료명이 주제부출될 인명과 동일하기 때문에 주제부출을 생략하였다.

100 1ƀ$a화가명
245 10$a초상화명$h[GMD] :$c표제관련정보 /$d화가명
600 ƀ4$a초상의 대상인명

1) 본표제만으로 식별되지 않을 때는 목록자가 식별을 위한 어귀를 작성하여 표제관련정보로 [ ]에 묶어 기술한다.

.....nkmƀƀ22.....ƀaƀ4500
007
008
090 ƀƀ$a
100 1ƀ$aJosset, Lawrence

기본표목: 화가명을 100필드에 식별기호 '$a'로 기술하였다.

245 11$a(The) George Inn, Southwark$h[picture] /$ddrawn and etched by Lawrence Josset

표제와 책임표시사항: 인명으로 된 표제는 정보원에 나타난 대로 기재한다.

260 ƀƀ$aGoldalming, England :$bStevens & Brown,$c1978
300 ƀƀ$a1 art print :$bb&w etching ;$c17 × 24 cm
524 8ƀ$aExtracted from: Calendarivm Londinense, or, The London almanac for the year 1978

일반주기: 다른 자료에서 참고한 것은 524필드에 식별기호 '$a'로 인용한 자료에 관한 사항으로 주기하고, 인용한 자료의 부표목은 7XX필드에 인용자료의 저작자명과 표제를 부출 또는 분출표목한다.

524 8ƀ$aExtracted from: Calendarivm Londinense, or, The London aknabac for the year 1978
740 ƀƀ$aCalendarivm Londinense
740 ƀƀ$aLondon almanac for the year 1978

600 14$aInn, George

주제명표목: 초상화의 대상이 된 인명은 600필드로 주제명부출표목한다. 서양인명에서 초상화명으로 기술된 인명이 인명표목형식과 일치하지 않을 때는 인명을 도치하여 인명표목형식으로 주제명표목한다.

```
    ┌── 제1지시기호 '1'은 표제의 부출지원
    │┌── 제2지시기호 '1'은 본표제 앞의 ( )로 기술된 관칭을 제외하고 인쇄 지시
245 11$a(The) George Inn
600 14$aInn, George
 │   │└─── 제2지시기호 '4'는 주제명표목표를 사용하지 않고 목록자가 작성한 경우
 │   └── 제1지시기호 '1'은 단일성으로 된 저자명일 때 지시
 └── 태그 '600'은 인명에 대한 주제명부출표목
```

710 ƀƀ$aStevens & Brown ← 발행자 부출표목
740 ƀƀ$aCalendarivm Londinense ← 인용자료명 부출표목
740 ƀƀ$aLondon almanac for the year 1978 ← 인용자료명의 별표제 부출표목

3) 도예작품자료

.....nkmɃɃ22.....ɃaɃ4500
007
008
010
090 ɃɃ$a
100 1Ƀ$a김영태,$d1940-

기본표목: 도예작품은 100필드에 식별기호 '$a'로 작품 제작자인 도예가명을 기본표목하고, '$d'로 생몰년을 부기하였다.

245 10$a鐵畵紛靑角器$h[도예] /$d金榮泰 作

표제와 책임표시사항: 245필드는 식별기호 '$a'로 작품명, '$h'로 '도예'를 GMD, '$d'로 제작자를 '작'이라는 역할어와 함께 기술한다.

┌─ 제작한 개인화실이나 도자기요가 있는 지명
┌──── 제작한 연도

260 ɃɃ$a대구 :$b啓明窯,$c2000

└─── 제작한 개인화실이나 도자기 요의 명칭

발행사항: 260필드는 식별기호 '$a'로 제작지, '$b'로 도자기를 제작한 요(窯)의 명칭, '$c'로 제작년도를 기술하였다.

300 ɃɃ$a도자기 1점 ;$c21 × 21 × 27 cm

형태사항: 300필드는 식별기호 '$a'로 '도자기'라는 특정자료종별과 수량의 단위를 '점'으로 기술하고, '$c'로 도자기의 크기를 '세로 × 가로 × 높이 cm'로 표시한다.

585 ɃɃ$a전시: "第10回 南亭金榮泰陶藝展", 大邱文化藝術會館 1展示室, 2000. 11. 7-12

전시주기: 전시회에 출품된 자료는 585필드에 식별기호 '$a'로 전시회명, 전시장소, 전시일시를 주기한다.

850 ɃɃ$a222003

소장기관부호: 850필드는 식별기호 '$a'로 소장기관부호를 숫자로 기술한다. 222003은 KOMARC, 부속서 7(**한국도서관부호표**)의 소장기관인 계명대학교도서관부호이다.

4) 조각작품자료

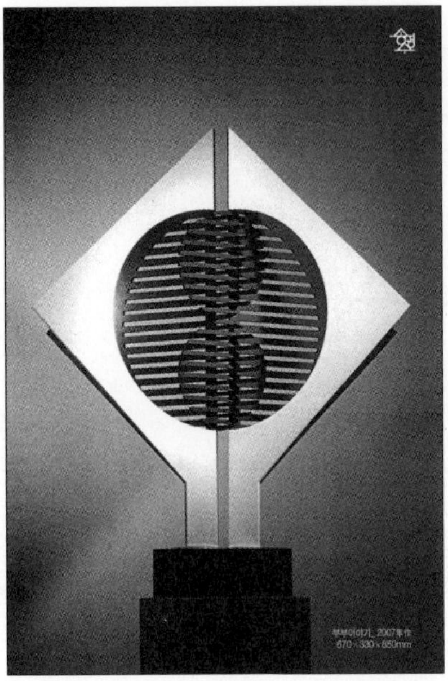

.....nkm‌ƀƀ22.....ƀaƀ4500
007
008
090 ƀƀ$a
100 1ƀ$a송명수

기본표목: 조각작품은 100필드에 식별기호 '$a'로 조각가명을 기본표목한다.

245 10$a부부이야기$h[조각] ./$d송명수

표제와 책임표시사항: 245필드는 식별기호 '$a'에 조각작품명을 본표제로, '$h'에 협의로는 '조각', 'sculpture'를, 광의로는 'art original' 등을 GMD로, '$d'에 화가명을 책임표시로 기술하였다(A2R.8.1). 대등표제는 246필드나 740필드로 부표목한다.

260 ƀƀ$a대구 :$b송명수공방,$c2007

발행사항: 자작인 경우 260필드는 식별기호 '$a'로 제작지명, '$b'로 제작자명이나 제작소명, '$c'로 제작년을 기술한다. 필요한 경우 조각가명이나 제작소명은 위치한 주소를 병기하기도 한다.

「자작자료일 때」

260 ƀƀ$a제작지명 :$b조각가명이나 조각장소명 (...시 ..구 ..동 ..리 ...번지),$c작품완성년
260 ƀƀ$a발행지 :$b화실명,$c제작년　　260 ƀƀ$a발행지 :$b사가의 주소,$c제작년

┌ 특정자료종별과 수량 ┌ 칼라
300 ƀƀ$a조각 1점 :$b청동, 적백색 ;$c67 × 33 × 85 cm
└ 작품의 재료　└ 작품의 크기

535 1ƀ$a계명문화대학 소장
<출력>원본 소장기관: 계명문화대학 소장
585 ƀƀ$a전시: "宋明洙 金屬造形展": 초대전, 서울, 갤러리 Gac, 2007. 12. 27-31

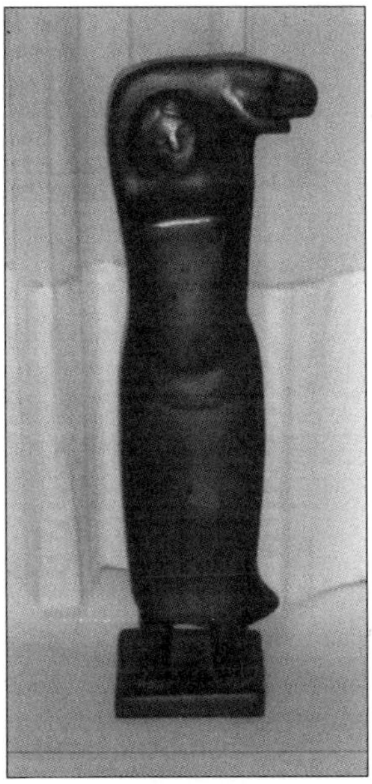

.....nkmɓɓ22.....ɓaɓ4500

007

008

090 ɓɓ$a

100 1ɓ$a남철

245 10$a懷心$h[조각] =$xRetrospective mind /$d남철

표제와 책임표시사항: 책임표시에 기재된 대등표제는 246필드나 740필드로 부표목한다.

246 31$aRetrospective mind$h[조각] ← 대등표제 부출표목

= 740 ɓɓ$aRetrospective mind$h[조각] ← 대등표제 부출표목

260 ɓɓ$a대구 :$b계명대학교 조각실,$c1980

제작처가 개인의 화실이나 사가(私家)인 경우는 260필드에 식별기호 '$a'로 화실이나 사가의 소재지명, '$b'로 화실명이나 사가의 주소지를 기술한다.

300 ɓɓ$a조각 1점 :$b청동, 청동색 ;$c12 × 8 × 50 cm

형태사항: 300필드는 식별기호 '$a'로 '조각' 또는 'sculpture'라는 특정자료종별과 수량, '$b'로 재료, 칼라, '$c'로 조각의 크기를 '높이 × 세로 × 가로 cm'로 기술한다.

535 1ɓ$a김남석 소장

<출력>원본 소장기관: 김남석 소장

┌ 전시회명 ┌ 장소(지명, 전시실명) ┌ 전시일시

585 ɓɓ$a전시: "남철조각전", 대구, 계명대학교 전시실, 1980. 11. 17-25

.....nkmbb22.....bab4500

007

008

090 bb$a

100 1b$aMaxwell, Robert

기본표목: 조각작품은 100필드에 식별기호 '$a'로 조각가명을 기본표목한다.

245 10$aPig 10$h[art original] /$dRobert Maxwell

표제와 책임표시사항: 245필드는 식별기호 '$a'에 조각명을 본표제로, '$h'에 'art original'을 GMD로, '$d'에 화가명을 책임표시로 기술하였다(A2R.8.1).

260 bb$a[S.l.] :$b[S.n.],$c196?

발행사항: 자료의 제작에 관한 사항이 확인되지 않은 것은 확인된 사항만 기술하거나 필요한 경우는 미확인사항도 함께 기술한다. 제작년이 완전하지 않은 것은 확인된 부분만 적고 '?'나 공란으로 둔다.

「미확인된 사항은 미상으로 기술한 예」

260 bb$a[발행지불명] :$b[발행처불명],$c196 .

「확인된 부분만 기술한 예」

260 bb$c196 .

300 bb$a1 sculpture :$bunglazed clay, brown ;$c8 × 9 cm

형태사항: 300필드는 식별기호 '$a'로 '조각' 또는 'sculpture'라는 특정자료종별과 수량, '$b'로 재료, 칼라, '$c'로 조각의 크기를 '높이×폭 cm'로 기술한다.

500 bb$aStylized wide-mouth pig designed as a container for small objects

3. 사진자료

1) 일반사진자료

「리더[2]」

레코드길이:	레코드상태: n	레코드 유형: k	서지수준: m
제어유형: ƀ	문자부호화체계: ƀ	지시기호 자리수: 2	식별기호 자리수: 2
데이터기본번지:	입력수준: ƀ	목록기술형식: k	연관레코드조건: ƀ
엔트리맵: 4500			

007 kzƀcoe
008 ......s1996ƀƀƀƀtgknnnƀƀƀƀƀƀƀƀƀƀƀƀaznkorƀƀ
033 0ƀ$a199604251130

촬영일시와 장소: 033필드는 제1지시기호 '$a'로 촬영일시를 분 단위까지 'YYYYMM DDhhmm'형식으로 기술하고, '$b'로 지역부호를 기술한다. 033필드와 연계시켜 518필드는 촬영일시와 장소를 서술형식으로 주기한다.

033 0ƀ$aYYYYMMDDhhmm$b지역번호
518 ƀƀ$a0000에서 YYYY년 MM월 DD일 hh시 mm분에 촬영

---

2) 리더의 00-04자리(길이필드)와 12-16자리(데이터기본번지)는 자동생성된다.

┌ 촬영일시: 1999년 4월 25일 11시 30분
│ ┌ '$b'로 기술되는 지역번호는 생략하였다.
033 0b$a199904251130
518 bb$a백두산 천지에서 1996년 4월 25일 11시 30분에 촬영

090 bb$a

100 1b$a[한삼화]

기본표목: 100필드는 식별기호 '$a'로 사진의 내용에 책임이 있는 촬영자명을 기본표목으로 기술하였다.

245 10$a白頭山天池$h[사진자료] /$d[韓三和 撮影]

표제와 책임표시사항: 245필드는 식별기호 '$a'에 작품명을 본표제로, '$h'에 '사진자료'를 GMD로, '$d'에 촬영자명을 책임표시로 기술한다. 작품명이 없는 것은 목록자가 작품의 내용을 가장 잘 표현될 수 있는 용어로 표제를 작성하여 [ ]에 묶어 기술한다. 식별기호 '$d'로 기술되는 저작자를 정보원 이외에서 기술하였을 때는 [ ]에 묶어 기술한다.

「정보원에서 기술 한 기술사항」
100 1b$a촬영자명
245 10$a사진명$h[GMD] /$d촬영자 역할어

「정보원 이외에서 기술한 기술사항」
100 1b$a[촬영자명]
245 00$a[사진명]$h[GMD] /$d[촬영자 역할어]

260 bb$a1996

발행사항: 260필드는 식별기호 '$a'로 발행지불명, '$b'로 발행처불명, '$c'로 촬영년도 등으로 확인되지 않은 사항임을 식별기호와 함께 [ ]로 기술한다. 사진자료는 대부분 발행사항이 불분명하기 때문에 촬영년도를 발행년으로 기술한다.

300 bb$a사진 1매 :$b양화, 칼라 ;$c87 × 196 cm

형태사항: 300필드는 식별기호 '$a'에 '사진'이라는 특정자료종별과 수량을, '$b'에 양화·음화, 칼라 등의 기타형태사항을, '$c'에 사진의 '세로×가로 cm'의 크기를 기술한다.

300 bb$a사진 0매 :$b음·양화, 칼라 ;$c그림의 세로 × 가로 cm

518 bb$a백두산 천지에서 1996년 4월 25일 11시 30분에 촬영

535 1b$a계명대학교 소장

소장주기: 535필드는 원본이나 복제본에 따른 제1지시기호 '1'이나 '2'를 지시하고, 식별기호 '$a'로 원본소장기관명이나 복제본의 소장기관명을 기술한다. 이때 '원본 소장기관', '복제본 소장기관'이라는 표출어는 제1지시기호에 의해 자동출력된다.

┌ 제1지시기호 '1'은 '원본 소장기관'이라는 표출어 생성
535 1b$a소장기관명
<출력>원본 소장기관: 소장기관명

┌ 제1지시기호 '2'는 '복제본 소장기관'이라는 표출어 생성
535 2b$a소장기관명
<출력>복제본 소장기관: 소장기관명

.....nkmbb22.....bab4500

007 kzbcoe

008 ......s1996bbbbtgknnnbbbbbbbbbbbbaznkorbb

008

033 0b$a200005101420$b222003

090 bb$a

100 bb$a[계명대학교]

기본표목: 특정 기관이나 시설에 관한 사진자료는 110필드에 식별기호 '$a'로 대상이 된 기관명이나 시설명을 기본표목으로 기술하여 해당 기관에 대한 사진자료가 한 곳에서 검색되게 한다.

245 10$a[계명대학교 정문]$h[사진자료] /$d유형관 촬영

표제와 책임표시사항: 245필드는 식별기호 '$a'로 작성된 사진명을 본표제로 [ ]에 묶어 기술하였다. 기관명이 기본표목으로 기술될 때는 중복을 피해 시설명을 표제로 기술하기도 한다.

260 bb$a대구 :$b계명대학교,$c2000

300 bb$a사진 1매 :$b양화, 천연색 ;$c12.8 × 18 cm

518 bb$a계명대학교(성서) 정문 정면에서 2000년 5월 10일 14시 20분에 촬영

촬영정보 주기: 사진자료의 촬영장소와 촬영일시는 033필드와 연계시켜 518필드(촬영/녹음일시와 장소 주기)에 식별기호 '$a'로 피사체의 촬영위치와 일시를 서술형식으로 주기한다.

700 1b$a유형관 ← 촬영자 부출표목

.....nkmbb22.....bab4500

007 kzbcoe

008 ......s1969bbbbusbnnnbbbbbbbbbbbbazneng bb

090 bb$a

245 00$aVisual categories discovery.$nset. no. 5$h[picture] /$dVisual Discrimination

표제와 책임표시사항: 세트(set)로 제작된 작품은 세트마다 수매의 사진이 포함되어 있기 때문에 각 세트를 목록단위로 하여 정리한다. 245필드는 식별기호 '$a'로 총서명, '$n'으로 편차, '$h'로 GMD를 표제줄머리잡기로 기술하였다. 이때 편차 내의 제목이 하나일 때는 편제로 기술하고, 2개 이상일 때는 내용주기한다.

「편차만 있을 때」

245 00$a본표제.$n편차$h[GMD]

「편차와 편제가 하나일 때」

245 00$a본표제.$n편차,$p편제$h[GMD]

「편차 내에 편제가 2개 이상일 때」

245 00$a본표제.$n편차$h[GMD] /$d저작자

505 0b$a편제 -- 편제 -- 편제

총서주기: 각 편제를 본표제로 기술한 경우는 총서명을 440/490필드에 총서명주기한다. 그러나 편제의 수록 사항이 많지 않을 때는 전체를 총서명줄머리잡기로 245필드에 기술하고 각 편제는 505필드로 내용주기한다.

「편제를 본표제로 기술할 때」

245 00$a편제.$a편제$h[GMD]

440 00/490 00$a총서명

「총서명을 본표제로 기술할 때」

245 00$a총서명$h[GMD]

505 00$t편제 --$t편제

505 0b$a편차. 편제 -- 편차. 편제

260 bb$aRochester, N. Y. :$bEastman Kodak [production Company] ;$aWashington :$bAssociation for Educational Communications and Technology[distributor],$ccl969

발행사항: 발행처와 보급처가 다른 경우는 먼저 발행사항에 대해 기술하고, 다음에 보급사항을 기술한다. 260필드는 식별기호 '$a'를 반복하여 발행지, 배(보)급지, '$b'를 반복하여 발행처, 배(보)급처, '$c'를 반복하여 발행년, 배(보)급년를 기술한다. 발행처와 보급처가 다를 때는 각각의 사항에 해당되는 발행지나 보급지, 그리고 발행년이나 보급년을 짝지어 기술하고, 이들 중 발행사항과 동일한 배급사항은 기술을 생략한다.

260 bb$a발행지 :$b발행자,$c발행년.

260 bb$a발행지 :$b발행자 ;$b보급자[배(보)급],$c발행년

260 bb$a발행지 :$b발행자,$c발행년 ;$a배급지 :$b배급자[배급],$c배급년

300 bb$a50 photos. :$bcol. ;$c9 × 9 cm +$e1 teacher's note + 2 data collection sheets

딸림자료: 300필드에 식별기호 '$e'로 딸림자료의 명칭을 기술한다. 이때 딸림자료가 2개 이상일 경우라도 식별기호 '$e'가 반복되지 않기 때문에 모두 함께 '+'를 앞세워 계속 기술한다. 딸림자료가 별도의 표제를 가진 것은 500필드를 반복하여 '딸림자료'라는 표출어로 주기하고, 740필드로 부표목한다.

300 ␢␢$a... :$b... ;$c... +$e딸림자료A (자료종별과 수량 : 형태적세목 ; 크기) + 딸림자료B (자료종별과 수량 : 형태적세목 ; 크기)

「딸림자료에 별도의 표제가 있을 때」

500 ␢␢$a딸림자료: 딸림자료의 표제A
500 ␢␢$a딸림자료: 딸림자료의 표제B
740 ␢␢$a딸림자료의 표제A
740 ␢␢$a딸림자료의 표제B

딸림자료에 별도의 표제가 없는 것은 300필드에 식별기호 '$e'로 딸림자료의 종별과 수량을 기술하고 딸림자료에 대한 형태사항을 ( )에 묶어 부기한다.

500 ␢␢$aTitle from container
500 ␢␢$aData collection sheets intended to be duplicated for students
520 8␢$aSummary: Miscellaneous photographs designed to develop visual literacy skills

내용요약: 520필드는 제1지시기호의 지시에 의해 내용요약, 초록, 해제 등 자동출력되는 표출어로 주기하고, 정형화되지 않은 한국어 이외의 표출어는 제1지시기호 '8'과 해당 표출어를 기술하여 주기한다.

520 ␢␢$a내용요약사항...	520 8␢$aSummary: 내용요약사항...
<출력>내용: 내용요약사항...	<출력>Summary: 내용요약사항...

710 ␢␢$aVisual discrimination ← 저작자 부출표목

2) 그림엽서자료

.....nkmƀƀ22.....ƀaƀ4500
007
010
049 0ƀ$fPA
090 ƀƀ$a620$b덕56
245 10$a덕수궁 중화전$h[그림자료]

기본표목: 엽서로 된 그림자료는 245필드에 식별기호 '$a'로 그림명을 줄머리잡기로 기술하였다. 제1지시기호 '0'은 표목 위치에 있는 표제를 중복으로 부표목되지 않게 하기 위함이다.

260 ƀƀ$a서울 :$b광명출판사,$c1978

발행사항: 260필드는 엽서의 발행사항을 기술하였다.

260 ƀƀ$a엽서의 발행지 :$b엽서의 발행자,$c발행년

300 ƀƀ$a엽서 3매 :$b칼라 ;$c10 × 13 cm

형태사항: 300필드는 식별기호 '$a'로 '엽서'라는 특정자료종별과 엽서의 매수를 기술하고, '$b'의 기타 형태사항에는 '칼라'를, '$c'의 크기는 엽서의 '세로×가로 cm'를 기술하였다(A2R.8.5D4). 엽서라는 형태적인 사항은 500필드에 일반주기하였다.

300 ƀƀ$a엽서 0매 :$b칼라 ;$c엽서의 세로×가로 cm.
500 ƀƀ$a그림엽서

500 ƀƀ$a그림엽서

┌ 일반주제명을 위한 식별기호
│ ┌ 일반세목을 위한 식별기호
│ │ ┌──── 일반세목
650 ƀ4$a한국$x건축 <출력>한국--건축
│ └──── 일반주제명
└── 사용된 표목표를 제2지시기호로 지시

주제명표목: 그림자료의 내용이 한국건축을 위한 자료이기 때문에 주제명을 '한국--건축'으로 하였다. 주제명표목은 6XX필드로 기술한다. 650필드(일반주제명-부출표목)에 식별기호 '$a'는 일반주제명인 '한국', '$x'는 일반세목인 '건축'을 기술하였다.

.....nkmƀƀ22.....ƀaƀ4500
007
090 ƀƀ$a
100 1ƀ$Parker, T.

기본표목: 엽서자료는 자료명을 줄머리잡기로 기술하지만, 촬영자가 있는 것은 100필드에 촬영자명을 기본표목한다.

245 10$aRocky Mountain Elk$h[picture] /$dphoto, T. Parker

표제와 책임표시사항: 245필드는 식별기호 '$a'로 엽서의 자료명을 본표제로, '$h'로 '그림자료', 'picture'를 GMD로, '$d'로 촬영자를 책임표시로 기술한다.

100 1ƀ$a촬영자명
245 10$a엽서자료명$h[GMD] /$d촬영자

245 00$a엽서자료명$h[GMD]

260 ƀƀ$aOntario :$bThe Postcard Factory, $c1995

발행사항: 260필드는 정리되는 자료 자체의 발행사항인 엽서의 발행사항을 해당 식별기호로 기술한다.

300 ƀƀ$a1 photo :$bcolor ;$c17.5 × 11.5 cm
500 ƀƀ$aPostcard

일반주기: 자료자체의 특성인 '엽서', 'postcard'는 500필드에 식별기호 '$a'로 주기한다.

500 ƀƀ$a그림엽서　　　　500 ƀƀ$aPostcard

650 ƀ4$aElk

주제명표목: 피사체(인물, 동물, 건조물, 자연물 등)의 명칭은 6XX필드로 주제명부출한다. 피사체의 내용에 포함된 주제가 두 개 이상인 경우는 각각의 해당되는 주제명을 6XX필드로 부표목한다. 피사체의 명칭이 본표제로 기술된 자료명과 일치할 때는 주제명을 생략한다.

3) 인물사진자료

.....nkmb̸b̸22.....b̸ab̸4500
007
008
090 b̸b̸$a991.1

┌ 기본표목-단체명을 위한 태그
│ ┌ 상위기관명: 국명의 관용명
│ │ ┌ 하위기관명: 직명을 기술
110 b̸b̸$a한국.$b대통령 (1961-1978 : 박정희)
└ 재임기간 └ 개인명

기본표목: 본 예는 대통령에 대한 공식적인 사진자료이기 때문에 직명을 단체명표목 작성 형식에 따라 110필드에 식별기호 '$a'로 국명, '$b'로 직명, 재임기간, 개인명을 기본표목으로 기술하였다.

245 10$a박정희$h[사진자료]

표제와 책임표시사항: 개인에 대한 인물사진은 245필드에 식별기호 '$a'로 대상이 된 인물명을 줄머리잡기로 기술하고, '$d'로 사진작가를 기술하였다. 그리고 기본표목되지 않은 사진작가는 700필드로 부표목하였다. 그러나 인물사진이 제목을 가진 경우는 제목을 본표제로 기술하고 개인명은 주제부출한다.

245 10$a사진명$h[GMD] /$d촬영자 역할어
책임표시에 기술되는 저작자에는 역할어를 함께 기재한다.
700 1b̸$a촬영자명
인명이 표목될 때는 역할어는 부기치 않는다.

주제명표목: 통치자의 재임기관이나 통치기간 동안에 사용된 사진은 직명을 단체명으로 표목하고, 개인명은 600필드에 주제명부출한다. 그러나 본서에서는 개인명이 245필드에서 표제로 기술되었기 때문에 주제명부출을 생략하였다.

260 b̸b̸$a서울 :$b청와대,$c1970.
300 b̸b̸$a사진 1매 :$b흑백 ;$c25 × 20 cm

찾아보기

【ㅇ】

【ㅈ】

【ㅊ】

【ㅋ】

【ㅌ】

【ㅍ】

【ㅎ】

■ 저자소개

경남 남해 태생
교육학박사
계명대학교 문헌정보학과 명예교수

저서로 도설도서편목 (계명대학교출판부, 1975), 목록학 (계명대학교출판부, 1978), 자료목록학 (경인문화사, 1982), 도서편목법 (계명대학교출판부, 1983), 비도서자료 (한국도서관협회, 1984), 도서기호 (계명대학교출판부, 1988), 일제하 공공도서관의 사회교육활동 (계명대학교출판부, 1991), 연속간행물의 정리 (계명대학교출판부, 1993), 사회교육과 도서관 (간행위원회, 1996), 제3증보판 자료목록학 (계명대학교출판부, 1995), 연속간행물편목법 (계명대학교출판부, 1998), 연속간행물 (공저, 계명대학교출판부, 1999), 비도서자료의 조직이론 (공저, 계명대학교출판부, 2000), 비도서자료편목법 (계명대학교출판부, 2002), 학술논문의 이해(계명대학교출판부, 2008) 등이 있고,
편·역서로 도서관학개론 (공저, 한국도서관협회, 1978), 도서관정보관리편람 (공편, 한국도서관협회, 1994), 문헌정보학연구입문 : 의의와 방법 (공역편, 계명대학교출판부, 1995), 한국 호 대사전 (공편, 계명대학교출판부, 1997), 학술논문서지기술시리즈 Ⅰ~Ⅵ (계명대학교출판부, 2006) 등이 있다.

제3개정증보판 비도서자료편목법

2002년 1월 10일 초판 발행
2009년 2월 28일 제3개정증보판 1쇄 발행

저　자 | 김남석
발행인 | 신일희
발행처 | 계명대학교출판부
704-701 대구시 달서구 달구벌대로 2800
전화 053-580-6233　팩스 053-583-5213
등　록 | 1970. 9. 1. (신고번호 제347-1998-1호)

값 20,000원

ISBN 89-7585-244-X 93020